合同真意解释论

——合同类型名为A，实为B的裁判方法论

On the Interpretation of Genuine Will of Contracting Parties:
Judicial Methodology for Contract Disputes
Concerning Substance Versus Form

王 进◎著

中国政法大学出版社

2024·北京

图书在版编目（ＣＩＰ）数据

合同真意解释论：合同类型名为 A，实为 B 的裁判方法论/王进著. —北京：中国政法大学出版社，2024.2

ISBN 978-7-5764-1330-4

Ⅰ.①合… Ⅱ.①王… Ⅲ.①合同法－法律解释－中国 Ⅳ.①D923.65

中国国家版本馆 CIP 数据核字(2023)第 257120 号

出 版 者	中国政法大学出版社
地　　址	北京市海淀区西土城路 25 号
邮寄地址	北京 100088 信箱 8034 分箱　邮编 100088
网　　址	http://www.cuplpress.com (网络实名：中国政法大学出版社)
电　　话	010-58908285(总编室) 58908433（编辑部） 58908334(邮购部)
承　　印	固安华明印业有限公司
开　　本	720mm×960mm　1/16
印　　张	24.25
字　　数	407 千字
版　　次	2024 年 2 月第 1 版
印　　次	2024 年 2 月第 1 次印刷
定　　价	109.00 元

序

PREFACE

作为王进的博士生导师，我很高兴受其之邀为这本专著作序。王进是中国政法大学的"三士"（法学学士、知识产权法学硕士、民商法学博士）。在校学习期间，其先后获得国家奖学金等十余次嘉奖，这说明了其所具有的认真勤奋的学习态度和优秀的学习成绩；其硕士论文被评为校级优秀硕士学位论文、其博士论文获得由本校、北京大学和清华大学民商法学教授构成的答辩委员会的一致认可并全票通过答辩，这说明了其所具有的很强的研究能力和优异的研究成果。

这本专著研究的主题在民法学理论中颇具理论研究价值和实践意义。作者以合同类型为主线，对合同名实不符时的意思表示解释加以广视角、多层次的深入研究。作者立足于裁判方法论，以"三段论"为框架对上述问题展开阐述与论证，即把合同类型之间的关系作为大前提，名实不符的合同真意探究作为小前提，合同类型转换作为涵摄的具体应用方式。作者在这本专著中对相关的119篇中国司法案例和19篇美国判例中合同真意解释的分析，运用了法律现实主义、动态系统论以及会计学的思路和方法，有其独到见解和严谨论证。

对合同形式与当事人真意之间的关系之思考，罗马法中有许多内容值得借鉴。在罗马法中，法律对合同形式与当事人真意之间的关系采取了从形式到真意的演进路径。早期罗马法将合同的法律约束力与合同形式相结合，强调合同的法定形式与法律效力的紧密关系。至罗马法进入昌盛期后，尤其伴随着优士丁尼《国法大全》编纂和颁布，探究当事人真意成为合同制度的核心。法学家乌尔比安强调当事人就各事项达成一致是构成缔约之原因"要式口约、典型的口头贸易也是无合意即不产生"。合意不仅是判断合同关系的基础要素，也是罗马法中整个债法体系由合同之债与私犯之债所共同构成的基础，形成了"单纯的合意即形成债（solus consensus obligat）"的高度提炼并对近现代私法学产生重大影响。作者注意到对罗马法相关规则及其理念的溯源，并结合现代合同法的理论和我国法律实践，对合同名实不符的问题不仅进行了法律技术层面的探讨，更关注对当事人有意实施名实不符之意思表示的深层次原因及其制度规范的理论探究。

德国学者马克斯·韦伯在其《经济与社会》中指出，在合同关系中当事人的不规范、不准确甚至"不合法"的意思表示背后，隐藏着市民社会与法律规则之间的冲突与调和，从历史长河看，正是这种发轫于市民社会的"瑕疵"意思表示，以市场的扩大和共识共同体机关的行为为动力，将个例逐渐演变为共识，推进着法治的进步和社会的发展 。这本专著的研究，通过对我国法律实践的分析从一定角度上验证了韦伯的这一理论。故而，在法律纷争中，尽可能地探究当事人的真意，并尽可能使当事人的真意最大化地实现预期的法律效果，应是法律人的不懈追求。

是为序。

费安玲

2022 年 4 月 16 日

内容提要

ABSTRACT

　　诉讼中，当人们指称合同类型存在名实不符的问题时，无论其主张与辩驳如何纷繁，无非汲取于两条暗流，在大陆法系这两条暗流被总结为真意主义（也译为意思主义，Erklärüngstheorie）与表示主义（willenstheorie），[1]在英美法系，这两条暗流被总结为实质主义（substance）和形式主义（form）[2]。两条暗流并非法律人之臆造，他们分别发源于父权主义和自治主义[3]的文化冰川，亘古长存，并无对错之分。虽然在不同时代、不同地区，两条暗流的汲取方式、混合比例有别，但当聚焦于个案的池塘时，总要汇聚两条暗流之水。

　　在当代中国的司法实践中，名实不符的合同纠纷已经形成了"名为 A 合同，实为 B 合同"的论证范式。一方面，这一论证范式的"实为"导向，说明了司法体系的真意主义基本态度。另一方面，这一论证范式的应用缺乏基本的方法论，萌生了"穿透式审判思维""合同外表特征"等方法。这些方法对名实不符的合同纠纷解决起到了指引作用，但方法本身在系统性和准确性上的欠缺，使"名为"和"实为"的合同类型争议承受着公说公有理，婆说婆有理的同案不同判[4]之殇，损害了裁判的可预见性，带来裁判者的迷茫甚至恣意，进一步加大了规范与事实之间的不对称性。[5]

---

　　〔1〕　参见欧宗祐编：《民法总则》，商务印书馆 1928 年版，第 139 页。

　　〔2〕　See Avery W. Katz, "The Economics of Form and Substance in Contract Interpretation", *Colubia Law Review*. Vol. 104, 2004, p. 496.

　　〔3〕　See Alan Schwartz, Robert E. Scott, "Contract Theory and the Limits of Contract Law", *Yale Law Journal*, Vol. 113, No. 3., 2003, p. 541.

　　〔4〕　参见孙海波："'同案同判'：并非虚构的法治神话"，载《法学家》2019 年第 5 期。

　　〔5〕　参见郑永流："法律判断形成的模式"，载《法学研究》2004 年第 1 期。

　　我们可否形成一套作为共识的方法论？使原被告之间、裁判者与当事人之间、上下级法院之间具有共同的对话平台，使争议针锋相对，而不是各说各话？[1]这是笔者撰写本书的初衷。

　　诉讼参与人之所以对合同类型产生争议，显然不是出于理论兴趣，而是因为所争议的合同类型对应着不同的法律适用，且其法律后果大相径庭。此时，裁判者的工作是查找合同真意，并为之寻找最相匹配的合同类型，以便正确适用法律，得出裁判结果。其工作过程得以三段论展开：以合同类型之间的关系为大前提，以当事人真意之探究为小前提，得出从拟制的合同类型转换为隐藏的合同类型之结论，从而将事实（真意）涵摄于法律（以合同类型为适用接口），获得法律后果（真意之法律效力）之结论。此即本书所要论证的裁判方法论之基本，文章也以此为脉络展开。

　　大前提：合同类型之间的关系。司法三段论中的大前提一般指法律，《中华人民共和国民法典》合同编的通则分编不因合同类型之差异而产生适用上的差别。在合同名实不符的诉讼中，当事人所争议的，是典型合同分编应当如何适用的问题。典型合同分编的立法以合同类型为阐述路径，法律的适用也以合同类型为接口，因此，在"合同类型名为A，实为B"的争议之下，法律适用上的争议具象为合同类型判断上的争议，裁判者所要厘清的大前提是合同类型之间的关系。合同立法重视合同类型内部的规范构建，但对合同类型之间的关系极少涉及。为了阐明合同类型之间的关系，笔者使用了合同要素和合同类型束的概念。合同要素是各类型合同中具有一定概括意义、能够体现当事人特定利益关系设置、指向合同原因、组合为合同类型的特征性信息。合同要素是对合同类型的拆解，通过合同要素的运用，合同类型之间的具体联系与区别被体现出来。除了从微观层面的合同要素来区分合同类型之外，我们还可以从宏观的合同类型束来界分合同类型。不同抽象程度的合同类型形成一定的干支关系，干合同类型对支合同类型具有统摄作用，同时，干支合同类型之间部分相同、部分差异的状态使干支类型之间适用类推的基本逻辑。多个干支合同类型之间相互组合，形成一幅合同类型束的图景。

　　小前提：名实不符的真意探究。合同真意是各方当事人在合同缔约时点所形

---

　　[1] See David Lyons, "Open Texture and the Possibility of Legal Interpretation", *Law and Philosophy*, Vol. 18, 1999, p. 297.

成的合意，既有别于诉讼时点依附于诉讼利益的"真意"，也有别于谈判时点未达成一致的"真意"。真意不可能被完全还原，[1]裁判者要做的是有理有据地无限度接近那个被隐藏的真意。在浩瀚的合同理论星河中，合同原因是指向真意的北极星。笔者所指的原因，包括缔约之目的和给付的总体对等性两方面。原因既揭示了当事人缔结合同的初衷，又为合同这把"法锁"赋予了强制约束力的正当性。客观原因能够帮助裁判者去对应基本的合同类型，而对于那些名为与实为似乎均构成当事人真实意思的复杂合同，原因的定量分析还能够帮助裁判者区分孰为手段行为，孰为目的行为。裁判者探究真意时，不可局限于合同书，还应着眼于合同书以外的解释资源，包括规范与惯例、履行行为与缔约过程。裁判者要注意的是，在追求"实为"的同时，须守住"名为"的限度。

涵摄：合同类型转换。将拟制的合同类型转换为隐藏的合同类型，即合同类型转换。法律行为转换作为一项既有概念，与合同类型转换有较多联系。但是法律行为转换对转换前后效力的固定化设置，使之不能解决合同真意解释之问题。现有的规范中能够找到合同类型转换的应用，如合作开发房地产合同的四种合同类型转换、让与担保合同的类型转换、抵押登记失败情况下的合同类型转换。合同类型转换作为一项合同解释的大型手术，所得出的结果具有较大的不确定性，须为之设置约束性规范。首先裁判者应以合同要素进行比对，当合同文本与合同真意在合同要素上不能匹配时，才能作合同类型的转换，确保转换后的合同类型应与真意相匹配。此外，鉴于合同要素匹配方法的类推属性，宜以原因检验结果的正当性。合同类型的转换会带来违法性评价的变化，无论是将违法的合同转换为不违法的合同，还是将不违法的合同转换为违法的合同，裁判者都应当关注"所违之法"背后的宗旨，以及该宗旨与当事人缔约之目的之间的关系。合同类型转换还会对第三人的利益产生影响，裁判者应当坚持"外部信赖不对内"的原则，保护当事人之间真意的实现。

以上，即为本书之概要。笔者虽竭尽所能，但能力有限，望下面的文字能够为名实不符合同纠纷的解决提供有益的帮助，并引发各方对相关问题更深入的思考。

---

[1] 参见［德］黑格尔：《法哲学原理》，范扬、张企泰译，商务印书馆 2017 年版，第 268 页。

目　录

CONTENTS

名实不符合同的争议本质和裁判现状 第一章

名实不符的合同一般是指合同类型在合同文本和合同真意上的不符，司法实践中常被表述为"名为"A合同，"实为"B合同，如实践中常说的"明股实债""名为买卖，实为借贷"等。无论是司法界[1]还是学术圈[2]，都对名实不符的合同真意解释问题有诸多讨论。

此外，实践中也存在合同主体的名实不符问题，如借名买房，关于此问题可参见学者的研究，本书因篇幅有限，未对此专题进行讨论。

---

[1] 参见陈明："股权融资抑或名股实债：公司融资合同的性质认定——以农发公司诉通联公司股权转让纠纷案为例"，载《法律适用》2020年第16期。王富博："企业间融资性买卖的认定与责任裁量"，载《人民司法》2015年第13期。吴智永、徐劲草："融资租赁案件中名实不符的表现形态及法律分析"，载《人民司法（应用）》2017年第25期。曹慧："合伙合同法律规范对合作开发房地产合同纠纷审判的意义"，载《山东科技大学学报（社会科学版）》2021年第1期。王永起、王磊："民间借贷法律关系的审查与认定"，载《山东法官培训学院学报》2019年第6期。范黎红："金融衍生品种交易纠纷与委托理财纠纷的案由界定"，载《中国审判》2014年第7期。

[2] 参见殷秋实："无效行为转换与法律行为解释——兼论转换制度的必要性与正当性"，载《法学》2018年第2期。姚辉、李付雷："非典型担保的裁判规则"，载《社会科学》2019年第8期。曾大鹏："《民法总则》'通谋虚伪表示'第一案的法理研判"，载《法学》2018年第9期。刘斌："独立担保的司法判断：困难与路径"，载《法学杂志》2015年第10期。田韶华："论通谋虚伪行为规则的司法适用"，载《北方法学》2019年第4期。赵申豪："《民间借贷司法解释》第24条之解释与检视"，载《甘肃政法学院学报》2019年第6期。吴昭军："类型化界定涉'借'案件中的买卖合同性质——兼论法释〔2015〕18号第24条之所指"，载《东方法学》2017年第4期。张新："论民法视域中的法律规避行为——以'民生华懋案'为例"，载《华东政法大学学报》2019年第3期。宋晓燕："论金融风险控制的司法路径"，载《中国应用法学》2019年第5期。龙著华："民间借贷风险的法律规制"，载《南京社会科学》2014年第11期。

一、名为与实为之争背后的本质

（一）名为与实为之争背后的诉讼利益

为合同确定类型以便进行法律适用本不是当事人的工作，而是法官的工作。[1]当事人就合同名为 A 类型，实为 B 类型展开争议，归根结底，不在于合同类型认识上的差异，而在于对 A 类型/B 类型对应的规范适用所带来的诉讼利益实现之差异，即当事人的名为与实为之争不在于类型，而在于利益。

合同类型是如何影响诉讼利益的？我们可以从多个角度来做分析，下面我们从强制性规范的适用与否作为一个视角作简单的切入：

首先，合同类型对应着合同规范。纵观《德国民法典》《法国民法典》《意大利民法典》《荷兰民法典》《瑞士民法典》《日本民法典》《俄罗斯联邦民法典》等，可以发现，法典法国家中，合同规范除债的一般性规定外，合同的具体规范是以合同类型为设置对象的，相应的，合同规范的适用也以类型为"接入点"。[2]

其次，部分合同规范具有强制性效力，或积极地填补合同漏洞，或消极地否定当事人的意思表示之效力。合同规范中，一些规范具有内容的强制性，即该合同类型下应当具有或不能具有该内容。强制性规范体现了立法者以社会一般公正为标准，对当事人之间的具体合同实施矫正。

最后，强制性规范直接影响关系当事人的诉讼利益。强制性规范在对当事人意思表示进行填补或矫正时，将影响双方的利益。

合同类型对当事人利益影响的基本逻辑，不仅发生在大陆法系，在英美法下，也存在与合同类型对应的填补规则（default rules），当事人为了论证其合同应当/不应当适用相应的填补规则，也会对合同类型进行争论。[3]只不过在美国法下，填补规则除了来自立法和学理的《统一商法典》和《合同法重述》，还可能来自在先判例（precedent）[4]。

---

〔1〕 参见陈自强：《民法讲义Ⅱ：契约之内容与消灭》，法律出版社 2004 年版，第 217 页。

〔2〕 参见陈自强：《民法讲义Ⅱ：契约之内容与消灭》，法律出版社 2004 年版，第 218 页。

〔3〕 See Avery W. Katz, "The Economics of Form and Substance in Contract Interpretation", *Columbia Law Review*. Vol. 104, No. 3., 2004, p. 496.

〔4〕 See Alan Schwartz, Robert E. Scott, "Contract Theory and the Limits of Contract Law", *Yale Law Journal*, Vol. 113, No. 3., 2003, p. 541.

本书大量列举了合同的名实不符之争背后，强制性规范适用的差异及其对当事人利益的影响，包括但不限于如下：

1. 名为买卖，实为担保，违反担保合同禁止流押的规定，流押之约定无效。

2. 名为房地产联合开发合同，实为商品房买卖合同，违反未取得预售许可证不得预售的规定，商品房买卖（预售）合同无效。

3. 名为买卖合同，实为民间借贷合同，出借人违反非金融机构不得以借贷为业的规定，民间借贷合同无效。

4. 名为车位买卖合同，实为让与担保合同，出卖人将车位卖给小区业主以外的主体，违反了车位应当优先保障业主需要的规定，约定无效。

5. 名为委托合同，实为劳动合同，约定了劳动者单方解约的高额违约金，违反了劳动法关于劳动者解约自由的规定，违约金无效。

6. 名为代为回购合同，实为担保合同，未经董事会、股东会审议通过，构成无效担保。

7. 名为租赁合同，实为隐名合伙合同，应当填补合同漏洞，赋予隐名合伙人查阅财务账簿的权利。

8. 名为抵押贷款（mortgage loan），实为短期贷款（short-term one payment loan），应当适用短期贷款利率规定，而非抵押贷款之规定，将超出短期贷款利率上限的约定部分予以扣减，使之不具有法律强制力。[1]

9. 名为独立承揽人（independent contractor），实为雇员，从而适用美国《平等就业机会法》（Title VII）规定的禁止性别歧视条款。[2]

名为与实为之争对应着合同类型之规范之争，进一步对应着相应的权利义务之争，而其实质则是当事人之间的诉讼利益之争。因此，虽然判断合同类型不是当事人的职责，而是法官的职责，但是在名实不符的合同纠纷中，合同类型的准确界定直接影响着当事人的合同利益和诉讼请求的实现。

而对于裁判者而言，正确适用法律作出裁判的前提是对合同类型所对应的规范作出选择，故而合同类型的正确界定保障了规范适用的正确界定。除了强制性规范的适用与否之外，合同类型的名为与实为之争还在于避法行为的有效性之争、意思表示解释的真意主义与表示主义之争、缔结时的真意与纠纷时的真意之

---

〔1〕　See Ohio Neighborhood Fin., Inc. v. Scott, 2011 Ohio Misc. LEXIS 23819.

〔2〕　See Spirides v. Reinhardt, 613 F. 2d 826.

争、企业的商业逻辑和法官的裁判逻辑之争、类型的优先性与真意的无限性之争。可以说，合同类型的名为与实为之争贯穿了规范、合同文本、合同真意，作为争议焦点之一影响着当事人的诉讼利益。

（二）名为与实为之争背后的理论问题

合同名实不符是指合同文本体现的合同类型与裁判者判断的合同类型不一致的情形。无论在司法实践中还是理论研究上，合同类型的名实不符被大量讨论，[1]总结起来，名实不符的合同真意解释的问题主要涵盖以下子问题：

一是名实不符合同解释的基本方法、根本目标和总体路径是什么？二是名实不符的合同在真意和表示之间如何作抉择和解释？三是由于当事人的真意极其主观，且当事人之间就真意为何产生争议时，法官作为第三人是否能、如何能探究与当事人签订的书面合同不一致的真意？四是合同的真意究竟是什么？五是合同类型究竟与合同真意、真意的解释是什么关系？六是合同类型是否不当限制了当事人的意思表示？七是众多的合同类型之间的关系是什么？八是在众多的合同类型中，如何为当事人的真意寻找与之匹配的合同类型？九是名为或实为的合同构成无名合同时，如何为无名合同寻找各方统一的认识前提？十是既有的通谋虚伪表示与避法行为、恶意串通损害第三人利益等之间的关系，以及在这些法定概念之上，是否有整体性的方法论？十一是名实不符合同解释往往存在法律、非法律规范、道德准则规避的情形，如何在实现当事人真意的情况下平衡强制性规范以及社会其他准则的落地？十二是名实不符合同解释后，如何处理与之相配套的附属合同等其他合同？十三是名实不符合同解释后，如何保护第三人对"名为合同"的信赖利益？

当前的研究成果对上述问题基本均有积淀，能够使笔者站在巨人的肩膀上思考，同时，当前的研究缺少从整体上分析名实不符合同的真意解释方法论，笔者拟为名实不符合同的解释提出解题的方法论。

针对上述合同真意解释的整体问题和涉及的子问题，笔者对近年来的研究现

---

〔1〕 参见吴智永、徐劲草："融资租赁案件中名实不符的表现形态及法律分析"，载《人民司法（应用）》2017年第25期。郝兆亮、薛妮："名为房屋买卖实为借款担保的认定"，载《人民司法（案例）》2016年第17期。史留芳："名实不符情形下合伙企业性质的认定及合伙人对外连带责任的理解"，载《人民法院报》2010年10月13日，第7版。孙琬钟主编：《中华人民共和国最新合同法集成》（第二卷），中国法律年鉴社1999年版，第77页。李志国主编：《合同法分则典型案例疏议》，知识产权出版社2012年版，第354页。北京市律师协会编：《民商法律师业务理论与实务》（第4卷），法律出版社2002年版，第327页。

状做了基本梳理，概述如下：

（1）名实不符合同解释的基本方法，基本路径是什么？目前从整体方法论角度进行研究的成果比较少。有代表性的是：王军教授认为司法裁判说理中"名为A实为B"以及"变相"的阐述方式使案件中事实的认定和法律的分析混淆，不利于裁判者将其分析路径清晰地展现于判决书上，这不仅掩盖了裁判者的法律方法，也影响了裁判文书的准确性。[1]于程远老师将"名为""实为"的二元结构化解为从目的到内容，再到名义的三层关系上，[2]他认为名实不符的法律行为可以被总结为法律行为名义与内容的差异，以及法律行为内容同目的的偏离两种。法律行为的名义与内容之间，名义为"名"，内容为"实"，法律行为的内容与目的之间，内容为"名"，目的为"实"。

章诗迪博士从证据规则和真意解释两条路径的关系去评价名为的合同认定与实为的合同认定，指出证据规则和真意解释是相辅相成的关系，并强调解释的依据由证据规则下采信的证据提供。[3]

汪君博士则以为特定类型的合同寻找法律依据的裁判逻辑为视角，强调了不应简单地以合同的名称去对应其应适用的法律依据，而应当看到法律适用的整体性特征，应从当事人合意的本质为之寻求尽可能生效的法律依据。[4]

惠灵顿维多利亚大学的David Mclaunchlan教授认为合同名称或合同中反映合同类型的关键词可以被理解为当事人为合同添加的一个标签（label），标签并不当然决定合同的类型。例如，合同将一方当事人描述为独立承揽人（independent contractor）的，并不意味着其只能是独立承揽人的法律地位，[5]如果从合同权利义务条款所反映的实质（true nature）来看，符合雇佣合同特征的，则应当被界定为雇佣合同的法律关系。法官在进行裁判时，不应仅着眼于当事人合同所使用的语言文字，而应当就整体交易情况来分析，去发现其中的法律实质（legal sub-

---

〔1〕　参见王军："法律规避行为及其裁判方法"，载《中外法学》2015年第3期。

〔2〕　参见于程远："论法律行为定性中的'名'与'实'"，载《法学》2021年第7期。

〔3〕　参见章诗迪："买卖抑或借款担保——洪秀凤与昆明安钡佳房地产开发有限公司房屋买卖合同纠纷案评析"，载《法律适用（司法案例）》2019年第2期。

〔4〕　参见汪君："企业间借贷合同效力认定研究"，载《法律科学（西北政法大学学报）》2018年第3期。

〔5〕　独立承揽人指通过合同约定为另一方履行工作的人，但并非由该另一方所雇佣（LexisNexis Law English-Chinese Dictionary）。与雇员（employee）不同的是，如果独立承揽人等在执行工作任务的过程中从事了不法行为，其雇佣人并不对此承担责任。

stance)。〔1〕

美国俄亥俄法院 Richard K. Schwartz 法官认为〔2〕，在一些失衡的交易环境下，当事人为了尽快达成交易，可能会选择各种各样规避法律的形式去达成特定类型的避法合同。在此情形下，法官必须对证据进行全面分析，而不是仅依靠当事人所展示在表面上的行为（No case is to be judged by what the parties appear to be or represent themselves to be doing, but by the transaction as disclosed by the whole evidence），法官要根据交易的特征（character of the dealing），去穿透交易形式，去审视交易实质（look beyond the form of a transaction to its substance），从而适用正确的合同类型对应的法律。

（2）名实不符合同解释的根本目标是什么？是实现当事人利益的最大化，还是实现当事人意志的最大化？二者是否当然地、绝对地一致？所实现的利益是双方总体利益对冲之和还是各方利益总和？这离不开经济学与法学的碰撞。

耶鲁大学的 Alan Schwartz 教授和弗吉尼亚大学的 Robert E. Scott 教授认为，解释的目的是实现缔约双方盈余（joint surplus）的最大化，并且为了实现这个目标，社会治理的各个环节要不断降低当事人的交易成本。他们从社会治理体系中的父权主义和自治主义的角度来解构合同解释，他们认为法官不应否定当事人特定的交易安排，哪怕这一安排与法律的强制性规定相悖，甚至与其当事人深层次的真意不符，也不应赋予法官这样的权力。他们认为，对于公司之间的买卖合同（含商品和服务的"买卖"）而言，当事人多数情况下是"老练的"缔约者，他们能够为自己的事物作共同盈余最大化的安排。这一点，立法者制定的法律做不到，裁判者所做的合同解释也做不到。无论是立法还是合同解释中对当事人意思表示的否定，哪怕是所谓的探究真实的、深层次的意图（parties' true or deep intention），都没有正当的经济理由，因为最终将会增加整体的交易成本，缩减最终的交易盈余。〔3〕

哈佛大学的 Duncan Kennedy 教授持有不同观点，他认为，合同解释问题并不能被简单理解为最大化地实现人们有效的需求（maximize the total satisfactions

---

〔1〕 See David McLauchlan, "Form and Substance in Contract Damages", *Northern Ireland Legal Quarterly*, Vol. 70, 2019, p. 221.

〔2〕 See Ohio Neighborhood Fin., Inc. v. Scott, 2011 Ohio Misc. LEXIS 23819.

〔3〕 See Alan Schwartz, Robert E. Scott, "Contract Theory and the Limits of Contract Law", *Yale Law Journal*, Vol. 113, No. 3., 2003, p. 541.

of valid humna wants），尤其是在面对合同的形式解释与实质解释之冲突问题时，这种理解被他称为是简单的居中运算（apply some neutral calculus）。一方面，作为纠纷解决的社会根基除了经济考量之外，还有政治考量和道德考量，当事人与裁判者进行沟通时，其与政治、道德相悖的合同真意很难被完全接纳和实现。另一方面，即使纯粹在经济考量之内，也不能忽视司法过程中的成本，因为法律制度所假设出的规则和原则体系是复杂的，它们必须保持足够的概括性，否则他们无法适用于各种各样的社会经济活动。同时，他们必须是准确的，否则其适用的结果就会存在不稳定性。为了保持适用结果的确定性和制度体系的概括性，司法体系就需要熟练的裁判者，这将产生较大的司法成本。[1]

（3）当"名为"或"实为"的合同是无名合同，当事人就很难就该合同是否构成"名为"或"实为"的合同类型进行论证，因为无名合同的内涵并不清晰，这类诉讼中，当事人就"名为"与"实为"问题的争议可能不具有共同的前提，即所对照的无名合同内涵为何本身就存在争议，合同名实不符的解释问题与无名合同的解释问题交叉起来，使合同类型的界定进一步复杂化。

黄茂荣教授从名实不符在有名合同和无名合同上的区别化分布角度，将有名合同上的名实不符称为"有名契约之回避"，[2]意在表示当事人以通谋虚伪表示的方式回避名义上的合同类型。

杨立新教授从后让与担保合同的基本内涵和效力角度，阐述了物权法定原则的缓和，并允许名为商品房预售合同，实为后让与担保合同的实为内容发生当事人意定的法律效力，成立非典型的担保物权。[3]

陆青教授则从一起名为买卖，实为借贷担保的"以房抵债"合同出发，讨论了实为合同选择的复杂性，并强调裁判者不宜简单地在其熟悉的有名合同类型之中做选择，避免异化当事人的真意，而应尊重当事人的真意细节，为之构建非典型的合同类型作为真意的合同。[4]

（4）裁判者在进行名实不符认定时，本应以法律赋予的"公意"去解读当

---

〔1〕 See Duncan Kennedy, "Form and Substance in Private Law Adjudication", *Harvard Law Review*, Vol. 89, 1976, p. 1739.

〔2〕 参见黄茂荣：《买卖法》，中国政法大学出版社 2002 年版，第 4 页。

〔3〕 参见杨立新："后让与担保：一个正在形成的习惯法担保物权"，载《中国法学》2013 年第 3 期。

〔4〕 参见陆青："以房抵债协议的法理分析——《最高人民法院公报》载'朱俊芳案'评释"，载《法学研究》2015 年第 3 期。

事人的合意，但是裁判者毕竟是具体社会中的个体，难以避免在解释中夹杂自己的"私意"，即使不夹杂"私意"，那么"公意"的类型化与限定性特征也会篡改甚至扭曲当事人的真意，如何进行目的性限缩，[1]避免造成解释结果与当事人意思不相一致的情形？

李永军教授批评，法官以一般理性人的标准去解释当事人的真意，所得出的并不是当事人的合意，也很难为双方所接受。此时，应当重视撤销制度，而不应以解释制度去侵犯当事人的意思自治。[2]

李建伟教授强调，在我国《中华人民共和国民法典》（以下简称《民法典》）民商合一的背景下，要注意二者的内在区分，即民事合同是建立在商人与消费者之间的合同，商事合同是建立在商人与商人之间的合同，这会引发一系列区别，例如合同填补常用的交易习惯在民事合同和商事合同中显然不同。[3]例如保险、信托、票据、证券合同之间的区分，商组织合同与商交易合同之间的区分是商法有别于民法的重要特征，忽视商事合同的特殊性，只会导致用形式公平抹杀实质公平。[4]

于莹教授认为，在使用《民法典》对合同漏洞进行填补时，要注意民商合一的《民法典》中，民法总则、合同编通则的一些民事法规定不当然适用于商事合同的问题，[5]例如最高法人民法院也通过指导案例明确买卖合同的分期付款规定不适用于股转款支付。[6]

费安玲教授亦主张，我国《民法典》民商合一的基本定性确实会带来一些商事关系适用的问题，一方面《民法典》中有一些一般性规则可以适用于商事关系，另一方面要给予商事单行立法的空间，妥善处理"民商合一"与"民商分立"的百年难题。[7]

马荣伟先生针对金融审判领域大量存在的名为金融，实为借贷现象，从我国民商合一立法的角度，分析了司法审判未能按照商事活动重外观、陌生人交易、

---

〔1〕　参见于程远："民法上目的性限缩的正当性基础与边界"，载《法学》2019 年第 8 期。

〔2〕　参见李永军："论合同解释对当事人自治否定的正当性与矫正性制度安排"，载《当代法学》2004 年第 2 期。

〔3〕　参见李建伟："我国民法典合同法编分则的重大立法问题研究"，载《政治与法律》2017 年第 7 期。

〔4〕　参见李建伟："民法总则设置商法规范的限度及其理论解释"，载《中国法学》2016 年第 4 期。

〔5〕　参见于莹："民法基本原则与商法漏洞填补"，载《中国法学》2019 年第 4 期。

〔6〕　汤长龙诉周士海股权转让纠纷案，最高人民法院指导案例第 67 号。

〔7〕　参见费安玲："论我国民法典编纂活动中的四个关系"，载《法制与社会发展》2015 年第 5 期。

复杂交易网格化的规律去解决金融领域的合同解释问题。[1]也有学者认为应当按照实质重于形式的原则，认定特定信托关系下当事人之间的借贷关系实质。[2]

冉克平教授认为表意人不仅具有对表意内容的意思自治，也具有对表意瑕疵的意思自治，法律应当予以尊重，但是对于第三人的效力则应当以信赖保护为原则。[3]

Robert E. Scott教授则认为，美国《统一商法典》和《合同法重述》（第二次）能够用特定的默认条款（default rules）去限制当事人的缔约自由，其实质正当性在于这些默认条款比当事人缔结的条款效率更优，或更加公平。然而，他也指出，对于公司之间的常见合同纠纷来说，当事人本就是老练的缔约者，能够为他们的合同问题提出最优解决方案的是自己，而不是立法者或法官，因此对这类合同，不应以交易的公平性或其他正当性基础去约束当事人的合同自由。[4]

（5）名实不符的合同中，作为表示行为的合同文本被质疑，主张实为的一方承担了较重的举证责任，[5]那么作为裁判者，除了分配举证责任之外，如何查明当事人的真意？动机、原因、合同目的等与真意的关系如何？

李永军教授认为，原因具有来自罗马法的悠久历史渊源，法国法将原因与不法性相联系，使之具有了不同的内涵，原因作为契约正当性的渊源，虽然我国立法未作规定，但是制度处处体现着原因的内涵。[6]

徐涤宇教授阐释了原因，帮助合同摆脱了形式主义与类型法定主义之争，原因分为慷慨和交换正义，并在现代法上发展出主观原因与客观原因，全方位反映当事人缔约之真意。[7]

娄爱华教授介绍了罗马法、法国法、德国法和意大利法中的原因，并着重分

---

〔1〕 参见马荣伟："以商法思维应对金融创新"，载《中国金融》2016年第20期。

〔2〕 参见陈敦、张航："特定资产收益权信托纠纷的司法认定——安信信托与昆山纯高案评析"，载《东南学术》2017年第4期。

〔3〕 参见冉克平："民法典总则意思表示瑕疵的体系构造——兼评《民法总则》相关规定"，载《当代法学》2017年第5期。

〔4〕 See Robert E. Scott, "The Rise and Fall of Article 2", *Louisiana Law Review*, Vol. 62, 2002, p. 1009.

〔5〕 参见王雷："借款合同纠纷中的举证责任问题"，载《四川大学学报（哲学社会科学版）》2019年第1期。

〔6〕 参见李永军："论债因在合同法中的作用"，载《当代法学》2018年第2期。

〔7〕 参见徐涤宇：《原因理论研究——关于合同（法律行为）效力正当性的一种说明模式》，中国政法大学出版社2005年版。

析了贝蒂的"私人自制必定受限"之命题，同时论证了原因理论对无名合同支撑作用，使当事人自由的意思表示具有更为广泛的正当性根基。[1]曾大鹏教授认为，动机虽然具有解释当事人合同目的的价值，但是动机不是意思表示的构成要件。[2]

秦立威教授等学者们观察，法国作为原因理论研究最为丰富的国家，在原因的内涵被泛化的背景下，2016年修订的《法国民法典》将原因制度删除，不过在司法应用中，仍在以原因去平衡当事人利益的平衡性，甚至以原因去探究当事人通过缔约所期待实现的利益。[3]

（6）合同名实不符的问题与既有的通谋虚伪表示、恶意串通损害第三人利益、避法行为、违背公序良俗等制度之间显然有关，它们之间究竟是什么关系？

李永军教授认为通谋虚伪表示和恶意串通损害第三人利益存在交叉和竞合，而双方的通谋性、受领性、效果意思为否定性，以及具有真实的隐藏意思的特征使通谋虚伪表示有别于戏谑表示、间接代理、欺诈等，[4]并且通谋虚伪表示和恶意串通损害第三人利益都应被归于违背公序良俗之下，以公序良俗的实质价值评价去考量通谋虚伪表示和恶意串通损害第三人利益的效力问题。[5]

戴孟勇教授认为，对于一项有违公序良俗的法律行为，不能大而化之地进行判断，而是应当按照违背公序良俗的法律行为之具体部分来作区分，合意的动机违背善良风俗的，法律行为应当整体无效。合同的停止条件违反善良风俗的，那么也应当整体无效。而只是解除条件或赠与合同中的赠与条件违反善良风俗的，仅该条件无效，其他部分原则上继续有效。[6]法官在使用公序良俗否定当事人意思时，应当尽量摒弃个人的好恶，在当事人所处的特定时空环境内考虑问题，并注意防止专家优先于普通人，多数人优先于少数人的偏见。[7]

于飞教授从公序良俗的适用角度，强调将违背公序良俗无效限于强反社会性

---

〔1〕 参见娄爱华：《大陆法系民法中原因理论的应用模式研究》，中国政法大学出版社2012年版。

〔2〕 参见曾大鹏："《民法总则》'通谋虚伪表示'第一案的法理研判"，载《法学》2018年第9期。

〔3〕 参见秦立威："《法国民法典：合同法、债法总则和债之证据》法律条文及评注"，载《北航法律评论》2016年第00期。

〔4〕 参见李永军："虚假意思表示之法律行为刍议——对于《民法总则》第146条及第154条的讨论"，载《中国政法大学学报》2017年第4期。

〔5〕 参见李永军："法律行为无效原因之规范适用"，载《华东政法大学学报》2017年第6期。

〔6〕 参见戴孟勇："法律行为与公序良俗"，载《法学家》2020年第1期。

〔7〕 参见戴孟勇："论公序良俗的判断标准"，载《法制与社会发展》2006年第3期。

的情形。[1]梅夏英教授与邹启钊博士则认为，强制性规定作为效力阻却事由，必须以合同的真意解释为前提，即根据合同包括其他法律行为甚至事实行为的整体来界定当事人的意思，并适用强制性规定。[2]

杨立新教授指出，当事人的虚伪表示可能存在单方虚伪表示、通谋虚伪表示和串通虚伪表示，单方虚伪表示构成真意保留，通谋虚伪表示与串通虚伪表示虽均为双方虚伪，但是串通虚伪表示需要"双方当事人共同交换意见、共同决定实施虚假民事法律行为，但是通谋并非必须共同策划、共同决定，表意人此项非真意的意思表示为对方所明知而合意，亦为通谋。"[3]

韩世远教授则认为通谋虚伪表示的核心是缺乏效果意思，恶意串通损害第三人利益的核心是当事人损害第三人利益的主观故意，二者各有其制度价值。[4]王军教授认为当事人使用虚假意思表示所实施的法律规避行为具有价值的中立性，不因规避法律当然无效，具体的效力应当结合其事实和法律规避的程度作具体判断，不可简单否定当事人设定具体合同方式的自由。[5]

朱广新教授认为，恶意串通损害第三人利益来自苏联法上"伪装的法律行为"，而后者又与德国法上的虚伪表示行为有关，故应当将恶意串通损害第三人利益吸收至通谋虚伪表示中。[6]杨代雄教授认为，恶意串通损害第三人利益能够被通谋虚伪表示等制度吸收，其中只有滥用代理权的问题独立于通谋虚伪表示，因此，恶意串通损害第三人利益并无总则立法的必要。[7]冉克平教授也赞同将恶意串通损害第三人利益吸收至通谋虚伪表示。至于以合法行为掩盖非法目的的避法行为，与通谋虚伪表示存在竞合，非竞合部分可被违法和违背公序良俗

[1]　参见于飞：《公序良俗原则研究——以基本原则的具体化为中心》，北京大学出版社 2006 年版，第 95 页。

[2]　参见梅夏英、邹启钊："法律规避行为：以合法形式掩盖非法目的——解释与评析"，载《中国社会科学院研究生院学报》2013 年第 4 期。

[3]　杨立新："《民法总则》规定的虚假民事法律行为的法律适用"，载《法律科学（西北政法大学学报）》2018 年第 1 期。

[4]　参见韩世远："虚假表示与恶意串通问题研究"，载《法律适用》2017 年第 17 期。

[5]　参见王军："法律规避行为及其裁判方法"，载《中外法学》2015 年第 3 期。

[6]　参见朱广新："论'以合法形式掩盖非法目的'的法律行为"，载《比较法研究》2016 年第 4 期。

[7]　参见杨代雄："恶意串通行为的立法取舍——以恶意串通、脱法行为与通谋虚伪表示的关系为视角"，载《比较法研究》2014 年第 4 期。

无效的规定所取代。〔1〕

董新义教授针对 P2P 网贷中将一项借款份额拆分给多个出借人，甚至可以进行转让的交易模式，认为 P2P 网贷名为借款，实为证券发行，P2P 网贷平台名为网贷撮合中介，实为证券发行平台，出借人、借款人实为证券投资人和证券发行人，作为未获得审批的证券发行行为，根据证券法应认定 P2P 网贷合同无效。〔2〕

江苏高院民一庭则从法律规避角度，认为以股权转让实现土地使用权转让构成以合法形式掩盖非法目的的无效行为。即签订股权转让合同，将持有的划拨国有土地使用权的项目公司股权让与他人的，规避了土地监管部门关于土地转让时土地开发程度达到投资总额的 25% 之限定，也规避了土地增值税、营业税、契税的缴纳，故应当无效，甚至有早先的司法判例将这种法律规避评价为非法倒卖土地罪的刑事犯罪。〔3〕

田韶华教授在分析了大量司法裁判后指出，裁判中对通谋虚伪表示和恶意串通损害第三人利益、欺诈的关系未梳理清晰，导致某一合同既可能构成无效，又可能构成可撤销。〔4〕

（7）在名实不符合同中，名为买卖，实为担保是近期研究的热点。此间涉及非典型担保的正当性、非典型担保的法律性质和地位、非典型担保的常见类型、非典型担保与现有担保及相关制度的关系等问题。

例如，针对名为买卖，实为担保的合同问题，吴昭军博士分析了名为买卖，实为借贷的判例，认为合同类型的变化会导致法律适用的变化，并可能因此被法院认定变化后的合同违反法律强制性规定无效。〔5〕

陈雪强博士认为作为实为的担保，并不限于典型担保，并将与法不符的归为无效。应当将后让与担保理解为一种债权的让与担保，允许当事人设定与典型担

---

〔1〕 参见冉克平："'恶意串通'与'合法形式掩盖非法目的'在民法典总则中的构造——兼评《民法总则》之规定"，载《现代法学》2017 年第 4 期。

〔2〕 参见董新义："网络借贷平台的民事责任"，载《国家检察官学院学报》2019 年第 2 期。

〔3〕 参见潘军锋："国有土地使用权合同案件审判疑难问题研究——《最高人民法院关于审理涉及国有土地使用权合同纠纷案件适用法律问题的解释》施行十二周年回顾与展望"，载《法律适用》2017 年第 21 期。

〔4〕 参见田韶华："论通谋虚伪行为规则的司法适用"，载《北方法学》2019 年第 4 期。

〔5〕 参见吴昭军："类型化界定涉'借'案件中的买卖合同性质——兼论法释〔2015〕18 号第 24 条之所指"，载《东方法学》2017 年第 4 期。

保不同的债权性担保。[1]陈永强教授则针对以买卖合同担保借贷合同［《关于审理民间借贷案件适用法律若干问题的规定》（2015）第23条］为对象，认为在此情况下存在两合同并行且债权人享有选择权的效力，而非简单的买卖合同无效。[2]

（8）名实不符的合同解释中，如果判定合同的类型为实为的类型，那么对名为的合同类型具有信赖利益的第三人可能因此受到影响。对此，杨立新教授分析了我国法律虽然没有规定通谋虚伪表示对第三人的效力问题（审议稿中曾有），但是仍应当坚持虚伪表示的内容不对第三人生效，[3]李永军教授则特别强调不得损害善意第三人利益，[4]日本近江幸治教授进一步强调通谋虚伪表示行为人也不能向善意第三人主张因行为虚伪表示无效而取得的其他利益。[5]

（9）名实不符的合同可能是复杂交易中的一个环节，或者是交易的多个合同中的一部分，裁判者将名为的合同解释为实为的合同，合同类型发生变化，那么与之相关的附属合同、衍生合同是否要随之变化？如何变化？曾大鹏教授关注了通谋虚伪表示合同的衍生的票据行为之法律行为效力问题，并认为即使票据活动符合通谋虚伪表示的情形的，其衍生的票据行为基于无因性和外观属性，也应当被认定为有效的票据，附属的担保不因名为票据活动，实为借贷而当然无效。[6]

（10）名实不符的合同如果被法律评价为无效的，能够按照无效法律行为转换规则，转换为另一种法律行为，并部分实现当事人的真意，这与合同的解释之间是什么关系？常鹏翱教授认为，始终应以真意的实现作为限制裁判者自由裁量权的标准，他强调应当以法律行为转换作为解释失效后的补救措施，不能僭越。即使进行了法律行为转换，也要确保转换不违背当事人的真意。[7]殷秋实教授则认为，应当将无效法律行为转换的发起权交给当事人，法官不得在裁判中主动

---

〔1〕 参见陈雪强："试论后让与担保的性质——在习惯与法定之间"，载《上海金融》2018年第5期。

〔2〕 参见陈永强："以买卖合同担保借贷的解释路径与法效果"，载《中国法学》2018年第2期。

〔3〕 参见杨立新："《民法总则》规定的虚假民事法律行为的法律适用"，载《法律科学（西北政法大学学报）》2018年第1期。

〔4〕 参见李永军："虚假意思表示之法律行为刍议——对于《民法总则》第146条及第154条的讨论"，载《中国政法大学学报》2017年第4期。

〔5〕 参见［日］近江幸治：《民法讲义I：民法总则》，渠涛等译，北京大学出版社2015年版，第175页。

〔6〕 参见曾大鹏："《民法总则》'通谋虚伪表示'第一案的法理研判"，载《法学》2018年第9期。

〔7〕 参见常鹏翱："无效行为转换的法官裁量标准"，载《法学》2016年第2期。

发起无效法律行为转换，以防止法官恣意侵害当事人真意。[1]陈华彬教授认为通谋虚伪表示的表面合同无效后，隐藏的合同生效属于无效的法律行为转换。[2]杨代雄教授也认为，无效的法律行为转换本质上是对意思表示的补充解释，法律行为转换和法律行为解释之间的边界并不固定，其界限比较模糊，可以根据实践的需要"左右滑动"。[3]张传奇博士介绍，德国学者也就法律行为转换前后是否具有同一性存在争议，并发展出型构的转变论和解释的转义论。[4]董迎雪博士也说明了解释本身就是无效法律行为转换的一种路径。[5]

（11）关于合同类型的属性，合同类型之间的关系、合同类型与真意解释之间的关系，是合同名实不符问题无法回避的前提。因为毕竟所谓的名实不符所指称的对象就是合同类型与合同真意之间的不匹配问题，合同类型、民事案由、司法主题词都发挥着类型化的特征，这些概念之间是什么关系？如何在众多的合同类型中做出符合真意的选择？

宁红丽教授认为合同类型不同于概念，它具有量的评价因素，因此外延边界并非划定，类型之间的分隔也呈现流动性特征。这一方面帮助了裁判者解释合同，另一方面也要求裁判者适用合同类型时要在探究当事人真意的基础上进行逻辑评价和价值衡量，避免侵害合同自治。宁教授将合同名实不符的情形称为类型的误用，并强调要以合同内容中的权利义务关系去界定合同类型，而非合同名称。[6]

陈金钊教授对类型化思维界定出了四重境界，认为类型之间、规范与事实之间的关系并非简单的法律至上、文义优先，而是一种辩证的关系，稳定的规范也需尊重变动的社会实践，并着重强调对类型的理解也必须穷尽所有法律规范，并且要结合规范背后的目的、价值、法理。[7]

刘士国教授分析了类型化思维对立法和司法的作用，并着重强调了司法中的类型化并非从规范类型到事实的单向活动，而是要从事实的特殊性去寻找与之相

---

〔1〕 参见殷秋实："无效行为转换与法律行为解释——兼论转换制度的必要性与正当性"，载《法学》2018年第2期。

〔2〕 参见陈华彬："论我国民法总则法律行为制度的构建——兼议《民法总则草案》（征求意见稿）的相关规定"，载《政治与法律》2016年第7期。

〔3〕 参见杨代雄："民法典第142条中意思表示解释的边界"，载《东方法学》2020年第5期。

〔4〕 参见张传奇："论重大误解的可变更效力"，载《中外法学》2014年第6期。

〔5〕 参见董迎雪："无效法律行为效力转换制度研究及借鉴"，载《法学杂志》2014年第2期。

〔6〕 参见宁红丽："论合同类型的认定"，载《法商研究》2011年第6期。

〔7〕 参见陈金钊："体系思维及体系解释的四重境界"，载《国家检察官学院学报》2020年第4期。

匹配的类型规范，避免"对号入座"的单向逻辑。[1]

王文宇教授批评了台湾地区过往将建设工程施工合同归类为承揽合同的弊端，并提出当一项合同存在究竟是某个有名合同抑或无名合同的争议时，即使最终认为是某个有名合同，也要对有名合同的规范进行目的性限缩解释，确保该规范适用过程中不至于干扰当事人的真意，法官在进行合同类型适用的逻辑分析后，还要以公平正义观念、经济效益测算以及尊重工程领域的社会实践来检验其类型适用，绝不可过分仰赖于有名合同类型去解释合同真意。[2]

Samuel Williston 认为，清晰且稳定的合同类型体系能够帮助缔约者适应合同，而过分强调对类型和法律形式的抛弃，会使缺乏专业素养的法官以流行文化和意识作为评价标准，去减损交易的确定性，甚至消减当事人的真意。哥伦比亚大学的 Avery Wiener Katz 教授则从法经济学的视角指出，公共管理者并非当事人利益的最好安排者，当事人订立合同的行为是为其私人利益立法，相较于公共管理者，私人立法者从整体上更能促进社会福祉的增进。而学者的研究主要以法庭为视域，并不能代表交易的多数情形，这种视角上的局限性也限制了学说的价值，甚至有的学者产生了不切实际的观点，即实践中的合同即不存在类型上的差异，只存在程度上的区别。[3]

曹建军教授分析了与合同类型十分接近的"民事案由"，并批评了民事案由对司法实践中实体问题的入侵，以及所谓的"倒果为因""迂回审判"现象。[4]

左卫民教授和谢鸿飞教授在早期的研究成果中，强调了特定的法律概念在司法活动中作为"主题词"使用，这些主题词与社会事实处于等式的两端，主题词将社会事实理性化、程式化。主题词之间具有概括和微观关系，形成一个符合认知逻辑的体系。[5]

上述既往的研究成果对本书的撰写具有重大的参考价值，同时一些较早时期的经典著作也多有言及本书所探讨的问题，笔者在此不再罗列，下文中根据情况

---

〔1〕　参见刘士国："类型化与民法解释"，载《法学研究》2006 年第 6 期。

〔2〕　参见王文宇："契约定性、漏洞填补与任意规定：以一则工程契约终止的判决为例"，载《台大法学论坛》2009 年第 2 期。

〔3〕　See Avery W. Katz, "The Economics of Form and Substance in Contract Interpretation", *Columbia Law Review*, Vol. 104, 2004, p. 496.

〔4〕　参见曹建军："民事案由的功能：演变、划分与定位"，载《法律科学（西北政法大学学报）》2018 年第 5 期。

〔5〕　参见左卫民、谢鸿飞："司法中的主题词"，载《法学研究》2002 年第 2 期。

引用。在既往研究的厚重基础上，笔者拟针对名实不符的合同解释问题，提出实现当事人真意的整体方法论，以期为名为"A 合同、实为 B 合同"的司法争议提供解题逻辑。

二、名为与实为之争的司法裁判现状

（一）名为与实为之争的司法裁判总体数量

为了从整体上认识司法实践中的名实不符合同纠纷，笔者分别于 2019 年 10 月 19 日、2021 年 9 月 20 日、2021 年 9 月 22 日、2023 年 12 月 12 日，从"无讼案例"[1]、"把手案例"[2]、"北大法宝"[3]以及"威科先行"[4]四个数据库检索了名实不符合同纠纷的裁判文书，并对数量进行分析。检索的关键词为："名为"＋"实为"＋"合同"，检索域为"民事案件"，得到了下列裁判文书。

从这些裁判文书的数量可以发现，名实不符的合同纠纷在司法裁判中并不算少见，数量上约占民事合同纠纷的 1/200。

1. 名实不符合同纠纷约占民事合同纠纷的 1/200

笔者在北大法宝数据库共检索到 209 259 篇名实不符合同纠纷裁判文书，占该平台收录民事合同纠纷裁判文书总数的 0.46%（209 259 篇/ 45 756 368 篇）。即每出现 217.39 起民事合同纠纷时，就会出现 1 篇关于合同"名为"A、"实为"B 的民事裁判文书。

笔者在无讼案例数据库共检索到 115 781 篇名实不符合同纠纷裁判文书，占该平台收录民事合同纠纷裁判文书总数的 0.49%（115 781 篇/ 23 789 042 篇）。即每出现 205.47 件民事合同纠纷时，就会出现 1 篇关于合同"名为"A、"实为"B 的民事裁判文书。

笔者在把手案例数据库共检索到 182 290 篇名实不符合同纠纷裁判文书，占该平台收录民事合同纠纷裁判文书总数的 0.55%（182 290 篇/ 33 138 177 篇）。即每出现 181.81 篇民事合同纠纷，就会有 1 篇关于合同"名为"A、"实为"B 的民事裁判文书。

笔者在威科先行数据库共检索到 242 672 篇名实不符合同纠纷裁判文书，占

---

〔1〕 https：//www. itslaw. com/home.

〔2〕 https：//www. lawsdata. com.

〔3〕 https：//www. pkulaw. com/case.

〔4〕 https：//law. wkinfo. com. cn/.

该平台收录民事合同纠纷裁判文书总数的 0.36%（242 672 篇/66 401 366 篇）。即每出现 273 篇民事合同纠纷，就会有 1 篇合同"名为"A，"实为"B 的民事裁判文书。

作为一项仅就合同类型的意思表示瑕疵进行争论的合同纠纷类型，大致能够占全部合同纠纷数量的 1/200，并不算少。

2. 名实不符合同纠纷数量

在北大法宝数据库上，名实不符的合同纠纷裁判文书数量自 2013 年至 2020 年总体上看呈逐年上升，在 2019 年达到最高点 36 144 件，2020 年比 2019 年略低，但仍高于 2018 年。趋势如下图：

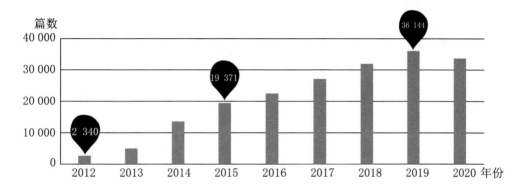

在把手案例数据库上，名实不符的合同纠纷裁判文书数量自 2010 年至 2019 年总体上看呈逐年上升趋势，在 2019 年达到最高点 37 069 件，2020 年为 32 962 件，虽然比 2019 年略低，但也高于 2018 年的 30 105 件。

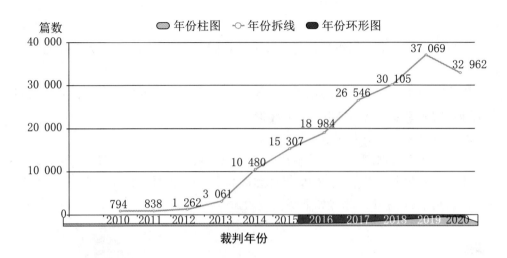

在无讼案例数据库上，名实不符的合同纠纷裁判文书数量自 2013 年至 2018 年呈现明显的上升趋势。2010 年至 2018 年判决书数量变化图请见下图：

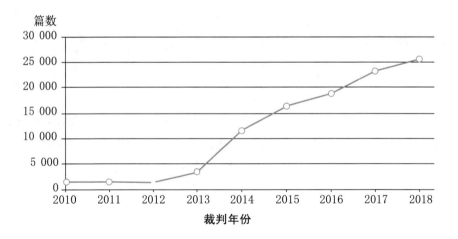

在威科先行数据库上，名实不符的合同纠纷裁判文书数量自 2019 年至 2023 年 5 年间的数量已经高于 2001 年至 2018 年 18 年间的数量。此外，该类案件在 2019 年达到顶峰，2020 年基本持平，自 2021 年起逐年下降（该趋势与合同类民事裁判文书的总体数量变化趋同）。

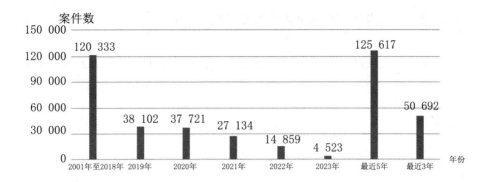

（二）20 起指导和公报案例中的名为和实为争议分析

《关于案例指导工作的规定》（2010）第七条规定，"最高人民法院发布的指导性案例，各级人民法院审判类似案例时应当参照。"《〈关于案例指导工作的规定〉实施细则》第十条规定，"各级人民法院审理类似案件参照指导性案例的，应当将指导性案例作为裁判理由引述，但不作为裁判依据引用。"可见，最高人民法院的指导案例对同案案件具有权威的、普遍的说理指导作用。而公报案例是刊载在《中华人民共和国最高人民法院公报》上的裁判文书，《中华人民共和国最高人民法院公报》是最高人民法院的官方文献汇编[1]，虽然公报案例未被赋予权威性指导作用，但是学者分析发现，公报案例也具有对下级法院裁判"思路的内容说服力和权威判决的形式说服力"，[2]并且"具有一定的指导与参考意义"。[3]

以最高人民法院指导案例和公报案例作为检索范围，笔者检索到 18 起公报案例，1 起指导案例，这些判决书的争议焦点为名实不符合同的真实意思解释问题，这 19 起案件因不同审级形成多份裁判文书，可查阅的裁判文书合计 46 份。分析整理发现：

1. 案例体现的名为/实为判断之司法态度

（1）不同法院就同一案件的裁判态度差异情况

同一起案件在诉讼过程中可能经过一审、二审，甚至还会有再审，除此之

---

［1］　参见中华人民共和国最高人民法院公报官网，载 http://gongbao. court. gov. cn/SinglePage. html? result＝introduction，最后访问日期：2021 年 10 月 4 日。

［2］　参见陈越峰："公报案例对下级法院同类案件判决的客观影响——以规划行政许可侵犯相邻权争议案件为考察对象"，载《中国法学》2011 年第 5 期。

［3］　参见马燕："论我国一元多层级案例指导制度的构建——基于指导性案例司法应用困境的反思"，载《法学》2019 年第 1 期。

外，在不同的审级中又会出现重审，如此反复，每个案件可能产生远超 2 个裁判文书。

笔者将最高人民法院指导案例和公报案例中涉及真意解释的判决书进行梳理，发现同一案件中，不同审级的法院对当事人之间的合同有不同的认识，有的最终认定为名为的合同，有的最终认定为实为的合同，总结下来，有 35% 左右的裁判文书中，各级法院对同一起案件所认定的名为还是实为判断不一。甚至部分案件一审和终审（可能是再审、二审、重审后的二审等最终生效的判决）的法院判断截然不同，这类案件占比 30% 左右，足见对名实不符合同的解释争议之巨大。

（2）判实为与判名为的裁判数量比较

19 起案件因不同审级形成多份裁判文书，可查阅的裁判文书合计 46 份，其中裁判认定表面合同类型有效的（判名为）合计 20 份，裁判认定表面合同类型无效，背后的合同类型有效的（判实为）合计 26 份。判名为的裁判占比 43.47%，判实为的裁判占比 56.52%。实为略多于判名为的裁判。

但是这一数据存在样本偏差，即最高人民法院公报案例作为具有指导意义的裁判，往往存在较大争议，裁判文书的说理也相对充分，而这一特征恰恰与判实为必然需要进行否定表面合同，论证背后合同的情形有关，因此，在最高人民法院公报案例中，判实为的较多，并不具有说服力，而且上述样本并非终审判决，而是各级法院的非终审判决。我们来看终审判决是否如此。

（3）终审法院在名为与实为之间的倾向性考察

笔者将最高人民法院公报案例中的裁判文书进行分析，发现在 19 起发生了名为层面和实为层面合同解释问题的案件中，有 10 起案件的终审判决判定名为层面有效，有 9 篇案件的终审判决认定实为层面有效，二者并没有实质的差异。应当说，最高人民法院公报案例比一般案例的说理性、指导性、对法官的教育性强许多，在层层筛选的公报案例中，并没有体现出引导法官去更多裁判实为层面合同有效的情形，故而，可以认为即使在有争议性同时说理充分的案例中，最高人民法院也没有体现出更倾向于判实为层面合同有效的态度。

笔者将这些案例，包括每个个案在不同审级上的文书意见进行整理，形成如下表格，以帮助读者俯瞰合同真意解释之裁判态度。

序号	判决书名称和案号	名为的合同类型	实为的合同类型	一审法院和判决选择	二审法院和判决选择	再审法院和判决选择（如有）	抗诉后再审法院和判决选择（如有）	再审提审	再审
1	重庆雨田房地产开发有限公司与中国农业银行股份有限公司重庆市分行房屋联建纠纷案（2011）民抗字第 48 号	联合开发房地产合同	房屋买卖合同	重庆第一中院	重庆高院	最高法院			
				实为	实为	实为			
2	广西桂冠电力股份有限公司与广西泳臣房地产开发有限公司房屋买卖合同纠纷案（2009）民一终字第 23 号	联合开发房地产合同	房屋买卖合同	广西高院	最高法院				
				实为	名为				
3	陈全、皮治勇诉重庆碧波房地产开发有限公司、夏昌均、重庆奥康置业有限公司合同纠纷案（2009）民申字第 1760 号	联合开发房地产合同	土地使用权转让合同	不明	重庆高院	最高法院			
				不明	实为	实为			
4	广西北生集团有限责任公司与北海市威豪房地产开发公司、广西壮族自治区畜产进出口北海公司土地使用权转让合同纠纷案（2005）民一终字第 104 号	联合开发房地产合同	土地使用权转让	广西高院	最高法院				
				实为	实为				

续表

序号	判决书名称和案号	名为的合同类型	实为的合同类型	一审法院和判决选择	二审法院和判决选择	再审法院和判决选择（如有）	抗诉后再审法院和判决选择（如有）	再审提审	再审
5	深圳富山宝实业有限公司与深圳市福星股份合作公司、深圳市宝安区福永物业发展总公司、深圳市金安城投资发展有限公司等合作开发房地产合同纠纷案（2010）民一终字第45号	联合开发房地产合同	土地使用权转让合同	广东高院	最高法院				
				名为	名为				
6	最高人民检察院按照审判监督程序提出抗诉的海南金岗实业投资公司诉吉林省国土资源开发实业总公司合作开发地产项目合同纠纷案（2004）民二抗字第2号	联合开发房地产合同	借贷合同	海南中院	海南高院	最高法院			
				实为	实为	实为			
7	徐州大舜房地产开发有限公司诉王某强商品房预售合同纠纷案（2012）泉民初字第1276号	房屋买卖合同	金融借款合同（抵押）	徐州市泉山区法院					
				实为					
8	洪秀凤与昆明安钡佳房地产开发有限公司房屋买卖合同纠纷案（2015）民一终字第78号	房屋买卖合同	民间借贷合同	云南高院	最高法院				
				实为	名为				

续表

序号	判决书名称和案号	名为的合同类型	实为的合同类型	一审法院和判决选择	二审法院和判决选择	再审法院和判决选择（如有）	抗诉后再审法院和判决选择（如有）	再审提审	再审
9	陆丰市陆丰典当行与陈卫平、陈淑铭、陆丰市康乐奶品有限公司清算小组、第三人张其心土地抵债合同纠纷案（2006）民二提字第10号	典当合同	借贷合同	陆丰市法院	汕尾中院	汕尾中院	汕尾中院（广东省检察院抗诉后广东高院转汕尾中院再审）	广东高院	最高法院
				名为	实为	实为	实为	实为	名为
10	中国工商银行青岛市市北区第一支行诉青岛华悦物资发展公司、青岛海尔空调器总公司、青岛海尔集团总公司借款合同担保纠纷上诉案 最高人民法院民事判决书（未找到案号，文书载《中华人民共和国最高人民法院公报》1997年04期）	金融借款合同和保证合同	虚假意思表示且恶意串通损害第三人利益且以合法形式掩盖非法目的的无效合同	山东高院	最高法院				
				名为	实为				
11	苏州工业园区海富投资有限公司与甘肃世恒有色资源再利用有限公司、香港迪亚有限公司、陆波增资纠纷案（2012）民提字第11号	公司增资合同	民间借贷合同	兰州中院	甘肃高院	最高法院			
				名为	实为	名为			

序号	判决书名称和案号	名为的合同类型	实为的合同类型	一审法院和判决选择	二审法院和判决选择	再审法院和判决选择（如有）	抗诉后再审法院和判决选择（如有）	再审提审	再审
12	中国农业银行信托投资公司诉中国轻工业原材料总公司信托贷款担保合同纠纷上诉案《中华人民共和国最高人民法院公报》1997年03期	委托贷款合同	信托贷款合同	北京一中院 实为 （从合同）担保合同无效	北京高院 实为 从合同担保合同有效				
13	龙建康诉中洲建筑工程公司、姜建国、永胜县交通局损害赔偿纠纷一审案永胜县人民法院民事判决书（无判决书文号，文书载《中华人民共和国最高人民法院公报》2001年01期）	1. 姜建国与中洲公司之间为施工分包合同关系；2. 姜建国与龙建康之间为雇佣合同关系。	1. 姜建国与中洲公司之间为内部承包关系，姜建国是中洲公司的代理人；2. 姜建国与龙建康之间无直接合同关系。	永胜县法院 实为					
14	中青基业发展中心诉平原总公司期货交易纠纷案(2000)经终字第94号	期货交易所席位转让合同	期货交易所席位租赁合同	四川高院 实为	最高法院 实为				

续表

序号	判决书名称和案号	名为的合同类型	实为的合同类型	一审法院和判决选择	二审法院和判决选择	再审法院和判决选择（如有）	抗诉后再审法院和判决选择（如有）	再审提审	再审
15	郭懿诉江苏益丰大药房连锁有限公司劳动争议二审案《中华人民共和国最高人民法院公报》2010年第6期	劳动合同	实习合同	白下区法院	南京中院				
				名为	名为				
16	李建国与孟凡生、长春圣祥建筑工程有限公司等案外人执行异议之诉案（2016）最高法民再149号	总分公司关系（同一公司）	公司承包经营合同（不同公司）	长春中院	吉林高院	最高法院			
				实为	实为	名为			
17	陈呈浴与内蒙古昌宇石业有限公司合同纠纷案（2014）民提字第178号	合作开发矿山合同	矿山买卖合同	宁德中院	福建高院	最高法院			
				名为	名为	名为			
18	广东达宝物业管理有限公司与广东中岱企业集团有限公司、广东中岱电讯产业有限公司、广州市中册实业有限公司股权转让合作纠纷案（2010）民提字第153号	股权和土地开发合作合同	民间借贷合同	广州中院	广东高院	最高法院			
				名为	名为	名为			

续表

序号	判决书名称和案号	名为的合同类型	实为的合同类型	一审法院和判决选择	二审法院和判决选择	再审法院和判决选择（如有）	抗诉后再审法院和判决选择（如有）	再审提审	再审
19	汤龙、刘新龙、马忠太、王洪刚诉新疆鄂尔多斯彦海房地产开发有限公司商品房买卖合同纠纷案（2015）民一终字第180号	商品房买卖合同	借贷合同的担保合同	新疆高院	最高法院				
				名为	名为				

2. 判名为与判实为的裁判意见比对

作为具有重大争议的事项，不同裁判之间当然存在不同的观点。由于不同案件之间的可比性不足（也存在裁判文书中说理性不足导致比较因素不充分的问题），横向比较难以控制其他变量，笔者选取同一案件在不同审级、不同法院的裁判文书，作纵向比较，以实现控制变量法之下对名为 A、实为 B 之间的争议要素的对比。

以洪秀凤与昆明安钡佳房地产开发有限公司房屋买卖合同纠纷案[1]为例，云南高院和最高人民法院对于当事人之间签订的《商品房购销合同》究竟是商品房买卖合同（名为）还是民间借贷合同（名为）判断不同，云南高院一审认为双方系民间借贷合同，构成实为的合同，而最高法院认为双方系商品房买卖合同，构成名为的合同，两级法院各有论证其观点的分析意见，笔者总结如下。

本案中，对于合同类型界定的争议焦点，法院梳理了重要的事实，关于该事实的真实性已不存在异议，而基于相同的事实，得出了不同的法律判断。这些事实为：（1）合同约定的交房时间晚于涉案房屋具备交房条件的时间；（2）涉案房屋买卖价格低于售房者与第三人签订的同楼盘售房价格；（3）涉案购房人在合同约定的付款日之前就付清了全部房款。

对于上述具有一定不合常规性的事实两审法院分别得出以下分论点：

---

[1] 参见（2015）民一终字第 78 号民事判决书、（2014）云高民一初字第 9 号民事判决书。

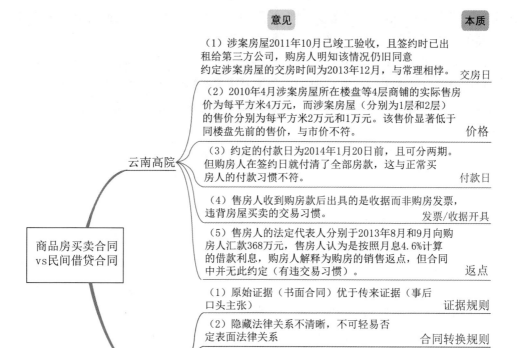

云南高院一审认为，上述特征与商品房买卖合同的交易惯例不符，从而认定当事人之间以商品房买卖为名，行借贷之实。认定当事人之间是借贷合同关系，从而驳回了原告基于商品房买卖合同提出的请求权。

最高人民法院二审作了改判，否定了云南高院对合同类型的判断，最高人民法院的观点可以总结为：（1）重大交易双方意思本身就处于变化之中，所需要探析的是合同签订之时双方的合意；（2）书面合同作为原始证据优于事后的传来证据，因此事后所主张的实为合同之证明标准要高于原书面合同；（3）法律设置交易习惯的目的是补足不充分的意思表示，而不是矫正意思表示，用交易习惯否定合同真实性必须十分谨慎；（4）轻易否定书面合同的真实性不利于构建重信守诺的社会，需要重视裁判规则的法律教育意义。

基于此，最高人民法院认为原告（购房人）已经能够举证双方签订了《商品房买卖合同》，是商品房买卖合同关系，被告（售房人）未能证明双方是借贷合同关系，从而认定双方系商品房买卖合同关系。

最高人民法院看似是从证据规则出发，但是在案件事实层面真实性（即合同的付款时间、付款方式、交房时间、费用返还等）两级法院并无不同看法，真正的争议产生于对这些事实的理解的判断。这应当是法律解决的问题，甚至是实体法解决的问题，不能完全交给证据规则。

从笔者研究名实不符的合同解释角度来看，最大的问题不在于具体案件的名为或实为，而在于分析和解释"名为"和"实为"的方法。而两审法院形成不同意见的分析几乎没有交集，云南高院的意见都在论证涉案合同的特征（笔者称之为合同要素，下文详述）和商品房买卖合同特征之间的差别，借此否定名为合同类型的意思表示真实性。最高人民法院对云南高院意见的回应只有一条，即交易惯例原则上不能否定意思表示真实性，只能补充意思表示。除此之外，最高人民法院余下的意见与云南高院不在同一层面上，并作出与云南高院截然不同的裁判。两审法院几乎毫无交集的论证，一方面造成无法说服对方的问题，另一方面使裁判文书失去了对同类裁判的指导和对当事人的教育功能。[1]

综合来看不同的判例，可以发现如下规律：判实为的，多从真意主义出发，同时综合考虑强制性规定，对表示的合同进行矫正；判名为的，多从表意主义出发，以证据规则作为抓手，同时强调诚实信用原则，对表示的合同予以维护。[2]问题是，二者之间真的无法找到共同的前提吗？

（三）"合同系真实意思表示"的虚化

合同纠纷中，大量的裁判文书在"本院认为"部分开端即申明，本案合同系双方真实意思表示，不违反法律规定，合法有效。在此之后，才阐述裁判者的具体意见，"合同系意思表示"的说法已经成为裁判文书"本院认为"部分模板化表达。经笔者粗略地检索，在无讼案例平台上检索到168万余篇的裁判文书使用了该表达。

---

〔1〕 当然，这只是个案，最高人民法院也并非在所有案件中均以此逻辑进行分析，在王才、张丽晶等房屋买卖合同纠纷再审案中，为了区分《房屋买卖合同》名为买卖合同实为让与担保合同的问题，最高人民法院基于该合同约定了明确的"房屋地址、土地面积、房屋面积、购房款数额、购房款交付方式、办理过户手续的期限"，符合房屋买卖合同的合同要素，维持了"名为"合同类型的有效性。

〔2〕 参见章诗迪："买卖抑或借款担保——洪秀凤与昆明安钡佳房地产开发有限公司房屋买卖合同纠纷案评析"，载《法律适用（司法案例）》2019年第2期。

1. 被裁判文书模板架空的"真实意思表示"

在最高人民法院公报案例——重庆雨田房地产开发有限公司与中国农业银行股份有限公司重庆市分行房屋联建纠纷案[1]中，一审、二审均认为《联合建房协议》名为联合建房合同，实为房屋买卖合同。但是在论述之前，在"本院认为"部分，均表述"该合同系双方真实意思表示，不违反法律规定，应属有效"。最高人民法院再审时，虽然合同类型问题不是当事人异议部分，但是最高人民法院也以"原判决认定《联合建房总协议书》及《联合建房协议》之内容，是双方当事人真实意思表示，不违反法律的规定，合法有效"作为法律关系论证之基础。

问题在于，本案一审、二审、再审均认为双方之间签订的《联合建房协议》不是联合建房合同，而是房屋买卖合同。即《联合建房协议》关于合同类型的意思表示不真实，合同被称为联合建房协议，显然有一些联合建房合同的条款，这些条款也存在意思表示不真实的情形。该案件作为最高人民法院公报案例，尚且如此，其他裁判文书以"合同系双方真实意思表示，不违反法律的规定，合法有效"的模板架空真实意思的问题亦大量存在：

如最高人民法院认为《销售合同书》"名为买卖实为计算机软件开发合同"的同时认为该合同"系双方真实意思表示"。[2]

最高人民法院认为《企业经营管理委托协议书》"名为委托实为承包……系双方真实意思表示"。[3]

广东高院认为"《物业管理协议》……双方真实意思表示"同时认为该协议名为物业管理协议，实为租赁协议。[4]

河南高院认为"《云顶绿城内部认购协议》名为认购协议，实为以房抵债协议……该协议系双方真实意思表示"。[5]

新疆高院认为"《合作协议书》系双方真实意思表示"的同时，认定该协议名为合作协议，实为经营权转让协议。[6]

---

〔1〕 （2011）民抗字第 48 号民事判决书。
〔2〕 （2020）最高法知民终 98 号民事判决书。
〔3〕 （2014）民申字第 901 号民事判决书。
〔4〕 （2019）粤民申 915 号民事裁定书。
〔5〕 （2019）豫民申 2933 号民事判决书。
〔6〕 （2021）新民申 106 号民事判决书。

新疆高院伊犁分院认为"合作协议系双方真实意思表示……双方签订的合同名为合作协议实为委托合同"。[1]

西安中院认为"《群光广场西安 LED 显示屏咨询及顾问服务合同》系双方真实意思表示……涉案合同虽名为服务合同……故涉案合同实为委托合同"。[2]

西安中院认为"《教室承包合同》系双方真实意思表示，内容不违反法律、行政法规的强制性规定，应为合法有效。该合同虽名为承包，但实为租赁……"。[3]

平顶山中院认为"《回购协议书》系双方真实意思表示……双方之间应名为房屋买卖关系，实为借款关系"。[4]

当然并非所有法院均如此，笔者检索中也看到了大量法院对意思表示真实性谨慎使用，同时，有的法院在合同系双方真实意思表示的判断之后，紧接着说明对当事人之间发生法律约束力的是实为的合同，但是论证的过程显然忽视了名为的合同不完全真实、实为的意思没有被充分表示的问题。例如在盛隆电气集团有限公司与湖北中扬智能机器人有限公司计算机软件开发合同纠纷案[5]中，双方当事人就智能机器人折弯项目签订一份设备供应及工程服务合同，武汉中院认为结合合同内的约定，该合同名为设备供应合同，实为技术开发合同。武汉中院同时认为"涉案合同及其附件均由原、被告各方签字、盖章，系双方真实意思表示，合同内容符合法律、法规的规定"。

显然，这里关于真实意思表示的认定欠妥，武汉中院似乎考虑到了该问题，故进一步表示"故原、被告之间签订的涉案智能机器人折弯机项目开发合同为有效合同，对原、被告双方具有约束力。"这里存在逻辑上的纠结，一方面，法院欲使当事人之间的合同产生法律效力，故按照模板化的表述说明合同系双方真实意思表示，隐含的逻辑是：一旦不真实，就全部无效了；另一方面，法院经过审查认为案涉合同名为设备供应合同，实为技术开发合同，故在真实意思表示的判断之后，又指出对双方发生法律约束力的是实为的合同——技术开发合同。显然，法院所使用的前提——意思表示真实不完全准确，而意思表示准确也不是法院所认定的结论——是实为合同有效的前提。

---

〔1〕 (2019) 新 40 民终 2028 号民事判决书。
〔2〕 (2020) 陕 01 民终 10751 号民事判决书。
〔3〕 (2020) 陕 01 民终 8364 号民事判决书。
〔4〕 (2020) 豫 04 民初 46 号民事判决书。
〔5〕 (2018) 鄂 01 民初 4762 号民事判决书。

在模板化的裁判文书思维之下，真实意思的审查流于形式，真实意思被裁判文书模板架空，成为虚无的、缺乏内涵的文书表达。

2."真实意思表示"的过度提纯

裁判文书本院认为部分对"合同系双方真实意思表示"的表述来源于裁判者对意思自治的理解和运用，并进一步在裁判者的逻辑下形成"意思表示真实，法律行为才有效力"这个思维。从实践来看，这一司法态度是一种过度提纯。

在意思表示不真实、部分真实等各种意思表示瑕疵（如虚伪表示、真意保留、错误，等等）之下，也会形成与当事人预期相同或近似的法律关系，作为裁判者进行权利义务判断的依据。例如在上述盛隆电气集团有限公司与湖北中扬智能机器人有限公司计算机软件开发合同纠纷案的二审[1]中，最高人民法院指出，本案的合同既有设备供应的内容，又有计算机软件开发的内容，简单认定为技术开发不符合合同真意。

不过，现实中的裁判并未从这一路径去表达，长久的表达虚无会像商标淡化一样，使本身具有重大含义的"真实意思表示"成为没有信息指代的符号，这种影响不仅在于表达，甚至可能因为表达的长期虚无化进而影响思维的形式主义。

解亘教授指出，意思表示不那么真实，才是现实中交易的常态，才是法律行为在实践中的真实体现。意思表示真实，也不应被教义化和神圣化。[2]

放在合同名实不符的背景下，对合同是否构成真实意思表示的前提性界定，直接影响"本院认为"后文的推演，裁判者应谨慎为之。否则，既承认案涉合同系真实意思表示，又指出合同名实不符，并认定为实为的合同类型，会造成说理逻辑上的前后矛盾。

（四）实为的合同类型之单一化——以实为借贷为例

纵观20余万份名实不符合同纠纷的司法裁判，名为的合同类型相对多样化，而实为的合同类型却比较单一化。其中，实为合同类型出现频次最高的是借贷合同（含民间借贷）。这可以通过法院对民事案件案由的划分以及对海量裁判文书中的高频词分析得出。为什么是借贷？人民法院是否有将复杂交易简单化的倾向？实为借贷的一般分析路径又是什么？通过对案例和最高人民法院颁布的文件

---

[1] （2020）最高法知民终1345号民事判决书。
[2] 参见解亘："意思表示真实的神话可以休矣"，载《苏州大学学报（法学版）》2018年第2期。

进行分析，或许可以回答这些问题。

1. 借贷合同的数量占比最高

（1）案由数量：民间借贷最多

民事案件案由的作用在《民事案件案由规定》中被界定为："方便当事人进行民事诉讼，规范人民法院民事立案、审判和司法统计工作"。显然以民事案由对司法裁判进行统计是官方的措施，这是法院管理的手段。

除此之外，在我国案由还具有区分诉讼标的功能，这一点有别于英美法只使用原被告名称来列示案件，在大陆法系也鲜有在同等意义上使用案由的情形。[1]按照当前的规定，民事案由由当事人和法院双方选定，立案案由往往与结案案由相等同。[2]案由的选择具有功能扩张的现象，即除了统计法院受理案件类型的功能外，案由一定程度上也影响着法院根据案由对应的类型适用相应的法律。

早在 2000 颁布的《民事案件案由规定（试行）》开篇通知部分，最高人民法院就在突出位置强调："当事人起诉的法律关系与实际诉争的法律关系不符时，结案时以法庭查明的当事人之间实际存在的法律关系作为确定案由的依据，例如名为联营实为借贷的，定为借款纠纷"。显然，民事案由的确定与合同类型的确定直接相关。最高人民法院在 2011 年修改《民事案件案由规定》后，最高人民法院孙佑海教授等几位专家解释："案由确定后，适用的法律依据也就相应确定。这就意味着，同一案由所指向的具体个案，尽管具体案件事实、争议焦点不尽相同，但适用的法律依据却是大致相同的。从无名案由到有名案由的过程，也预示着某一种或者某一类案件的类型化，案由的确定有利于法官正确适用法律。"[3]虽然早有学者对民事案由影响法律定性和法律适用的做法表示反对，[4]但是学者们也承认，民事案由至今仍"不可避免地对案件审理的实体问题和程序问题都有着重要作用"。[5]《民事案件案由规定》于 2020 年修改的第一条仍旧规定，

---

〔1〕 参见曹建军："民事案由的功能：演变、划分与定位"，载《法律科学（西北政法大学学报）》2018 年第 5 期。

〔2〕 参见宋旺兴："论民事案由确定制度的完善"，载《法律适用》2012 年第 2 期。

〔3〕 孙佑海、吴兆祥、黄建中："2011 年修改后的《民事案件案由规定》的理解与适用"，载《人民司法》2011 年 9 月。

〔4〕 参见盛建、高伟："《民事案件案由规定（试行）》的再认识"，载《山东审判》2007 年第 2 期。

〔5〕 参见曹建军："民事案由的功能：演变、划分与定位"，载《法律科学（西北政法大学学报）》2018 年第 5 期。

（民事案件案由）反映案件所涉及的民事法律关系的性质，是对当事人诉争的法律关系性质进行的概括……建立科学、完善的民事案件案由体系，有利于方便当事人进行民事诉讼，有利于统一民事案件的法律适用标准。并且在第三条规定："当事人在诉讼过程中增加或者变更诉讼请求导致当事人诉争的法律关系发生变更的，人民法院应当相应变更个案案由。"由于案由影响法院对实体法律的适用，所以案由的判断会影响当事人的实体权利，当事人的诉讼请求之基础应当与案由具有对应性，实践中也发生了各方以案由作为争议焦点，甚至将该争议焦点打到最高人民法院的情况。[1]

当前的《民事案件案由规定》中列示了大量合同类型，囊括了所有有名合同和尚不具有相应规范的无名合同，例如排污权交易合同，种植、养殖回收合同，彩票、奖券合同等。可见，民事案由可以很大程度上反映法院对合同类型的判断。实践中，有法院甚至将当事人对合同类型的争议称为案由的争议，如某案针对名为股权转让合同、实为土地权转让合同问题，一审法院认为案件的争议焦点为：涉案案由是股权转让纠纷还是土地使用权转让合同纠纷。[2]

虽然实践中法院存在使用具体合同类型的上位概念案由，如不使用民间借贷合同纠纷，而使用合同纠纷来避免争议的情形，但是不影响案由反映最终合同类型的大趋势。

2021年9月22日，笔者以"名为""实为""合同"且类型为民事纠纷作为关键词和检索项在北大法宝案例平台上检索到209 259篇裁判文书，将这些判决书以民事案由进行分类统计，可以看出，民间借贷纠纷的案由在名实不符合同纠纷中占据数量最大，排列第一，一共有38 320份，紧随其后的其他合同、无因管理、不当得利纠纷数量只有21 045份，只有民间借贷案由的55%左右。排名第三、第四的分别是房屋租赁合同纠纷和建设工程施工合同纠纷，加起来也只有1.8万余篇。

可见，在名实不符的合同纠纷中，民间借贷合同纠纷在数量上一马当先。

---

〔1〕（2017）最高法民终181号。
〔2〕（2020）最高法民再10号。

民间借贷纠纷   38 320

其他合同、无因管理、不当得利纠纷   21 045

房屋租合同纠纷   10 963

建设工程施工合同纠纷   7 129

（2）裁判文书中的关键词："借贷"频率最高

除了案由之外，裁判文书中的关键词也可以反映某概念在一定范围内裁判文书中出现的频次，[1]笔者在无讼案例数据库检索到的115 781篇文书中，除"法院""原告""本院认为"等无区分内容的词汇外，高频关键词如下：

11余万份的裁判文书中，"借贷""民间借贷"这一组关键词各出现了2万余次，其后的关键词"交付"只出现了4 000余次。同样可以体现合同类型的"建设工程施工""商品房销售"则分别是3 800余次和1 800余次，数量上也与"借贷""民间借贷"不可同日而语。

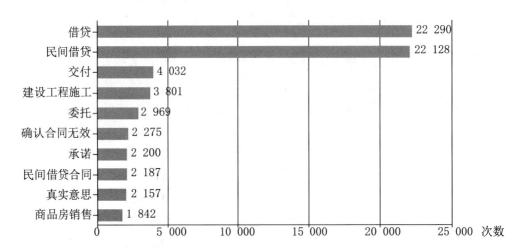

"借贷"显而易见地成为名实不符合同裁判中最高频的关键词。而借贷往往出现在实为合同类型上，最高人民法院的多份文件也体现了这一点（下文详述）。有

---

[1] "巧用无讼案例，检索效率10倍提升"，载 https://mp.weixin.qq.com/s/YQlgEWqCC8WdlFLZ-e-TFA，最后访问日期：2019年10月19日。

金融实务界的专家批评，近年来，似乎具有投资交易性质的合同，都可以被认定为借贷。其根本问题在于民商合一之下，司法审判未能按照商事活动重外观、陌生人交易、复杂交易网格化的规律去解决金融领域的合同解释问题。[1]

值得考虑的是，为什么实为合同中借贷出现的较多？

笔者认为，一方面，裁判者有简化纠纷的倾向，面对名实不符的合同裁判者有"认为解释太难、太有争议性，而宁可做机械性套用'条文化'的倾向"。[2]故倾向于适用有名合同，并且在有名合同中寻找相对简单、相对基础的合同类型。

另一方面，借贷合同具有基础合同的特征，无论虚伪表示的是货物、交易方式、主体任何一类，资金都不是虚伪表示。即使在循环贸易一笔资金多轮空转的情况下，也存在至少一笔真实的资金。故而，在通谋虚伪表示之下，当事人以虚构的交易标的物实施虚构的交易方式，规避政策监管，最终实现真实的资金往来。而借贷合同恰恰符合其真实的部分。借贷合同是出借人和借款人仅实施资金往来的合同，不以商品、服务的流转作为交易的目的，仅以资金的交付与返还作为交易目的之指向。正是因为这个原因，借贷合同发挥着融资合同之原初合同的作用，是各类融资合同的最大公约数。其他融资合同无论多么复杂，无非是在借贷合同的基础之上对出借方式、还款方式、担保方式、主体作出调整的结果。

2. 司法政策对金融合同类型多样化的影响

借贷合同（含民间借贷与金融借贷）是金融合同中的一类，除了借贷合同外，金融合同还包括融资租赁、保理、典当、信托，甚至保险、基金等合同类型。将复杂多样的金融合同界定为单一的借贷合同，体现出明显的司法政策影响。

（1）司法政策的性质

赵旭东教授认为司法政策在实践中发挥着重要的指导裁判的作用，通过司法政策，社会管理者的价值观得以影响司法活动。[3]李建伟教授将司法政策限定于高级法院所制定的"审判指导意见"等规范，并将司法政策与司法解释、创造性的个案裁判并列为我国填补制定法漏洞的实践方式。[4]李大勇教授则将司法政策界定为"司法机关所制定的对司法活动进行指引和规范的规则"。司法政

---

〔1〕 参见马荣伟："以商法思维应对金融创新"，载《中国金融》2016 年第 20 期。

〔2〕 参见王文字："非典型（商业）契约的漏洞填补——论任意规定与补充解释的择用"，载《月旦法学杂志》2009 年第 164 期。

〔3〕 参见赵旭东："内幕交易民事责任的司法政策与导向"，载《法律适用》2013 年第 6 期。

〔4〕 参见李建伟："股东知情权诉讼研究"，载《中国法学》2013 年第 2 期。

策的内涵是司法机关的基本观点和态度。与李建伟教授不同的认识是，李大勇教授将司法政策的外延界定为最高人民法院制定的所有影响司法工作的"文件、意见、通知、会议纪要"以及司法解释。[1]王晨法官认为司法政策既决定着司法解决纠纷的基本价值取向，也在很大程度上反映了一国具体诉讼制度的发展和诉讼理念的更新。[2]从司法机关性质看，最高人民法院制定司法政策显然存在权力的僭越，[3]但是，司法政策在法官审判中发挥着实质的影响作用，是一个不争的事实。[4]

而从相关机关发文来看，司法政策已经是官方使用的概念。例如《中共中央、国务院关于完善产权保护制度依法保护产权的意见》（中发〔2016〕28号）要求"审慎把握处理产权和经济纠纷的司法政策"，《国务院关于积极稳妥降低企业杠杆率的意见》（国发〔2016〕54号）要求"完善破产清算司法解释和司法政策"，《国务院办公厅关于印发2017年全国打击侵犯知识产权和制售假冒伪劣商品工作要点的通知》要求最高人民法院"适时出台司法解释和司法政策性文件"。

最高人民法院发文也正式使用了司法政策，例如《最高人民法院关于审理涉及中国农业银行股份有限公司处置股改剥离不良资产案件适用相关司法解释和司法政策的通知》，该通知在名称上直接使用司法政策。又如《人民法院知识产权司法保护规划（2021—2025年）》要求"健全以司法解释、司法政策为引领、以指导性案例为指引、以典型案例为参考的知识产权审判指导体系"。

可见，在官方文件中，司法政策是与司法解释，甚至包括指导案例和典型案例并列的审判指导体系之组成部分。应当说，最高人民法院制定司法解释具有权力来源，即根据《全国人民代表大会常务委员会关于加强法律解释工作的决议》第二条规定："凡属于法院审判工作中具体应用法律、法令的问题，由最高人民法院进行解释。"[5]而司法政策则并非最高人民法院的司法解释，在文号上也未

---

〔1〕　参见李大勇："论司法政策的正当性"，载《法律科学（西北政法大学学报）》2017年第1期。

〔2〕　参见王晨；"司法公正的内涵及其实现路径选择"，载《中国法学》2013年第3期。

〔3〕　参见［法〕孟德斯鸠：《论法的精神》，张雁深译，商务印书馆1961年版，第156页。

〔4〕　参见吴良志："政策导向型司法：'为大局服务'的历史与实证——中央政府工作报告与最高法院工作报告之比较（1980—2011）"，载万鄂湘主编：《探索社会主义司法规律与完善民商法律制度研究——全国法院第23届学术讨论会获奖论文集》（上），人民法院出版社2011年版，第36~56页。

〔5〕　该条文被认为是全国人大常委会向最高人民法院授权制定司法解释的授权性规范。不过该文件制定于1981年，虽然未见全国人大常委会正式发文废止该文件，但是对该文件是否还具有效力有一定的质疑。参见汪全胜："司法解释正当性的困境及出路"，载《国家检察官学院学报》2009年第3期。

使用"法释"来标注，但是司法政策对司法裁判具有实质性影响。

笔者认为，司法政策是指由司法机关制定的对审判工作起到非规范性指导作用的文件。

（2）影响金融合同类型界定的司法政策发展趋势

在金融合同下，除了借贷，还有信托、典当、保理、融资租赁等。司法对合同类型界定的宽松程度影响金融合同细分类型的实现，界定收紧时，复杂多样的金融合同类型被简单化为借贷；界定放宽时，个性化的、非典型的金融活动被原汁原味地接受，金融合同的类型也就变得多样化。

由于金融领域本身的风险和收益较高，金融环境的变化波动性明显，金融安全又关系到一国的宏观经济环境，故而国家十分重视金融治理。[1]国家权力体系将司法作为金融治理的工具之一，最高人民法院也印发了《关于为维护国家金融安全和经济全面协调可持续发展提供司法保障和法律服务的若干意见》《关于人民法院为防范化解金融风险和推进金融改革发展提供司法保障的指导意见》等文件。

最高人民法院对人民金融创新活动的审判意见，体现出了司法既要促进金融市场发展，又要保持金融稳定的平衡把握。从近年来最高人民法院的文件来看，不同时期的司法政策性文件体现了对金融合同解释的不同态度。鼓励金融创新的司法政策下，法院多认可名为的各种类型的金融合同；而在防范金融风险的司法政策下，法院多否认复杂的交易结构，以借贷等简单合同类型对争议合同定性。

在 2012 年最高人民法院《关于人民法院为防范化解金融风险和推进金融改革发展提供司法保障的指导意见》第十三条明确规定"人民法院在审查金融创新产品合法性时，对于法律、行政法规没有规定或者规定不明确的，应当遵循商事交易的特点、理念和惯例，坚持维护社会公共利益原则，[2]充分听取金融监管机构的意见，不宜以法律法规没有明确规定为由，简单否定金融创新成果的合法性，为金融创新活动提供必要的成长空间。"此时的司法政策尊重当事人设立的形式合同，甚至在当事人意定的合同为无名合同的情形下，也不能简单否定意

---

〔1〕　参见"金融活经济活金融稳经济稳 做好金融工作维护金融安全"，载《人民日报》2017 年 4 月 27 日，第 1 版。

〔2〕　李永军教授认为，社会公共利益的表述完全可以被公序良俗和公共利益所替代，规范上没有必要使用不同的概念。参见李永军："从《民法总则》第 143 条评我国法律行为规范体系的缺失"，载《比较法研究》2019 年第 1 期。

定的合同类型，要给予金融创新以成长空间，允许不成熟的金融合同生效。

到了2017年，金融政策发生变化，在审判工作上也有明显的体现，对于金融合同创新的容忍程度发生改变，最高人民法院印发《关于进一步加强金融审判工作的若干意见》的通知（法发〔2017〕22号）规定"对以金融创新为名掩盖金融风险、规避金融监管、进行制度套利的金融违规行为，要以其实际构成的法律关系确定其效力和各方的权利义务。"显然，这里对金融合同类型的认可程度，对金融创新的容忍程度发生了理念上的变化。在2019年末的《全国法院民商事审判工作会议纪要》中，穿透式审判思维更是将金融合同创新打上了外观主义的标签，在大量的司法裁判中，也出现了名为金融合同实为借贷合同的判决。

法院作为司法政策文件的制定者，在大量得出实为借贷的结论时，是否存在对当事人真意的误读？尤其是在面临大量纷繁复杂、变化多端的合同样态背景下，是否存在"为增加判决的便利性"而恣意对合同真意进行解释，使法院认定的合同真意与当事人之间的真意发生偏离的情况？从我国台湾学者王文宇教授的分析来看，这一现象在我国大陆、台湾地区都有所存在，甚至在英美法系也不容忽视。[1]有裁判者认为，"即便法院套用条文会产生不当结果，当事人乃咎由自取，与法院无涉"[2]。也有学者指出，将复杂的交易简化为借贷，会缩减当事人的真意，例如将私募股权投资的对赌协议解释为借贷的，无法体现投资人作为股东参与公司管理的权利，与当事人意思相左。[3]

笔者考虑，无论出于什么原因，司法中将金融合同大量解释为借贷合同已经是不争的事实，这构成我们去理解合同真意解释的一个司法环境背景。

3. "实为借贷"的合同特征

纵观各类"实为借贷"的合同，至少有两类特征可以总结：一类是交易的标的虚构，另一类是设置了定额回购。

（1）合同交易标的虚构

名为买卖，实为借贷是司法实践中交易标的虚构最常见的合同解释情形。当前经济活动中，出现一定数量的"嵌入式贸易"，即买卖双方本身具有正常的买卖关系，但是由于买方付款的账期过长，卖方进行再生产或向其材料供应商、上

---

〔1〕 See Robert Scott, "Rethinking the Default Rule Project", *Virginia Journal*, Vol. 6, 2003, pp. 84-93.

〔2〕 王文宇："非典型（商业）契约的漏洞填补——论任意规定与补充解释的择用"，载《月旦法学杂志》2009年第164期。

〔3〕 参见何晓楠："对赌合同的法律效力"，载《中国金融》2015年第18期。

游付款的现金流压力积聚，为了缓解卖方的现金流压力，具有一定资金实力的企业嵌入买方和卖方之间，形成卖方——嵌入方——买方的三方买卖关系，在此关系下嵌入方向卖方即时结算，不占用卖方账期，嵌入方从卖方处拿货价格略高于向买方的出售价格，嵌入方自身赚取买卖差价，买方付款的账期压力由嵌入方承担。货物流转不经过嵌入方，通过仓储单、提货单交付或者嵌入方直接指定卖方发货至买方仓库的方式进行货物流转。这是典型的供应链金融模式，嵌入方就是资金融出方，而卖方就是资金融入方，本质是卖方用资金的远期应收账款在嵌入方处贴现，卖方获取远期债权转变为限期现金的利益，而嵌入方获得买卖差价的利益。

嵌入式贸易本身是供应链金融的基本模型，对于企业优化融资结构、缩短回款账期、加速再生产具有重大的积极意义。但是实践中确实存在一些无货的"嵌入式贸易"。当嵌入式贸易进行到一定频次时，货物可能不存在。嵌入方从卖方处购买的提货单无相应货物，但是嵌入方按照合同支付了货款。嵌入方同时将提货单交给买方，买方在账期届满后向嵌入方支付货款。这个过程有货或者无货，嵌入方并不掌握、不控货。但从资金流来分析，似乎有货/无货对嵌入方无实质影响，无货情况下，嵌入方也会在账期届满时收到买方的"货款"。正常情况下确实如此，但是诉讼应对的就是非正常现象，无货情况下各方实质进行的是以买卖合同为依托，以货物单（包括提货单、发货单、存货单等）和发票为载体的资金借贷活动。一旦发生争议，嵌入方承担最大的风险，因为虽然货物是虚假的，但资金是真实的。[1]嵌入方面临着"名为买卖，实为借贷"的风险。真实货物本身具有经济价值，人们基于货物的价值进行交易，并在交易之中创造赊销的远期利益，从而产生了债权。一手交钱一手交货的交易并不能体现债权的存在，而先交货后付款才将金钱债权体现出来。问题是，一旦这个交易之中没有了最初的货物，那么整个交易就不具有价值的载体，各方只以信用进行交易，信用的额度确定和信用的流通就失去了依附，一旦发生信用风险，整个交易链条上就没有了承载风险的具体资产。买方不能按期付款的，嵌入方可向卖方主张合同无效并返还货款，买方主张支付货款（一般在法院提示下转换为支付借款），也可将买卖双方作为共同借款人以三方通谋虚伪表示为由主张偿还借款。即使有了法律上的保护性措施，但由于没有具体的财产，权利实现的难度也会加大。

---

〔1〕　当然，也有的循环贸易使用一笔资金多次循环流转，制造大额交易的假象，以实现财务报表的美化。即使循环使用的资金，也至少存在一笔资金是真实的。

名为买卖、实为借贷的裁判逻辑可以类推适用于其他以标的物真实为条件但实际无标的物的合同。

名为保理、实为借贷的合同解释逻辑。"保理合同是应收账款债权人将现有的或者将有的应收账款转让给保理人，保理人提供资金融通、应收账款管理或者催收、应收账款债务人付款担保等服务的合同。"[1]保理合同以应收账款的真实性为基础，债权人与债务人通过基础合同（如买卖、借贷等）形成应收账款，这一应收账款作为基础债权被债权人转让给保理人，保理人向债权人提供融资款。保理人与债权人之间的合同即为保理合同。应收账款债权的转让是保理合同的必备要素，一旦缺失该基础债权，保理合同即不能满足其基本特征，相应的不能适用《民法典》保理合同章及相关规范。例如，在深圳市前海佳浩投资合伙企业（有限合伙）等与上海邦汇商业保理有限公司民间借贷纠纷案中[2]，保理人与债务人（货物购买方）签署了保理合同，合同约定债务人将他对货物提供方的货款债权转让至保理人，实际上债务人显然没有相应的货款债权，保理人对此构成应知。保理人既未审查基础合同，亦未核实是否存在货款债权，即向债务人发放了融资款，保理合同双方当事人所签保理合同并非真实意思表示，不符合保理法律关系的特征，双方真实意思表示以及实际的权利义务关系应为借贷法律关系，法院以借贷合同作为双方权利义务判断的规范依据。

名为融资租赁、实为借贷的合同解释逻辑。"融资租赁合同是出租人根据承租人对出卖人、租赁物的选择，向出卖人购买租赁物，提供给承租人使用，承租人支付租金的合同。"[3]融资租赁合同也是标的物（租赁物）虚假的重灾区。《民法典》第七百三十七条专门规定"当事人以虚构租赁物方式订立的融资租赁合同无效。"《最高人民法院关于审理融资租赁合同纠纷案件适用法律问题的解释》第一条第二款规定"对名为融资租赁合同，但实际不构成融资租赁法律关系的，人民法院应按照其实际构成的法律关系处理。"一般而言，融资租赁合同项下，当事人之间具有真实的资金融通之目的，故而区分的关键往往在于当事人之间究竟是融资租赁合同关系还是借贷合同关系。法院区分的抓手在于是否具有融物本身。实践中，判断是否存在融物，一般结合是否具有租赁物、租赁物是否

---

[1]《民法典》第七百六十一条。
[2]（2019）京民终 1432 号民事判决书、（2018）京 02 民初 272 号民事判决书。
[3]《民法典》第七百三十五条。

存在交付使用等。在国泰租赁有限公司与山东鑫海投资有限公司、山东鑫海担保有限公司等企业借贷纠纷案中，[1]最高人民法院认为，融资租赁合同具有融资和融物双重属性，二者缺一不可。如无实际租赁物、租赁物所有权转移或者租赁物的价值明显偏离融资金额，无法担保租赁债权的，应当认定该合同缺乏融物的属性，仅有资金融通，构成名为融资租赁实为借贷。该案中，租赁物（房屋）在融资租赁合同订立前已被行政确认为违章建筑，在租赁期间，租赁物未取得商品房预售许可，故租赁物无法实现从出卖人移转至出租人的效果。融资租赁公司在明知租赁物所有权无法过户情况下，真实意思应只有出借款项。而承租人不可能租赁自己所有的房产，其从融资租赁公司处获得一亿元款项，并按合同约定支付利息，真实意思表示也是借款。故认定双方民事法律行为名为融资租赁、实为借贷。

（2）合同设置定额回购

投融资合同是投资方提供资金，融资方实施生产，并以生产所得向投资方进行分配的合同。随着投资行业的发展，衍生出一类特殊的投资类型——回购式投资。回购式投资的投资方在提供资金时能够获得一份资产或者权益，到期（或其他条件触发）时由融资方将上述资产或者权益溢价回购，从而实现投资方收益的交易。回购式投资相较于普通的投资有两个重要的特征：一是投资人不承担投资的风险，即投资标的亏损的，亏损在合同设置上由融资方承担，投资方享有固定的投资收益（或最低的投资收益）；[2]二是投资人不参与投资标的的管理，即使按照投资的结构，投资人享有控股地位或其他决策地位的，因投资人的投资目的是退出收益，所以不参与投资标的的管理。例如国税总局将其描述为投资人对投资标的的净资产不拥有所有权，对投资标的不具有选举权和被选举权，不参与投资标的的日常生产经营。[3]在银保监会的认定中，带回购条款的股权类融资也被

---

[1]　（2014）民二终字第 109 号民事判决书。

[2]　最高人民法院关于印发《关于审理联营合同纠纷案件若干问题的解答》的通知："企业法人、事业法人作为联营一方向联营体投资，但不参加共同经营，也不承担联营的风险责任，不论盈亏均按期收回本息，或者按期收取固定利润的，是明为联营，实为借贷，违反了有关金融法规，应当确认合同无效。除本金可以返还外，对出资方已经取得或者约定取得的利息应予收缴，对另一方则应处以相当于银行利息的罚款。"

[3]　国家税务总局《关于企业混合性投资业务企业所得税处理问题的公告》（国家税务总局公告 2013 年第 41 号）。

认定为债权类资产。[1]

为了实现回购式交易，我国当前的投资行业可能搭建信托计划、资产管理计划、投资中介公司（spv）、私募投资基金等作为通道，投资至投资标的，持有投资标的的股权或者资管计划份额或其他权益，待退出条件满足后，融资方将上述权益按照不低于一定溢价的金额进行回购。[2]

在2019年《全国法院民商事审判工作会议纪要向社会公开征求意见（下）》文件的第89条（最终文件作了修改）专门强调，不论信托受让的是"股权、股票、债券、票据、债权、不动产、在建工程等特定资产或特定资产收益权，以及信托计划、资产管理计划受益权份额。"只要约定特定条件满足后以本金加上溢价款等固定价款回购的，应当认定为信托公司与出让方之间的金融借款合同纠纷。[3]

在借贷关系项下，回购的标的可构成借贷关系的担保（让与担保），在回购义务人不能回购的情况下，投资人还享有回购标的的所有权（股权）。由于回购标的不一定具有特定的价值，在实践中，甚至可能发生虚构标的的情况。即不考虑担保，回购的标的是空气，也可以实现借贷的关系。由于投资人不以持有投资标的为目的，而以获取投资收益为目的，故有无投资标的不直接影响投资人的利益，投资标的的价值间接影响着回购请求权实现的可能性。

在做合同解释时，将实为合同大量解释为借贷合同，一方面体现出法律人抽丝剥茧、还原真相的穿透式审判思维，另一方面也反映了法律人对金融工具的理解单一化，对金融交易过程中，各方当事人利益诉求、市场认可的利益配置的不理解甚至漠视。这种漠视具有一定的政策环境背景，但是这种漠视也在客观上消减金融创新的获利，不利于多元化金融格局的构建，不利于我国解决金融行业在支持小微企业和民营经济上的软肋。

---

〔1〕《关于规范商业银行理财业务投资运作有关问题的通知》（银监发〔2013〕8号）。

〔2〕《证券期货经营机构私募资产管理计划备案管理规范第4号》（中国证券投资基金业协会2017年2月13日发布）："本规范所称名股实债，是指投资回报不与被投资企业的经营业绩挂钩，不是根据企业的投资收益或亏损进行分配，而是向投资者提供保本保收益承诺，根据约定定期向投资者支付固定收益，并在满足特定条件后由被投资企业赎回股权或者偿还本息的投资方式，常见形式包括回购、第三方收购、对赌、定期分红等。"

〔3〕最高人民法院《全国法院民商事审判工作会议纪要向社会公开征求意见（下）》，载 https://mp.weixin.qq.com/s/qMw-Ef2-lyukyci4wZetCA，最后访问日期：2019年11月1日。

三、本书主张的名实不符合同裁判的三段论逻辑

在以制定法作为主要法律渊源的国家，对合同类型进行准确界定，并根据界定的合同类型适用本类型的合同规范是合同裁判的基本思考逻辑。[1]可以说，合同类型的确定决定了法律适用大前提的选择。

拉伦茨认为，如果一个具体合同的全部细节都符合某项有名合同的特征，那么裁判者只需要以涵摄逻辑将有名合同的具体规定直接推出判决结果即可。[2]当然，这是理想的状态，现实的纠纷中具体合同的细节不可能全部符合某项有名合同的特征，适用时必然需要对有名合同的特征进行部分采纳，但这并不影响该逻辑作为裁判者合同解释的基本思路。这里的基本逻辑就是大前提、小前提、结论的三段论逻辑。从整个解释的过程来看，可以分为三步：

第一步，辨别合同类型之间的关系。由于合同规范主要以合同类型来进行分门别类的设置，要适用合同规范，就需要明确到具体的合同类型。除了有名合同应遵守这样的规律外，无名合同也要参照最相类似的合同类型去适用相应的规范。合同规范主要集中在合同类型之内，就合同类型之间的关系问题，法律并未过多涉及。裁判者要准确适用合同规范，首先要辨别合同类型之间的关系。在名实不符的案件中，裁判者对名为合同类型的判断、实为合同类型的判断，以及二者之间的差异分析都以合同类型的关系为前提。

如果没有类型，我们可否直接根据当事人之间的具体法律行为去确定法律效果（权利义务关系）？笔者认为不然。因为裁判者无论如何也不可能排除整个规范中合同类型体系，这既是法律作为强制性规范的当然效力，也是裁判者作为法律专业人士多年教育和实践所形成的思维定式。当我们称合同法律规范为自治性法律规范时，我们并未将合同规范的效力视为自治，即当事人不能通过约定整体排除整个合同法律体系，这种排除也不现实，因为一旦遇到纠纷，整个合同法律体系都默认构成当事人的合同条款，除非当事人能够书写至少等同于民法典合同编和相关司法解释长度的条款，笔者认为这在实践中不可能发生。

第二步，探究当事人在合同中的真意。合同类型是当事人意思表示的一部

---

〔1〕 参见王文宇："契约定性、漏洞填补与任意规定：以一则工程契约终止的判决为例"，载《台大法学论坛》2009 年第 2 期。

〔2〕 参见〔德〕卡尔·拉伦茨：《法学方法论》，陈爱娥译，商务印书馆 2003 年版，第 206~207 页。

分，对类型的表示终究是为当事人真意服务的，如果说类型与真意之间产生了差别，说明当事人在合同类型的意思表示上存在表意瑕疵，此时，应当调整解释者脑海中预设的类型，去适应真意。因此，对名实不符的合同进行解释，实际上就是为当事人的真意寻找最相匹配的合同类型，可见真意才是整个解释活动指向的目标。裁判者在熟悉合同类型之间关系之外，必须弄清楚当事人的真意为何。一项合同既然存在名实不符的问题，那么对真意的探究将会比较困难，因为意思表示存在瑕疵，表示出的内容不能完全展现真意，但是真意又不能为裁判者所直接感知。在诉讼的背景下，原被告的主张至多是其利益的体现，也不能代表真意。裁判者要对合同进行准确的解释，就需要拨开层层迷雾探究当事人在缔约时点形成的合意。

第三步，认定当事人之间的合同类型和具体权利义务。合同类型之间的关系在裁判者脑海中形成先验的合同类型体系，眼前的合同文本经过探究，裁判者清楚了当事人之真意，此时裁判者就可以将具体的合同放置在应有的类型上，并适用相应的规范。由于真意的合同类型与文本的合同类型存在差异，故裁判者对真意的解释会将合同从拟制的合同类型转换为真意的合同类型，并适用相应的合同规范。

合同真意解释的三段论是将合同规范经由合同类型适用于合同真意的过程。

名实不符合同裁判的大前提：合同类型之间的关系

司法三段论中的大前提一般指规范，在合同领域，大前提是指合同规范。理论的合同规范可分为：债法总则、合同法总则、合同法分则等一般性规范，以及当事人通过法律行为拟定、并经由法秩序认可的个别规范。[1] 规范的适用经由类型的确定，但类型确定的前提是理解合同类型之间的关系。

要界定一份合同文本的合同类型，除了从合同文本出发进行解释之外，还必须理解和认识合同类型之间的关系。王文宇教授认为，"契约法的教学多致力于契约法典型契约与任意规定的释义，而较不注重如何认定类型的课题，以及适用任意规定的局限性。而忽略了法条背后的多重选择，以及体系外面的宽广世界"[2]。这一点不仅在我国台湾地区适用，大陆地区亦如此。

如王文宇教授所言，注重单个合同类型内部的规范构建，是我国合同法立法的特征，《民法典》以及其他以有名合同规则作为合同法主要内容的立法皆如此。而这些类型之间的关系如何？法律鲜有论及。一方面，立法上不同合同类型因不同语言概念[3]体现相互分离的基本状态，但是实践中的合同类型却并

---

〔1〕 参见〔丹麦〕阿尔夫·罗斯：《指令与规范》，雷磊译，中国法制出版社 2013 年版，第 133～140 页。

〔2〕 王文宇："非典型（商业）契约的漏洞填补——论任意规定与补充解释的择用"，载《月旦法学杂志》2009 年第 164 期。

〔3〕 关于"类型"与"概念"之间的关系，有学者认为有必要作区分，即认为概念是精确的、固定的，类型是相对模糊的、开放的，甚至是流动的。也有学者认为类型亦是概念，因法律之概念大量使用自然语言，不可避免地存在不确定性，且概念之适用也需要解释，甚至类推。故类型与概念之间没必要作区分。笔者同意游进发教授之意见，将概念与类型不做区分。相关讨论见游进发："无名契约典型化之因素"，载《高大法学论丛》2017 年第 13 卷 1 期。

不像立法那样泾渭分明，承揽与委托、保管和租赁虽然看似不同，但是在实践中常常成为合同类型难以辨别的焦点，甚至连买卖与借贷的区分也常出现在裁判文书的争辩中。另一方面，合同类型之间具有不可割裂的联系，如土地使用权转让合同是买卖合同之特类，建设工程合同构成承揽合同之衍生。如果不能清晰地把握各类型合同之间的关系，那么立法上的合同类型就无法与实践相结合。

这就如同我们为医生提供了丰富多样的感冒药品，每类药品都写明了"功能与主治"，但是未向医生说明药品的成分、性状、用药禁忌，这种情况下医生无法对实践中多种多样的感冒准确用药，因为他不理解药品之间的关系。合同类型之间关系的缺失为裁判者带来了困扰，也加剧了当事人之间的争议。

从法教义学的角度看，仅提供规范的类型，不诠释规范类型之间的关系，并不符合法典化的要求，因为在法典之中，规范之间的关系与单个规范的内涵同等重要，在涉诉合同有多个争议的类型时，通过类型体系提供可供检验的、相对稳定的类型选择机制，是法教义学的基本功能。[1]

笔者认为，要判断合同表面的类型与隐藏的类型不同，并为当事人的真意寻找最相匹配的合同类型，裁判者首先要理解合同类型之间的关系，这包括有名合同类型与无名合同类型、有名合同类型之间、当事人拟定的合同类型和法律规定的合同类型等合同类型之间的关系，这是合同真意解释的大前提。

为了阐述合同类型之间的关系，笔者引用两个概念，合同要素和合同类型束（后文详述）。

合同要素是指合同类型所具有的可拆分的具体特征，不同合同类型是由不同合同要素特定组合的结果，合同类型之间可能存在部分合同要素相同的情形。合同要素概念的提出有利于裁判者辨析合同类型之间的具体异同。

合同类型束是指合同类型之间呈现出包容与被包容的关系，合同类型体系如树枝一般，处于树干处的合同类型衍生发展出处于树枝处的合同类型，干类型的合同要素是其下数个支类型的合同要素的最大公约数，支类型的合同要素首先体现的是其所在干类型的合同要素。

有了这两个概念，笔者展开以下讨论。

---

[1] 参见许德风："法教义学的应用"，载《中外法学》2013年第5期。

第一节　合同类型再认识

罗马法将合同类型与合同的强制执行力相结合，无法匹配至特定合同类型的合同，无法获得强制执行力。[1]英美法从决疑论角度，认为要区分合同类型并不一定要先设立合同的类型体系，就如同哈姆雷特可以区分铁钩和铁锯，但他并不掌握二者的抽象分类，也没有木匠的专业分类知识。[2]但是无法回避的是，即使在判例法国家，法官也要区分当前的案件与既有的先例之间是否具有适用的必要性，这是遵循先例原则（stare decisis）的必然要求。

"当抽象——一般概念及其逻辑体系不足以掌握某生活现象或意义脉络的多样表现形态时，大家首先会想到的补助思考形式是'类型'。"[3]借助拉伦茨教授的分析，笔者认为，合同类型是合同的抽象思维成果，而对合同类型之间关系的厘清，是类型多元化后的必然需求，也是合同思维从抽象化走向逻辑体系化的成果。

可以说，如果不能清晰地界定合同类型之间的关系，合同类型也无从谈起。在合同规范之下，合同类型下的内涵比较清晰，但是能够起到合同归类、合同区分的合同类型体系却并未受到应有的关注，甚至在长久的法律应用长河中，法学家们未能实现与自然科学等同的兼具抽象性与精准性的合同分类。[4]人们关于合同类型体系的认识似乎还处于了解、用过但又未做系统讨论的阶段。相应地，在进行个案判断时，由于缺乏系统的研究，合同类型的界分、证成、否定和重构就存在较大的争议，尤其是对类型之间的关系缺乏共同的认知时，讨论往往难以进行实质的沟通，大家在证据规则、事实、监管、当事人真意等层面各自寻找有利于自己观点的论据，各抒己见，但无法形成对话的平台，问题得不到厘清，智慧和经验也得不到积累。

---

[1]　See Alan Watson，"The Evolution of Law：The Roman System of Contracts"，*Law and History Review*，Vol. 2，No. 1. ，1984，p. 1.

[2]　See Tony Weir，"Contracts in Rome and England"，*Tulane Law Review*，Vol. 66，No. 6. ，1992，pp. 1615-1616.

[3]　［德］卡尔·拉伦茨：《法学方法论》，陈爱娥译，商务印书馆 2003 年版，第 337 页。

[4]　See Ronald J. Scalise Jr. ，"Classifying and Clarifying Contracts"，*Louisiana Law Review*，Vol. 76，No. 4. ，2016，p. 1064.

一、合同类型与合同真意解释的关系

王文宇教授认为，合同解释包括三个层次，一是合同类型的确定，二是合同成立与否的判断，三是合同具体条款的解释。[1]对合同类型的确定是合同解释工作的第一层内容。

陈自强教授亦称，对于经受系统学习训练的裁判者而言，合同类型的判断是裁判者解决诉讼问题的首要步骤，是确定依法裁判的"法"的必经环节。[2]就合同纠纷而言，确定典型合同规则的适用（或参照适用）的前提是确定合同的类型，二者具有逻辑上的先后关系。

笔者认为，处于诉讼中的真意解释是以法律后果为导向的，即这个过程既包括对真意的查明，也当然包括查明真意后合同规范的适用。而从类型和合同真意解释的关系来看，类型既在合同真意的查明中起到十分关键的作用，又在合同规范的适用中具有不可或缺的地位，详述如下。

（一）合同真意的查明离不开合同类型

1. 意思的表示离不开合同类型语词

表意人实施意思表示时，并非将千头万绪的思想按照天然的信息呈现在合同文本之上，那样的话，我们在实践中所看到的合同文本将是语无伦次、杂乱无序、颠三倒四、历乱无章的，从司法实践来看，绝大多数合同使用了较为准确的概念，概念之间的逻辑关系明晰，语句、章节的安排整体顺畅。正如拉伦茨教授所言"当大家想表达些什么，通常会以一般能够理解的方式来运用语词"[3]。这并不全然拜法学概念所赐，合同规范领域，尤其是合同类型下的诸多概念本身就是吸收日常生活和商业实践的概念为法学所用，所以当事人所掌握的概念和法学家所掌握的概念并没有绝对的差异，这也是法学，尤其是强调意思自治的合同法学与自然科学相差异之处。合同法学使用的与生产生活相一致的自然语言，虽然降低了概念的精准度，但是也提升了社会大众对合同规范的理解和使用能力。

在书写合同文本时，绝大多数当事人能够以其所掌握的概念体系，最大程度实现精确化、简练化和顺畅化的表达。表达所呈现出的合同文本不可避免地使用

---

〔1〕 参见王文宇："非典型（商业）契约的漏洞填补——论任意规定与补充解释的择用"，载《月旦法学杂志》2009 年第 164 期。

〔2〕 参见陈自强：《民法讲义Ⅱ：契约之内容与消灭》，法律出版社 2004 年版，第 219 页。

〔3〕 ［德］卡尔·拉伦茨：《法学方法论》，陈爱娥译，商务印书馆 2003 年版，第 200 页。

大量的类型化概念，例如借款、购销、采购、合资、合营、定制，等等。而体现类型的表达首先是在合同题目上，这是最大程度总结全篇的语言规范，并非法学所独有。其次在每一节标题上，这是逻辑的必然要求。最后也会体现在具体的语句中。应当说，当事人在进行意思表示之时，本身就是在其所掌握的合同类型中选取符合其真意的概念，体现在题目、标题、条款表述和合同文本之上。

从反向来看，合同类型的区别往往通过语词来实现。例如，在美国 Ohio Neighborhood Fin. , Inc. v. Scott 案[1]中，原告主张其与被告的合同是抵押贷款合同（MLA），而法院认为当事人之间的合同名为抵押贷款合同，实为短期一次性贷款（short-term loan）合同，作为区分的标准，法院特意使用抵押贷款合同的语言与当事人合同的语言进行区分：

The language of the MLA does not authorize single payment, short-term loans

"The language of the MLA is replete with references to 'monthly installments'、'scheduled payments' and 'balances outstanding from time to time' Nonetheless, Cashland argues that this law, primarily enacted for mortgage loans, authorized the two-week, lump sum loan here, just because Cashland calls it 'interest-bearing' Cashland asks this Court to ignore the forest for the trees."

俄亥俄法院认为，抵押贷款合同所使用的类型语词为每月分期还款、定期付款、不时未结余息等，然而原被告之间合同所使用的语词与上述抵押贷款合同之类型语词无法关联，法院不可能只见树木不见森林。

可见，对类型的表示本身就是意思表示的一部分，我们没有必要将类型的表示孤立于当事人的真意，这既不符合当事人表意的习惯，也不现实。因为抽取掉这些体现类型的概念之后，当事人难以再那样准确、简练地进行意思表示了。试想，当事人要描述买卖合同，无非使用买卖、购销、经销、采购等与买卖同义的语词，如果不使用这些类型语词，反倒难以进行表达。

甚至从解释的角度来看，区分类型的意思表示和区分内容的意思表示是徒劳的，因为内容的意思表示必然使用类型的概念，而类型的意思表示必然蕴含了十分丰富的内容内涵，不可能绝对地区分某个表述只能是类型的表述、某个表述只能是内容的表述。

---

〔1〕　Ohio Neighborhood Fin. , Inc. v. Scott, 2011 Ohio Misc. LEXIS 23819

因此从意思表示的过程来看，类型的表示是意思表示之始。从相反的角度看，裁判者所进行的意思表示解释是对意思表示的反向解构，解构活动始于类型也符合当事人的表意习惯，这有助于裁判者更准确地探究当事人的真意。

2. 意思的解释过程离不开合同类型

（1）类型预置于解释者脑海中

在制定法作为主要法律渊源的国家，裁判者的思考习惯为，将合同类型的确定作为解决合同问题的出发点。[1]甚至在判例法下，由立法和判例所构建的规则体系也保障着合同裁判结果的确定性，而不是由司法者随意调用衡平法的价值判断作主观的评判。[2]

我们从更宏观的视角来看，发轫于类型的解释活动符合人们对事物认识的一般规律。人们认识事物、理解事物的方式首先是从熟悉的认知体系中寻找能够适用或者是参照适用的经验。合同类型就是经济社会发展的历史长河中积累下的经验。当裁判者面对一份合同，要对其进行阅读和理解时，往往是从其脑海中既有的合同类型中进行搜寻，同时也对眼前的合同文本进行提炼分析，对比能否将眼前的合同文本纳入既有的合同类型中进行理解。这一过程，在德国法理论下，被称为"适应过程"（Angleichung），即将待证事实予以抽象，并与裁判者所知悉的概念相对应，并以具有一定法律内涵的概念为之命名的过程。[3]

可以说，合同的阅读者在阅读和理解合同文本时，就是使用其所知悉的合同类型，去不断尝试匹配眼前的合同类型的过程。

那么是不是有的合同没有类型？在我国法律规范中，这种类型虚无主义并不存在。因为没有类型只是说明该合同与人们认知的合同类型不相符，即处于规范的、观念的合同类型以外的合同类型。正如美国著名的 Stanley Fish 教授的名言一样："A sentence that seems to need no interpretation is already the product of one"[4]。无需解释的合同条款本身就是解释的结果。放在法典法国家的裁判者面前，没有类型（即不属于已知类型）的合同本身就是对合同文本和合同类型予以解释比

---

〔1〕 参见陈自强：《民法讲义Ⅱ：契约之内容与消灭》，法律出版社 2004 年版，第 216~219 页。

〔2〕 See Duncan Kennedy, "Form and Substance in Private Law Adjudication", *Harvard Law Review*, Vol. 89, 1976, p. 1739.

〔3〕 参见卢佩："'法律适用'之逻辑结构分析"，载《当代法学》2017 年第 2 期。

〔4〕 Stanley Fish, *Is There a Text in This Class? The Authority of Interpretive Communities*, Harvard Univiersity Press, 1982, p. 284.

较的结果。即，对法典法国家的裁判者而言，既然是以合同类型作为适用的"接口"进行设置的，那么经受法律训练的裁判者就不可能不去调用其对合同类型的理解来认识待解释的合同。可以说，即使在那些没有将合同类型作为争议焦点，从而没有论证合同类型的合同诉讼中，合同类型也是裁判者思维过程必经的一站。

（2）类型构建合同框架

当我们在对一项名称上具有指向（如《购销合同》）或名称上无指向的合同（如《协议书》）进行解释时，首先需要明确的是该合同是什么类型，明确类型本身就是对合同的解释。

合同类型一旦确定，合同解释就完成了大部分工作。合同类型本就是对社会生活的模式化提炼，法律所规定的有名合同，以及虽然未在法律中规定，但是人们有所认识的无名合同是人们对社会生活的一般总结，能够适用于或反映绝大多数的合同关系，故合同类型一旦确定，当事人之间基本的权利义务关系就已经确定了，[1]剩下的是一些不影响合同类型的当事人之个性化安排。甚至可以说，对类型的使用能够帮助当事人将其精力和合同文字聚焦于个性化的权利义务安排上，更利于对当事人个性的保护。[2]

（3）类型补足合同细节之争

对合同类型补足合同细节的反对观点，简单而言可总结为两个问题。

问题一：合同类型是针对一般情形制定的，使用它来补足当事人的合同，会造成当事人真意的曲解。

问题二：合同类型中的法律规定会否定当事人的意思表示，这与意思自治原则相悖。

笔者首先阐明自己的观点，再对这两个问题做出回应。

笔者认为，类型搭建框架，具体条款构建权利义务，类型再作解释、补足甚至否定。德国法学家维尔纳·弗卢梅就法律秩序（合同类型）对私法自治（具体权利义务条款）的补足作了非常明确的示例：一般情况下，买卖合同当事人并未约定标的物交付之前灭失或者瑕疵交付等情形中所产生的责任，但是法律秩序基于当事人之间的合同，对这种效果进行了直接的规定，从而对当事人的意思表

---

〔1〕　参见李建伟："我国民法典合同法编分则的重大立法问题研究"，载《政治与法律》2017 年第 7 期。

〔2〕　See Ian Ayres, "Default Rules for Incomplete Contracts", in Peter Newman, *The New Palgrave Diefionary of Econmics and the Law Palgrave Macmillan*, a Drivision of Macmillan Publishers Limited, Vol. 1, 1998, pp. 585–586.

示进行了补足。当然，法律的这一规定并非完全独立于当事人的意思表示，这种补足实际上是对大量买卖合同进行总结后，抽象出买卖合同普遍适用的规则，从而作为一般性补充条款对当事人之间的意思表示进行补足。

虽然耶鲁大学的 Alan Schwartz 教授和哥伦比亚大学 Robert E. Scott 教授质疑立法者有能力基于当事人的处境或交易的背景来代替当事人书写合同条款，但是他们也不得不承认，由美国《统一商法典》和《合同法重述》所组成的合同填补规则在美国司法实践中具有重要作用，并且有大量的学者和律师为这项被称为"default rules project"的工作而努力。[1]

我国台湾地区将有名合同下的具体规则分为强行规定和任意规定，强行规定意指当某一具体合同归属于某有名合同时，该有名合同的具体规定不能因当事人的具体约定而被排除的规定。任意规定意指当事人得以具体约定进行排除的规定。[2]美国合同法上，有对应的一组概念：default rules 和 mandatory rules，前者指当事人未有规定下的填补规则，后者指当事人不可以约定排除的规则。[3]

在我国大陆的有名合同规则下，如果某一条文未规定"当事人另有约定的除外"，那么原则上该条即是该类型合同下的强行规定，否则则是任意规定。即使是任意性规定，也可以作为判断当事人缔结的具体合同条款是否公平的标准。[4]毕竟有名合同的具体规则是社会实践在一般公平原则上的总结。

基于上述背景情况，笔者来回应那两个问题，问题一是意思表示的一般性与具体性的问题，问题二是强制性规定对合同条款的否定问题。前者对应任意规定（default rules），后者对应强行（强制性）规定（mandatory rules）。

关于第一个问题，常见的批评是，合同条款才是当事人的意思表示，合同类型与合同条款无关，与意思表示也没有关系，不能够因合同类型的局限性扭曲对当事人意思的解释，即发生意思表示解释的削足适履问题。对于这一问题，笔者认为：

首先，这一观点强行割裂了意思表示与合同类型，使二者产生绝对对立。甚至，人们为了将合同类型与意思表示对立，刻意将合同类型理解为合同名称，将

---

〔1〕 See Alan Schwartz, Robert E. Scott, "The Common Law of Contract and the Default rule project", *Virginia Law Review*, Vol. 102, No. 6., 2016, p. 1523.

〔2〕 参见黄茂荣：《法学方法与现代民法》，中国政法大学出版社 2001 年版，第 124~125 页。

〔3〕 See Alan Schwartz, Robert E. Scott, "Contract Theory and the Limits of Contract Law", *Yale Law Journal*, Vol. 113, No. 3., 2003, p. 541.

〔4〕 参见陈自强：《民法讲义Ⅱ：契约之内容与消灭》，法律出版社 2004 年版，第 217 页。

合同意思表示理解为合同条款。笔者认为，这显然不符合事实。试问，一份名称为"协议"的合同，内容写明了房屋的租赁，裁判者在解释合同时会因名称没有类型信息，就认为该合同系无名合同吗？显然不会。同样，即使某份合同的名称使用了某合同类型的语词，我们也不能当然认为该合同就是该类型，如陈自强教授所分析，在一份名称为《房屋委托建造合同》的合同中，当事人是否约定了一方承担办理所有权证的义务，直接影响该合同是房屋买卖、承揽或其他类型。[1]将合同名称等同于合同类型，合同条款等同于意思表示的做法是一种刻意将本不矛盾的事物进行对立的做法。

最高人民法院《关于经济合同的名称与内容不一致时如何确定管辖权问题的批复》[2]规定，合同名称中体现的合同类型与具体条款中体现的合同类型相冲突时，具体条款的效力优先。这一点，在《最高人民法院关于适用〈中华人民共和国民法典〉合同编通则若干问题的解释》第十五条也作了直接的肯定，即原则上，合同具体条款（上述条款中称为"合同约定的内容"）优于"合同使用的名称"。但在具体条款无法确定合同类型时，若名称与部分条款所显示的合同类型相一致，则以合同名称确认合同类型。实际上，名称与条款，并非哪个对应合同类型、哪个对应意思表示的问题，合同名称本身也是意思表示，否则作为合同文本中最凸显的文字，它是什么？同样，合同条款中也有大量的关于合同类型的表述，如合同条款中的"购销""过户""供应""转让"等表述都是体现合同类型的意思表示，这些也是当事人意思表示的一部分，从正当性上，并不亚于不体现合同类型的价款、时间、前提条件等条款。

其次，裁判者在进行合同解释时，离不开对其脑海中合同类型的调用，形成主客观的呼应，甚至共鸣。二者一致时能够实现正确的解释，即主观认识与客观一致。但是，解释者必须明白，当其主观的理解与当事人的合同条款存在区别时，当事人的条款优先。也就是说，二者类似于默示与明示的关系。裁判者在解释过程中，不断地基于其所获知的信息进行假设——证成/证伪——确认/否认。在从证据中获取相对充分的信息后，裁判者会形成对一些不那么准确的信息的假设，而合同类型则填补了大量假设的内容，这个假设具有一般性，即裁判者从社会一般理性的角度推演，当事人一般会这样设定，但这只是假设，裁判者要结合

---

〔1〕　陈自强：《民法讲义Ⅱ：契约之内容与消灭》，法律出版社 2004 年版，第 216~217 页。
〔2〕　该批复因《民法典》的实施于 2021 年 1 月 1 日起失效。

具体的证据进行证成或证伪，如果证据证明了当事人的具体意思表示与之相同，则实现证成，否则则实现证伪。即当事人具体的、特殊的意思表示与合同类型的一般性发生冲突时，一般让位于具体。推定的内容要让位于明示的内容。如2000年颁布的《民事案件案由规定（试行）》在开篇通知部分，最高人民法院就在突出位置强调："当事人起诉的法律关系与实际诉争的法律关系不符时，结案时以法庭查明的当事人之间实际存在的法律关系作为确定案由的依据，例如名为联营实为借贷的，定为借款纠纷。"该文件于2020年修改后规定："当事人在诉讼过程中增加或者变更诉讼请求导致当事人诉争的法律关系发生变更的，人民法院应当相应变更个案案由。"该规定从更加整体和宏观的诉讼阶段，展现了裁判者思维中一般性假设和具体性表述之间的此消彼长关系。

最后，司法实践中的合同类型和意思表示本就是你中有我，我中有你的关系，不可能完全割裂。我们所要强调的，如美国《合同法重述》（第二次）第二百零三条之规定，是在对合同进行解释时，具体的、特别的、准确的条款在解释时分量重于合同中的一般性语言。[1]

对于问题二，本身比较复杂，但是放在司法阶段，立法的强制性已经是既定的事实，司法者所做的，不过是法律的适用，而非立法，一项规定是否构成强制性，甚至在我国语境下的"效力性"并非司法者所能决定，至多是"戴着脚镣跳舞"。不过，在更加宏观的法律评价角度来看，该问题值得进一步讨论。

首先，要使具体的条款具有优先的效力，要核验具体条款的意思表示是否真实和有效。如果当事人之间未能达成一致意见，或达成的一致意见是表面的虚假意见，与真实意见不符，抑或是当事人本身就没有赋予之肯定的效果意思，那么该意思表示本就不生效，这在名实不符的合同纠纷中是第一个要解决的问题。

不真实的具体合同条款不能优先于合同类型的一般性假设，因为这时的条款本身不具有效力的来源。

其次，我们必须认识到，意定优先于法定是合同法的一般品格，但是并不代表合同法的所有条款都让位于意定，例如体现合同法利益调整的格式合同效力条款、体现保护承租人利益的买卖不破租赁条款、体现保护保理人利益的债权转让后不能变更基础合同损害保理人利益条款（《民法典》第七百六十五条）。即使

---

〔1〕 "In the interpretation of a promise or agreement or a term thereof, the following standards of preference are generally applicable: (c) specific terms and exact terms are given greater weight than general language." …

在意思自治为王的合同国度，也不能全面否定强制性规定的存在，法律仍旧保持了强行调整以实现实质公正的品质。[1]

再次，我们也需要考虑，在履行有违法律强制性规定条约的情形下，合同作为一项债，是否绝对无效，或者留存有效的空间。在佛山市南海区大沥镇白沙社区居民委员会与广东瑞安房地产开发有限公司（简称瑞安公司）建设用地使用权纠纷案[2]中，瑞安公司与白沙村委会签订了《土地转让协议书》，但具体条款中大量使用"退回""退让"土地的表述，即瑞安公司将土地退回白沙村委会，白沙村委会退还瑞安公司100万元预付款。该合同存在合同类型究竟为土地使用权转让还是土地退还的争议。该案历经多次再审、抗诉、再审，最高检抗诉认为土地是由国土部门出让给瑞安公司的，白沙村委会请求由瑞安公司向白沙村委会的退还土地使用权缺乏法律依据，且在土地使用权转让合同类型下，该土地开发不满足25%的法定要求，转让约定无效。最高人民法院认为，由于退还的具体条款具有真实的意思表示，至于在审批程序上如何实现，是白沙村委会应当承担的风险，该风险不影响退还土地意思的真实性，该合同有效。

最后，我们需要思考，除了规范本身的正常性支撑之外，强制性规定对当事人意思的忽视甚至否定，会产生经济层面的影响。Alan Schwartz和Robert E. Scott教授认为，市场经济中的经济理性人自然会缔结整体盈余最大化的合同，只有在产生了重大负外部性（如环境损坏）以及市场失灵（如垄断）时才能适用强制性规定。他们分析了美国《合同法重述》和《统一商法典》中强制性合同规范后认为，对于老练的、专业的、信息充分的、缔约双方平等的公司之间，这些强制性规定所带来的是当事人交易成本的增加，并不能实现当事人整体盈余最大化的目标。[3]两位教授的分析对我们的合同立法具有重大意义，那些强制性规定会伴随着合同类型而被强行实现，立法者必须更加审慎。而司法者在进行法律适用时，也需要在法律允许的框架下进行适当的目的性限缩，最大程度地保护理性的、专业的、公平交易的当事人之间的意思自治。

（4）类型降低解释成本

类型节约了的当事人的磋商成本，也降低了裁判者的解释成本。对当事人而

---

〔1〕　参见王泽鉴：《债法原理》，北京大学出版社2013年版，第85页。

〔2〕　（2013）民抗字第29号民事判决书。

〔3〕　See Alan Schwartz, Robert E. Scott, "Contract Theory and the Limits of Contract Law", *Yale Law Journal*, Vol. 113, No. 3., 2003, p. 541.

言，可以撰写巨细无遗的合同，也可以撰写要言不烦的合同，前者是完全契约，后者是不完全契约。完全契约理论是指当事人能够完全预见到契约履行期内可能出现的各种结果，在契约中对各类风险的应对予以明确约定，并明确各方在不同情形下的责任的契约。不完全契约理论与之相对应，是指当事人在缔约时不可能完全预见到履行期内可能产生的各类结果，即使通过第三方也无法完备地将各类可能的情况予以设置的契约。[1]不完全契约符合绝大多数契约的实际情况，甚至可以说，无论当事人怎么努力，也不可能制定穷尽一切可能的完全契约。而合同类型，就是在合同缔结阶段当事人可以选用的免费公共产品，从而大胆地缔结不完全契约。[2]

到了纠纷解决阶段，裁判者面对一份合同，首先分析涉诉合同的类型，有助于裁判者迅速抓住当事人交易的基本模式，并基于类型结合具体条款和争议焦点探究当事人的交易目的，以此解决面前的合同纠纷。

更何况，合同类型往往与合同目的相连，合同类型具有指向合同目的的合同要素，这些合同要素或许不那么精确，但是其指向性为未来争议的解决提供了明确的解释方向。例如在委托合同之类型下，受托人具有应忠实勤勉执行受托事务的义务，即使未来在"忠实勤勉"的具体表现上存在争议，但是"忠实勤勉"对合同目的指向的明确性毋庸置疑。甚至即使当事人对具体情形设置了十分细致的规则，也可能为一方实施形式上守约、实质上损害对方合同目的的行为提供了合法的外衣。[3]

（二）合同规范的适用离不开合同类型

合同作为一项有法律约束力的意思表示，裁判者对合同真意解释的结果必然是法律后果，即裁判文书末尾的判项。因此，合同真意解释的过程不仅包含对真意的查明，也包含对法律的适用。合同解释工作以合同类型为基础，有三方面的价值：

首先是能够确定合同自由的界限，即当事人哪些约定有效，哪些约定违背了

---

〔1〕 See Oliver Hart, John Moorf, "Foundations of incomplete contracts", *The Review of Economic Studies*, Vol. 66, No. 1., 1999, pp. 115-138. See also Holmstrom B., Milgrom P., "Multi-Task Principal-Agent Analyses: Incentive Contracts. Asset Ownership and Job Design", *Journal of Law, Economics and Organization*, Vol. 7, 1991, pp. 24-52. See also Holmstrom B., "Managerial incentive problems: A dynamic perspective", *The Review of Economic Studies*, Vol. 66, No. 1., 1999, pp. 169-182.

〔2〕 See Robert E. Scott, George G. Traintis, "Anticipating Litigation in Contract Design", *The Yale Law Journal*, Vol. 115, No. 4., 2006, p. 814.

〔3〕 参见王文宇："运用经济概念分析商业契约"，载《月旦法学杂志》2018 年第 280 期。

合同规范的强行规定，不能生效；其次是能够基于合同类型的具体法律规范对当事人拟定合同的漏洞进行填补，以解决不完全契约下诉争焦点缺乏有效约定的问题；最后是以有名合同的规范对当事人拟定的条款进行公平与否的评价，以便做出价值判断。[1]

当然，合同类型的确定是服务于当事人真意的，不能因法律对类型规定的固化而忽视当事人的真意，毕竟类型确定是手段，真意解释才是目的。

1. 合同规范的涵摄经由类型

郑永流教授指出，法律适用的方法就是"使事实一般化、使规范具体化"[2]的过程。黄茂荣教授认为，在司法裁判中，将法律适用于具体合同纠纷时，势必要判断纠纷是否构成合同纠纷，以及究竟属于何种合同类型，以此决定合同法总则和分则的适用性。[3]从司法裁判三段论的角度看，在使作为合同规范的大前提涵摄至作为具体合同的小前提时，必须将抽象的法律和具体的合同调整至同一层面，进行比对，这个比对的层面就是合同类型。

合同类型决定了合同纠纷所适用的法律规范，是法律适用问题。同时，合同类型的确定也是对当事人缔结合同之意思进行准确解释的工作，是事实查明问题。司法裁判的逻辑实际上是将抽象的法律通过相对具体的合同类型涵摄于更加具体的合同文本。可见，兼具法律适用与事实查明的合同类型确定贯穿了合同审判的全程。

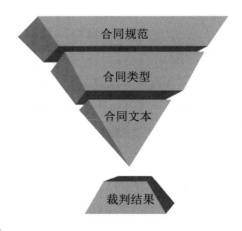

---

[1]　参见陈自强：《民法讲义Ⅱ：契约之内容与消灭》，法律出版社 2004 年版，第 219 页。

[2]　郑永流："法律判断大小前提的建构及其方法"，载《法学研究》2006 年第 4 期。

[3]　参见黄茂荣：《法学方法与现代民法》，法律出版社 2007 年版，第 239 页。

只有确定了合同类型，合同规范填补作用和矫正作用才能发挥。笔者认为，空谈合同解释，不考虑合同类型是脱离合同规范体系的思考方法，无法在司法裁判中实施，无法使三段论的基本法律适用逻辑在司法实践中展开。

2. 规范中的合同成立必要之点与类型相匹配

合同成立的必要之点取决于合同类型。合同类型又被称为合同性质，合同类型所涵盖的是合同最本质、最核心、最基础的内容。陈自强教授认为，"有名契约对契约类型的描述，系以契约必要之点为核心"[1]，游进发教授也以合同成立必要之点作为合同类型界分之重要标准。[2]契约类型本身就是以必要之点为中心建立起来的内涵范围。如买卖合同中转移标的物所有权与价款的内容，在我国台湾地区被认定为买卖合同成立的必要之点，而转移所有权与价款的内容，恰恰就是买卖合同类型的主要内容，可见，合同类型的确定与合同最基础内容、合同成立要件相伴随。

在我国台湾地区"民法"之下，[3]非必要之点的欠缺不影响合同成立，可以通过有名合同的具体规则予以补足，但必要之点的欠缺直接导致合同的不成立。而合同的补足，也是在合同有具体类型的基础上，按照"事件之性质定之"。虽然大陆立法未规定"必要之点"，但不同合同类型在成立要素上存在差异并无什么争议，"必要之点"的基本概念也可适用于我国《民法典》的合同规范中。

3. 规范对合同自由的约束与类型相结合

陈自强教授指出，"（契约）类型确定契约自由之界线"[4]，类型的适用使合同解释进入到公平的法律关系中。合同类型不仅是人类经验的总结，而且是经济社会中典范合同的提炼。类型化的合同，尤其是法律规定的有名合同，其具体的规范是经过大量利益平衡之后所得出的成果，这一成果的适用，即使矫正了特定当事人的真意，也会使得当事人之间的权利义务关系进入到比较公平的状态，[5]避免当事人之间缔约能力分布的不均衡导致的实质不正义，实现法律在合同解释

---

〔1〕 陈自强：《民法讲义Ⅱ：契约之内容与消灭》，法律出版社 2004 年版，第 213 页。

〔2〕 参见游进发："无名契约典型化之因素"，载《高大法学论丛》2017 年第 13 卷 1 期。

〔3〕 第 153 条第 2 项"当事人对于必要之点，意思一致，而对于非必要之点，未经表示意思者，推定其契约为成立，关于该非必要之点，当事人意思不一致时，法院应依其事件之性质定之。"

〔4〕 陈自强：《民法讲义Ⅱ：契约之内容与消灭》，法律出版社 2004 年版，第 216 页。

〔5〕 参见王利明：《合同法分则研究》（上卷），中国人民大学出版社 2012 年版，第 17 页。亦见［美］杰弗里·费里尔、迈克尔·纳文：《美国合同法精解》，陈彦明译，北京大学出版社 2009 年版，第 3 页。

环节上的正义。[1]

20 世纪后半叶以来，随着大型经济体、社会化经济、垄断经济的发展，合同交易双方缔约的不平等地位越来越被重视，意思自治、契约自由作为绝对的合同法原则逐渐被拉下神坛，取而代之的是在特定合同类型下，法律规则对合同的定型化规范，使合同的意思自治在特定的范围内进行，以确保交易的实质公平。[2]

在以制定法为主要法律渊源的国家，典型合同规则很大程度上为类型化合同设置了自由的限度，我国法律中未规定"当事人另有约定的除外"，则相应的规则对该类型合同具有强制性效力，即当事人在此事项上不享有绝对契约自由。[3]不过，这类规定往往也并非完全限缩于一个点，而是至少呈现一条线甚至一个面。当事人在此类强制性规定的范围内，仍可以作个性化的安排。有时合同规范在部分类型合同下主动出击，规定当事人之间的约定不发生效力，例如《民法典》第七百三十七条规定"当事人以虚构租赁物方式订立的融资租赁合同无效"，第七百六十五条规定"应收账款债务人接到应收账款转让通知后，应收账款债权人与债务人无正当理由协商变更或者终止基础交易合同，对保理人产生不利影响的，对保理人不发生效力"，第八百五十条规定"非法垄断技术或者侵害他人技术成果的技术合同无效"，这些规定都是在特定合同类型之下，通过对该类合同实质公平的考量，将当事人之间的意思自治进行约束的例证。

相同的问题受到同等的处理是法律公平理念的基本内涵，所谓相同问题必然是抽象层面的相同，因为具体的合同类型不可能完全相同，一定是抽象至一定程度的相同。即使当事人的语言有时偏离了法律规范描述的类型语言，也会被法官转换为规范性类型语言予以描述和推演。[4]故对当事人而言，与其留有不确定性，不如直接适用有法律效力的合同类型，除非其所设定的权利义务与既有类型存在一定的差异需要作为例外明确阐述。

合同类型由《民法典》有名合同规则及部分合同编通则规定，故而，公平原则的落地有赖于具体合同类型的涵摄适用，没有合同类型的具体规则，也就无

---

〔1〕　See Alan Schwartz, Robert E. Scott, "Contract Theory and the Limits of Contract Law", *Yale Law Journal*, Vol. 113, No. 3. , 2003, pp. 559–562.

〔2〕　参见张民安："法国民法中意思自治原则的新发展"，载《法治研究》2021 年第 4 期。

〔3〕　吴香香教授认为，该表述不当地限制了合同自由，缺乏立法技术上的正当性。参见吴香香："民法典编纂中请求权基础的体系化"，载《云南社会科学》2019 年第 5 期。

〔4〕　参见苏力："纠缠于事实与法律之中"，载《法律科学（西北政法学院学报）》2000 年第 3 期。

法实现不同裁判者对同一类合同作出同等裁判的结果，这不仅是公平原则的体现，也是合同规范的可预见性的体现。[1]

从更宏观的角度看，以有名合同为代表的合同类型是社会管理者治理人与人之间合同的抓手，通过合同类型，社会关系被格式化，[2]意思自治的合同虽然是当事人的权利，但是合同的缔结和效力不可避免地趋向于往国家预设的符合善良风俗的方向发展。

（三）法律现实主义对合同类型效用的攻击与启发

在演绎逻辑之下，以法典和学说构建的合同类型作为大前提，以当事人之间拟定的合同文本作为小前提，以三段论的逻辑进行涵摄适用是合同裁判的基本逻辑，笔者将之称为类型逻辑，郑佳宁教授将之称为"类型式思维"[3]，陈自强将之称为"契约类型论思考方式"[4]。由于类型逻辑更能够体现出该"思维方式"在整个裁判尤其是法律形式主义中的地位和作用，笔者使用类型逻辑的表述。

单纯的演绎逻辑在适用时的确存在大前提过于抽象、制定法僵化、裁判者对小前提的理解不准确、结论的选项不够丰富多元、逻辑上只能全有或全无等问题，这些问题使得合同类型的演绎逻辑在合同裁判中的地位被抨击。虽然法典国家产生了"解法典化"运动，借助于法典、单行法等法律与主法典共同搭建法律体系，缓和了法典的僵化。[5]不过法律规范之例外的频生，也使法律体系的精妙价值被消解。[6]

1. 法律现实主义对合同类型效用的攻击

（1）法律现实主义对法律形式主义的攻击

20世纪30年代，面对美国的经济大萧条，罗斯福以凯恩斯主义为主导对经济社会实施救济（relief）、复兴（recovery）和改革（reform）。在此背景下，裁判者也寻求法律领域的新思想、新理论、新逻辑。美国著名大法官霍姆斯（Oliver Wendell Holmes）和哈佛大学教授格雷（John Chipman Gray）创立了法律现实主义，卢埃林（Karl Llewellyn）与弗兰克（Frank）将该理论传承，形成了

---

〔1〕 参见［德］齐佩利乌斯：《法学方法论》，金振豹译，法律出版社2009年版，第107页。

〔2〕 参见左卫民、谢鸿飞："司法中的主题词"，载《法学研究》2002年第2期。

〔3〕 郑佳宁："快递服务合同典型化的立法表达与实现路径"，载《法学家》2019年第1期。

〔4〕 陈自强：《民法讲义Ⅱ：契约之内容与消灭》，法律出版社2004年版，第226页。

〔5〕 参见费安玲："罗马法对中国民法法典化的若干启示"，载米新丽编：《聆听民商法：民商法前沿讲座文字实录》，中国法制出版社2017年版，第83~103页。

〔6〕 参见易军："原则/例外关系的民法阐释"，载《中国社会科学》2019年第9期。

法律现实主义运动。

通过与行为法学、经济分析法学和批判主义法学相结合，法律现实主义的推崇者形成了以利益分配、社会心理为基础，以规则怀疑主义、规则细化主义和法律功能主义为导向的理论体系，他们抓住司法活动中实际影响裁判者思维的因素，试图回答究竟什么是法律，作为规范或判例的法律究竟有没有我们所想象的作用？他们的思考和探讨逐渐形成一场运动，对美国法学理论界、实务界甚至欧洲大陆都有广泛和深远的影响。[1]

法律现实主义（legal realism），中文语境下也被称为"现实主义法学"，该学派认为法律制度在司法裁判中的作用微乎其微，法律不是书写在文本上的"死法"，而是呈现在裁判活动中的"活法"，法律不是目的，而是手段，[2]该手段就是对法官裁判结果或其他官员行为结果的预测活动。因此，法官不是法律的执行者，而是法律的创造者。[3]

在成文法的滞后性上，法律现实主义者认为，垄断资本主义时代，死守既有契约自治原则，忽略了契约订立过程中双方当事人力量差异之悬殊，在当时大背景下造成了美国一些案件的实质不正义，包括雇员过劳死亡等社会化事件。规则怀疑主义者认为，体现在判例中的契约自由和所有权保护等既有的法律规则和原则成了社会不公平的合法化依据。[4]

为了解决既有规则的不公平性，法官们尝试通过变通的方式灵活解释法律，实现个案中的实质公平。[5]而时任美国法学院协会主席的 Olipant 在著名的任职演讲"A Retrurn to Stare Decisis"中称，过分关注先例的言辞，而非法官的实际

---

〔1〕　See Gregory S. Alexander, "Comparing the Two Legal Realisms—American and Scandinavian", *American Journal of Comparatice Law*, Vol. 50, No. 1. , 2002, pp. 131-174. See also Richard A. Posner, "Legal Formalism, Legal Realism, and the Interpretation of Statutes and the Constitution", *Case Western Reserve Law Review*, Vol. 37, No. 2. , 1986, p. 179. See also Oliver Wendell Holmes, Jr. , "The Path of Law", *Harvard Law Review*, Vol. 10, 1897, p. 457.

〔2〕　See William O. Douglas, "Functional Approach to the Law of Business Associations", *Illinois Law Review*, Vol. 23, No. 7. , 1928, pp. 673-675.

〔3〕　参见［美］约翰·奇普曼·格雷：《法律的性质与渊源》，马驰译，中国政法大学出版社 2011 年版，第 102~106 页。［美］小奥利弗·温德尔·霍姆斯：《普通法》，冉昊、姚中秋译，中国政法大学出版社 2005 年版，第 32~35 页。沈宗灵：《现代西方方法理学》，北京大学出版社 1992 年版，第 315~333 页。

〔4〕　See Joseph William Singer, "Legal Realism Now", *California Law Review*, Vol. 76, No. 2. , 1988, pp. 482-483.

〔5〕　See Karl N. Llewellyn, "A Realistic Jurisprudence: the Next Step", *Columbia Law Review*, Vol. 30, No. 4. , 1930, pp. 431-465.

行动，只会让裁判者手足无措。真正的判例研究应该当落在具体案件事实的刺激上。[1]不过，对言辞的忽视实际上是对形式逻辑的摒弃。如 Yntema 所主张的，法官应先基于情绪化分析得出判决结论的假设，然后用先例和形式逻辑对其假设进行证成。[2]这使得规则和逻辑沦为司法推理中的第二位工具，极大的否定了规则体系的作用和价值。

霍姆斯的名言即是该学派的圭臬："证明体系的逻辑一致性要求某些特定的结论是一回事，但这并不是全部。法律的生命不在于逻辑，而在于经验。对时代需要的感知，流行的道德和政治理论，对公共政策的直觉，不管你承认与否，甚至法官和他的同胞所共有的偏见对人们决定是否遵守规则所起的作用都远远大于三段论。法律包含了一个民族许多世纪的发展历史。它不能被当作由公理和推论组成的数学书。"[3]

在美国法律现实主义运动的影响之下，依据严格的概念逻辑，在规范的合同概念体系下对合同概念进行界定，并基于概念体系得出裁判结果的思维方式不再占据统治地位，相比之下，聚焦于当事人之间的利益，并为之进行公平、公正的分配（fair and equitable manner）的价值评判思维逐渐占据主导地位，类型界定在合同解释上似乎已经不那么重要。[4]

（2）法律现实主义对三段论的攻击

在合同领域，法律现实主义的集大成者弗兰克将以往的形式逻辑总结为：

规则 X 事实＝判决

弗兰克认为三段论的逻辑并未反映司法裁判的实际情况，裁判中实际的逻辑是：

刺激 X 法官个性＝判决

即判决是法官在受到外界刺激下，根据自己的个性化态度而做出的结论，个

---

[1] See Herman Oliphant, "A Return to Stare Decisis", *American Bar Association Journal*, Vol. 14, No. 2., 1928, pp. 71-76.

[2] See Hessel E. Yntema, "The Hornbook Method and the Conflict of Laws", *The Yale Law Journal*, Vol. 37, No. 4., 1928, p. 480.

[3] ［美］小奥利弗·温德尔·霍姆斯：《普通法》，冉昊、姚中秋译，中国政法大学出版社 2005 年版，第 1 页。

[4] See Ronald J. Scalise Jr., "Classifying and Clarifying Contracts", *Louisiana Law Review*, Vol. 76, No. 4., 2016, p. 1064.

性的不同影响了判决的差异。[1]弗兰克突出法官的个性化意见，贬低规则的一般性效力，使得概念类型及类型下的规则体系在司法裁判中的作用十分有限。

如果说弗兰克的主张降低了法律形式主义三段论中大前提的影响，那么科宾的评价则具有攻击小前提的作用。科宾从法官态度与当事人意思之间的权重关系上，进一步降低了当事人意思对法律关系的影响，他认为，法官虽然口头上声称其是按照当事人的真意对合同权利义务进行分配，但实际上，法官所依据的是他所理解的特定的社会背景，这一社会背景体现为法官的潜意识，它囊括了社会政策、福利体系、公平理念和合理性认知。[2]科宾的评价与霍姆斯对政策和利益分析的推崇一脉相承，使法律形式主义的三段论中小前提的作用大大缩小。

波斯纳则针对大前提与小前提之间的涵摄与抽象，对法律形式主义进行攻击，时任美国联邦上诉法院法官的波斯纳（Richard A. Posner）认为，将具体的事实适用于抽象的概念时，需要对事实进行归纳提取（elevate），才能进行类推适用（analogy）。虽然法律形式主义能够解决这一逻辑问题，但是是否进行归纳提取不是形式主义逻辑能够解决的，这只能由政策（policy）来评定。而这里的政策是以实现整体效率最大化为目标的体系，例如谢尔曼法第一条即表示任何限制交易的合同都是无效的。[3]在概念体系之上，依托于三段论的法律形式主义，在进行第一步逻辑推演时，就需要法律现实主义先行评判。

对三段论的批评并未因法律现实主义的落幕而终结，我国学者指出三段论对法律概念的高度依赖使之具有前提的不完备性。[4]而随着《最高人民法院关于统一法律适用加强类案检索的指导意见（试行）》的施行，类案的类推逻辑在司法上被广泛认可，并一定程度上构成对三段论效用的挑战，还被认为是维护同案同判的有力措施。法官们也通过总结各种各样的审判思路，表面上看起来三段论的司法证成基本作用被消减。甚至在大数据、人工智能的影响下，借助 AI 算

---

〔1〕　See Jerome Frank,"Law and the Modern Mind", *Indiana Law Journal*, Vol. 6, No. 5., 1931, pp. 351-352. See also Timothy J. Capurso, "How Judges Judge：Theories on Judicial Decision Making", *University of Baltimore Law Forum*, Vol. 29, No. 1., 1998, pp. 5-15.

〔2〕　See Arthur L. Corbin, "Offer and Acceptance, and Some of the Resulting Legal Relations", *The Yale Law Journal*, Vol. 26, No. 3., 1917, pp. 169-206.

〔3〕　See Richard A. Posner, "Legal Formalism, Legal Realism, and the Interpretation of Statutes and the Constitution", *Case Western Reserve Law Review*, Vol. 37, No. 2., 1986, pp. 179-217.

〔4〕　参见王夏昊、吴国邦："法律理念与规范逻辑的背离——一个关于法治秩序建构的思考"，载《湖南社会科学》2017 年第 2 期。

法似乎就可以得出裁判结果。但是，只要稍加分析即可发现，类案的检索和参考并没有改变三段论作为裁判证成的根本方式，只是增加了对三段论各环节的形成和检验的方式[1]，类推解释、等置思维等论证方式都无法离开三段论而自立。[2]在类案参考的类比推理外，三段论的涵摄模式本身就是维护同案同判的根基。[3]至于新出现的各种裁判思路、裁判方法，本质上是以三段论为框架进行的顺序[4]上之优化[5]，或环节上之细化[6]。人工智能在司法中的运用也只能是丰富三段论下各环节的信息获取范围，提升裁判者的运用三段论的效率，并为之提供检验结论的广泛素材。[7]

（3）法律现实主义对合同类型体系的攻击

在斯堪的纳维亚半岛，法律现实主义也得到了长足的发展，奥利弗克拉纳是瑞典著名法律现实主义学家哈尔盖斯特罗姆的学生，奥利弗克拉纳作为瑞典隆德大学的法理学教授，提出基于合同类型的规则体系并不能满足当事人个性化的利益诉求，例如在买卖合同之下，卖方延迟发货时买方应通过诉讼进行救济，并获得损害赔偿。然而，现实生活中，这种救济可能与买方的诉求并不一致，买方更希望的是寻求法院以外，通过其他利益补偿的方式进行解决，合同类型下的规则并非当事人的最优选择，这种规则对现实生活缺乏实际的指向作用。[8]如美国法律现实主义学者卢埃林所说，商人之间的合同关系很少出现纠纷，而纠纷也很少进入诉讼，以诉讼为视角的法律规则只是商业约束中极小的一部分，真正影响商人之间的约束性力量是长期良好合作形成的商业信誉，其中只有一小部分被法律所吸纳，但起作用的并非这一小部分。[9]

---

〔1〕 参见顾培东："判例自发性运用现象的生成与效应"，载《法学研究》2018年第2期。

〔2〕 参见孙海波："告别司法三段论？——对法律推理中形式逻辑的批判与拯救"，载《法制与社会发展》2013年第4期。

〔3〕 参见雷磊："为涵摄模式辩护"，载《中外法学》2016年第5期。

〔4〕 参见王彬："司法裁决中的后果论思维"，载《法律科学（西北政法大学学报）》2019年第6期。

〔5〕 参见王彬："司法裁决中的'顺推法'与'逆推法'"，载《法制与社会发展》2014年第1期。

〔6〕 参见郝廷婷："民事审判思维方法实证研究 '三段论'逻辑在中国基层法院的续造与验算"，载《法律适用》2012年第1期。

〔7〕 参见葛翔："司法实践中人工智能运用的现实与前瞻——以上海法院行政案件智能辅助办案系统为参照"，载《华东政法大学学报》2018年第5期。

〔8〕 参见王振东：《现代西方方法学流派》，中国人民大学出版社2006年版，第510页。

〔9〕 参见张娟：《弗兰克与卢埃林法律思想比较研究》，吉林人民出版社2017年版，第218~219页。

　　而陈自强教授作为德国慕尼黑大学法学博士，在长期经受法律形式主义思维和合同类型体系以及类型逻辑的训练之下，感叹美国以其强势的经济地位和文化输出将英美法的合同类型传播至世界各地，融资租赁合同、加盟店合同、信用卡合同、保理合同等，无论大陆法国家是否将这些合同类型吸纳为有名合同（典型合同），这些合同已经毫无争议地成为交易上常见的典型合同。

　　由于这些合同根植于美国法律文化，习惯在合同文本上将合同缔结和履行中可能遇到的各类情况予以巨细靡遗地罗列，这与法典法国家基于合同立法，进行直接或参照适用的简略合同文本具有显著的差异，这使得法典法国家的民法学人受到极大的冲击，出现明显的不适用。虽然陈自强教授未明确指出，笔者认为，这种理念上的差异实际上是法律现实主义的两个分支：规则细化主义和法律功能主义影响的结果。

　　作为长期经受法律形式主义训练的民法学人，在陈自强教授的书中我们看到，即使面临这种变革，法典法国家的民法学者依然认为"万万不可因此抛弃民法千辛万苦形成的契约法体系，而完全拥抱英美法，将英美法的学说判例，当作我们的现行法，奉为圭臬，依样画葫芦。法律人应当试图将现代契约类型[1]整合到我国契约法的体系架构下，思考如何通过契约实务界、学说与法院的共同合作，找寻出符合我们契约实况与法律体系的契约规范。"[2]而在美国，学者也在法社会化的影响下反思法律形式主义的文艺复兴。[3]笔者考虑，无论我们是否愿意承认，法律现实主义及其相关规则和实践体系已经对既有的合同类型体系产生了无法忽视的影响，如何既传承法律形式主义优良的逻辑思维，又吸纳法律现实主义的灵活性、实践性品格，是摆在我国法律人面前的一项重大课题。

　　2. 法律现实主义对合同类型效用的启发

　　法律现实主义者将司法裁判中真正体现出指导裁判者作用的法律称为实质的法律，与既有的规则体系（包括制定法和判例）所形成的形式的法律相对应。为了证成实质法律，学者对形式的法律进行抽象，将具体法律概念类型背后宏观的、支配法律类型之间关系与分类的上位类型进行分析，并以此来证明具体类型概念的非实用性，这与笔者在下文中将合同类型进行抽象，归类为合同类型束

　　〔1〕　即上述未被吸纳为有名合同，但在商业上已经十分常用的合同类型舶来品，笔者注。

　　〔2〕　陈自强：《民法讲义Ⅱ：契约之内容与消灭》，法律出版社 2004 年版，第 227 页。

　　〔3〕　See David Charny, "The New Formalism in Contract", *The University of Chicago Law Review*, Vol. 66, No. 3., 1999, pp. 842–886.

（下文展开）有相近的思维方式。

在法律现实主义运动之下，学者们虽然批评作为大前提的概念分类体系，但是，Gulliver 也分析道，实质起作用的是类型背后的实质情境，过于区分细小的类型可能会限制裁判者的思维，放在更加宏观的类型上进行评价更有利于对问题实质的分析。

Gulliver 在评价 Scott 的著名判例教材 Select Cases and Other Authorities on the Law of Trusts [1] 时，认为 Scott 将判例按照包含法律概念的具体分类进行编排，限制了阅读者对问题的思考。Gulliver 对判例以法律概念编排的批评恰恰可以用于对合同法律以类型进行编排的情形之上。Gulliver 的批评也专门针对合同类型，他称，对信托合同和寄托合同（Bailment）的区分将限制阅读者将问题局限于信托合同的概念体系下，不利于问题的展开。甚至将法律问题区分为无遗嘱继承、遗嘱继承、赠与甚至信托这些过于局限的概念体系，应当将体现其实质的无偿转让作为一个整体来进行分析和考量。

Gulliver 认为对法官裁判起到实质作用不是类型化的法律概念，而是情境（situation），情境是实质的法律（substantive law）。

那么，情境是什么？笔者分析，Gulliver 所使用的情境，实际上将体现为相同特征的类型进行整合，抽取出更上位的类型，即在无遗嘱继承（intestate succession）、完全赠与（outright gift）、遗嘱继承（will）以及信托（trust）的类型中进行归类整合，抽取出共性的无偿转让（gratuitous transfer），无偿转让作为具体类型的上位概念一方面能够体现当事人特定的意思，另一方面，不以具体的类型"框死"对当事人意思的解释。这种上位的类型被 Gulliver 认为是实质的法律（substantive law），而在笔者下文的论证中，将对具体合同类型之上的类型进行展开论证，并将之称为合同类型束。之所以论证合同类型束，是因为当事人的真意往往体现在更上位的类型上，对类型的区分也往往体现在更上位的类型，类型束与 Gulliver 所指称的情境有一定的相似之处。

当然，在法律现实主义的发展下，规则细化主义也是不可忽视的一个流派，规则细化主义者主张对抽象概念的具体化，以匹配现实的案件事实，以此使法律规则中的概念体系更加具有实用性，更准确地预测案件的结果，否则抽象的法律

---

〔1〕 Ashbel Green Gulliver, "Book Review: Select Cases and Other Authorities on the Law of Trusts", *The Yale Journal*, Vol. 41, 1932, pp. 786-787.

无法应对个案的荒野。[1]我们所熟知的霍菲尔德对一般法律关系细化为八个四对更具体的概念，[2]即为规则细化主义的成果。在德国学者看来，制定法并非法律，只有在制定法适用于司法实践中，制定法的内涵才变得清晰，法官不只是适用法律，更是将法律进行细化和精确。[3]

如今，我们回看法律现实主义运动给美国社会带来的时代性变革，不可忽略其对社会政治生活尤其是对法律推理以及法官造法所带来的重大影响，同时，即便经过法律现实主义的洗礼，法律规范所假设的合同类型体系也在三个方面发挥着不可磨灭的重要作用：一是使特定的具体情况能够归类于一般的合同类型，以便该具体情况自动被纳入合同类型下的既有规则之中；二是使法律语言在规则体系之下得到精确的理解，避免语言的歧义；三是在规则体系之下，使法律的教育功能得到充分地发挥。[4]

二、合同类型的四个样态

样态是指"物体在某些情形下所具有的形式"[5]。当我们指称合同类型时，可能指代当事人拟定的合同之类型，也可能指代法律规定的合同类型，甚至是未被法律明确规定但是被社会相关领域普遍接受的合同类型（例如对赌协议），笔者将之称为合同类型的不同样态。显然，不同样态的合同类型有不同的体现形式、产生过程和法律约束力，对合同类型样态进行区分，有利于我们对合同类型问题讨论时具有清晰的前提。

当人们使用"合同类型"的概念时，有一种限定于有名合同的偏见。实际上，除了有名合同这类已经被立法者接受的合同类型之外，没有被立法者写入法律，但其基本内涵在社会中具有较为一致认识的收益权回购、o2o 服务，以及存于法律以外的规范性文件的合同类型也是笔者所指的合同类型，只是这些合同类型的合同要素不如有名合同那样明确。无论是有名合同的合同类型，还是已形成

---

〔1〕　See Wesley A. Sturges, Samuel O. Clark, "Legal Theory and Real Property Mortgages", *Yale Law Journal*, Vol. 37, No. 6. , 1928, pp. 691-715.

〔2〕　See Wesley Newcomb Hohfeld, "Some Fundamental Legal Conceptions As Applied In Judicial Reasoning", *Yale Law Journal*, Vol. 23, No. 1. , 1913, pp. 28-59.

〔3〕　参见［德］迪特尔·施瓦布：《民法导论》，郑冲译，法律出版社 2006 年版，第 15 页。

〔4〕　See Alain A. Levasseur, *Louisiana Law of Conventional Obligations: a Précis*, Carolina Academic Press, 2015, p. 4.

〔5〕　余源培等编著：《哲学辞典》，上海辞书出版社 2009 年版，第 149 页。

相对共识的合同类型，只要具有合同类型的规范，就可以填补合同表意的瑕疵。甚至那些被当事人创设的、极少使用的合同类型也构成合同类型，只是其类型被归纳得较少，形成的共识较少，相应的，可填补的内容也较少。

从合同类型产生的过程来看，笔者将合同类型分为四种样态：（1）规范的合同类型；（2）观念的合同类型；（3）拟制的合同类型；（4）隐藏的合同类型。

（一）规范的合同类型

1. 规范的合同类型与有名合同的关系

规范的合同类型即被规范性文件明确基本内涵的合同类型。以我国当前的民事裁判法律渊源来看，规范的合同类型并不限于狭义的法律，即在法律之外，行政法规、地方性法规、部门规章、司法解释甚至司法政策都会对合同类型进行规范意义上的明确，并对合同类型的基本内涵、一般权利义务关系设置作出规定。上文已述，这些规定可能不具有成为裁判文书上法律依据的资格，但是至少具有裁判文书中说理的规范作用，并在司法活动中实质发挥着规范的作用。忽视法律以外的规范的合同类型与司法实践不符，故笔者本书所指的规范的合同类型既包括法律、行政法规规定、司法解释中规定的合同类型，也包括规章、司法政策甚至其他规范性文件中具有准确合同类型名称、基本合同要素，以及明确的权利义务关系的合同类型。

有名合同，或称典型合同，是指被狭义的法律所规定的合同，即被《民法典》规定的合同类型。[1]规范的合同类型除了包括有名合同以外，还增加了其他规范性文件中的合同类型，故本书所称的规范的合同类型比有名合同、典型合同范围广。这些未在法律上规定，但是为其他规范性文件所规定的合同类型也发挥着规范的合同类型之效用。

《最高人民法院关于裁判文书引用法律、法规等规范性法律文件的规定》第四条规定，"民事裁判文书应当引用法律、法律解释或者司法解释。对于应当适用的行政法规、地方性法规或者自治条例和单行条例，可以直接引用。"在可以被认定为法律、有权的法律解释、司法解释，[2]以及行政法规、地方性法规、自治条例和单行条例这些可以直接引用的法律渊源以外，该规定第六条明确"对

---

〔1〕 参见刘炫麟："民法典编纂与医疗合同典型化"，载《法治研究》2019 年第 3 期。

〔2〕 司法解释和指导案例充斥着法官的审判智慧，对法典具有填补作用。参见费安玲："论我国民法典编纂活动中的四个关系"，载《法制与社会发展》2015 年第 5 期。参见柳经纬："当代中国私法进程中的民商事司法解释"，载《法学家》2012 年第 2 期。

于本规定第三条、第四条、第五条规定之外的规范性文件，根据审理案件的需要，经审查认定为合法有效的，可以作为裁判说理的依据。"

又如《全国法院民商事审判工作会议纪要》明确自身"不是司法解释，不能作为裁判依据进行援引"。法官只能在裁判文书"本院认为"部分依据该纪要的相关规定进行说理。该纪要第 69 条规定，无真实贸易背景的保兑仓交易合同，名为保兑仓交易合同，实为借款合同，应当以借款合同的规定予以适用，同时规定，转换为借款合同的，原保兑仓合同项下卖方对银行的担保责任继续在借款合同项下生效。裁判者在运用该规定时，虽然不能作为裁判依据进行引用，但是在"本院认为"的部分进行说理。在该纪要的规定下，裁判者并非可做选择，即符合纪要规定的无真实买卖的保兑仓交易时，裁判者无权排除纪要的规定，不能认定为保兑仓交易合同，应当认定为借款合同，同时，保兑仓交易合同项下的卖方担保也必须在借款合同项下生效，裁判者不能依据主观分析判断进行排除，除非裁判者能够找到更上位的法律依据来直接论证排除的理由。

我们再以最近才成为有名合同的保理合同来举例，在《民法典》出台前，保理合同并非有名合同，但是关于保理合同的一般内涵、外延、特征以及大致的权利义务关系是具有一般共识的。2015 年《最高人民法院关于当前商事审判工作中的若干具体问题》规定了保理业务中基础合同虚构下是否当然认定名为保理实为借贷的问题，以及未来债权作为转让标的不影响保理合同效力的问题、债务人基于基础合同的抵销权与抗辩权对保理人能否行使的问题、保理人能否行使转让受限的基础债权的问题、债权转让后基础合同变更对保理人是否产生影响的问题。这些问题部分被后来的《民法典》所吸纳，或修改后吸纳。除了该规定，最高人民法院还通过《关于人民法院为防范化解金融风险和推进金融改革发展提供司法保障的指导意见》以及典型案例"重庆重铁物流有限公司诉巫山县龙翔商贸有限责任公司、合江县杉杉贸易有限公司买卖合同纠纷案"（2015）等为保理合同构建审判规则。部门规章和部门规范性文件如原银监会《商业银行保理业务管理暂行办法》、中国人民银行《应收账款质押登记办法》，包括地方性的规范性文件如《天津市高级人民法院关于审理保理合同纠纷案件若干问题的审判委员会纪要（一）》《天津市高级人民法院关于审理保理合同纠纷案件若干问题的审判委员会纪要（二）》《深圳前海合作区人民法院关于审理前海蛇口自贸区内保理合同纠纷案件的裁判指引（试行）》。

除了这些对司法裁判有影响的文件之外，还有一些保理合同的规范，虽然没有法律强制效力，但是会影响司法裁判，例如《联合国国际贸易中应收款转让公约》，国际统一私法协会《国际保理公约》、国际保理商联合会《国际保理业务通用规则》、包括行业自律组织制定的如中国银行业协会《中国银行业保理业务规范》。

既然能够对裁判者解释合同产生影响，并且对我们理解和分析保理合同起到重要的指引作用，那么这些文件所形成的保理合同应然状态也是我们所称的保理合同类型。

这些文件的制定反映了人们对保理合同的应然状态存在较为广泛的共识，虽然这些共识尚未被立法所确认，不能发生法律上的强制力，但是从法律现实主义的角度看，这些保理合同规范是会对司法裁判产生实质影响力的规范，即使有引用与参照之分。

2. 规范的合同类型之规范属性

规范的合同类型在罗马法早期具有排他性的法律地位，即规范的合同类型以外的合同类型不具有法律效力。[1]随着经济生活的发展，法律不再限定合同类型的有效性范围，承认合同的法律效力来自当事人的合意而非法定类型。时至今日，契约自由当然允许当事人自行约定合同类型，既可以对有名合同进行调整采用，又可以设置无名合同。

相较于其他样态的合同类型，规范的合同类型仍然具有明显的规范属性：

首先，规范的合同类型具有明确的名称，如买卖合同。虽然我们使用"购销合同"也会被指向买卖合同，但是这与非规范的合同类型有所不同，因为规范的合同类型总有一个处于中心的解释指向，无论买卖合同被指称为"购销合同"、"供货协议"、"采购订单"还是"销售契约"，对这些合同的解释总有一个明确的、处于中心的、唯一的指向——买卖合同，非规范的合同类型无法提供这个指向。

其次，规范的合同类型具有明确的填补规则。即选择了规范的合同类型名称，自动填补哪些具体权利义务条款是明确的，哪些权利义务条款可以被约定排除也是明确的，甚至哪些约定是不被允许的也是明确的。《民法典》为规范的合同类型设置了明确的填补规则，这是其他非规范的合同类型所不具有的特征。

再次，规范的合同类型是人们理解合同类型、解释合同类型的逻辑起点。虽

---

[1] 参见费安玲主编：《罗马私法学》，法律出版社2020年版，第256页。

然契约自由是合同法的基本原则，当代合同法也公认意思自治下合同的效力来自当事人的约定（英美法下的允诺[1]），而非法律的赋予。但是，不可否认的是，当裁判者在进行合同解释时，无论当事人作何约定，裁判者都是带着他既有的、存于脑海中的、先验的合同类型去理解和解释当事人的合同类型，而解释者所掌握的先验的合同类型中，占据绝大多数空间的就是规范的合同类型。

最后，规范的合同类型凝结了一般社会公平观念。规范的合同类型是人们对合同的总结，总结的过程不仅是对社会生活实践的提炼，还增加了提炼者所认可的社会一般公平正义观念，即，提炼出的合同类型既体现了多数人对该类合同所设定的权利义务关系，又附加了提升交易效率、维护交易公平、保障交易秩序的合同正义理念。王泽鉴教授也指出，合同类型并非法律凭空创设，而是法律就已经存在的生活事实，考虑各方利益和冲突，予以规范的结果。[2]

Alan Schwartz 和 Robert E. Scott 教授认为，理想中的合同规范，应当是合同问题的最优解，它能够为当事人的某类交易提供成本最低、收益最高的方案，使当事人的共同利益最大化（maximize joint surplus）。不过，两位教授并不认为公平性应当是合同规范干涉合同自由的正当性基础，因为作为本领域内老练的（sophisticated）当事人，他们具有缔结哪怕不那么公平的合同之自由，也能够为这种决策负责。[3]可见，在经济理性人的假设下，一项优秀的合同规则，并不一定要公平，等价有偿的原则之适用并非绝对，需要结合具体的交易双方信息掌握、专业能力、谈判水平、市场垄断程度等因素综合考量。不过，两位教授并不认可美国法学会制定的《合同法重述》，以及美国法学会连同美国统一州法律委员全国会议（National Conference of Commissioners on Uniform State Laws）制定的《统一商法典》。他们批评，这些"规范"的制定者只是法学教授和私人律师所组成的兼职劳动者，而不是中立的经济领域专家或某个行业的资深人士，制定过程缺乏立法应有的充分听证程序，因此这些规则不能适应复杂多样的经济生活。[4]

---

[1]　[美]小奥利弗·温德尔·霍姆斯：《普通法》，冉昊、姚中秋译，中国政法大学出版社 2005 年版，第 259~260 页。

[2]　参见王泽鉴：《民法债编总论》（第一册），三民书局 1996 年版，第 93 页。

[3]　See Alan Schwartz, Robert E. Scott, "Contract Theory and the Limits of Contract Law", *Yale Law Journal*, Vol. 113, No. 3., 2003, p. 541.

[4]　See Alan Schwartz, Robert E. Scott, "The Political Economy of Private Legislatures", *University of Pennsylvania Law Review*, Vol. 143, No. 3., 1995, pp. 607-637.

笔者认为，Alan Schwartz 和 Robert E. Scott 教授对合同法的批评具有广泛的适用性，在以合同类型为争议的名实不符合同纠纷中问题更加突出。合同立法的确应当经过充分的调查研究，确保行业专家的充分参与和表达意见，并为当事人预留最大程度的选择权。不过，合同立法的适当性并非本书讨论范围，笔者不作展开。本书以司法为视角，在实证法的基本论域之下，原则上恶法亦法，法官要排除法律的适用需要论证其排除的正当性，确保规范的适用与规范的目的不相冲突。

概而言之，规范的合同类型有明确的名称指代，有具体的填补规则，是合同解释的逻辑起点，规范的合同类型在合同类型的样态中具有最重要的地位。

3. 民事案由对规范的合同类型之列举

对规范的制定者而言，规范的合同类型须具有抽象的适当程度，既实现了合同类型在一定程度上的广泛适用，又能够最贴近于具体合同，使涵摄的距离没有那么远。

在我国当前的规范性文件范围内，《民事案件案由规定》是规范的合同类型之集大成者，虽然它对一些合同类型只规定了名称，没有规定具体内涵，但是其体例的编排也一定程度说明了合同类型之间如何参照最相类似的合同。

最高人民法院自 2000 年以来多次颁发民事案件的案由规定，从试行到正式文本，再到修改文本，案由的变更体现了实体法中合同类型的增减和修改，也体现了法院对合同类型之间关系的认识。例如 2020 年修改的《民事案件案由规定》就着重体现了与民法典的衔接与对照。[1]

民事案由分为四个层级，合同纠纷在第二层级，合同纠纷以下又根据合同类型将 171 个合同纠纷类型分为 70 个三级案由，三级案由主要体现合同类型，少部分体现了合同缔结之阶段（如"74. 缔约过失责任纠纷""75. 预约合同纠纷"）、纠纷的特定诉讼请求（如"76. 确认合同效力纠纷"）。

案由规定中体现的合同类型有上百个，这些合同类型只有少部分在《民法典》中作为有名合同作出规定，多数如排污权交易合同，种植、养殖回收合同，彩票、奖券合同等均非有名合同。可见，最高人民法院为了适应诉讼实践的复杂性所制定的案由规定中，吸纳认可的合同类型远远超过《民法典》的有名合同类型。这 163

---

[1] 参见郭锋、陈龙业、贾玉慧："修改后《民事案件案由规定》的理解与适用"，载《人民司法》2021 年第 13 期。

个合同类型之间具有一些干支合同类型关系，如建设用地使用权合同下又有两类合同，分别是建设用地使用权出让合同和建设用地使用权转让合同。具体如下：

1	债权转让合同
2	债务转移合同
3	债权债务概括转移合同
4	债务加入合同
5	悬赏广告合同
6	买卖合同
7	分期付款买卖合同
8	凭样品买卖合同
9	试用买卖合同
10	所有权保留买卖合同
11	招标投标买卖合同
12	互易合同
13	国际货物买卖合同
14	信息网络买卖合同
15	拍卖合同
16	建设用地使用权合同
17	建设用地使用权出让合同
18	建设用地使用权转让合同
19	临时用地合同
20	探矿权转让合同
21	采矿权转让合同
22	房地产开发经营合同
23	委托代建合同
24	合资、合作开发房地产合同
25	项目转让合同

26	房屋买卖合同
27	商品房预约合同
28	商品房预售合同
29	商品房销售合同
30	商品房委托代理销售合同
31	经济适用房转让合同
32	农村房屋买卖合同
33	民事主体间房屋拆迁补偿合同
34	供用电合同
35	供用水合同
36	供用气合同
37	供用热力合同
38	排污权交易合同
39	用能权交易合同
40	用水权交易合同
41	碳排放权交易合同
42	碳汇交易合同
43	赠与合同
44	公益事业捐赠合同
45	附义务赠与合同
46	借款合同
47	金融借款合同
48	同业拆借合同
49	民间借贷合同
50	小额借款合同
51	金融不良债权转让合同
52	金融不良债权追偿合同

续表

53	保证合同
54	抵押合同
55	质押合同
56	定金合同
57	进出口押汇合同
58	储蓄存款合同
59	银行卡合同
60	借记卡合同
61	信用卡合同
62	租赁合同
63	土地租赁合同
64	房屋租赁合同
65	车辆租赁合同
66	建筑设备租赁合同
67	融资租赁合同
68	保理合同
69	承揽合同
70	加工合同
71	定作合同
72	修理合同
73	复制合同
74	测试合同
75	检验合同
76	铁路机车、车辆建造合同
77	建设工程合同
78	建设工程勘察合同
79	建设工程设计合同

续表

80	建设工程施工合同
81	建设工程价款优先受偿权合同
82	建设工程分包合同
83	建设工程监理合同
84	装饰装修合同
85	铁路修建合同
86	农村建房施工合同
87	运输合同
88	公路旅客运输合同
89	公路货物运输合同
90	水路旅客运输合同
91	水路货物运输合同
92	航空旅客运输合同
93	航空货物运输合同
94	出租汽车运输合同
95	管道运输合同
96	城市公交运输合同
97	联合运输合同
98	多式联运合同
99	铁路货物运输合同
100	铁路旅客运输合同
101	铁路行李运输合同
102	铁路包裹运输合同
103	国际铁路联运合同
104	保管合同
105	仓储合同
106	委托合同

续表

107	进出口代理合同
108	货运代理合同
109	民用航空运输销售代理合同
110	诉讼、仲裁、人民调解代理合同
111	销售代理合同
112	委托理财合同
113	金融委托理财合同
114	民间委托理财合同
115	物业服务合同
116	行纪合同
117	中介合同
118	补偿贸易合同
119	借用合同
120	典当合同
121	合伙合同
122	种植、养殖回收合同
123	彩票、奖券合同
124	中外合作勘探开发自然资源合同
125	农业承包合同
126	林业承包合同
127	渔业承包合同
128	牧业承包合同
129	土地承包经营权合同
130	土地承包经营权转让合同
131	土地承包经营权互换合同
132	土地经营权入股合同
133	土地经营权抵押合同

134	土地经营权出租合同
135	居住权合同
136	服务合同
137	电信服务合同
138	邮政服务合同
139	快递服务合同
140	医疗服务合同
141	法律服务合同
142	旅游合同
143	房地产咨询合同
144	房地产价格评估合同
145	旅店服务合同
146	财会服务合同
147	餐饮服务合同
148	娱乐服务合同
149	有线电视服务合同
150	网络服务合同
151	教育培训合同
152	家政服务合同
153	庆典服务合同
154	殡葬服务合同
155	农业技术服务合同
156	农机作业服务合同
157	保安服务合同
158	银行结算合同
159	演出合同
160	劳务合同

161	离退休人员返聘合同
162	广告合同
163	展览合同

除了在第四部分、第十"合同纠纷部分"列明各类型合同之外，该规定还在其他部分从其他角度对合同类型进行规定，如第八部分与公司、证券、保险、票据等有关的民事纠纷中"第二十、与企业有关的纠纷"专门规定了企业出售、联营合同等重要的合同类型，在第二十一规定了"与公司有关的纠纷"，虽未使用合同二字，但显然也是合同纠纷。可见除了合同纠纷之外，《民事案件案由规定》从不同角度对合同类型进行了总结和罗列。由于角度不同，可能发生一些交叉，比如股权转让与企业出售之间显然具有较大比例的重合部分，案由的设置既贴合了当事人在实践中使用的合同语言，也有利于在案件分配阶段快速简便地帮助立案庭判断案件的分配去向。

因此，一方面，《民事案件案由规定》以规范性文件的层级对不同的合同类型做出了十分丰富的罗列，有利于我们认识和理解合同的各具体类型，另一方面，正是由于《民事案件案由规定》分类的角度不同，抽象的层级不同，故而并不能以《民事案件案由规定》来构建合同类型束。

同时，也应当看到，《民事案件案由规定》所展示的繁复的合同类型具有明显的"物品指向"[1]性，即对合同类型的界定直接指向具体的物（或行为）之给付。一方面，这有利于缩短规范与实践的距离，能够在立案阶段迅速判断案件的类型；另一方面，也更加固化合同类型的适用范围，在此之下必须借助合同类型束来理解和适用合同类型，以应对复杂多变的交易实践。

（二）观念的合同类型

观念的合同类型是指在规范的合同类型以外，当事人拟定合同时已经在双方观念上具有关于该合同类型专有名称、基本内涵（权利义务设置）之共识的合同类型。

在规范的合同类型之外，观念的合同类型作为各方之共识，虽未被权威第三

---

〔1〕　参见颜厥安："由规范缝隙到规范存有——初探法律论证中的实践描述"，载《法律方法与法律思维》2008 年第 0 期。

方所认可，但是也实质发挥着合同类型补足的作用。如果将合同类型限定于有名合同，就会导致"（契约）定性必要性的相对化"，即有限的有名合同体系限制或曲解当事人（尤其在商事领域）的合同真意。[1]

笔者认为，不宜将合同类型限于有名合同，当然也不限于规范的合同类型，否则将大大限缩合同类型的概念和实际的影响。

观念的合同类型要被司法裁判所采用，需要一定的适用进路，即惯例和习惯。一般而言，观念的合同类型体现为社会共有的交易惯例和特定当事人既有交易形成的交易习惯。在《民法典》上，惯例和习惯被统称为习惯，《民法典》在多个条文上赋予习惯以填补当事人意思表示的一般法律地位，例如第一百四十二条第一款，"有相对人的意思表示的解释，应当按照所使用的词句，结合相关条款、行为的性质和目的、习惯以及诚信原则，确定意思表示的含义。"又如第八百一十四条，"客运合同自承运人向旅客出具客票时成立，但是当事人另有约定或者另有交易习惯的除外"。

可见，在有名合同规范之外，被其他规范性文件所规定的合同类型以及出于人们共同观念共识中的合同类型，在裁判中发挥着近似于有名合同的作用，对当事人拟定的合同类型判断、合同具体条款的填补、无名合同的类似参照适用，甚至在未规定"当事人另有约定的除外"情形下，当事人作出了与之相悖的约定，裁判者可以以当事人的约定不符合交易习惯，且有违公平原则为由对拟制的合同类型进行"矫正"。不过，相较于规范的合同类型，由于观念的合同类型在名称、内涵上的不那么确定，且其强制性也相对较弱，因此在适用观念的合同类型对当事人意思表示进行调补甚至矫正时，论证的难度较大，裁判者既要论证其所指的观念的合同类型构成当事人缔约时所共有的观念，又要论证该观念的合同类型之内涵具有公平分配双方利益的价值正当性。笔者上述的洪秀凤案中，最高人民法院即认为，习惯一般用于填补意思表示的漏洞，若对意思表示进行矫正，则"应格外谨慎"。[2]

此外，由于规范的合同类型有相对固定和明确的合同内涵和外延，我们可以基于此提取出争议不大的合同要素。故而，当我们称合同名实不符时，一般所指的作为"名"的合同类型为规范的合同类型，至多可以扩展至争议不大的观念的合同类型。如果是不存在一般共识的合同类型，不仅合同类型的内涵和外延不

---

〔1〕　参见陈自强：《民法讲义Ⅱ：契约之内容与消灭》，法律出版社 2004 年版，第 219 页。
〔2〕　最高人民法院（2015）民一终字第 78 号民事判决书。

清，难以判断合同类型不符。而且需要对该合同类型在法定和观念合同类型中寻找最相类似的合同类型予以参照适用，过程过于复杂，不如直接指称具体合同文本与某法定或观念的合同不符，并进行参照适用。即裁判人认为案涉合同构成无名合同的，应当在实为的步骤进行判断，不宜在名为的步骤进行判断。

（三）拟制的合同类型

拟制的合同类型是当事人出于合同目的，结合其所具备的条件资源，通过意思表示为双方设置的合同类型。拟制的合同类型即我们日常所称的合同文本，是当事人合意的客观载体，是合同解释的对象。

拟制的合同类型是对先验的规范的合同类型以及观念合同类型进行取舍所得，可能包含一部分甚至全部的规范的合同类型，也可能拆分选用先验的合同类型，甚至完全不采用先验的合同类型。

当事人拟制的合同类型采用先验的合同类型的，通过使用先验合同类型的名称，当事人可以实现对相应条款的一般性默示接受，王泽鉴先生认为，任意规定旨在填补合同漏洞，当事人对相关事项未做约定的，"多因相信法律会设有适当合理的规定"[1]。即合同在一些非必要要素上的漏洞，是当事人的"有意"留白，因为当事人相信法律规定符合其合理的真意。

当事人拟制的合同类型与先验的合同类型有别的，当事人应当在拟制中对其意思表示予以明确表示，否则会构成表意的瑕疵。此时会产生漏洞填补时的争议，双方当事人将站在诉讼时各自的利益立场，主张对己方有利的合同条款。

对合同条款的主张，或以参照最相类似的合同类型为路径，进行合同漏洞的填补；或以隐藏的意思表示为路径，主张隐藏的合同类型，及其条款漏洞填补。

（四）隐藏的合同类型

隐藏的合同类型是指双方当事人未表示出的，被双方当事人所理解和接受的合同类型。在合同解释中，拟制的合同类型被称为明示的意思表示，隐藏的合同类型被称为默示的意思表示。

由于隐藏的合同类型不具有当然有效的载体，故隐藏的合同类型是最容易产生争议的合同类型。不具有当然有效的载体是相较于拟制的合同类型而言，拟制的合同类型承载于合同文本之上，具有当然的有效性。而隐藏的合同类型可能体现于缔约前的谈判、往来函件等沟通活动中，也可能体现于当事人的履约行为

---

[1] 王泽鉴：《债法原理》（第一册），中国政法大学出版社 2001 年版，第 277 页。

中，隐藏的合同类型并非无载体，无载体的信息很难被证明为双方之共识。隐藏的合同类型之载体不具有合同之效力，只能够构成解释合同之资源。在一些纠纷中，隐藏的合同类型起到了关键性的作用，也往往体现为双方的争议焦点。

需要强调的是，隐藏的合同类型必须是双方达成共识的合同类型，非单方一厢情愿的意思。因此，隐藏的合同类型必须被表达，即上述的具有载体。同时，隐藏的合同类型必须被对方所接受，虽然这种接受不是正式的（正式的接受即写入合同），但是双方均认为已经被接受为具有约束双方效力的内容。故常见的合同纠纷中，关于合同解释的某项外部资源是否能够被纳入合意的范围是当事人在合同类型解释争议中最关键的争议点。[1]

概言之，法定和观念的合同类型是先于具体合同缔结之前就存在的，它们是社会一般观念的产物。拟制和隐藏的合同类型是具体当事人进行合同缔结时协商沟通时产生的，是意思自治的产物。

虽然裁判者解释的是当事人的意思自治产物，即拟制和隐含的合同，但是裁判者毕竟不是当事人自己，即使是当事人自己，当事人的想法在合同缔结之后可能因利益格局的变化而发生变化，故而裁判者解释的已经是客观化、固定化的当事人意思。同时，裁判者进行合同解释时必须借助自身对合同的理解，这如当事人缔结合同时对合同具体条款搭建的过程一样，难以在没有合同类型概念的基础之上搭建合同类型和具体权利义务，故裁判者的合同解释工作是以先验存在的规范的合同类型、观念合同类型为前提，以拟制合同类型为对象和出发点，以隐含合同类型为补足进行的合同解释。

可以说，最终形成的真意的合同类型是四个样态合同类型共同发挥作用所得之结果。四种合同类型的提出有利于我们厘清诉讼参与人所指称的合同类型是何种样态的合同类型，具有什么效力，以便进行下一步的讨论。虽然日常的经济活动甚至法律诉讼中并未使用这四种合同类型的分类，但是这四种合同类型的分类早已或多或少地体现在立法和司法中。

三、合同类型的属性

（一）公共产品属性

处理过合同纠纷的法律人基本都能感受到，一份合同无论当事人多么竭尽所

---

〔1〕 参见雷继平：《论合同解释的外部资源》，中国法制出版社 2008 年版，第 104~110 页。

能，也无法使合同文本涵盖未来可能遇到的所有问题。这一方面是由于当事人预期的有限性，即相较于当事人未来可能面临的合同问题，当事人在缔约时点的合意本身就是不完全的。另一方面是由于当事人意思表示的不准确性，即所有的合同不过是当事人部分意思表示的产物。两方面不确定性的叠加，使裁判阶段所使用的合同，天然地存在不足。

为了消减不确定性，当事人可以在订立合同时承担较大的缔约成本，尽其所能地把未来安排得更加周全，并表述到合同中。哈特教授总结为三方面的缔约成本：第一，在复杂的现实世界中，人们很难对未来做出准确的预测，并针对预测的情况设置相应的应对计划；第二，即使人们能够对未来进行准确预测并形成应对计划，也很难基于过去的经验对未来的情形和计划进行准确的描述；第三，即使人们作了准确的描述，在纠纷发生之时，法院也很难解释出当事人的真意，并使之得以执行。[1]可见，在纷繁复杂的现实世界和未来维度下，缔约成本显得十分突出。

然而，即使当事人自愿承担上述缔约成本，制定了十分周全的合同，当事人承担了这一合同的全部成本（full cost），但是由于该合同很成功，会被其他人参照和复制，因此合同的制定者不可能享有该合同的全部收益（full gain），这种正外部性对应的巨大成本，不应由当事人来承担，由公共领域的支出来承担这一成本更加符合经济规律。[2]即 Alan Schwartz 和 Robert E. Scott 教授所称的 publically supplied rules。不过，他们认为，公共领域为合同制定的默认规则很难适用于所有行业，如果要为所有行业作相应的合同规则，那么所产生的成本也超出了最终的收益，并非效率上更优。[3]

Avery W. Katz 教授指出，我们为了降低解释成本的同时，增加了缔约成本，似乎并非更优，至少需要对缔约成本和解释成本进行比较权衡，再来定夺当事人应当更多地承担哪个成本。[4]

---

〔1〕 参见〔美〕奥利弗·哈特：《企业、合同与财务结构》，费方域译，格致出版社、上海三联书店、上海人民出版社 2016 年版，第 22 页。

〔2〕 See Charles J. Goetz, Robert E. Scott, "The Limits of Expanded Choice: An Analysis of the Interactions Between Express and Implied Contract Terms", *California Law Review*, Vol. 73, No. 2., 1985, pp. 291–293.

〔3〕 See Alan Schwartz, Robert E. Scott, "Contract Theory and the Limits of Contract Law", *Yale Law Journal*, Vol. 113, No. 3., 2003, p. 541.

〔4〕 See Avery W. Katz, "The Economics of Form and Substance in Contract Interpretation", *Columbia Law Review*, Vol. 104, 2004, p. 496.

笔者认为，在我国的合同法律渊源体系下，以规范的合同类型为主体，观念的合同类型为补充的合同类型体系则大大降低了当事人的这部分缔约成本。规范的合同类型和观念的合同类型是国家、社会生产的免费法律产品，当事人可以通过使用法定和观念的合同类型来大幅度减少需要罗列的合同条款[1]，当事人只需要指称的就是合同类型的名称，或者有时不指称合同类型的名称，在合同条款中使用反映合同类型要素的文字即可，例如不用买卖合同，而使用所有权转移的表述，就能够适用买卖合同的全部条款，除非当事人以明示约定的方式进行排除。

可见，从当事人缔结合同需要花费的成本来看，合同类型是国家提供给当事人的公共产品。

（二）强制适用属性

弗卢梅教授认为，私法自治需要受到具体法律秩序和一般法律秩序的限制：在具体法律秩序上，类型法定原则（numerus clausus）[2]限定了设权行为的种类和其所形成的法律关系的类型，进一步解释，即私法自治需要在法律秩序所认为的形式（法律提供的行为类型）和内容（法律关系类型）范围内作为，超出范围的没有法律效力。

类型法定原则在物权[3]、民事主体[4]、婚姻法[5]等领域均有体现，放在合同领域，即规范的合同类型作为法律赋予效力的概念，观念的合同类型作为法律赋予效力或社会赋予共识的概念，对能够在语言或者含义方面被其涵摄的范围内之合同，具有强制性的适用效力。

举例而言，若当事人在特定法域中选择了"买卖合同"，那么他们自然要受到该法域中"买卖合同"类型的规则约束。除非予以明示排除并且买卖合同规则允许当事人排除，否则，买卖合同的假定条件、行为模式和法律后果均适用于双方当事人，即合同类型的强制适用属性。这种强制适用属性即使可以约定排除，也需要法律规定明确了可以约定排除，因此这种强制适用属性并非推定的强

---

〔1〕 参见黄锦堂：《台湾地区环境法之研究》，月旦出版社有限公司1994年版，第212页。

〔2〕 王利明教授将该词范围解释为物权法定原则，虽然范围不同，但反映的法律价值相同，笔者在此不做区分。参见王利明："物权法定原则"，载《北方法学》2007年第1期。

〔3〕 参见［德］沃尔夫冈·维甘德："物权类型法定原则——关于一个重要民法原理的产生及其意义"，迟颖译，载王洪亮、张双根、田士永主编：《中德私法研究》（第2卷），北京大学出版社2006年版，第94~95页。

〔4〕 参见温世扬、麻昌华主编：《民法典编纂的理论与实践》，湖北人民出版社2017年版，第218页。

〔5〕 参见王泽鉴：《民法概要》，中国政法大学出版社2003年版，第647页。

制适用，因为排除的规则也是法定的。

合同类型的强制适用属性体现在以下几个方面：

合同名称指代的强制适用属性。从语言角度来说，一旦当事人选择的合同名称落入了有名合同的名称范围，那么原则上当事人缔结的合同推定符合该有名合同的全貌。自然语言之间的界限是模糊的，有名合同的名称在法定身份的加持下，具有了科学术语的准确性质。表意的准确性是人们表意的追求，在可以选择准确概念的情形下，自然应当选择准确的概念。故当自然语言与科学术语发生重合时，作为专业人士的裁判者当然将自然语言等同于科学术语看待。合同名称指代的强制性不仅体现在完全一致的合同名称上，不相同但相似的合同名称也可能被有名合同的名称所指代。例如购买（采购）协议、供货合同、销售合同、供销合同等合同名称，虽然只表达了一方主体、一个角度或使用了不同语言，但是由于与买卖合同具有明显的语义上的相近，这些相近的名称被裁判者强制适用于指代买卖合同。

合同条款补足的强制适用属性。一旦被定性为某个有名合同，该有名合同项下的法律规范当然地适用于该具体合同。我国商人拟定的合同文本似乎比美国商人在总体上"短一些"，主要原因在于债法总则、合同编通则、典型合同规则能够对合同的权利义务设置进行补足。我国在《民法典》立法中，未能设立债法总则，确实留下了不能彰显债的统一性特征之遗憾，[1]从这一点上来看落伍于近年来的民法典立法成就。在《民法典》颁布后的时代，学者们认为，法典虽未明确规定债法总则，但是以《民法典》第四百六十八条为通道，[2]合同编通则中的多数规定起到了债法总则的作用，[3]它们不限于合同编通则部分。[4]合同编通则和有名合同规则的补足具有强制性，即除非合同规则中规定当事人另有约定的除外，该规则不允许当事人约定排除。甚至，从法律效力角度，即使法官因当事人约定或其他原因排除了债法总则、合同编通则或有名合同规则的适用，也并不意味着这些规定对其不生效。

---

〔1〕　参见费安玲："民法典的理性与债法总则"，载《经贸法律评论》2018 年第 1 期

〔2〕　参见柳经纬、吕辰："'债的一般规范'的识别及其对非合同之债的适用——以《民法典》第468 条为中心"，载《北方法学》2020 年第 5 期。

〔3〕　参见于飞："我国民法典实质债法总则的确立与解释论展开"，载《法学》2020 年第 9 期。参见于飞："合同法总则替代债法总则立法思路的问题及弥补——从'参照适用'的方法论性质切入"，载《苏州大学学报（法学版）》2018 年第 2 期。

〔4〕　参见翟远见："论《民法典》中债总规范的识别与适用"，载《比较法研究》2020 年第 4 期。

合同形式要件的强制适用属性。有名合同规则不仅对当事人意志进行补足，而且可能对当事人意志进行否定。否定最明显的莫过于要式合同以合同缔结的形式瑕疵否定当事人意思表示的效力。要式合同发展经历了从原则上要式到原则上不要式的过程，但是，在一些领域仍然保持了合同形式的要求，甚至处于保护特定当事人的目的有一定的要式的复兴。[1]借款合同、融资租赁合同、建设工程合同、房地产交易的相关类型合同等均为书面要式，如当事人缔结的合同落入要式合同类型时，因未使用书面形式等规定形式的，合同被认定为不成立。[2]

合同法律后果的强制适用属性。合同作为当事人合意的结果，在意思自治领域下，本应由当事人决定其效力。但是，当合同落入具体合同类型时，合同类型的效力性规定会影响该合同的效力。例如担保合同因主合同无效而无效，以及无效之后的产生的法律效果。又如保理合同应收账款债务人接到应收账款转让通知后，应收账款债权人与债务人无正当理由协商变更或者终止基础交易合同，对保理人产生不利影响的，对保理人不发生效力。这一点，法律并没有给予约定排除机会。

无法回避的是，合同类型的强制适用属性与意思自治有着天然的冲突，哈佛大学的 Duncan Kennedy 教授总结，规范的强制性会产生两方面问题：包容不足（underinclusiveness）和过度包容（overinclusiveness）。包容不足是指在规范的局限性下，若当事人实施的法律行为未能匹配法定的形式，法律拒绝或部分拒绝赋予当事人所设定的法律关系以法律效力的情形。过度包容是指当事人没有特定的合同意思时，法律强行赋予其法律规定的合同意思（合同效力）的情形。[3]

耶鲁大学的 Alan Schwartz 教授和弗吉尼亚大学的 Robert E. Scott 教授从经济学的角度分析，强制适用的合同规则（mandatory rules）只有在两种情形下才具有正当性，一种是意思自治会产生重大的负外部性时，另一种是交易双方的不平等使市场调解机制失灵时。他们认为，在公司与公司之间的买卖合同中，由于双方都是老练的缔约者，即使存在上述两种情形，也不应适用强制性规定。[4]

---

[1] 参见 [德] 康拉德·茨威克特、海因·克茨："合同形式"，纪海龙译，载《中外法学》2000年第1期。

[2] 参见宁红丽：《合同法》，对外经济贸易大学出版社 2013 年版，第 76 页。

[3] See Duncan Kennedy, "Form and Substance in Private Law Adjudication", *Harvard Law Review*, Vol. 89, 1976, p. 1739.

[4] See Alan Schwartz, Robert E. Scott, "Contract Theory and the Limits of Contract Law", *Yale Law Journal*, Vol. 113, No. 3., 2003, p. 541.

（三）抽象属性

类型是人类对自然经验不断总结、提炼后，以抽象的联系构建于主观世界的乌托邦。[1]类型的形成是自下而上的，是特殊到普遍的归纳。[2]合同类型作为人类归纳能力和抽象思维在合同领域的应用，自然也存在抽象性的特征。例如，买卖合同类型的形成是社会实践中大量具体买卖合同应用积累的结果，是具体实践上升为抽象认识的归纳过程。如同世上本无路一样，合同类型就是人们买卖交易中日积月累形成的依赖路径。

1. 合同类型之间的交叉性

由于具有必要与非必要要素的共存，合同类型之间呈现出交叉关系。只有单一标准之下的分类才能够实现类型之间的分离，如将合同分为单务合同与双务合同、要式合同与非要式合同、诺成合同与实践合同（也有称为要物合同与非要物合同[3]）等，但单一分类并不是人们构建类型规则的一般方式，毕竟合同类型是服务于合同实践的，故合同类型的抽象程度要低于单一分类的结果，更具有实践意义的分类是买卖合同、借贷合同、运输合同等这类分类，它们既有一定的抽象程度和开放特征，又与当事人的实践保持极高的契合性，以至于当事人可以简单以合同名称来构建合同内容，并且基本符合其真意。人们用到的合同类型是多重划分标准所构建的抽象类型，合同类型之间非以绝对分隔的状态存在，类型要素之间具有流动性，类型之间存在过渡类型、混合类型。[4]例如，融资租赁合同的直租类型就是买卖合同、借贷合同和租赁合同之间的混合合同，它既有买卖合同转移标的物所有权的核心要素，又具备借贷合同之一方一次性提供资金，另一方分期偿付并计收利息的要素，同时还占据了租赁合同之交付标的物使用权、支付占用费的要素。合同类型之间的交叉性是合同类型具有抽象性和开放性必然推导出的结果，也是法律概念产生实践价值的延展性体现。[5]

2. 合同类型之间的层级性

罗素将分类层级化，认为可将类型抽象为：个体、个体的类、个体的类的

---

〔1〕　参见［德］马克斯·韦伯：《社会科学方法论》，韩水法、莫茜译，中央编译出版社1998年版，第39页。

〔2〕　参见［德］埃德蒙德·胡塞尔：《经验与判断——逻辑谱系学研究》，邓晓芒、张廷国译，生活·读书·新知三联书店1996年版，第386~387页。

〔3〕　参见刘家安："'要物合同'概念之探究"，载《比较法研究》2011年第4期。

〔4〕　参见［德］考夫曼：《法律哲学》，刘幸义等译，法律出版社2003年版，第190~191页。

〔5〕　参见宁红丽：《我国典型合同理论与立法完善研究》，对外经贸大学出版社2016年版，第15页。

类，以此类推。[1]罗素根据类型的抽象层级为类型设置分层对类型逻辑贡献了重大意义。因为不同抽象层级的类型能够发挥相应的作用，抽象程度高层级的类型具有更广泛的涵摄作用，也更贴近于要素的本质特征。抽象程度低层级的类型更贴近于实践，为社会生活提供更为便捷的使用对象。由于合同类型是抽象的概念，抽象的程度决定了合同类型的层级，抽象程度更高的合同类型具有更高的层级。如上所述，抽象程度的提升也意味着与实践距离的加剧，具有较高实践意义的合同（如有名合同）往往不会具有太高的抽象程度，有名合同的抽象程度是合同类型开放性和适用性平衡的结果，适度的抽象程度能够既使合同类型具有较为广泛的适用范围，又使合同类型能够指导具体的合同实践，以便当事人提及名称就可适用整个合同规范体系。在有名合同之间，也具有明显的层级关系，例如水电气的供应合同、房屋买卖合同、土地使用权转让合同等显然是买卖合同的下位合同，买卖合同的规则能够适用于这些下位合同。逻辑学将上位的合同类型称为干合同类型，下位的合同类型称为支合同类型，支合同类型自然具有干合同类型的特征，干合同类型具有一定的开放性，以便包容不同的支合同类型。

有学者将概念性思维和类型化思维予以区分，以此来说明类型开放性特征，他们认为概念性思维是精准的归纳型思维，即概念所形成的外延应当是精确的，不存在或此或彼的情形。而类型化思维是兼具归纳性和演绎性逻辑的思维，类型所形成的是具有交叉关系的外延。[2]但是笔者认为，这种区分只构成理念上的区分，即作为合同类型的表述无论如何在法律规定上只能以概念的形式出现，例如《民法典》第五百九十五条规定，"买卖合同是出卖人转移标的物的所有权于买受人，买受人支付价款的合同。"第七百六十一条规定，"保理合同是应收账款债权人将现有的或者将有的应收账款转让给保理人，保理人提供资金融通、应收账款管理或者催收、应收账款债务人付款担保等服务的合同。"在有名合同具体章的第一条一般都以"xx 合同是具有 xx 特征的合同"这一表述来对合同类型进行界定，在此之后再描述合同的其他一般性特征，例如买卖合同界定条款之后第五百九十六条规定，"买卖合同的内容一般包括标的物的名称、数量、质量、价

---

〔1〕 参见［英］Anthony Kenny：《牛津西方哲学简史》，陈晓曦译，中国轻工业出版社 2019 年版，第 403~405 页。

〔2〕 参见宁红丽：《我国典型合同理论与立法完善研究》，对外经贸大学出版社 2016 年版，第 17 页。杜宇："再论刑法上之'类型化'思维——一种基于'方法论'的扩展性思考"，载《法制与社会发展》2005 年第 6 期。

款、履行期限、履行地点和方式、包装方式、检验标准和方法、结算方式、合同使用的文字及其效力等条款。"保理合同的界定条款之后紧跟着第七百六十二条第一款，"保理合同的内容一般包括业务类型、服务范围、服务期限、基础交易合同情况、应收账款信息、保理融资款或者服务报酬及其支付方式等条款。"故而，虽然我们希望通过概念与类型的区别辨析来强调类型的开放性，但是我们无法否认概念在成为法为类型的界定必要性。故而在笔者的表述中，并未区分概念与类型的上述差异。

（四）开放属性

拿破仑设想"将法律化成简单的几何公式是完全可能的，因此任何一个能识别字，并能将两个思想连结在一起的人，就能够做出法律上的裁决"[1]。这是法律概念的永恒追求。但是合同类型又有它不可忽视的开放属性，为了说明这一属性，拉伦茨将类型与概念相比较，他认为"概念的外延透过其定义要素被终局地确定，类型则否。描绘类型的'特征'至少部分可以不同的强度出现，在一定程度上也可以彼此交换。"[2]

除了合同类型本身内在的开放性外，在运用合同类型时，自然语言的不准确性和立法的滞后性使法律必然需要以开放的状态交由司法者去解释。对合同类型的运用是一个部分否定先验概念的过程。作为抽象概念的类型在人的认识中先验地存在，形成一个泛域，作为人们理解世界的基本观念。但是在对具体事务的判断中，人们会发现具体事物与自己先验的类型设定可能不完全相同，甚至不可能完全相同，[3]这时会发生对预先设定的类型进行修正。[4]

如果修正范围超出了类型的核心要素的范围（亦称"超出该类型所允许的动态范围"[5]），具体类型的核心要素与抽象类型的核心要素不符合，那么就不属于该类型；如果修正的范围未超出该类型的核心要素的范围，即虽然具体情形的部分要素与抽象类型的部分要素不相一致，但是在核心要素上保持一致，那么

---

〔1〕　沈宗灵：《现代西方法理学》，北京大学出版社1992年版，第329页。

〔2〕　［德］卡尔·拉伦茨：《法学方法论》，陈爱娥译，商务印书馆2003年版，第182页。

〔3〕　参见［德］亚图·考夫曼：《类推与"事物本质"——兼论类型理论》，吴从周译，学林出版社1999年版，第98~99页。

〔4〕　参见［德］埃德蒙德·胡塞尔：《经验与判断——逻辑谱系学研究》，邓晓芒、张廷国译，生活·读书·新知三联书店1996年版，第44~46页。

〔5〕　王文宇："契约定性、漏洞填补与任意规定：以一则工程契约终止的判决为例"，载《台大法学论坛》2009年第2期。

该具体情形仍属于该类型，适用该类型的一般经验。

裁判者对当事人之间的合同类型具有先验的抽象认识，这一认识主要来源于法律规定。由于法律无法为所有合同类型作出具体的规定，无名合同一般是复合合同，即对有名合同的组合、提取、增添所形成的合同。当然，也可能是完全的无名合同（即使完全无名合同，作为双务合同也会参照买卖合同的规定）。相对于物法、亲属法、继承法，债权意定是债法的特征，同时债权意定受到法律原则的限制。例如《意大利民法典》第一千三百二十二条规定："各方当事人也可以缔结特别规范未规定的类型契约，但是以实现法律保护的利益为限"第1323条紧接着规定："所有的契约，即使没有纳入特别规范规定的类型内，均应当遵守本章规定的一般规则"。[1]这使得债权意定受到公序良俗与强制性秩序的限制。除此之外，也来源于裁判者自身对法律原理的理解，这为裁判者提供了一些无名合同的类型。

但是在具体案件中，裁判者会发现他所面临的合同与法律规定的有名合同或是经验中认识的无名合同并不能100%匹配，这种情况下裁判者需要分析匹配的部分、不匹配部分之重要性，如匹配的是合同的核心要素，则无论其他部分是否匹配，都可以归类于该合同类型；如在合同的核心要素上不能够匹配，那么无论其他部分是否匹配，都不能归类为该合同。由于有名合同在类型列举上存在优先性，在类型界定上也局限于具体的法律规范，故而要使有名合同能够实现作用，必须赋予合同类型以开放性特征，否则《民法典》长篇累牍的有名合同规范就无法适用在具体的案件中。

这一点不仅在合同类型上，在法学的其他领域亦如此。民法强调意思自治、刑法强调罪刑法定，在刑法理论上，德国刑法学者 Welzel 为了使构成要件得以相对灵活地运用，提出了"开放性构成要件理论"，开放性构成要件与封闭性构成要件相对应，开放性构成要件是指刑法并未将构成要件的所有要素完全表示出来，留有法官进行补充的构成要件类型。[2]

不可否认，法律的终极追求是定义的精准性，这样可以最大程度地实现公平，减少法律适用上的不统一。比民法更加"拘谨"的刑法尚可俯下身子主动

---

[1] 参见费安玲、丁枚、张宓译：《意大利民法典（2004 年）》，中国政法大学出版社 2004 年版，第 322 页。

[2] 参见张明楷：《外国刑法纲要》，清华大学出版社 1999 年版，第 80~81 页。

承认构成要件的不完整性，用开放性构成要件去弥补法律归类上的困境，合同领域作为当事人意思自治最自由的国度，更应当赋予合同类型开放性的特征。例如，Lawrence M. Friedman 教授将合同规范中留下的自由解释空缺描述为合同规则的松散性（looseness），他认为松散性是现代合同法的重要特征，并且松散性并未损害合同法的规范属性。[1]

当然，开放性为合同类型提供伸缩性的同时，也降低了其准确性。Alan Schwartz 和 Robert E. Scott 教授据此批评合同规则所提供的，不过是一些不确定的权利义务安排，使司法阶段法官的解释权掌握了当事人的命运，甚至在特定情形下引发当事人恶意运用合同规则的道德风险。[2]两位教授的观点在一些合同类型的评论中也有所体现。笔者认为，我们应当区分合同类型的开放性与合同条款的开放性。从当事人缔结合同的阶段来看，完全依赖于合同类型显然不足以将其利益和风险作最准确的安排，合同条款的开放程度越大，合同解释的不确定性也就越大。在缔结阶段，当事人应当在合同类型的基础上尽可能细化其个性化安排，将最终条款的开放性降到最低。但这并不能推导出合同类型的开放性存在问题，可以说，类型的开放性与合同条款的开放性是两个问题，类型的开放性使类型的适用范围更广，但并不意味着具体当事人之间缔结的合同也当然具有相同的开放性，当事人要做的是充分利用类型的开放性，把有限的缔约成本放在个性化安排上，去缔结尽量限缩的具体条款。

第二节 合同类型之间的微观关系：合同要素

哲学史上，恩培多克勒试图以爱与斗争作为组成类型的一般要素，这一要素的提取与东方文化的阴阳两极具有一定的相似性，即一切事物，无论是具象的还是抽象的，都可以被理解为阴阳两种要素以不同机理实现的调和构建。[3]列宁在寻找类型之间的关联和区别标准时，他指出"范畴是区分过程中的一些小阶

---

[1] See Lawrence M. Friedman, "Law, Rules, and the Interpretation of Written Documents ", *Northwestern University Law Review*, Vol. 59, 1964, p. 751.

[2] See Alan Schwartz, Robert E. Scott, "Contract Theory and the Limits of Contract Law", *Yale Law Journal*, Vol. 113, No. 3. , 2003, p. 541.

[3] 参见 [德] 阿图尔·叔本华：《附录和补遗》（第 1 卷），韦启昌译，上海人民出版社 2018 年版，第 42~45 页。

段……是帮助我们认识和掌握自然现象之网的网上扭结"。[1]列宁对范畴的描述，与合同要素的功能相近。

从微观的具体上看，个别的合同类型之间有一些相同之处，也有一些不同之处，这些相同与不同之处能够帮助我们区分合同类型，或反向地，帮助我们评价合同类型之间的类似程度。这些相同之处和不同之处即为笔者所言的合同要素。

一、合同要素的概念与特征

（一）合同要素的概念

1. 对"合同要素"下定义的角度

在笔者的检索范围内，我国大陆学者和台湾地区学者均使用过合同要素指称合同的内容，虽然学者们界定合同要素的角度不同，但是能够达到基本共识的是，合同要素与内容的重要性，也与法律后果有关。学者们对合同要素概念的使用可以分为四个角度：从内容的重要性角度来界定合同要素，或从对合同的成立起到要件作用来界定合同要素，或从对法律后果具有实质影响来界定合同要素，或从对合同类型具有区分作用角度来界定合同要素。

（1）内容的重要性角度

我国法学著作中有使用合同要素之表达先例，例如隋彭生教授在 20 世纪末使用该表述来指称合同中的重要内容，隋教授指出"合同要素可分为主体、内容和合同性质三类。对合同要素的误解，是事实上的错误，不属于事实上的错误，一般不构成重大误解"，并在重大误解的问题上区分了对合同要素的误解和对非合同要素的误解。[2]

王洪亮教授在合同的主要内容层面使用了合同要素的概念，例如王教授将标的物的质量条款作为合同的要素之一予以看待，并将缺少一定合同要素的合同称为不完整合同。[3]

张金枝、马生军两位学者从形成合同对价的重要因素使用了合同要素的概念，他认为合同对价的形成是当事人对标的物商品交换的各项因素进行整体分析、

---

[1] 参见［俄］列宁：《哲学笔记》，中共中央马克思 恩格斯 列宁 斯大林著作编译局译，人民出版社 1998 年版，第 90 页。

[2] 参见隋彭生："可撤销合同的认定及财产后果的处理"，载《政法论坛》1993 年第 4 期。

[3] 参见王洪亮："论合同的必要之点"，载《清华法学》2019 年第 6 期。

并结合市场公允价格所做的判断。而合同要素就是商品价格形成的关键因素。[1]

广东省高级人民法院从具体的、需执行的权利义务角度使用合同要素的概念："2014 年度合同系团购性质的协议，各交易主体根据其自身的需求向江铜公司点价，具体的合同要素均在《产品销售合同》中予以确定，实际的履行和结算也是按照《产品销售合同》的约定进行的。"[2]

（2）合同成立的要件角度

历史上，对法律行为的要素、常素、偶素有过较为细致的争论，[3]韩世远教授以要素、常素、偶素的划分为基础，使用合同要素去阐述合同成立的必要之点。[4]

赵德铭教授用合同要素指称合同成立的构成要件，[5]比笔者所说的要素要更加宏观和确定化。

吕双全教授使用合同要素指称合同中的实质内容，既体现了要素作为合同内容的一部分，又强调要素在内容中的重要性地位。[6]

王欢教授则从贷款合同的构成要件角度，论述了贷款合同规范将支付条款从一般性内容提升至合同要素，那么支付条款的欠缺将导致贷款合同因缺乏形式要件而无效的情形。[7]

青岛市中级人民法院从合同成立要件角度使用合同要素概念，并认为具备了合同要素的合同具有法律约束力，以区别于意向合同："上诉人认为该协议为意向协议，且上诉人处的协议中未载明签订日期，对此本院认为，该协议具备当事人信息、标的、价款、履行因素、违约责任等合同要素，已满足合同成立的条件。"[8]

黑龙江省农垦中级人民法院认为，具备合同要素的合同具有法律约束力：

〔1〕　参见张金枝、马生军："论情势变更与币值波动——以《合同法解释（二）》第 26 条为中心"，载《法律适用》2019 年第 9 期。

〔2〕　（2016）粤民终 827 号民事判决书。

〔3〕　参见吴奇琦："法律行为三元素（要素、常素、偶素）理论的诞生发展史"，载《交大法学》2020 年第 2 期。

〔4〕　参见韩世远：《合同法总论》，法律出版社 2018 年版，第 103 页。

〔5〕　参见赵德铭："合同成立与合同效力辨——涉外经济合同构成要素研究"，载《法律科学（西北政法学院学报）》1994 年第 3 期。

〔6〕　参见吕双全："合同变更中同一性识别规则的规范构造"，载《现代法学》2021 年第 2 期。

〔7〕　参见王欢："商业银行贷款支付新规浅析"，载《生产力研究》2011 年第 3 期。

〔8〕　（2021）鲁 02 民终 300 号民事判决书。

"因该担保合同约定了合同双方的权利义务，合同要素具备……因此，上诉人关于约定的保证责任没有对应的主债权合同的存在，不产生法律效力的主张不能成立。"[1]

新沂市人民法院从合同成立的必要组成部分角度，使用了合同要素："朱惠、伏汉龙主张出具'本人愿意把房产证借给朱文作为借款抵押'仅为担保意向，缺乏债权人、担保债权数额等合同要素，故抵押合同未成立。"[2]

（3）对法律后果具有实质的影响角度

鲁礼洗教授将合同要素分为合同主体有关的要素（当事人的住所、国籍等）、合同标的物有关的要素（标的物所在地等）、合同成立和履行有关的要素（谈判地、履行地等）、合同争议解决的要素（仲裁、法院等），可见鲁教授以合同中具有法律价值的内容作为合同要素的指代对象。[3]

叶名怡教授则针对合同的违法之情形，将合同要素适用于区分合同违法的"部分"，并将合同的违法要素分为合同形式或缔结程序要素、合同主体要素、标的要素、目的要素。[4]

（4）区分合同的类型角度

王文宇教授在合同类型特征的含义上使用合同要素，他认为"即使某一契约具备典型契约的要素，但因其特殊性，适用任意规定可能未必符合当事人利益，此时法院即应另辟蹊径"[5]。

王聪教授在论证保理合同融合了借贷、担保和委托合同的特征时，使用合同要素来对保理合同兼具上述合同之特征进行通篇描述。[6]

学者丁伟和朱淑娣在合同的特征角度使用合同要素的表述，并根据公法和私法属性的划分将合同要素分为公法要素和私法要素。[7]

---

〔1〕 （2018）黑81民终770号民事判决书。

〔2〕 （2020）苏03民再99号民事判决书。

〔3〕 参见鲁礼洗："最密切联系原则在我国经济立法、司法中的运用"，载《财经理论与实践》1994年第1期。

〔4〕 参见叶名怡："我国违法合同无效制度的实证研究"，载《法律科学（西北政法大学学报）》2015年第6期。

〔5〕 王文宇："非典型（商业）契约的漏洞填补——论任意规定与补充解释的择用"，载《月旦法学杂志》2009年第164期。

〔6〕 参见王聪："《民法典》保理合同的功能主义构造"，载《社会科学》2021年第8期。

〔7〕 参见丁伟、朱淑娣："涉外商事合同属性及其法律的分割适用——以合同及其要素的公法性和私法性区分为基准"，载《政治与法律》2005年第3期。

人民法院在名实不符的合同真意解释纠纷中，也大量使用了合同要素作为区分合同类型的对比项。例如：

最高人民法院："本院认为，成立联营合同要素为合同各方共同出资、共同经营、共享利润、共担风险。案涉合同约定，农副产品公司出资后，只享有固定收益，不承担合同风险……故二审法院……认定案涉合同名为联营实为借贷，理据充分，定性准确。"[1]

最高人民法院："《股权转让协议》则对转让股权的份额及期限、股权转让价款及支付条件和方式……作出了明确、具体的约定，合同要素齐备，符合股权转让合同的基本法律特征……通过对《委托经营合同》和《股权转让协议》文义上的比较分析、合同签订及履行事实分析，一审法院可以认定……《股权转让协议》并非名为股权转让、实为借款，而是真实的股权转让。"

上海高院："……无需负担任何经营费用及风险，故本案《框架协议》从协议名称上看虽有'合作'二字，但从法律属性上看其实并不符合一般合作法律关系需要具备的共同经营、共担风险、亏损负担等特征性合同要素，故双成公司主张合同性质为合作合同的上诉理由本院不予采信。"[2]

重庆市九龙坡区人民法院："本院认为，《石膏线订货协议》名为订货协议实为建设工程合同……本案《石膏线订货协议》是具有建设工程合同要素的协议，而不是买卖协议。"[3]

2. 本书使用的合同要素概念

笔者认为，上述四个角度虽然不同，但是显然具有一定的交叉关系，合同中的重要内容往往也是合同成立的要件，后者似乎范围更小一些。而合同中的重要内容之重要性，应当体现为对法律后果具有实质影响上。只不过实质影响的可能是实体，也可能是程序，有的影响直接与当事人的缔约原因相连，有的影响造成法院审判工作的程序性变化。而我们对合同类型进行区分时，所比对的也就是合同中的重要内容，这些重要内容会影响当事人的权利义务安排，尤其是实体权利义务安排。可见，上述概念使用的角度虽然有所差异，但未达到完全不同的程度。

---

[1] （2017）最高法民申 2024 号民事裁定书。

[2] （2018）沪民终 133 号民事判决书。

[3] （2019）渝 0107 民初 18192 号民事判决书。

笔者综合上述要素概念的使用角度，将合同要素界定为：各类型合同中具有一定概括意义、能够体现当事人特定利益关系设置、指向合同原因、组合为合同类型的特征性信息。

（二）合同要素的特征

自然科学将一个物体进行机械上的拆解，拆分出不同的部件。在部件之下，又可以拆分成不同的零件。零件或为混合物或为纯净物，在纯净物之下又区分同种元素构成的单质和不同种元素构成的化合物。无论是何种物，基础的构成单位都是分子，分子由原子构成，原子之内又有原子核和中子。以此逻辑对合同进行拆解，可以拆解出不同层级的合同基本单位。但是，理论上讲，对合同的拆解可以无限细化，由于合同拆解的目的是理解合同类型的组成，从而借此组成来反映人类社会经济生活的一般理性，故而拆解的层级不一定要到底，最佳的层级是反映一般理性、可以重复利用，或者可以构成不同类型合同，具有精炼化表达的一般成分。借鉴德国学者考夫曼的观点，即这一层级能够反映事物本质，作为规范与事实，实然与应然之间的桥梁。[1]

笔者以为，在合同类型领域，这一成分即为合同要素。而放在解决纠纷，断定合同类型的问题背景之下，合同要素应当是适当抽象的、反映经济社会价值的、可组合的一般理性。

1. 适度抽象性

抽象是不断归纳，不断追求终极元素的过程。正是由于抽象的这种无穷尽属性，我们进行抽象时必然要将抽象的活动停止于特定的层级，以展现出抽象所得。抽象的层面并非越高越好，过高层面的抽象离人们认识生活的层面太远，不能够为人所用，过低层面的抽象不能够反映事物的本质特征，故而，抽象活动应停留在特定的层级。这个特定的层级就是抽象所得的本质特征与人类生产生活的意义能够直接对接的层级，能够帮助人们理解生产生活的抽象层级。

合同类型归根结底是类型化认识，该认识处于应然的、抽象的层面，与当事人所订立的实然的、具体的合同文本之间存在范畴上的差异。合同类型在规范层面是宏观的，虽然由具体的条文组成，但是条文之间并不具有天然的逻辑关系，条文内部又包含了假定条件、行为模式和法律后果。而合同文本是十分具体的，

---

[1] 参见［德］亚图·考夫曼：《类推与"事物本质"——兼论类型理论》，吴从周译，学林出版社 1999 年版，第 1~5 页。

它指向了具体细致的交易主体、交易条件、交易方式、交易效果。

合同类型本身就是抽象到一定层级的产物，同时，经过抽象可以发现，合同类型中包含了诸多要素，一些要素可能在不同的合同类型中重复出现。合同要素是人们对合同类型进行拆解的结果，但是合同类型拆解并不能得出任何有用的结论，最终必须落地于具体合同上。合同要素的作用就在于此，如果说合同类型是较高程度的抽象，当事人之间的合同文本是具体的合同，那么合同要素就是连接合同类型与合同文本之间的桥梁，是对合同进行分析、归纳所得的抽象于适当层面的特征。

即使我们认为某合同完全匹配规范的合同类型，也不可能100%以三段论的精确逻辑实现涵摄，因为二者之间存在应然和实然的鸿沟，这一鸿沟的填补需要解释者的眼睛在规范（合同类型）与事实（合同文本）之间不断穿梭，为二者连结起桥梁。由于类型作为一项整体性界定，不可能100%与合同文本相匹配，故需要将合同类型进行拆分和抽取，并对合同文本进行拆分和抽取，如果合同类型和合同文本拆分、抽取之特征能够匹配，那么该合同类型可适用于该合同文本。我们将合同类型拆分抽取所得之物，即为合同要素。

2. 价值性

具有一般社会经济价值是指合同要素须满足一般交易主体认可和接受的社会经济需求。当我们阐述某项事物有价值，实际是认为这项事物能够满足我们的一定需求，如果这个需求是社会较为普遍认可的，非个性化的，那么就具有普遍的价值。价值在合同领域一般体现为经济价值，但又不全是，例如寄托情感的价值等。总体上，当某项价值具有一定的普遍性，我们就可以考虑将其吸收至合同要素。如果某项价值极具当事人个性，即不能被通情达理第三人所理解和认同，那么该价值仍然具有合同上的价值，只是没必要将之归入合同要素而已，因为它不具有重复、广泛使用的特征。

合同要素可以出现在不同角度不同层级，例如我们对合同进行一般分类时所述的书面与口头、要式与非要式、诺成与实践、单务与双务，等等，这些也都体现了合同的特征，这些特征在一些问题的分析上具有实际的价值。但是在我们作合同类型区分时，往往需要从上述特征以外的层级和角度进行提取，类比过程中类比之点的选取具有较大的任意性，但是最终能够被选取为类比之点的，应是事物本质，即事物有意义的内涵，是事实性与理念性之表达，是重复发生的、负有任务的、具有类型性的事物。[1]笔者以为，在合同领域，合同的本质即当事人为利益关系所设置的特定安排，这些安排构成本书所述的合同要素。合同要素是对合同内容作适当层级的抽象和合适角度的评价，这一抽象和评价能够使我们所认识的合同准确反映当事人的真意，也能够适应争议焦点的解决。

例如共担风险、共享收益的价值。它反映了交易各方对某项事务的盈亏预判，以及对盈亏分配的追求，这一要素能够被不同的合同类型所采用，也具有较为广泛的社会接受程度，各方需要付出成本才能实现收益，并且要实现对各方激励的功能时，人们认可该价值。该价值是投资合同的要素，体现于不同的投资合同。

共担风险体现了交易主体分摊成本[2]的理念，能够整合不同资源的持有方提供其所持有的优势资源，实现优势互补，共同完成一项较为复杂且成本较大的事项。实践中，工程开发建设[3]、重大技术研发与创新、小微企业发展、连锁经济[4]甚至近年来迅速发展的共享经济等往往需要技术提供方、资源提供方（如获取土地权的资源）、资金提供方三方参与协作完成。三方有可能合并为两方，但是分摊成本、共担风险的理念不变。共担风险对经济活力的激发、经济体量的飞跃、经济结构的改革等具有十分重要的意义。

共享收益体现了对各方交易主体倾尽其资源的激励。在各方协作完成的项目之下，各方分工不同，如上所述，按照支持的持续性，可将交易各方的义务分为持续性义务和一次性义务，例如提供资金的一方履行的是一次性义务，而提供土地并进行开发建设的一方提供的是持续性义务，提供一次性义务的一方在义务履行完毕后处于弱势，需要以共享收益的条款去激励提供持续性义务的一方竭尽所能。按照义务履行的可能性，可将各方义务分为确定性义务和风险性义务，例如在重大技术研发上，提供资金的一方履行的是确定性义务，而实施研发的技术方则履行的是风险性义务，技术方最终可实现的研发成果存在重大不确定性。在此之下，需要共享收益去激励技术方绞尽脑汁进行技术开发。

---

〔1〕 参见［德］亚图·考夫曼：《类推与"事物本质"——兼论类型理论》，吴从周译，学林出版社1999年版，第81~82、103~104页。

〔2〕 参见《中华人民共和国企业所得税法》第四十一条，《中华人民共和国企业所得税法实施条例》第一百一十二条，《国家税务总局关于印发〈新企业所得税法精神宣传提纲〉的通知》第三十五条。

〔3〕 参见《福建省人民政府关于推广政府和社会资本合作（PPP）试点的指导意见》。

〔4〕 参见［日］三菱商事株式会社编：《日本现代综合商社论：三菱商事与事业创新》，丁红卫、葛东升译，知识产权出版社2014年版，第180页。

3. 可组合性

《民法典》第九百六十七条规定："合伙合同是两个以上合伙人为了共同的事业目的，订立的共享利益、共担风险的协议。"可见合伙合同的要素包含共担风险、共享收益。《关于审理联营合同纠纷案件若干问题的解答》（已失效）也规定了共担风险、共享收益是联营合同的要素。实际上，股权投资合同[1]、投资基金合同[2]、信托投资合同、联合开发合同[3]等都以共担风险、共享收益作为合同要素。

联营合同、股权投资合同、投资基金合同、信托投资合同、联合开发合同中都具有共担风险、共享收益的合同要素，同时，这些合同中又有其他各不相同的合同要素，可见，共担风险、共享收益的合同要素与不同的资金归集、投资担保、收益分配要素进行组合，形成不同的合同类型。而共担风险、共享收益的合同要素在合同类型中又处于聚焦核心的位置，因此该合同要素将不同的合同类型归统于同一类型束下。共担风险、共享收益的合同要素与不同的合同要素组合，如果这个组合具有一般社会价值，那么就可以将其进行抽象，使之成为合同类型。

4. 自聚焦性

在光学领域，研究人员将光束的光强分布呈现中心强、边缘弱的现象称为光束的自聚焦性。[4]在合同类型领域，也存在合同要素呈现出中心强、边缘弱的分布状态。笔者借助光学领域的概念，对合同要素在合同类型内的分布特征予以描述。

考夫曼称："类型虽然有一个确定的核心，但却没有确定的界限。"[5]拉伦茨认为，合同类型是由特征描述的，这些特征分为不可放弃的特征和可放弃的特征，前者指失去了该特征即失去了该合同类型，后者指失去该特征并不当然影响

---

[1]　参见《广东省股份合作企业条例》第三条。

[2]　《基金管理公司子公司管理规定》第二十五条。

[3]　《关于审理涉及国有土地使用权合同纠纷案件适用法律问题的解释》第十二条："本解释所称的合作开发房地产合同，是指当事人订立的以提供出让土地使用权、资金等作为共同投资，共享利润、共担风险合作开发房地产为基本内容的合同。"

[4]　参见赫光生：《非线性光学与光子学》，上海科学技术出版社2019年版，第114~115页。李淳飞：《非线性光学：原理和应用》，上海交通大学出版社2015年版，第104~105页。王英俭、范承玉、魏合理：《激光在大气和海水中传输及应用》，国防工业出版社2015年版，第191~192页。

[5]　[德]考夫曼：《法律哲学》，刘幸义等译，法律出版社2003年版，第148页。

该合同类型的存在。拉伦茨认为这些不可放弃的特征为合同类型造就了"整体形象",而"整体形象"可以使类型获得"指导性观点",即类型所对应的基本法律规范。[1]

笔者将这种必要性特征明确且不可替换、非必要性特征不明确且可替换的状态总结为合同要素在合同类型中的自聚焦性。合同要素使人们对合同类型有较为明确的认识,但是在用类型涵摄至具体合同时,显然存在抽象类型与具体合同之间不能完全严丝合缝吻合之处,周围模糊为类型的适用提供了逻辑上的落脚点。

从罗马法到中世纪注释法学派和评注法学派,法律行为的三要素(广义)被区分开来,分别是要素(狭义)、常素和偶素,分别对应英文的 essential、natural 和 accidental。要素(狭义)是指某一法律行为实质的部分,即一旦缺少,则该法律行为不再存在;常素是指某一法律行为本性的部分,即具有要素(狭义)之后理所当然所推演出的部分,这部分可以通过当事人的特别约定进行调整甚至放弃;而偶素是指某一法律行为偶性的部分,是特定当事人偶然订立的内容。[2]就三者的关系而言,要素(狭义)显然处于核心,其次是常素,最后是偶素。三要素的分类对笔者在合同要素(广义)上主张的自聚焦性具有借鉴意义,不过由于三要素具有特定的概念内涵,从合同类型区分和合同真意解释的角度而言,笔者并未完全使用三要素的概念来解决本书所论证的问题。

(1)对合同成立必要之点的聚焦

我国台湾地区"民法"第二编第一章债的通则,债之发生——契约一款第一百五十三条第二项规定"当事人对于必要之点,意思一致,而对于非必要之点,未经表示意思者,推定其契约为成立,关于该非必要之点,当事人意思不一致时,法院应依其事件之性质定之。"可见,根据该条之规定,就某项合同而言,部分要素是合同成立之必要条件,部分要素不是。按照王泽鉴先生的解释,这些非必要要素(非必要之点),可以通过民法的任意规定来填补。[3]相反,关于必要要素(必要之点),如果并未达成明显的合意,则合同不能成立。

那么,对于某一类合同,什么是必要要素,什么是非必要要素呢?林诚二认为,合同内容由要素、常素和偶素构成。要素是指合同成立之不可或缺的内容,

---

[1] 参见〔德〕卡尔·拉伦茨:《法学方法论》,陈爱娥译,商务印书馆 2003 年版,第 182~183 页。

[2] 参见吴奇琦:"法律行为三元素(要素、常素、偶素)理论的诞生发展史",载《交大法学》2020 年第 2 期。

[3] 参见王泽鉴:《债法原理》(第一册),中国政法大学出版社 2001 年版,第 277~278 页。

要素决定了一项合同最基本的权利义务关系，如买卖合同中的标的物所有权和价款。常素是指该类型合同通常具有之内容，不过去除这部分内容不影响合同成立，例如买卖合同中关于标的物风险和瑕疵的约定。偶素是当事人之间特别约定的内容，是个性化的安排，例如当事人约定以转让物的返还请求权方式来转移物的所有权，也是交付的方式之一。[1]一般而言，双方意思表示在要素上一致，合同即可成立，常素可由法律、惯例等进行填补，偶素或可由特定当事人之间的交易习惯进行填补。这是法律的推定设置。如果当事人之间有特别的安排，那么可以排除该推定设置，例如当事人之间就生日定做的蛋糕，交付日显然构成要素，而非一般买卖合同之下的常素。

就买卖合同而言，台湾地区"民法"第345条、第346条规定，标的物及价款明确时，买卖合同即达到成立的充分条件，甚至价款未约定的，只要"依情形可得而定者"，视为对价款有约定。不过，并不是所有有名合同都有明确的必要要素的规定，无名合同更无从谈起。对于合同要素存在必要要素与非必要要素之分，台湾地区学者无争议，但对于哪些要素是必要要素，哪些是非必要要素，台湾地区法律人存在争议，例如联合建房合同（合建契约）中，[2]房屋之位置、形态、栋数、使用建材及设备、建筑期限等构成联合建房合同的必要要素，至于双方未将建筑图案作为合同附录，可以通过建筑行业的相关法律规定进行填补，故建筑图案只是非必要要素。为了进一步说明问题，台湾地区学者还比较了多名提供土地方与施工方缔结的联合建房合同的案例，[3]在该案中，合同对提供土地方与施工方如何分配建成后的房屋有明确约定，但是对于提供土地的各方之间如何分配房屋没有约定，此时能否得出合同成立的结论，有较大争议，即提供土地各方之间如何分配房屋是否构成联合建房合同的必要要素，难以简单给出结论。[4]

林诚二教授所称之合同内容的要素、常素与偶素与本书所称之合同类型之要素并非同一概念。林教授所言是以合同内容为对象进行的区分；而笔者是以合同类型为对象进行的区分，林教授区分的指向是合同的成立与否，即该内容是否为

---

[1] 参见刘家安："论通过返还请求权让与方式实现动产所有权移转"，载《比较法研究》2017年第4期。

[2] 我国台湾地区1980年台上字第1652号判决。

[3] 我国台湾地区1981年台上字第3382号判决。

[4] 参见李永然、郑惠秋：《合建·预售法律实务》，茂荣书局2019年版，第29页。

合同成立之必须；而笔者区分的指向是合同类型的构成，即该内容对某类型合同的认定是否具有作用，具有多大作用。

虽然概念之内涵不一样，但是两组概念均反映了合同的不同内容对合同具有不同的作用。在合同成立而言，也体现出从中心要素到四周要素的重要性逐渐减弱的关系。进一步看，合同成立的确认与合同类型的确认之间本身具有重要的相关性，即合同成立往往也意味着合同类型的确定，如果合同连类型都确定不了，合同也很难成立。因为类型反映了合同最基础的权利义务关系，即使是无名合同，也需要"类型"来为合同搭建权利义务关系的根基，有了根基才能够对权利义务关系进行进一步的细化和丰富，即上述第 153 条第 2 项规定的"关于该非必要之点，当事人意思不一致时，法院应依其事件之性质定之"，事件之性质即合同之类型，是合同之解释问题。[1]甚至在曾品杰看来，我国台湾地区"最高法院"近来有以通常交易上合理意思来补充解释必要之点的趋势。即必要之点与非必要之点的区分并非绝对，基于当事人之间特定的利益关系，在必要之点和非必要之点之间还存在"重要之点"。

正如林诚二教授所言，必要之点是构成合同之核心，应以当事人之间特定契约类型之主要权利义务关系决定之。必要之点作为要素构成合同之核心，非必要之点作为常素和偶素构成合同之周边部分。[2]必要之点到非必要之点逐渐呈现出重要性降低的排序。

（2）对合同原因的聚焦

合同成立的必要之点反映了合同类型的一般共识，更偏重客观原因，即该合同类型下各当事人都具有的最基础的缔约原因。而原因除了客观原因的内涵之外，还具有反映个体当事人个性化追求的主观原因。客观原因与主观原因的界分并非泾渭分明，但是合同原因与合同成立必要之点的差异还是相对明显的，即成立的必要之点更具有基础性，反映的是某类合同最起码的要素，而原因更具有价值性，反映的是当事人缔约所要获取的交易对价。

拟制的合同类型具有一般性的必要之点，也具有当事人意定的个性化法律要素，这可能使该合同进入其他合同类型，甚至兼具不同合同类型之合同要素。例

---

〔1〕 参见陈洸岳："若干「要约」相关问题之探讨"，载《月旦民商法杂志》2012 年第 36 期。

〔2〕 参见林诚二：《债法总论新解：体系化解说》（上），瑞兴图书股份有限公司 2010 年版，第128～129 页。

如分期付款的买卖合同往往伴随着所有权保留的条款，这实际上具有融资合同的要素，[1]即在该合同中，买受人不具备支付全款的能力，因此将占用出卖人的现金流，买受人在支付少部分款项的条件下即取得了购买的标的物之使用权，出卖人为了防控资金收回的风险，将标的物所有权保留在出卖人处，待买受人支付全款之后再行转让所有权。[2]

当这里的出卖人发展为专门从事分期付款买卖的主体时，出卖人就成了融资租赁的出租人，出卖人甚至并不具有标的物，而是根据买受人指示购买标的物，后再出售予买受人，为买受人设立分期付款，在买受人支付少部分款项时即交付标的物，同时在买受人支付全款前保留标的物的所有权。如果把这里的所有权替换为抵押权，则符合当前房屋买卖中普遍存在的按揭买卖之要素（抵押人引入银行与否并不影响核心的合同要素）。

分期付款的所有权保留合同、融资租赁合同、按揭买卖合同，是所有权转移类合同要素与融资类合同要素进行差异化组合的结果。不同的组合方式影响着合同要素之间的主从关系，从而因合同要素的主从关系调整相应的合同规范安排。

这里的主从关系是以当事人的缔约原因来评价的，缔约原因似乎是一个较为概括的概念，但实际上，当事人最清楚自己的缔约原因，当事人会在自己履行主要义务的条件上设置相应的对价，并努力使其履约条件与对价成就条件直接发生关联，形成合同要素聚焦之处。对价是当事人为自身给付行为所设置的交换目标，是其核心诉求。即在尚未实现或尚未能确定性的实现其核心诉求时，当事人不会履行主给付义务。这一点无须合同规范进行干涉，理性的合同签约人在合同谈判缔结阶段自然会达成保护其缔约原因的条款。裁判者要做的就是发掘这个条款。尤其是在当事人的意思表示不甚明朗、不够完备，需要规范的合同类型与观念的合同类型进行补足的情况下。

如果当事人对合同类型产生争议，那么就会将这一问题凸显出来，因为以哪类合同来补足会成为当事人的争议焦点，不当的解释不仅会曲解当事人的合同真意，也会损害双方利益的平衡。《民法典》第四百六十七条仅规定了参照最相类似合同的规定。什么是最相类似的合同？在司法实践中原被告双方往往会主张有

---

[1]　参见陈自强：《民法讲义Ⅱ：契约之内容与消灭》，法律出版社2004年版，第215页。

[2]　参见李永军："所有权保留制度的比较法研究——我国立法、司法解释和学理上的所有权保留评述"，载《法学论坛》2013年第6期。

利于己方的最类似的合同，并因此产生争议，裁判者则需要就解决事项所对应的合同要素去寻找最接近的法定合同的合同要素。[1]

当某个合同具有不同类型合同要素时，如何判断合同类型从而适用相应的法律规则？美国判例法总结出了核心要素测试规则（Predominant Factor Test）帮助裁判者进行合同类型区分。核心要素测试规则将合同类型视为意思表示之高效行为方式，认为合同类型决定着法律规范的适用，当事人对合同类型有其相对确定的认识和意思，只是体现于或明或暗的形式上，裁判者需要通过这些形式来探究当事人的真意，从而正确适用法律。

核心要素测试的经典案例为 BMC Industries, Inc. v. Barth Industries, Inc. 案，该案中存在名为货物合同实为服务合同的争议。BMC 为眼镜片制造商，BMC 为了提升其眼镜片制造的工作效率，决定将其镜片生产线进行自动化革新。于是与 Barth 公司签约，由 Barth 公司提供生产线的设计、生产和安装。案件发生于 1998 年，当时镜片生产线的自动化还属于新事物，故 Barth 公司的工作中设计的成分占比也比较重。

由于 Barth 公司的实际交付日晚于上述约定的日期，BMC 公司起诉 Barth 公司要求承担违约责任。Barth 公司认为，双方合同虽然既涉及流水线自动化设计服务又包含流水线设备的买卖，但最终体现为设备的交付，故应属货物买卖合同，适用《统一商法典》（UCC）之规定，货物买卖合同下双方已经对交付日期的约定予以放弃，Barth 公司于合理期间交付流水线设备的，不应被认定为违约。BMC 公司认为双方的合同应属服务提供合同，不适用上述法律规定。

本案的核心争议焦点即双方签订的合同究竟是法律上的货物合同还是服务合同？如果认定为货物合同，才能使用《统一商法典》的规定，进一步讨论是否构成对交付日期的放弃。如果认定为服务合同，不存在《统一商法典》适用的前提，案件在两审法院认识不一，最终认定构成货物合同。

美国联邦第十一巡回上诉法院二审认为，本案合同既涉及服务（设计）又涉及货物（设备交付），属于混合合同（mixed or hybrid transactions）。但应当适用哪种合同的规范，应当看货物和服务哪种要素占主导地位（"the contract was predominantly a transaction in goods（and thus governed by the UCC）or in services（and thus governed by the common law）"）。

---

[1] 参见王利明：《合同法分则研究》（上卷），中国人民大学出版社 2012 年版，第 23 页。

对于混合合同，可以从几个方面来探究当事人的真意[1]（provides insight into whether the parties believed the goods or services were the more important element of their agreement）：

首先是合同文本所使用的文辞。合同语言中将交易称为"购买"（purchase）或将合同当事人称为买方和卖方（buyer and seller）均内含了双方之间是货物交易而非服务交易的事实以及双方对此的认识，这为诸多判例所确认。[2]本案中，合同的标题文字为"购买订单"，这一标题作为合同内容在合同文本中多次出现，"购买订单"的说法一般仅用于货物交易中。同时本案合同将双方当事人称为买方和卖方，也展现了货物属性。另外，本案合同还写明合同是为了建造并安装自动化设备，这里将设备作为文字表述的成果，反映了合同的货物属性。

更为重要的是对价的构成和款项支付的条件。无论是货物还是服务，都是一方当事人提供的合同义务，另一方当事人提供的款项是其对价。这一对价如何构成、如何支付，体现了双方当事人对合同性质的理解和有意识的设计。比如在先判例确认了如果合同的价款构成主要是货物的价格或者全部是货物的价格，那么该合同应当被认定为货物合同。[3]除此之外，合同价款的支付方式与哪些条件的成就作为前提，也体现了当事人对合同中货物/服务的重视程度。本案合同中明确了总体价款如何构成，哪些是货物、哪些是服务。同时合同约定的付款条件很清楚，即每条流水线交付并被 BMC 公司接手后，BMC 公司付款。法院反推，如果当事人之间将服务作为合同的主要内容，那么应该将付款条件与流水线的调试和设计完毕相锁定，而不是这个制造设备的交付（pegged payments to completion of the engineering and design services, not to the delivery of equipment.）。

上述裁判发生在 1998 年，但是至今还有大量判决引用上述判例。[4]例如，在 2006 年的 American Casual Dining, L. P. v. Moe's Southwest Grill, L. L. C. 案[5]

---

[1]　法院整个论述过程都是以探究真意为主线展开的，所谓的客观因素、法律规定只是探究真意的途径和方法，不是目标。

[2]　Bailey v. Montgomery Ward & Co., In c., 690 P. 2d 1280, 1282；Meeker v. Hamilton Grain Elevator Co., 442 N. E. 2d 921, 923.

[3]　Triangle Underwriters, Inc. v. Honeywell, Inc., 604 F. 2d 737, 743；Lincoln Pulp & Paper Co., Inc. v. Dravo Corp., 436 F. Supp. 262, 275 & n. 15.

[4]　例如 2019 年 9 月裁判的 Wadley Crushed Stone Company, LLC v. Positive Step, Inc. 2019 WL 4263 820, 508 F. Sapp. 3d 1148（CM. D. AIa. 2020）.

[5]　American Casual Dining, L. P. v. Moe's Southwest Grill, L. L. C. 426 F. Supp. 2d 1356.

中，争议焦点之一是涉案合同究竟是特许经营合同还是买卖合同，因为授权人除了提供商标、商号等授权外，还要求被授权人从特定的供应商处采购纸制品和一些软件和硬件设备，法院主要考察合同约定的授权人收益，该收益约定为特许经营费和版税，故而法院认定案涉合同为特许经营合同。对于上述指定供应商，鉴于其与授权人无关联关系，授权人也未从上述指定的供应商采购合同中获取直接的收益，故不影响特许经营合同的性质。

应当说，在一项合同具有不同合同类型下的合同要素时，要素的多少和细节的差异体现了当事人为其缔约原因所做的符合本人利益的安排。上述案例中，美国法院不过是在当事人特定的对价给付条件上发现哪种要素更加被动当事人重视，将更接近当事人缔约原因的要素作为更重要的合同要素，并以此分析判断合同类型。

（3）聚焦差异体现出的合同类型区别

合同要素的自聚焦性在不同的合同类型之间，体现为不同的聚焦之点。不同的合同类型可能具有一些相同的合同要素，但合同要素在不同类型的合同中具有不同的地位，[1]同一合同要素在不同合同中可能构成合同之原因，也可能构成合同之一般要素。王泽鉴先生在评价涉及土地、建筑物、资金的"合建契约"时指出，"如契约重在双方约定共同出资（土地与建筑资金），以经营共同事业，自属合伙；如契约着重在建筑商为地主完成建筑物工作后接受报酬的，即为承揽；如契约目的在于以地易屋，则应认定为互易。"[2]王泽鉴先生所说的契约之重在，其实是当事人缔约之原因。与缔约原因之关系的差异，影响着合同要素的重要性，合同要素因对缔约原因具有不同的指向程度、贡献作用，因而具有不同的比重，对缔约原因的指向性越准确，贡献作用越大，该合同要素就越值得作为合同类型判断的依据。

例如，买卖合同的核心要素是所有权转移，而融资租赁中，承租人一般在租期结束时获取标的物所有权，即使不获取所有权，承租人承租的期限和可使用的权能也几乎占据了标的物全部折旧年限的使用价值，届时已经没有可出让的交换价值，因而相较于租赁合同中承租人取得标的物一小部分价值，融资租赁的承租

---

〔1〕 参见冯洁语："民法典视野下非典型担保合同的教义学构造——以买卖型担保为例"，载《法学家》2020 年第 6 期。

〔2〕 参见王泽鉴：《债法原理》，北京大学出版社 2013 年版，第 86 页。

人获取的接近于标的物所有权价值，因此融资租赁的买卖合同要素远重于租赁合同要素。

又如期货合同与买卖合同都以转移标的物所有权为合同要素，但是期货合同之缔约原因并不在标的物，而买卖合同之合同目的在于标的物。期货合同的买受人以出售并赚取价差为对价，由于标的物的价格变化在短时间内可能极大，因此在买受人保有标的物所有权期间，使用之价值基本不可实现，且使用之价值远低于交易之价值。因此期货合同是一种投资合同，期货合同并非以转移所有权为原因的合同。[1]

再如以物为中心的承揽合同也要求承揽人转移标的物所有权，转移标的物所有权的合同要素与买卖合同相一致，承揽合同以定作之劳务为缔约原因，定作物所有权的转移是定做劳务的结果，是定作义务的从属义务，[2]买卖合同则专注于转移符合买受人要求的标的物之所有权。虽然二者均具有所有权转移之要素，并不使承揽合同与买卖合同等同。不可否认的是，既然以物为中心的承揽合同具有转移所有权的要素，该类合同必然与买卖合同具有共同要素对应的规范，如标的物瑕疵担保等，但是毕竟承揽合同具有定作属性，在原材料提供、标的物制作风险上，承揽合同又有别于买卖合同，不可归类于买卖合同。包括承揽人在定作过程中的中途解约权有别于买卖合同中买受人的权利。[3]

二、合同要素与相关概念和理论的关系

（一）合同要素与合同类型的关系

1. 合同类型的形成经由合同要素

类型是由要素组合而成的，对类型的说明是以要素为依据进行的；反过来看，要素与要素之间相互联系地发挥作用，要素的价值最终要通过组合为类型来实现，对要素的理解也要基于类型来实现，单独的要素不能发挥类型的效果。[4]

拉伦茨教授在界定类型时，作出了两个分类，一为整体或形成类型，二为平

---

〔1〕参见黄茂荣："买卖之目标及其《民法典》之合同类型的配置"，载《北方法学》2020 年第 5 期。

〔2〕参见黄茂荣：《债法各论》（第一册），中国政法大学出版社 2004 年版，第 346 页。

〔3〕参见［日］大村敦志：《债法各论》，张立艳译，北京大学出版社 2004 年版，第 133 页。

〔4〕参见杜宇："再论刑法上之'类型化'思维——一种基于'方法论'的扩展性思考"，载《法制与社会发展》2005 年第 6 期。

均或频繁类型。所谓整体或形成类型，是指基于类型的特征或因素而形成之整体。所谓平均或频繁类型，是指基于类型出现的频繁程度，而在"量之比例"上作出的一般性总结。[1]

笔者以为，这是两种合同类型形成的路径，前者基于特征归纳，后者基于频繁发生。经验是我们对直观认识所做的积累，而逻辑是我们对直观认识经过分析后归纳的抽象观念。归纳所得的合同类型是对合同要素进行选择的过程，而经验所得的合同类型是合同要素的不断重复出现所形成的印记。

无论哪种形成方式，合同类型作为一项整体，终究是从具体的合同文本到合同要素，再到合同类型形成的。

2. 合同类型的匹配经由合同要素

德国学者考夫曼认为，不存在完全相同的事物，事物之间必然有不同之处，可能有相同之处。我们将事物之间的相同之处予以提取并认可，将不同之处予以忽视，才有对事物的界定。否则法律作为抽象的、应然的事物无法涵摄至具体、实然之事实，考夫曼甚至认为法律的适用离不开类推，类推就是"以一个证明为重要的观点为标准，而将不同事物相同处理之思想。"[2]

笔者将类推理解为在客观事物上抽取并认可相同而忽略不同。放在合同领域，这里的不同事物即事实上不同的合同，实际上也不可能有完全相同的合同，即使当事人之间重复使用的模板合同也需要在不同的时空环境下作不同的解释。在考夫曼的视野下，即使被我们称为相同的合同也是忽略不同之后的类推，那么我国法关于无名合同参照适用之规则，当然亦构成类推。

这里所述的被提取的某个标准下的相同，即笔者所述的合同要素。没有合同要素，我们无法认识合同类型、判断合同类型、适用合同类型（之规范），合同要素不仅是无名合同参照最相类似之有名合同得以实现之核心，也是具体案件事实能够涵摄至有名合同规范之落脚点。

合同类型是一个整体性概念，要把某项具体的合同识别为该类型，必须将类型拆解为要素。例如，会计领域将具体合同拆解为要素，并对要素进行分析识别，最终判断类型。租赁合同的承租人需要在会计报表中对租赁物确认使用权资

---

〔1〕 参见游进发："无名契约典型化之因素"，载《高大法学论丛》2017 年第 13 卷 1 期。

〔2〕 ［德］亚图·考夫曼：《类推与"事物本质"——兼论类型理论》，吴从周译，学林出版社 1999 年版，第 59 页。

产和租赁负债。但是，实践中的合同名称可能并非"××租赁"合同，甚至在合同标题和语言中并未出现"租赁"字样，在会计准则之下，如果一主体因合同享有财产的权利已经占据该财产几乎全部经济利益，"并有权在该使用期间主导已识别资产的使用"，那么该合同具有租赁之要素，即使该合同既包含租赁之部分又包含非租赁之部分，那么也要对租赁之部分适用《企业会计准则》租赁规范进行会计处理，而对非租赁之部分适用《企业会计准则》相应规范进行会计处理。

有时，不是对某合同进行拆分解释，而是对多个合同进行组合解释，即一方主体与同一相对人订立多个合同，或与某相对人的多个关联主体在同一时间或相近时间订立的多份合同，如果合同中均包含租赁，且这些合同可以被归于总体的商业目构成"一揽子交易，若不作为整体考虑则无法理解其总体商业目的"，或"部分合同的对价金额取决于其他合同的定价或履行情况"，抑或"多份合同让渡的资产使用权合起来构成一项单独租赁"的，那么要将多份合同进行合并整体看待，按照整体交易实质解释为租赁合同。[1]

（二）合同要素对动态体系论的借鉴

动态体系论（又称动态系统论）是 20 世纪中叶由奥地利法学家瓦尔特·维尔伯格（Walter Wilburg）提出，并在《欧洲侵权法原则》中被发扬的，用于解决法律现实主义与法律形式主义之间对抗的理论。[2]法律形式主义僵化的概念使法律逻辑限定在全有或全无的匹配性上，大大限缩了法律尤其是制定法适用的范围，甚至产生制定法逻辑推演所得出的畸形结果。而法律现实主义所推崇的自由解释消解了法作为社会规范的准确内涵，法的确定性、可预测性、教育引导性大打折扣，对法典法国家的冲击尤甚。而动态系统论则实现了二者之间的平衡。

1. 动态体系论对规范的拆解

动态体系论是将法律规范进行拆解的理论，该理论认为某一法律规范是多种要素相互受力的结果，要素之间在不同方向上发生共向的作用力和反向的作用力，力在特定坐标上的投影长度因力的方向和大小有别，故最终的法律后果是多个要素在不同比例下发挥作用的后果。动态体系论以动态构造+弹性规范将法律

---

〔1〕　财政部《企业会计准则第 21 号——租赁》（2018）第二章。

〔2〕　参见［日］山本敬三："民法中的动态系统论——有关法律评价及方法的绪论性考察"，解亘译，载梁慧星主编：《民商法论丛》（第 23 卷），法律出版社 2002 年版，第 177 页。

规范进行解构，在合同法上，其将诚实信用、利益衡平和过错作为评价合同效力以及责任的要素，使要素之间相互发挥作用，并最终形成对立法的支持和对司法的指引。[1]

王利明教授认为动态体系论解决了构成要件体系下或全有或全无的僵化问题，规避了概念法学的不足，具有重要意义。[2]叶金强教授认为立法以构成要件——法律效果为基本逻辑，构成要件之间相互独立，无法涵盖要件之间的空缺，不利于个案正义，而动态体系论可以打破要件之间的隔绝，使实质正义得以实现。[3]周晓晨教授认为动态体系论是运用法律规则背后的法理体系解决具体问题，既能够避免规则的僵化，也能够防止裁判者的恣意。[4]L Hawthorne 从《欧洲示范民法典草案》（DCFR）的角度评价的动态体系论在合同责任上的应用，认为动态体系论所主张的法律原则排序（grade）和称重（weigh）理论对合同责任的构建有重大意义。[5]当然，也有学者如解亘和班天可教授对动态体系论提出了不同的意见，认为动态体系论也存在法学的恣意问题，不能片面重视其应对制定法僵化的作用。同时，动态体系论构建在成熟完备的要素体系和基础评价之上，而这两者显然也存在自身的不足，因此不宜将动态体系论奉为圭臬。[6]

动态体系论对概念法学的拆解对合同要素有借鉴意义，只有将规定的合同类型进行拆解，我们才能够更好地认识合同类型，并基于此对与规范的合同类型不那么一致的合同进行类型评价，实现逻辑上的类推。

2. 动态体系论对要素实现程度的评价

动态体系论中，要素是弹性规范之所在，要素被学者总结为原理和因子，[7]

---

〔1〕　参见［奥地利］瓦尔特·维尔伯格："私法领域内动态体系的发展"，李昊译，《苏州大学学报（法学版）》2015年第4期。王磊："动态体系论：迈向规范形态的'中间道路'"，载《法制与社会发展》2021年4期。解亘、班天可："被误解和被高估的动态体系论"，载《法学研究》2017年第2期。

〔2〕　参见王利明："民法典人格权编中动态系统论的采纳与运用"，载《法学家》2020年第4期。

〔3〕　参见叶金强："《民法典》第1165条第1款的展开路径"，载《法学》2020年第9期。

〔4〕　参见周晓晨："过失相抵制度的重构——动态系统论的研究路径"，载《清华法学》2016年第4期。

〔5〕　See L Hawthorne, "Walter Wilburg's 'flexible-system approach' projected onto the law of contract by means of the European Draft Common Frame of Reference Principles", *The Comparative and International Law Journal of Southern Africa*, Vol. 45, No. 2., 2012, pp. 189-226.

〔6〕　参见解亘、班天可："被误解和被高估的动态体系论"，载《法学研究》2017年第2期。

〔7〕　参见王磊："动态体系论：迈向规范形态的'中间道路'"，载《法制与社会发展》2021年第4期。

前者指法律原则（或法律原理），在合同领域则为意思自治、诚实信用、等价有偿、信赖保护等，后者指评价某一项法律原则的实现程度，即完全满足、很大程度上满足、很小程度上满足、不满足等程度。例如比德林斯基在对等价有偿原子进行因子评价时，区分为毫无对价、对价显著不均衡、对价可以认可、对价得到保障四个阶段。[1]

日本学者山本周平甚至尝试设立原子与因子适用的公式，即法律原则（原子）a 的实现程度（因子）为 A，法律原则 b 的实现程度为 B，法律原则 c 的实现程度为 C，那么在这三项法律原则均不同程度实现时，最终的法律效果 R 为：$a×A+ b×B + c×C=R$。[2]笔者考虑，公式化的表达利于人们理解原了与因子之间的关系，但是各法律原则之间相加的处理方式忽略了动态体系论中"力的方向性"，即多个法律原则并非出现在一维的空间上，法律原则之间的关系也并非以加和的方式来叠加效果，有时，相反的方向的法律原则甚至会相互抵销。同时，各个法律原则的数值本身难以量化，在无法量化到一维上的情况下，相加求和也就失去了应用前提。

动态系统就法律原则满足程度的评价，对合同要素的运用具有借鉴意义。合同要素作为一项抽象的特征，也存在实现程度的问题，即具体的合同总是或多或少满足该要素的，在部分满足的情况下，是否允许裁判者以该要素来部分评价合同类型，进而参照适用相关规范？这显然是合同要素在运用中无法回避的问题。

要素的实现程度如何评价，一方面，相较于类型，要素的内涵并非那么抽象，即要素的实现程度并不存在范围较广的度的评价。另一方面，对要素实现程度的评价要与当事人的缔约原因相结合，即在当事人特定的给付条件设置上，能够看出其想要追求多大程度的要素（如"共担风险、共享收益"），切忌以要素的一般内涵去调整当事人的利益安排，这样又会回到概念的僵化弊端之上。

3. 动态体系论并不预设要素的层级

动态体系论认为要素之间具有一定的位阶关系，但是这一位阶并非预先限定的，位阶的优先性取决于具体案件中裁判者对社会一般正义的解读，这也是动态体系论作为一种动态的、克服僵化体系的优势之处。

---

〔1〕 参见［日］山本敬三："民法中的动态系统论——有关法律评价及方法的绪论性考察"，解亘译，载梁慧星主编：《民商法论丛》（第23卷），法律出版社2002年版，第204页。

〔2〕 参见解亘、班天可："被误解和被高估的动态体系论"，载《法学研究》2017年第2期。

当然，也有学者提出，动态体系论的要素体系不确定，具有较大的随意性，这使动态体系论成为虚无缥缈的理论，故而当事人针对要素体系本身所进行的争议无法在动态体系论内部解决。如此，动态体系论的实践价值大打折扣。[1]

笔者认为，动态体系论的动态性特征的确具有上述优势和弊端，但不要忘了，动态体系论的提出本身就是在法律形式主义之上构建的，对法律现实主义的平衡，其动态性并非没有限定的范围。

放在合同领域，合同要素作为对合同类型的拆解，本身也没有优先性顺位，因为合同要素反映的就是当事人对交易中的特定利益安排的方式或特征，但是不预设优先性并不意味着没有优先性。当我们就特定合同类型的匹配程度进行合同要素的分析时，合同要素就有了区分，不同的合同要素对于构建合意（合同成立）的最基本内容、对于体现合同类型的关键性特征、对于实现合同目的的主要手段和实现程度总是有所差异的，合同要素的顺位在此时体现出来。这个顺位一方面来自社会对某一合同类型的一般性认识，另一方面来自裁判者的自身判断。合同要素的自聚焦性中所体现的对合同成立要件的自聚焦性、对原因的自聚焦性即为要素在当事人特定利益安排之下的排序原则。

（三）"合同外表特征"能否替代合同要素？

裁判者在进行类型界定时，对为什么不是名为的 A 合同，为什么就是实为的 B 合同，实为为什么是 B 合同而不是其他 C 合同等问题的回答，需要以一定的概念来展示自己的逻辑。

在最高人民法院公报案例（2012 年 05 期）"重庆雨田房地产开发有限公司与中国农业银行股份有限公司重庆市分行房屋联建纠纷案"中，就当事人之间签订的《联合建房协议》是否构成名为联合建房合同，实为房屋买卖合同，法院使用了"合同外表特征"来阐述自己对合同类型区分的逻辑。

一审法院从合同外表特征对当事人之间的合同（标的合同）进行分析，并对比标的合同的外表特征与联合建房合同的外表特征之间的差异、标的合同的外表特征与房屋买卖合同的外表特征之间的异同，后得出标的合同的外表特征更符合房屋买卖合同的外表特征，故是名为联合建房，实为房屋买卖。在界定为房屋买卖合同的背景下，以房屋买卖合同的规范对标的合同中一些条款进行有效性检验，与之冲突的依法无效。

---

〔1〕 参见解亘、班天可："被误解和被高估的动态体系论"，载《法学研究》2017 年第 2 期。

"从该协议的内容来看，房屋的分配形式与一般的联合建房不同，一般的联合建房是直接划分轴线或层数，而双方所约定的分房形式则是以每平方米 21 650 元计算所分平方面积价款，并还涉及公摊面积的结算方式，按每平方 4500 元计算；投资款的支付方式不是合同签订后就支付，而是在雨田公司房屋建成后交付农行市分行使用时支付第一期投资款即 3700 万元的 80%；所交房屋的产权手续由雨田公司办理，并把产权转移作为农行市分行支付第二期投资款的时间；违约责任约定，雨田公司迟延交房则承担总投资额每日 0.1‰的滞纳金，农行市分行迟延支付投资款也按差额的每日 0.1‰计付滞纳金。从上述内容来看，该协议更符合购房合同的外表特征，因此该协议是名为联合建房，实为房屋买卖。"[1]

重庆高院二审时，也从房屋的划分方式，投资款的支付时间，证照的办理主体三个方面对合同内容进行了分析，仍旧以"从上述内容看，该协议完全符合购房合同的外表特征"来判断合同类型。

显然，合同外表特征与合同要素的内涵比较接近，一定程度上能够体现法院区分合同类型所使用的逻辑，具有名实不符合同真意解释上的方法论价值。不过合同外表特征的具体内涵为何？并不明晰。笔者检索了民事判例中的合同外表特征表述，绝大多数是在描述有体物的外观，显然与本书所述的合同要素无关。在与合同要素比较接近的内涵上，合同要素的使用如下：

1. "合同外表特征"对合同要素的指代

纠纷类型	出现位置	内　　容
民间借贷纠纷	被上诉人答辩	"该案件是普通的民间借贷纠纷。本案中，袁其帮与融合公司签订《委托理财担保协议》，约定袁其帮将其资金委托融合公司寻找借款方，并约定了委托期限、月利率、结息时间，并承诺负责将理财资金本息按时、足额偿还袁其帮，从上述约定看，符合民间借贷行为呈现出还本付息的本质特征和外表特征，亦符合《合同法》第 196 条规定的借款合同一方提供资金、进行资金融通。另一方按约支付利息的法律特征，且袁其帮未与融合公司承诺的所谓借款方发生任何往来，故袁其帮与融合公司之间的上述行为名为投资理财、实为民间借贷的，故本案系民间借贷纠纷。"[2]

<hr>

〔1〕　重庆雨田房地产开发有限公司与中国农业银行股份有限公司重庆市分行房屋联建纠纷案，(2011) 民抗字第 48 号民事判决书。

〔2〕　(2017) 豫 14 民终 2725 号民事判决书。

续表

纠纷类型	出现位置	内　　容
委托合同纠纷	被上诉人答辩	"金发公司不承担质量责任，且根据《委托采购协议》第1.7款、第2.2款的约定，金发公司也不承担跌价风险、仓储费用等买卖关系中的其它交易风险。……金发公司既不从交易中赚取差价，也不承担买卖关系的交易风险，《委托采购协议》不符合买卖合同的内在逻辑与外表特征，金发公司与汇道公司之间实则是委托代理合同关系。"〔1〕

这两起案件所针对的问题皆为合同真意解释问题，双方当事人对已签订合同的类型产生争议，一方主张是以表示的合同类型作为双方法律关系的基础，另一方主张双方系通谋虚伪表示（未直接使用该概念），双方隐含的合同系另一个类型。

结合这两起案件来看，合同外表特征的概念与合同要素十分接近，通过合同外表特征，当事人得以详细分析涉案合同与某类型合同是否匹配的具体比对项。外表特征在强调特征的同时，还强调了外表，即这些特征是已固定的、外化可被相对人所知悉的信息。当然，这些都是当事人所使用的概念，在笔者的检索中，并未发现法院在此类案件中使用合同外表特征的表述。

笔者认为合同外表特征与合同要素的内涵十分接近，不过，外表特征过于强调特征的外观属性，限制了合同要素的范围，详述如下。

2."合同外表特征"中的"外表特征"含义

"合同外表特征"中的关键词除了"合同"外，就是"外表特征"了，"外表特征"在司法实践中究竟是什么意思？由于合同领域的适用较少，我们将检索范围放在相对广阔的民事纠纷领域，可以看出外表特征的含义。并且，除了有当事人使用外，还有法院使用了"外表特征"的概念。

如，为了界定某行为是否构成代理行为，法院比较多地以该行为的"外表特征"来论述。论述中的"外表特征"是指法律行为的外观，即相对人可感知的行为人通过外观行为体现出的信息，这些信息主要证明两个方面的问题：一是该行为人是否具有代理权，二是该行为人是否以被代理人的名义实施行为。

---

〔1〕　（2018）粤01民终8158号民事判决书。

纠纷类型	出现位置	内　容
民间借贷合同纠纷	上诉意见	"从其外表特征上看，足可以使上诉人相信何明刚是被上诉人湖南园艺公司履行职务的代表行为。"〔1〕
商品房预售合同纠纷	本院认为	"即使张丽的行为超出其职权范围、未经巨凝公司同意，但因具备公司行为的外表特征，仍然对巨凝公司产生拘束力。"〔2〕
劳务合同纠纷	本院认为	"现有证据不能证明陈某与俞松良签订协议时存在陈某具有龙元公司授权的外表特征且俞松良出于善意相信陈某具有代理权限。"〔3〕
民间借贷纠纷	本院认为	"因上述事实使得郑玉生具有原告郑宜兰授权委托的外表特征，致使被告伍功伟有理由相信郑玉生有代理权而与其协商还款，构成了表见代理。"〔4〕
确认合同效力纠纷	原审法院认为	"持有公章的外表特征符合表见代理的权利外观"〔5〕

为什么在代理权存在争议的案件中外观特征被较多地讨论？从使用外观特征的文段来看，皆为论证客观上具有相应的代理权之特征，同时该特征可以被相对人所知悉。尤其是在表见代理的论证中，外观特征这一概念的适用比较突出。

应当说，对代理权的讨论，天然的与外观特征相关，因为这是行为人并非权利义务承受人，要让权利义务承受人承受该权利义务，并且让相对人得知并认可，有必要重点关注外观特征。

纠纷类型	出现位置	内　容
案外人执行异议之诉	本院认为	"给房屋上锁的行为有占有的外表特征"〔6〕

---

〔1〕　（2016）川19民终216号民事判决书。

〔2〕　（2016）苏04民终2656号民事判决书。

〔3〕　（2015）浙甬民一终字第321号民事判决书。

〔4〕　（2015）将民初字第366号民事判决书。

〔5〕　（2014）浙湖商终字第432号民事判决书。

〔6〕　（2014）西民一初字第144号民事判决书。

续表

纠纷类型	出现位置	内　容
所有权确认纠纷	本院认为	"也明显与所有权人应对物进行管理控制的外表特征不符"[1]

但是，对合同类型的讨论并不像代理权这样注重合同的外观特征，因为原则上并无谈判以外的第三方承受权利义务，无须通过特定的外观避免引起相对人的误解，同时搭建起与第三人的权利义务关系。

这两起案件分别是所有权确权纠纷和执行异议之诉，都是对权属存在争议的诉讼活动。由于所有权是对世权，权利公示十分重要，故在分析所有权归属问题时，法院以外观特征作为分析的路径，有其正当性，这显然也比真意解释中相对人的理解更具有外观重要性。

综上，外表特征的概念适用于对第三人有公示必要性的行为上，如所有权的归属，自我行为还是代理行为，对合同类型进行拆解，并作为合同类型比对之点，使用合同外表特征表述并不合适，合同外表特征不能替代合同要素。

三、合同要素的应用

作为一项法学概念，合同要素必须能够解决特定的问题，否则只是法学理论的臆想，笔者认为，合同要素至少有以下实践和理论上的作用。

（一）合同要素的司法实践应用

1. 合同要素对合同类型论证差异的展现

一项合同要素之所以能够成为要素，是因为该要素体现了合同类型的区分，裁判者在作合同类型分析时，需要以合同要素作为合同类型分析的着眼点。

在合同名实不符的判断上，必须使用合同要素。如何判断某合同文本存在名实不符的情形？名实不符指的是经过比对，具体合同文本所对应的合同类型与合同真意所对应的合同类型不一致。如上所述，合同类型处于抽象层面，且合同类型之概念是一项整体性概念，要使处于具体层面的合同文本与合同类型具有可比较的前提，需要将合同类型进行拆解，得出体现该类型特征的合同要素；同时，对合同文本进行拆解和抽象，也得出体现该具体合同文本特征的合同要素。将合

---

〔1〕（2011）浙温民终字第 1488 号民事判决书。

同要素进行比对，如发现合同要素之间存在差异，且该差异将导致当事人利益关系的变化，那么合同这时我们才可以说该合同文本与该合同类型不符。

详言之，名实不符的合同类型要素比对如下：

首先，合同文本为拟制的合同类型，当事人对拟制的合同类型具有哪些合同要素，总体争议不大，但也存在对相同文本作出不同解读的情形，只要未触及意思表示瑕疵，就未达到隐藏的合同类型。不同的解读是对拟制的合同类型包含哪些合同要素产生的异议。

其次，在拟制的合同类型之外，还可能存在隐藏的合同类型。如果的确可以证明存在隐藏的合同类型，还需要回答隐藏的合同类型究竟包含哪些合同要素，对这些要素，当事人之间甚至法院也会产生争议。

最后，除了上述事实层面的争议之外，处于规范层面的合同类型之要素也存在争议。规范层面争议分别是规范的合同类型和观念的合同类型之判断。规范的合同类型具有明确的法律条文作支撑，因此对其所包含的合同要素总体争议不大。但对于观念的合同类型之要素，容易产生争议，毕竟并没有权威的要素范围。

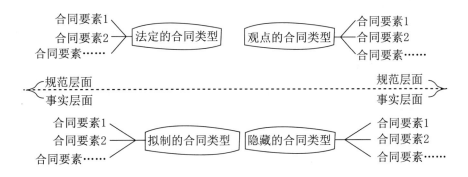

合同类型的判断即上述四个合同样态之间合同要素的对比，对比一致的，将相应的规范层面之合同类型涵摄至事实层面之合同类型。

（1）合同类型论证在规范层面的要素差异

在纪平全、林德立合同纠纷案中[1]，原告纪平全曾向被告林德立支付 31 万元，后被告林德立经营的个体工商户德安租赁站与原告纪平全签订《入股协议书》，确认原告纪平全已出资金额 318 100 元，并以此折为钢管和扣件等入伙资

---

〔1〕　（2020）鄂 08 民终 259 号民事判决书；（2019）鄂 0802 民初 2819 号民事判决书。

产。双方以德安租赁站作为主体对外经营，日常经营由租赁站（林德立）自行运营，所得收益按纪平全出资的钢管、扣件数量以每年出租 210 天乘以当年钢管、扣件出租的平均价格先向纪平全分配，如有剩余，剩余部分归德安租赁站。德安租赁站在向纪平全分配收益 480 871 元后注销。现纪平全起诉林德立要求支付合伙收益款并退还入伙本金和利息。

　　由于标的实体不具有法人资格，故原告认为双方名为入股合同，实为合伙合同关系，即便不是合伙合同关系也构成合作经营合同关系。一审法院认为双方不构成合伙合同关系，作为无名合同，可以参照适用与其最相类似的合同进行法律适用，并认为与涉案合同最相类似的合同是有偿委托合同。二审认为涉案合同构成合伙合同，但又不够典型，一审将其作为无名合同处理并无不妥。两审意见有所差异，但是二审维持原判。借助合同要素，我们可以将两审的分析路径进行抽取，使两审法院适用有名合同法律规则时的分析路径清晰可见。

合同要素	一审	二审
主体	合伙人应为自然人，本案一当事人为个体工商户，不符合	合伙人可为其他组织，本案一当事人为个体工商户，符合合伙主体
出资义务	合伙人应共同出资，本案只约定了一方出资	合伙人应共同出资，本案一方以现金，另一方以实物出资，符合要素
经营行为	合伙人应共同经营（未论及本案是否符合该特征）	合伙人应共同经营，本案双方共同经营钢管和扣件的租赁业务
收益权利	合伙人应当共享收益，本案只约定了一方收益	合伙人中不能单方分得全部收益，本案一方按照固定标准获取收益，剩余部分归另一方，与按比例分配的标准合伙有别，但未超出共享收益的范围
风险承担	合伙人应当共担风险，本案约定风险由一方承担	合伙人应当共担风险，本案一方不承担经营开支并不等同于不承担风险，风险还包括合伙人对合伙债务承担连带责任，也应承受合伙财产价值的减损。
结论	不符合合伙合同要素，不构成合伙合同，构成无名合同，参照最相类似的有偿委托合同处理	符合合伙合同要素，但非典型合伙合同，一审认定并无不妥。

上述案件中，关于涉案合同的类型，一审认为非合伙合同，是无名合同，最相类似的合同应是委托合同；二审的结论为合伙合同。可以说二者对合同类型的认定针锋相对，但是二审法院却用一句"并无不妥"大而化之，十分不利于对问题的精细化探讨。

从合同要素的维度进行分析，一审二审对合同类型认定发生根本偏差是因为两审法院对合伙合同的要素理解不一，而非对涉案合同的要素理解有别。即一审认为合伙合同的主体应为自然人，不能为个体工商户。二审认为合伙合同的主体可为个体工商户。一审认为合伙合同的收益分配应按比例，二审认为合伙合同的"共享收益"要素仅排除单方享有收益，至于收益是按比例还是其他的分配方式均不超出"共享收益"的要素范围。

在掌握了合同要素的分析路径后，能够清晰地比对原被告、不同法院对合同类型分析和判断的相同点、不同点在何处，以便各方对不同点进一步的举证和讨论。本案二审法院在评价一审法院对合同类型的认定时表示"在入股协议内容非常接近合伙的法律特征，但又不典型的情况下，一审将其作为无名合同对待，也无不妥。"并无不妥的用语道出了些许无奈，但更多的是对有名合同规则适用路径的模糊化，使本应可以针锋相对地对具体问题进行辩驳的机会丧失，沦落为大而化之的差不多。

我们以合同要素分析二审意见，二审认为，涉案合同未超出合伙合同的要素，在符合有名合同的情形下，以无名合同作为法律适用路径显然不妥。虽然二审法院最终认为，参照委托合同的法律规则与适用合伙合同的法律规则都使得原告要承受"出资折算物"钢管和扣件的折损，在结果上无实质差异，但在法律适用的逻辑上明显不同。一审认定为无名合同是参照最相类似的合同，一审需要作二次判断，即认定《入股协议书》的合同要素与委托合同的合同要素最相类似，并基于二次判断适用委托合同中解除合同的赔偿规则，运用的是开放式的类比推理。二审则将《入股协议书》认定为合伙合同，直接适用合伙合同关于合伙终止后合伙财产的分配规则，适用的是三段论的演绎推理。类比推理的开放性使推理人的推理过程必须公开化，并经得起其他诉讼参与人的挑战，一审直接给出"双方的合同关系类似于有偿委托合同关系，可以参照委托合同关系的法律规定处理"的结论，显然未做到公开化。二审提出了合同认定不同观点，二审本应对一审的类比推理正确性进行评价，以保障上诉人获得两次裁判的机会，但是二审并没有给予上诉人机会，本应是针锋相对的讨论，最终仅以赔偿额无实质差异为由就用"并无不妥"一笔带过，显然也不能使当事人感受到两审对其诉讼权利的保障。

（2）合同类型论证在事实层面的要素差异

在深圳富山宝实业有限公司与深圳市福星股份合作公司、深圳市宝安区福永物业发展总公司、深圳市金安城投资发展有限公司等合作开发房地产合同纠纷案〔1〕中，原告认为，原被告签订的《合作投资兴建三星花园合同书》及其补充协议约定，被告只是固定分利而不承担风险，故双方合同关系名为合作建房实为土地使用权的有偿转让。法院不认同原告观点，法院分析按照合同约定，原被告双方就共同管理的固定资产经营或承包、转让等分成的，按被告35%，原告65%进行分配。原被告分别提供其拥有的资金和土地资源，符合共担风险、共享利润之合作特征，法院将双方合同关系认定为合作开发房地产合同。虽然原告与法院的结论不一，但是分析在同一个层面，具有相同的方法论，即都将共担风险、共享收益作为合作开发房地产合同区别于不动产买卖合同的合同要素。

面对一项复杂的合同，区分合同类型时，如果没有合同要素作为区别点，那么很难使思考按部就班地进行，合同要素可以使复杂合同类型区分与匹配简单化。

可见合同要素的价值不仅在于帮助当事人和法官分析合同的类型，更在于使人们对有名合同规则适用的分析路径得到清澈透明地展现，如此才能使人们对问题展开细致地、具体地、针锋相对地讨论，而不是以差不多，并无不妥来作大而化之的应付。

如果没有合同要素，名实不符判断无从谈起。因为作为抽象的合同类型当然与具体的合同文本不符，必须借助于合同类型使合同类型与合同文本归于同一层面，再进行比较。

当然，所谓规范与事实的区别也具有相对性，因为很难把某一项合同类型完全归于规范或事实层面，完全置于事实层面就不能适用具有抽象属性的概念，那么也无法描述合同类型；而完全置于规范层面，就只剩下天马行空的对话，与涉案合同无法结合。

（3）规范与事实层面的合同要素对比步骤

即使当事人之间对合同类型无争议，该问题的分析也绕不过合同要素，只是

---

〔1〕 （2010）民一终字第45号民事判决书。

分析的过程可能是下意识地适用合同要素。如果当事人对合同类型具有分歧性的判断，且该分歧影响到了当事人的实体权利，那么裁判者不得不在分析争议焦点时将合同要素的分析予以展开。

通过阅读裁判文书可以发现，在上案[1]的裁判者脑海中，合作开发房地产合同与土地使用权转让合同在规范层面有多个合同要素的差异，不过部分差异在本案中并不能体现，故不需要在本案中予以分析。裁判者需要结合案件事实，在规范的合同类型与事实的合同类型之间寻找差异的合同要素，我们可以简单总结：

第一，裁判者从规范层面分析合同要素之差异，认为合作开发房地产合同与土地使用权转让合同在开发成本分担、开发获利分配的合同要素上，存在差异：

合同要素	合作开发房地产合同	土地使用权转让合同
开发成本	双方共担	单方承担
开发获利	双方共享	单方享有

第二，裁判者将事实层面的合同进行抽象后，认为当事人拟制的合同类型中双方的开发成本共担、开发获利共享，因此不符合土地使用权转让的合同要素，并且未发现与隐含的合同类型不同的合同要素，故构成合作开发房地产合同。

当然，作为具有丰富经验的裁判者，可能将规范层面的合同要素对比与事实层面的合同要素对比步骤简化，两个步骤的先后顺序不那么明显，毕竟，裁判者不需要对比规范的合同类型之间所有的合同要素，那么比对哪些呢？所比对的要素要结合事实层面的合同类型来做选择，也就是结合拟制的合同类型与隐藏的合同类型之差异做选择。可以说，四种类型之间的要素比对也是在规范与事实之间目光游走的过程，实践的操作并非完全按部就班。

合同类型的判断是一个非常复杂的问题，首先要尝试使用三段论的演绎逻辑，争取让涉案合同获得有名合同的地位，为了进行该分析，诉讼参与人需要结合案件的争议焦点，将有名合同的合同要素进行抽取，同时将涉案合同的合同要素进行抽取，在作为大前提的有名合同合同要素和作为小前提的涉案合同合同要素上进行比对，如果涉案合同的合同要素能够与有名合同的合同要素的重要（结

---

[1]　（2005）民一终字第 104 号民事判决书。

合合同原因判断）部分相一致，那么就可以使用三段论推出涉案合同使用某类有名合同的合同规则。

如果经过多次尝试，都不能将涉案合同的合同要素与有名合同的合同要素在重要部分予以对应一致，那么应当认定涉案合同为无名合同。此时需要将涉案合同的合同要素与既有的有名合同合同要素进行比对，寻找最相类似的有名合同。此时运用的是类比推理，由于类比推理具有明显的开放性，最相类似的判断存在见仁见智的情况，故推理人需要就类比推理的合理性，即为什么该有名合同的合同要素与涉案合同的合同要素达到了最相类似的程度进行论证，在论证充分之后，得出涉案合同可以参照该有名合同规则的结论。

无论是上述以三段论去适用有名合同规则，还是以类比推理去参照适用最相类似的有名合同规则，不同的主体可能因利益考量、经验能力、视角地位等方面存在差异，得出不同的结论。德国学者考夫曼明确指出，即使三段论之下，使用法律规范和案件事实也无法直接推导出裁判的结论，因为这个过程必然需要裁判者进行法律解释和合同解释，以填补应然与实然之间的鸿沟，这种遵从目的论的超验逻辑具有开放的特征。[1]

有时，即使对于推理人自身而言，如果没有明确的分析路径去指导自己一步一步进行推理，也会发生不自觉地自己得出结论的情形。这种不自觉的推理无法进行自我检验，也无法与他人进行辩驳。当案件实施复杂，涉及的合同类型冲突较大，各方利益考量相去甚远时，没有合同要素作为分析的抓手，很难将自己的分析意见阐述清楚，不利于其他诉讼参与人了解和接受自己的观点。从当事人的角度看，有意识地运用合同要素有利于更好地维护自身利益，从裁判者的角度看，一步一步地运用合同要素进行分析有利于释法说理。

2. 多个合同要素之间的称重

有名合同的归类判断本身是一种类推，即重视相同，忽视不同的类比推理。除了归为有名合同之外，无名合同的类似判断更需要发挥合同要素的作用。无名合同需要参照适用最相类似的有名合同规范来进行填补。既然是"最相类似"，就必然存在多个类似的合同类型，法律要求解释者在多个类似的合同类型中寻找最类似的一个。

---

〔1〕 参见［德］亚图·考夫曼：《类推与"事物本质"——兼论类型理论》，吴从周译，学林出版社 1999 年版，第 38~39 页。

按照史蒂文·伯顿教授的解释，类比推理可分为三步，首先是识别权威的论证起点，其次是区分论证起点与待证事实之间的相同之处与不同之处，最后是将相同之处与不同之处的重要程度进行评价，以判断是否得以进行类比适用。[1]

孙海波教授阐明，三段论的演绎逻辑与类比逻辑并不冲突，甚至在运用中相互依存。[2]笔者认为，合同类型的判断是结合了三段论的演绎推理与类比推理的综合分析，上文已就类型适用的三段论逻辑予以论证，现就类型之间通过要素类比的称重过程予以展开：

其一，类似合同类型的判断必然需要合同要素，因为此时合同文本已经与合同类型不匹配，如果不能将合同类型进行拆解，那么就无法构成部分匹配，也就无法得出类似的结论。

其二，在多个部分匹配的合同类型之间，选择最相类似的合同类型，既需要对相匹配的合同要素进行称重，也需要对不相匹配的合同类型进行称重。称重的逻辑在维尔伯格的动态体系论[3]和阿列克西的原则衡量法则[4]上均有应用，本质上，均是对多重匹配性中各匹配要素重要程度的综合评价。一般意义上的称重是指对物体与标准质量物（即砝码）之间的质量关系进行比对，而对合同要素的称重，则是就合同要素对合同原因的实现程度进行比对。如果待对比的类型之间，相同的合同要素对合同原因起到了重要的实现程度，不同的合同要素对合同原因起不到重要的实现程度，那么我们可以说该具体合同与该合同类型具有较高的类似程度。反之，则具有较低的类似程度。

---

[1]　参见［美］史蒂文·J·伯顿：《法律和法律推理导论》，张志铭、解兴权译，中国政法大学出版社1998年版，第49页。

[2]　参见孙海波："告别司法三段论？——对法律推理中形式逻辑的批判与拯救"，载《法制与社会发展》2013年第4期。

[3]　See L Hawthorne，"Walter Wilburg's 'flexible-system approach' projected onto the law of contract by means of the European Draft Common Frame of Reference Principles"，*The Comparative and International Law Journal of Southern Africa*，Vol. 45，No. 2.，2012，pp. 189-226.

[4]　See Alexy Robert，"Constitutional Rights and Proportionality"，*Revus*，2014，pp. 51-65.

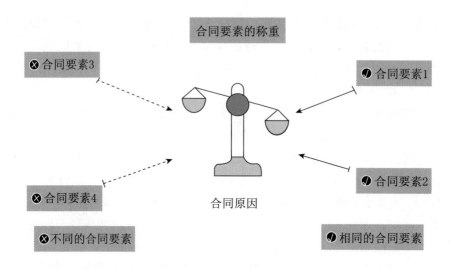

如图所示，合同要素 1 和合同要素 2 是合同文本与合同类型之间相同的合同要素，合同要素 3 和合同要素 4 是合同文本与合同类型之间不同的合同要素。解释者经过分析合同要素对合同原因的实现程度，发现合同要素 1>合同要素 2>合同要素 3≈合同要素 4，在此情形下，我们认为相同的合同要素比不同的合同要素对合同原因的实现程度大，那么该合同文本与该合同类型之间的类似程度高。如果这种趋势更加突出，那么类似程度就更高。反之，则是类似程度低。

（三）合同要素的理论应用

1. 积累合同类型适用的经验

当一项纠纷中，合同类型不构成争议焦点时，解释者会直接认定合同类型，即解释者对合同类型涵摄至合同文本的过程不做有意识的分析，但是并不代表其未做分析，只是这个分析由其经验快速得出结论了。就如同 1+1＝X 的问题，我们可以直接得出 2 的结论。但是对于绝大多数人来说，得出 2 的过程并非逻辑推演，而是基于经验。在经验能够准确地告知我们 1+1＝2 时，我们不会去不厌其烦地再进行一遍逻辑推演。因为此时经验比逻辑要高效许多。合同类型上亦然，我们看到银行与借款人之间签订的名称为《抵押贷款合同》，文本内容具有借方、贷方、借款期限、提前还款、抵押物等词句时，我们当然地认为这是金融借贷合同，判断的过程不需要去结合金融借贷合同的规定，也不需要去抽象规定背后的合同要素。

但是，当双方产生争议，即一方认为本案合同应定性为民间借贷合同而非金融借贷合同，应适用民间借贷合同的规范时，我们就需要在规范层面对比金融借贷合同与民间借贷合同的要素，再从事实层面分析本案合同的要素，进而对比本案合同的要素与规范层面的要件之间的异同。

《关于审理民间借贷案件适用法律若干问题的规定》（2015）第一条规定、其他组织之间及其相互之间进行资金融通的行为"本规定所称的民间借贷，是指自然人、法人、其他组织之间及其相互之间进行资金融通的行为。经金融监管部门批准设立的从事贷款业务的金融机构及其分支机构，因发放贷款等相关金融业务引发的纠纷，不适用本规定。"《最高人民法院关于新民间借贷司法解释适用范围问题的批复》第一条进一步规定："……由地方金融监管部门监管的小额贷款公司、融资担保公司、区域性股权市场、典当行、融资租赁公司、商业保理公司、地方资产管理公司等七类地方金融组织，属于经金融监管部门批准设立的金融机构，其因从事相关金融业务引发的纠纷，不适用新民间借贷司法解释。"可见，规范层面对金融借贷合同与民间借贷合同的区分在于出借人主体，即出借人是否由金融监管部门批准设立、经营范围是否含发放贷款、性质是否系金融机构或其分支机构。

接着，就涉案合同进行针对性分析，在涉案合同构成借贷合同的共识下，需要对比的就是出借人是否符合上述金融借贷合同的主体要素，如果符合，就是金融借贷合同，如果不符合，就是民间借贷合同。

可见，我们在存在争议的情况下，不得不借助合同要素将规范层面的合同类型与事实层面的具体合同进行连接，以作区分。而在无争议情况下，合同类型不通过逻辑推演，而通过经验直接涵摄于合同文本，此时经验起到了原本合同要素应起到的桥梁之作用。

经验从何而来？经验是多次重复行动的归纳总结。当我们最先判断某具体的《××借款合同》就是抽象的金融借贷合同类型时，我们必须借助于金融借贷合同类型的合同要素，经过反复判断总结出的经验为自己或为他人所用，进而形成了以经验适用合同类型的方式。这种早期的涵摄或他人的涵摄以直接经验或间接经验的方式为合同解释者获取，并予以运用。

鉴于多数案件中，合同类型并非案件争议焦点，故而合同要素的用途在这些案件中只是构建合同类型涵摄到合同文本的经验。

2. 描述合同类型之间的流动

拟制的合同类型作为意思自治的产物，由当事人根据其利益安排需求进行书写，所得出的合同可能与规范的合同类型、观念的合同类型并不相符。如果规范的、观念的各合同类型之间以绝对分隔的状态存在，这些合同类型将无法适用。甚至作为边界更为清晰的物权，在物权法定的原则之下，也需要与社会实践之间进行互动，将成文法的僵化弊端降到最小，曾品杰教授称之为"物权法定主义之类型流动化。"[1]作为意定主义下的合同，规范和观念的合同类型更应当尊重当事人的意志，表现出更多"妥协"。

合同类型在理念上具有明确的差异，但是类型之间的边界并非绝对清晰，上文已述，合同类型具有开放性，合同类型之间具有交叉性。与曾品杰教授所使用的语词相同，黄茂荣教授将类型之间的非绝对分隔状态称为类型之间的流动。[2]

从考夫曼教授的分析来看，过渡类型、混合类型即是合同类型之间具有流动性的例证。[3]类型之间流动，不可能是整个类型的全部要素变化，之所以称为流动，即类型的绝大部分要素并未改变，只有一部分要素发生了改变。

借助合同要素，我们可以清晰地发现合同类型之间发生流动的通融之处，以便借此分析合同类型之间流动的关系，并基于此理解和发展出新的合同类型。

例如，融资租赁合同的直租类型就具备借贷合同之一方一次性提供资金，另一方分期偿付并计收利息的要素，同时还占据了租赁合同之交付标的物使用权、支付占有、使用费的要素。尤其是兼具上述这两项合同要素的融资租赁合同中，承租人虽然按照合同在履行期内只享有使用权，但是其往往通过长期租赁实现租赁物的全部价值，甚至约定在承租期满后直接将所有权以 1 元价格转让至承租人，而承租人所支付的"租金"总和已经与租赁物的所有权价值+租赁期间的资金使用费（利息）相等同，因此，融资租赁合同实质上具有所有权转让的合同要素。通过合同类型，我们可以观察并描述买卖合同、借贷合同和租赁合同三个合同类型之间发生流动，部分合同要素融合至融资租赁合同的本质。

这一点，能够被会计准则的变化所印证。在 2016 年以前，国际上（包括我国）将租赁分为融资租赁和经营租赁，"经营租赁是指除融资租赁以外的其他租赁。"[4]融资租赁的承租人需要按照会计准则确认使用权资产和租赁负债，经营

---

[1]　曾品杰："民法物权编所有权修正评析——以通则部分为中心"，载《中正大学法学集刊》2009年第 27 期。

[2]　参见黄茂荣：《法学方法与现代民法》，法律出版社 2007 年版，第 134 页。

[3]　参见［德］考夫曼：《法律哲学》，刘幸义等译，法律出版社 2003 年版，第 190~191 页。

[4]　财政部《企业会计准则第 21 号——租赁》（2006）第十条。

租赁的承租人则不需要确认其取得的资产使用权和租赁负债。[1]由于存在这一区分，承租人为了实现优化财务报表的目的，将本应归为融资租赁的合同以经营租赁进行定性，并以此实现表外融资，降低了财务报表反映企业真实财务情况的程度。为了解决这一问题，2016年国际会计准则理事会修改并发布了《国际财务报告准则第16号——租赁》，该准则之下不再区分融资租赁与经营租赁，我国财政部也在2018年对企业会计准则进行修订，顺应国际财务报告的变化趋势，印发了新的《企业会计准则第21号——租赁》。在新的会计准则之下，除短期租赁和低价值资产租赁外，所有租赁均须确认使用权资产和租赁负债。

会计准则的变化反映了财务会计行业对租赁合同的真意解释，使财务报表能够最大程度反映企业财务状况。这背后，是当前经济活动中，长期使用权与所有权之间的流动，即长期使用权已经具备了所有权占有、使用、收益甚至在未来获得处分的权能。即会计准则规定承租人"有权获得在使用期间内因使用已识别资产所产生的几乎全部经济利益，并有权在该使用期间主导已识别资产的使用。"[2]这种全部经济利益与主导使用，实质上与所有权的收益处分权能十分接近。故而承租人虽未获得处分权能，长期使用权也充分实现了财产的价值，出租人所获得的也不仅仅是租赁对价，而是买卖对价。因此，长期、大额租赁合同的合同要素已经与买卖合同的合同要素十分接近，两种合同类型之间存在明显的流动。[3]

第三节　合同类型之间的宏观关系：合同类型束

早在公元前1世纪，法学家库伊特·穆齐将前人制定的市民法规进行归纳、分类、系统化，被称为"组创市民法"的开创者，后到优士丁尼的《法学阶梯》，将法律规则体系化整合，其影响深远。[4]19世纪末，法律和经济学者使用

---

〔1〕　参见潘佳琪、陆建桥："国际新租赁会计准则对我国零售企业的影响及其对策——以永辉超市为例"，载《财务与会计》2016年第20期。

〔2〕　财政部《企业会计准则第21号——租赁》（2018）第五条。

〔3〕　参见王文宇："运用经济概念分析商业契约"，载《月旦法学杂志》2018年第280期。

〔4〕　参见费安玲："论我国民法典编纂活动中的四个关系"，载《法制与社会发展》2015年第5期。

了权利束来描述产权作为一项体系性权利的复合性和开放性特征〔1〕，意在使人们接受产权具有多个权能，可以涵盖多个开放的组成部分。如著名的法律经济学者考特和尤伦所言"从法律的观点来看，财产是一组权利，这些权利描述一个人对其所有的资源可以做些什么，不可以做些什么；他可能占有、使用、改变、馈赠、转让或阻止他人侵犯其财产的范围，这些权利并不是永远不变的。"〔2〕

体系性的描述在法教义学之下十分重要，合同领域也不例外。对合同类型体系的描述可以借鉴权利束的特征，合同类型体系如同一棵大树，处于树干处的合同类型衍生和发展出处于树枝处的合同类型，树干处的干类型也如同权利束一样自身既是一个具有实体意义的合同类型，也是可以涵盖多个实体合同类型的集合（"bundle"）。

合同类型束使我们将纷繁复杂的合同类型进行归类和整合，帮助我们分析合同类型之间的联系与区别。

一、干合同类型与支合同类型

（一）合同类型之间的干支关系

1. 干支合同类型之间的种属关系

处于树干处的合同类型与处于其下的树枝处的合同类型之间是逻辑学上的种属关系。种属关系是集合关系的一种，是指 A 的外延全部被 B 的外延所包含，而 B 的外延只有一部分与 A 的外延相重合的关系，这种关系下，A 为种，B 为属，用符号表示即为 $A \in B$。种属关系体现了一种类型被另一种类型所包含的关系，在此关系下，可以称 A 是 B 的子集。〔3〕放到合同类型的领域，如果 A 类合同的外延可以全部被 B 类合同的外延所包含，B 类合同不能全部被 A 类合同所包含，那么 A 类合同为 B 类合同的子集，A 类合同是支合同类型，B 类合同是干合同类型。例如买卖合同与双务合同之间就是干、支合同的关系，买卖合同为支合同类型，双务合同为干合同类型。将抽象程度较低的支合同类型涵摄于抽象程度更高的干合同类型，使合同类型之间的关系得以概观，并通过体系之间的逻辑关

---

〔1〕 See Daniel B. Klein, John Robinson, "Property: A bundle of rights? Prologue to the Property Symposium", *Econ Journal Watch*, Vol. 8, No. 3., 2011, p. 193.

〔2〕 ［美］罗伯特·考特、托马斯·尤伦：《法和经济学》，张军等译，武汉大学出版社 1997 年版，第 125 页。

〔3〕 参见姜祖桢、刘梅主编：《法律逻辑学》，中国物价出版社 2002 年版，第 26~28 页。

系来解决对类型的争议。[1]

2. 干合同类型对立法例差异的消减

不同立法例下有名合同的外延存在差异，但是当我们对合同进行归类，抽象出干合同类型时，具体合同类型在立法上的差异就被消减。例如，我国《民法典》的买卖合同仅指动产有体物的买卖，不动产、无体物（权利甚至是电力与燃气）不在买卖合同所设立的外延之内。而在《德国民法典》《日本民法典》等大陆法系代表性民法典中，买卖合同是包含不动产等其他特殊标的买卖的。我国《民法典》在第六百四十六条规定，有偿合同在没有特殊规定的情况下参照适用买卖合同的规定，第六百四十七条规定转移标的物所有权的易货交易，参照适用买卖合同之规定。这两条又以参照适用的方式，将买卖合同的效力外延进行了扩张，使作为干类型的有偿合同，吸收作为支类型的买卖合同要素，并将该要素提升至干类型的一般要素，适用于有偿合同干类型下的其他支类型。[2]

通过参照适用的规定，《民法典》也将合同编内部的立体关系予以呈现。[3]虽然有偿合同还规定了有特殊法律规定的适用特殊规定，没有特殊规定才适用买卖合同之条件。但由于互易合同本身就是没有特殊规定的情形，故两条情形无实质差异。《日本民法典》第五百八十六条第二款将互易合同的金钱部分视为买卖合同。《德国民法典》第四百八十条则直接规定互易合同适用买卖合同。

当我们把合同类型进一步抽象，至当事人转移标的物所有权的干合同类型时，立法的差异被消减。一方当事人转移所有权，至于另一方当事人是提供物进行互易还是提供金钱进行支付并没有实质影响。

消减立法上的差异后，有利于我们对不同立法例下的合同类型作横向对比，从而汲取经验，弥补不足。

（二）区分干支合同类型的作用

干合同类型之所以能够作为下位合同的属概念，是因为干合同类型对下位合同具有补充解释的功能。黄茂荣先生认为，"当有名契约同属于一个基础之债的下位类型，该有名契约一方面有其所以属于该基础类型之共同特征，另一方面也

---

[1] 参见费安玲："民法典的理性与债法总则"，载《经贸法律评论》2018 年第 1 期。

[2] 参见易军："买卖合同之规定准用于其他有偿合同"，载《法学研究》2016 年第 1 期。

[3] 关于参照适用与类推之间的差异，学者也有讨论，参见张弓长："《民法典》中的'参照适用'"，载《清华法学》2020 年第 4 期。

会有其个别的特色。"〔1〕一些干合同类型被法律有名化，在成文法上总结出比较充分和详尽的具体规范，具体规范归纳了干合同类型被社会普遍接受的合同要素，这些要素既是干合同类型自身的合同要素，又是下位各类支合同类型所共有的合同要素。鉴于干合同类型的特征比较容易证明（因为有成文法的规定），支合同类型的特征相对难以达成共识（除非有合同的明确与约定），故在司法实践中，干合同类型可以体现对支合同类型的补充解释。

之所以称为补充解释是因为只有在支合同类型没有相应约定或法律规定的情况下，才能适用干合同类型的规定。因为支合同类型毕竟和干合同类型有所区分，区分之处或体现在法律对支合同类型的直接规定上，或体现在当事人对具体合同的约定上，当支合同类型的具体特征与干合同类型的一般特征相冲突时，支合同类型的具体特征具有优先的效力。

《民法典》第八百零八条规定，建设工程合同一章没有具体规定的，适用承揽合同一章的规定。该条说明，建设工程合同作为承揽合同的支合同类型，支合同类型适用干合同类型的一般规定，同时这种适用仅在建设工程合同没有具体规定的情形下才能进行。从合同解释的角度来谈，即干合同类型对支合同类型的补充解释。

1. 干类型对支类型的统摄

（1）统摄的一般作用

罗马帝国时期，法律概念的抽象特征愈发明显，借贷合同、买卖合同、委任合同、保管合同等合同类型的外延具有较大的弹性，这些合同类型对归属于该类别的具体合同具有较强的统摄作用。〔2〕优士丁尼所列举的买卖、租赁、合伙、委任等合同类型与当今的合同类型无本质差异，并且包含了明确、具体的规范内容（如买卖合同的定金条款、价金的必要性、标的物风险转移），这些合同类型已经体现出较高的抽象性和统摄作用。〔3〕

美国学者 Alain A. Levasseur 将法律概念的分类作用总结为：一是使社会事实自动地归类到特定的法律概念之下，以便适用该法律概念的相关法律制度；二是

---

〔1〕 黄茂荣：《买卖法》，中国政法大学出版社 2002 年版，第 13 页。

〔2〕 参见［德］韦伯：《法律社会学》，康乐、简惠美译，广西师范大学出版社 2005 年版，第 211 页。

〔3〕 参见［罗马］查士丁尼：《法学总论——法学阶梯》，张企泰译，商务印书馆 1989 年版，第 174～184 页。笔者按照当前主流翻译方式，将"查士丁尼"称为"优士丁尼"。

确保法律语言所指向含义的准确性与特定性；三是实现法律概念的教育功能与引导分析的功能。[1]笔者认为，Levasseur 教授对法律概念的分类作用分析可以当然地适用于合同类型束的作用。即对合同类型进行再归类，能实现三个作用，一是使当事人意定的合同类型自然地适用某个更宏观、更被人熟知的合同类型束，以实现有名合同的补足功能。二是能够反映合同类型之间差异之处，以便人们能够更加准确地分析某个合同究竟具有哪些要素，应当归于哪类合同。三是帮助法律从业人员和法律学习者理解和分析特定的合同类型究竟有哪些特征，以及不同合同类型之间的关系。

当然，干类型的统摄是一般意义上的推定，即如果可以查明某个支类型具有有别于该类型的一般要素的情形的，那么该要素下的规范要结合该支类型的具体要素进行调整适用或不适用。例如买卖合同中有关标的物瑕疵的及时通知义务以及怠于通知的视为无瑕疵之推定（《民法典》第六百二十一条），金晶教授认为，此推定不宜适用于权利买卖，否则将不适当地加重买受人的证明义务。[2]

（2）有名合同对无名合同的统摄

我国《民法典》规定无名合同除了适用合同一般规定之外，还应参照最相类似的有名合同规则。法律规定了无名合同要参照最相类似的有名合同之规定进行规范适用，这提供了适用的逻辑，但是这一逻辑的落地需要借助于经验，即如何判断最相类似？对合同类似的判断是社会经验的集合，是裁判者对社会共识的理解，是裁判者对善良和公正的解读。

类型化的价值是权属清晰、权利内容明确，利于高效流转。故而即使无名合同，也会或多或少受到有名合同的影响，人们尽可能地使用有名合同的规则去解释无名合同，使交易在"没有法律规范"的领域也能最大程度地具有可预见性。

干合同类型一般为有名合同。朱广新教授认为，有名合同之所以从众多合同中被典型化，是因为一方面其堪当其他合同的模范，可以类推到其他合同适用；另一方其在一个合同大类中具有普遍性、代表性。前者从规范出发，后者从事实出发。[3]笔者浅见，两者所指向的是同一个特征，即干合同类型对支合同类型的归类指引作用。有名合同对无名合同的同类适用功能背后，就是干合同类型对

〔1〕　See Alain A. Levasseur, *Louisiana Law of Conventional Obligations: a Précis*, Carolina Academic Press, 2015, p. 3.

〔2〕　参见金晶："《合同法》第 158 条评注（买受人的通知义务）"，载《法学家》2020 年第 1 期。

〔3〕　参见朱广新："民法典之典型合同类型扩增的体系性思考"，载《交大法学》2017 年第 1 期。

支合同类型的归类指引作用。一般情况下，干合同类型被作为有名合同进行规定，以便支合同类型发挥补足当事人意定合同内容，以及限制当事人意定合同内容的作用。[1]

不过，朱庆育教授指出合同效果应当从当事人的意思表示出发予以设置，至于当事人之间所设置的意思表示归属于哪一类合同并不重要，[2]鉴于此更无须对支合同类型归类至干合同类型。朱庆育教授认为，合同法也不过是一些说明性的规范，可以被分为"描述性法条"和"填补性法条"，无论哪一种法条都不为具体法律规定设定法律效果。[3]

笔者认为朱教授的论述有合理性，指出了意思自治相较于法律规范的优先地位以及契约之债的效力来源，但是鉴于有名合同在司法实践中被适用于补足当事人意思自治的现象比较普遍，并且在合同发生表里不一时解释合同真意绕不开对合同类型的表述，因此笔者认为类型在当前的司法实践中有不可替代的作用。尤其是干类型对支类型的补充解释作用。

当然，承认合同类型的作用并不代表有名合同对无名合同的排除作用，但不可否认的是，人们对其熟悉的事物接受程度更高，也更容易联想和引用，规范对合同类型建设完备程度可以总体排序为：干类型>支类型，有名合同>无名合同。在当事人意思自治不那么明确之时，裁判者很容易不自觉地引用有名合同（干合同类型）作为他认为的当事人的共识，这是司法实践中不可避免的现实，也是经验主义带来的问题。这就要求当事人在做意思表示之时明确排除已经被纳入有名合同的合同要素，否则其意思被默认为与类似的有名合同要素等同。

有名合同边界的延展性使有名合同能够实现干合同类型的统摄作用。有名合同如果只能适用于典型的有名合同一类情形，那么其作用将大打折扣。有名合同的价值就在于其外延的延展性。《民法典》合同编大量的有名合同规定使用了"当事人另有约定的除外"之表述，使有名合同留有开放的外延。加之有名合同规范中大量使用的模糊性概念如"合同""严重"等用语，使有名合同可以吸纳较为广泛的具体情形。[4]故而，有名合同可以适用于与其有部分差别的合同类

---

〔1〕 参见王泽鉴：《债法原理》，北京大学出版社 2013 年版，第 85 页。

〔2〕 参见朱庆育：《意思表示解释理论——精神科学视域中的私法推理理论》，中国政法大学出版社 2004 年版，第 196~197 页。

〔3〕 参见［德］卡尔·拉伦茨：《法学方法论》，陈爱娥译，商务印书馆 2003 年版，第 156~157 页。

〔4〕 参见宁红丽：《我国典型合同理论与立法完善研究》，对外经济贸易大学出版社 2016 年版，第 3~4 页。

型，这时的有名合同是以干合同类型的地位出现，实现对下位合同类型的统摄。

经济社会的高速更迭对有名合同的优先性提出挑战，我们日常面对的扫码支付、线上打车等合同被归类为线上支付结算合同、O2O（线上到线下）消费服务合同，这些合同当然不是有名合同，但是不妨碍有名合同的规则适用于这些合同。例如 UBER、滴滴打车等平台公司可以对其司机实行报酬支付、工作时间和地点管理、评价激励甚至"解雇"等，平台公司与滴滴司机之间的关系被评价为劳务合同关系，同时鉴于平台公司对司机提供订单推送，支付结算等服务，又可以被评价为中介服务合同关系。有学者认为可以以承揽合同对平台与司机之间的关系进行总体评价，此种关系下，平台是定作人，司机是承揽人，司机按照平台推送的定制标准向第三方提供运输服务，司机作为承揽人自行承担定作服务的风险和成本。[1]

涂永前教授将承揽合同的本质进行抽象和提炼，认为司机按照定作人（平台）提供的点到点运输服务是实施定作行为，定作行为的特定性（有别于买卖合同）既体现在开始位置与到达位置的特定性，也体现在运输路线总体基于平台计算选择的特定性。定作的输出成果不一定必须为有体物，实现第三人的运输位移也是定作的成果。同时，司机自行提供车辆、购买手机、购买保险的行为也符合承揽合同中承揽人以自己的设备、技术和劳力完成主要工作的特征。有名合同作为干合同类型的开放性使新型合同能够被纳入，既确保了法律对经济生活的解释和回应，也实现了法典的安定性。

（3）"混合合同"干类型的选择

人们总希望以自己熟知的事物去理解不熟悉的事物，因此在一些案件中产生了：认为《大区总代理合同》名为无名合同，实为委托代理合同；[2]认为《商品房买卖合同》名为无名合同，实为借贷合同；[3]认为《定向资产管理计划资产管理合同》名为无名合同，实为借贷合同；[4]认为对赌协议名为无名合同，实为借贷合同；[5]认为为帮助子公司取得贷款向金融机构出具的安慰函名为无

〔1〕　参见涂永前："类 Uber 平台型企业与个体承揽人之间的法律关系界定研究"，载《社会科学家》2017 年第 1 期。

〔2〕　（2018）最高法民再 82 号民事判决书。

〔3〕　（2012）豫法民三终字第 26 号民事判决书。

〔4〕　（2018）皖民初 35 号民事判决书。

〔5〕　（2012）民提字第 11 号民事判决书。

名合同实为保证合同。[1]

无名合同也被称为混合合同[2]，混合合同具有不同有名合同的要素，由于同时匹配于多个合同类型，而匹配的要素又不完全，因此混合合同的干类型选择相对困难，这会影响法律的适用。

《俄罗斯民法典》第四百二十一条第三款规定，（合同自由）当事人可以订立含有法律或者其他法律文件规定的各种合同成分的合同（混合合同）。对混合合同中当事人之间的关系，如果当事人的协议没有其他规定或从混合合同的实质未得出不同结论，则混合合同含有哪种合同成分，就在相应部分使用与哪种合同相关的规则。[3]笔者对此持部分保留的态度，因为按照这一方式进行适用，会使合同失去灵魂。将合同的每一部分拆分，去适用相应的合同类型之规范，并不是将合同漫无目的的拆分适用，因为在判断与某一部分最类似的合同时，可能存在多个较为接近的有名合同类型，究竟哪一类合同更为接近？这需要裁判者结合合同目的去分析判断，毕竟这一部分是为了合同原因服务的。同时，即使从假定条件和行为模式上存在接近的情形，最为接近有名合同之具体法律后果是否与当事人缔约原因的具体追求相冲突？裁判者还需要做检验，否则可能推出事与愿违的结论，偏离了当事人的真意。如王文宇教授所言，一个无名合同各部分可能对应不同的有名合同，但是这种以有名合同进行组合的结果已经不是量变，而是质变，[4]更应当关注的是特定的组合所带来的质变——特定的合同目的为无名合同起到的引领解释作用，在就混合合同的众多要素中的选择对合同原因有重要贡献的要素作为主要的规范选择成分。[5]

为了研究混合合同的法律适用，学者将混合合同进行进一步分类，即各部分都是无名合同的纯无名合同，一些部分为有名合同、另一些部分为其他类型的有名合同或无名合同的混合合同（狭义），以及合同之间仅在效力上具有相关性而体现为结合关系的结合合同。[6]有学者从给付类型的角度出发，将混合合同分

---

〔1〕 （2016）京 03 民终 2585 号民事判决书。

〔2〕 参见王利明："典型合同立法的发展趋势"，载《法制与社会发展》2014 年第 2 期。

〔3〕 参见黄道秀译：《俄罗斯联邦民法典》，北京大学出版社 2007 年版，第 172 页。

〔4〕 参见王文宇："非典型（商业）契约的漏洞填补——论任意规定与补充解释的择用"，载《月旦法学杂志》2009 年第 164 期。

〔5〕 参见史尚宽：《债法总论》，中国政法大学出版社 2000 年版，第 11 页。

〔6〕 参见宁红丽：《我国典型合同理论与立法完善研究》，对外经济贸易大学出版社 2016 年版，第 377~380 页。

为：一方当事人为单一类型给付，另一方当事人可提出数个不同类型的给付的"类型结合合同"，双方当事人均可提出不同类型给付的"混血儿合同"，以及一方之给付兼具不同类型的"类型融合契约"（如半买半送）。[1]也有学者将混合合同的类型作简单划分，即由有名合同组合而成的混合合同（包含无名成分），以及完全系无名合同成分组成的合同，即狭义的无名合同（狭义非典型契约）。[2]

这些分类对于从整体上理解无名合同的规则适用具有积极意义，不过，面对具体的无名合同时，这些分类很难直接给出操作指引，因为这些分类仅是从形式上做出了切割，没有从实质上抽取出连接各个合同部分的连接线，正是这个连接线将分属于不同类型的合同部分连接成为一个合同整体，能够自洽。宁红丽教授点出了应当"探究当事人的真意并斟酌合同目的"[3]来解释类型融合合同应当适用哪类合同进行解释，同时也指出，我国学术界对于无名合同的研究还在起步阶段。笔者认为，当前对无名合同的研究，过多地着墨在分离上，对于不同类型的部分为什么能够有机地结合为一个整体，研究明显不足。没有理解这些分属不同类型的部分为什么能够整合为一个整体，就不能准确地为这些部分寻找参照适用的对象。

例如，宁红丽教授举例，甲将房屋出租给乙经营饭店，约定乙除了支付租金之外，还需按照乙经营饭店年利润的一定比例向甲支付分成，宁教授认为该合同分类为类型融合合同，作为有名合同之间组合的混合合同之子分类，同时，鉴于饭店方要根据其经营收益向房屋方支付分成，故应当适用隐名合伙合同，以保证合伙人（商场）具有查阅账簿的权利，确保分成的准确性。[4]笔者认为宁教授的分析为无名合同的合同归类指出了具有实际操作价值和符合当事人真意的解释路径，笔者希冀在此路径上继续做一些有价值的探讨。

笔者认为，对无名合同的归类解释离不开当事人签订合同的商业逻辑，从法律视域来看，即必须查明当事人的合同目的，当事人的真意是其整合不同类型合同于一的原因，合同的解释也应当沿着这个路径进行。不能准确理解合同目的，

[1] 参见詹森林："非典型契约之基本问题"，载《月旦法学杂志》1997年第27期。

[2] 参见陈自强：《民法讲义Ⅱ：契约之内容与消灭》，法律出版社2004年版，第275~284页。

[3] 宁红丽：《我国典型合同理论与立法完善研究》，对外经济贸易大学出版社2016年版，第382页。

[4] 参见宁红丽：《我国典型合同理论与立法完善研究》，对外经济贸易大学出版社2016年版，第382页。

就不能查明当事人的真意，不能使法律逻辑和商业逻辑相一致。

实际上，房屋所有人提供房屋，房屋使用人支付租金并支付经营分成在实践中并不少见。比如商场的物业持有人和商场中饭店的经营者之间签订的租赁合同，商场除了向饭店提供租赁场地、公共区域的使用（如洗手间、电梯）、基础资源供应（如水电气）之外，商场还为饭店带来了客流，或者说商场的其他租户为饭店带来了客流，当然，有的时候，某一饭店生意极好门庭若市的情况下也可以说饭店为商场带来了客流。

在商场为饭店带来客流、商场的公共区域为饭店的客户提供就餐配套服务的基本商业逻辑之下，商场分享饭店的收益具有合理性，因为这时候商场已经不仅仅是场地的出租人，商场也是饭店与用餐者之间餐饮服务合同的从合同提供者。在此之下，与其说商场与饭店之间的合同目的是租赁，不如说商场和饭店之间的合同目的是联合经营，租赁场地的提供只是商场作为联营一方的义务之一，两方的经营收益休戚相关，有关双方合同权利义务的解释应当在联营合同的合同类型束上进行探究，对具体问题可以参照提供使用权的租赁合同类型，但是当二者发生冲突时，原则上应当以联营合同的合同要素优先，除非得出的结论有悖于合同目的（商业逻辑），这时，我们需要返回去重新考虑该合同归属于哪一合同类型束。比如，若该饭店的生意门可罗雀，那么商场可能会将租金提升，将分成比例降低，当二者的比例达到一定差异程度时，可以将该合同理解为租赁，因为商场并不期待从该饭店获取浮动的经营收益，仅提供场地，一般这样的场地在商场中处于顾客较少光顾之处，双方的合同目的就是提供场地使用权，应当归于交付使用权的租赁合同类型束中。

又如，该商场刚刚开张，吸引了某网红餐厅进驻，餐厅与商场之间的关系主要体现在餐厅为商场（包括商场的其他租户）提供客流量，那么这种情形下，商场甚至会为该饭店免收一定期间的租金，以租赁场地的提供换取客流量，这也是符合对价的，此时双方的合同可以全部归于联营合同类型束之中。可见，商场与商户之间的关系并非租赁关系那么简单，双方之间签订的合同名称可能叫"租赁合同"或其他名称，但是双方之间形成的无名合同本质取决于双方之间交易的商业逻辑，在法律视域下，商业逻辑即合同目的。协同的合同目的将本来分属不同类型的合同部分组合为一个合同，不同类型的给付互为对价，合同整体实现自洽。

（4）干类型统摄下的合同要素比对

两类合同如果分别归于不同的干合同类型，那么该两类合同的差异首当其冲体现在干合同类型上，即属差，随后体现在支合同类型所特有的合同要素上。由于属差的区分功能更加突出，故而通过属差来判断合同的差异，并基于此区分合同更具实践价值。

在重庆雨田房地产开发有限公司与中国农业银行股份有限公司重庆市分行房屋联建纠纷案[1]中，合同类型的区分争论经历了一审、二审、最高人民检察院抗诉、最高人民法院再审，双方的核心争议为，双方签订的《联合建房总协议书》、两份《联合建房协议》究竟是房屋联合建设开发合同，还是房屋买卖合同？即是否要因某种特定因素对合同进行实质解释，否定表面上的联建合同表述，认定为买卖合同或其他合同？

各级法院认为，根据双方在《联合建房总协议书》、两份《联合建房协议》的约定，区分房屋联合建设开发合同与房屋买卖合同的关键事实在于：

a. 主要义务分配：农行负责出资 5 700 万元，雨田公司负责建设开发和相关证照的办理，并决定房屋的幕墙、地板、电梯、报警器等各项设施的品牌与规格等装修事宜。

b. 建成房屋分配：农行在房屋建成后分得负一层商场，其余由雨田公司享有。

c. 义务履行时点：农行出资的部分人民币 3 700 万元投资款在交付使用时投入 80%，产权转移过户时投入 15%，其余尾款在保修期满结清。

d. 主要违约责任：农行不能按期付款或雨田公司不能按期交房的，均须向对方承担日万分之一的违约金。

e. 相关情况：合同签订时，雨田公司尚未取得案涉项目的预售许可证。

在雨田公司要求农行付款时，农行主张双方系联合建房合同关系，联合建房协议因未办理联建手续，违反法律的强制性规定应属无效，即使是名为联建实为买卖房屋，也因恶意串通损害国家利益而应认定无效。同时，农行认为雨田公司拟交付的房屋未经竣工验收合格，不符合法律规定的交付条件，故行使先履行抗辩权拒绝支付合同款。

由于农行未按期支付雨田公司约 3 000 万元合同款，雨田公司诉诸法院，要

---

〔1〕（2011）民抗字第 48 号民事判决书。

求农行付款并按照约定承担违约金。

一审、二审均认为，双方名为联合建设合同，实为房屋买卖合同。最高检抗诉未对此提出异议，最高人民法院亦认为合同不损害国家和他人利益，故对此不做审查。本案中，法院认为区分买卖合同和联合建设合同的核心要素在于：

	联合建设合同	房屋买卖合同
分房方式	直接划分轴线或层数	以每平方米的固定价格计算所分平方面积
价款支付时间	建房（完成）前支付	交房时支付一定比例，办理房产证时支付剩余比例

笔者以为，从合同关系束角度出发，可以将本案涉及的两个合同类型即房屋买卖合同、联合建设开发合同的关系分析如下：

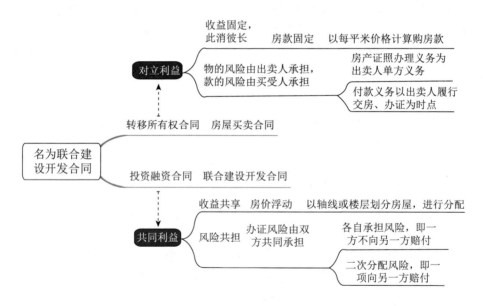

房屋买卖合同是干合同类型转移所有权合同的下位合同，联合建设开发合同是干合同类型投资融资合同的下位合同，房屋买卖合同与联合建设开发合同的首要区别在于干合同类型之间的区别。房屋买卖合同与房屋联合建设开发合同在标的物上没有实质区别（虽然一般房屋买卖合同标的物数量少于联合建设开发合同，但也存在一次购买多个房屋的情形）。两个类型合同的区别不在本级，而在上级。

在标的物风险分担上的区别。《中华人民共和国合同法》（以下简称《合同法》）第一百四十二条规定："标的物毁损、灭失的风险，在标的物交付之前由出卖人承担，交付之后由买受人承担，但法律另有规定或者当事人另有约定的除外。"《民法典合同编（草案二次审议稿）》第三百九十四条亦保留了该规定。可见买卖合同项下标的物的风险在交付前由出卖人承担，交付后由买受人承担。而联营合同不同，根据最高人民法院关于印发《关于审理联营合同纠纷案件若干问题的解答》（已失效），关于联营合同中的保底条款问题：保底条款违背了联营活动中应当遵循的共负盈亏、共担风险的原则，损害了其他联营方和联营体的债权人的合法权益，因此，应当确认无效。应当认为联营合同项下标的物风险在分割联建标的物之前，由双方共同承担。在本案中，进行项目施工，办理相关证照的义务均由雨田公司承担，未能按期完成交房也由雨田公司向农行承担违约责任，可见房屋在分割（交付）之前的风险是雨田公司单方承担的。关于尾款支付的约定进一步体现了风险的分担，即办理产证、确保房屋质量完全是雨田公司的义务。这与联营合同关于共负盈亏、共担风险的核心要素相悖，与买卖合同关于风险划分的核心要素相一致。

在收益分配上的区别。买卖合同项下双方的收益固定，出卖人交付固定的房屋，买受人支付固定的价格。买卖合同项下，买受人期待的是获取房屋产权从而行使所有权权能：占有、使用、收益、处分的利益，利益期待相对固定。联营合同项下，往往一方提供资金、一方提供建设工程以及相关权证，提供资金方往往要求一定的收益率（直接约定或者间接体现于未来房屋划分时），双方的利益期待均为投资性收益。在本案中，当事人之间按照每平方米 4 500 元计算农行应分得的房屋面积，从而进行划分，农行的收益相对固定。在联营合同中，应直接划分轴线或层数，以体现合同一方的收益与项目开发建设共负盈亏的原则。

2. 干支合同类型之间的类推

相较于法典国家，判例法国家的类推适用更加普遍，遵循先例原则（stare decisis）要求系争问题与先例之间具有重要的相同点，没有重要的不同点，才能适用先例。[1] 从本质上看，类推首先是在不同中寻找相同的逻辑。

（1）在不同的类型中找相同的要素

类推的前提是类似。《民法典》第四百六十七条规定了无名合同参照最相类

---

〔1〕 参见 ［美］凯斯．R. 孙斯坦：《法律推理与政治冲突》，金朝武等译，法律出版社 2003 年版，第 73 页。

似的有名合同之规定，第六百四十六条规定了买卖合同对其他有偿合同的参照适用功能，第六百四十七条规定了买卖合同对易货合同的参照适用功能。上述条款展现了我国民法设立的有名合同对无名合同之参照适用功能。无名合同之所以可以参照适用于有名合同，是因为其规定相近，更因为其大多数为干合同类型，即可以构成其他无名合同的上位概念。

虽然我们可以将支合同类型归类至干合同类型，但是我们不得不面对支合同类型的部分合同要素与干合同类型并不一致的情况。不一致下，能否适用？尤其是面对无名合同，参照有名合同时，必然存在部分要素匹配，部分要素不能匹配的情形，此时使一类合同适用与之不同的合同类型之要素，实际上就是在用类推的方式使无名合同作为有名合同的支合同类型进行适用。

德国学者亚图·考夫曼认为，无论推理者是否自觉或是否承认，法律适用的过程本身就是归纳为属概念的过程，因为法律的规定与现实生活必然不同，不是一模一样的同一事物，我们所认为的相同实际上是将不同的事物进行抽象，剥离一些因素，保留一些因素并达到一定层面时，"以一个被证明为重要的观点作为标准，将不同的事物作相同的处理"[1]。在合同类型角度亦然，无论我们是否自觉，在我们认可合同类型之时，干合同类型就已经存在了。只是随着研究的深入和归类的细化，我们对干合同类型的提取更加的精准，更加符合法律分析的需求。

考夫曼反对将类推视为正常法律推理的补充，仅用于填补法律漏洞，即仅在三段论之演绎逻辑无法适用时，采用类推逻辑来适用法律。考夫曼认为法律适用是一个目的论改造的过程，这个过程是将规范涵摄到与之不能 100% 契合的事实，在该过程中对规范和事实的双重改造，即为类推，如果非要掩耳盗铃的舍弃类推，只会走向扩张解释的过分泛滥。[2]

类推适用的对象并不具有完全相同的要素，既然可以类推，那么拟类推的两个对象之间必然存在部分要素在抽象层面相同，同时具有部分要素不同。黄建辉认为，如果相同的要素在两起案件均具有重大意义，那么就有类推的可行性。[3]

---

〔1〕 ［德］亚图·考夫曼：《类推与"事物本质"——兼论类型理论》，吴从周译，学林出版社 1999 年版，第 9 页。

〔2〕 参见 ［德］亚图·考夫曼：《类推与"事物本质"——兼论类型理论》，吴从周译，学林出版社 1999 年版，第 2~4、12~14 页。

〔3〕 参见黄建辉：《法律漏洞和类推适用》，蔚理法律出版社 1988 年版，第 110 页。

放在合同领域，虽然涉诉的合同作为无名合同与有名合同之间存在合同要素之差异，但当诉讼参与人找出了无名合同与有名合同在部分合同要素之上相同，同时相同合同要素在涉案的无名合同和该有名合同均具有重大的、实质的影响（即对合同原因具有重要贡献程度），那么二者之间可以类推。

（2）类推假设的模糊性

类推本质上是一种假设，具有模糊性。罗素认为，类推逻辑是具有明显的模糊性，因为类推逻辑是建立在结果与原因具有唯一性这一前提之上的，问题是二者往往并不具有唯一性。[1]在法学领域梅因将类推视为兼具最有价值的工具与最危险的陷阱两个极端的分析路径，二者的差异在于法律学发展的成熟程度。[2]在考夫曼看来，无论学者们如何努力尝试使类推精确化，都是徒劳。德国学者Heller尝试将类推置于三段论的精密逻辑之下，但无法回避适用三段论之前对大前提和小前提一致性判断需要进行的非精确性评价。类推在方法论层面有其无法越过的正当性和必要性，但在具体操作层面也有明显的开放性和主观性，因此类推的适用应当十分谨慎。[3]在罪刑法定主义的刑法学界，禁止类推被奉为圭臬，但在法律实践中，未创设刑罚或加重的类推广泛存在。[4]

类推的开放性使它适用于提出假设。当事人一方为论证自己的诉讼请求，从而提交同类判例，裁判者在进行裁判撰写时进行类案检索都是在对自己的假设进行论证，当我们认为某个无名合同与某个有名合同最相类似，首先进入我们脑海的，是不自觉的类推所形成的假设，其后才是具体地、一步一步地、精确地分析。

（3）原因对类推之假设的检验

干合同类型与支合同类型之间必然存在不一致的情形，之所以支合同类型能够适用干合同类型的合同要素，是因为裁判者使用了类推的逻辑使二者相同之处被重视，不同之处被忽视。但是这种重视与忽视的选择具有较强的主观性，并且

---

〔1〕 参见［英］罗素：《人类的知识——其范围与限度》，张金言译，商务印书馆2017年版，第483~486页。

〔2〕 参见［英］亨利·萨姆纳·梅因：《古代法——与社会远史及现代观念的联系》，郭亮译，法律出版社2015年版，第11~13页。

〔3〕 参见［美］凯斯.R.孙斯坦：《法律推理与政治冲突》，金朝武等译，法律出版社2003年版，第76~77页。

〔4〕 参见［德］亚图·考夫曼：《类推与"事物本质"——兼论类型理论》，吴从周译，学林出版社1999年版，第15、75~76页。

从逻辑上看，忽视与重视可以无限选择下去，以至于使所有合同类型之间都得出可类推或者不可类推的结论。因此，对于类推的假设，必须进行小心求证。

当我们假设某项"土地合作开发合同"与土地使有权转让合同、联营合同抑或借贷合最相类似时，我们需要细致地分析其类似之处为何重要，差异之处为何不重要。重要与否一方面取决于待解决的争议焦点，即该问题对争议焦点是否具有逻辑上的实现程度，另一方面取决于该问题对当事人的合同原因之实现程度。对于后者，也意味着为无名合同寻找有名合同规范进行参照适用时，不能以牺牲当事人的真意为代价。

例如刘宝亮、阿克苏宏佳房地产开发有限公司合同纠纷再审案中[1]，刘宝亮与宏佳公司签订《房地产开发合作合同》，约定双方认可刘宝亮已经通过地建公司向土地出让部门支付了 2 000 万元土地出让金，刘宝亮将 2 000 万元土地出让金发票过户给阿克苏宏佳房地产公司（简称"宏佳公司"），宏佳公司确认刘宝亮享有 800 万元股本金和 2 000 万元红利。法院认为由于合同约定刘宝亮不承担风险，故《房地产开发合作合同》名不副实，不构成合作开发合同。被告宏佳公司主张双方的"真实目的在于将地建公司拟取得且已交付部分土地出让金的相应方位及面积的土地使用权通过变更出让金交付主体的方式转让给宏佳公司"，故被告宏佳公司提出假设主张该《房地产开发合作合同》与土地使用权转让合同最相类似，应认定为该类合同。进而根据《中华人民共和国城市房地产管理法》第三十八条第一项、第三十九条第一款第一项的规定，鉴于起诉前转让方仍未取得出让土地使用权证书或者经有批准权的人民政府同意转让，该《房地产开发合作合同》（土地使用权转让合同）无效。这一观点得到了二审法院的认可。

由于土地出让金交付后形成的是签约主体与土地管理部门的土地出让合同关系，在土地出让金未完全交付的情况下，合同有待双方履行，在此阶段土地管理法规并不支持土地受让方转移其土地出让合同项下的权利义务。故到了再审阶段，最高人民法院认为双方当事人"约定的发票过户并非刘宝亮向宏佳公司提供土地使用权，不是土地使用权的转让。"最终认定《房地产开发合作合同》是有效的无名合同，不因土地使用权转让合同的强制性效力性规定使涉案合同无效。

不过，最高人民法院并没有展开评价二审法院将涉案合同类推于有名合同并使之无效的观点，仅给出了结论，这显然不利于释法说理，笔者相信最高人民法院再审法官在其内部办案报告中将此问题作了详尽的分析，二审法院在作出与土地出让合同最相类似的类推假设后，需要对该假设进行小心求证，即对所谓的相同要素、不同要素进行称重。《房地产开发合作合同》与一般的土地使用权转让合同相同的合同要素为一方提供土地权益，另一方提供资金。不同的合同要素为，《房地产开发合作合同》明确其提供的不是土地使用权，而是部分履行土地出让合同所产生的合同地位（包含权利义务），同时双方并无效力否定之合意。在此情形下，二审法院将《房地产开发合作合同》类推于土地使用权转让合同，与当事人的真意不符，应当在分析阶段及时打住，重新假设。

从差异的合同要素对争议焦点贡献看，本案中，当事人之间约定将土地出让金支付发票予以转让，显然与土地出让的法律法规不符，无法实现，在如此大额的交易之下，当事人之间对此应当知悉。双方当事人的真意诚如二审法院所言是实现2 000万元土地出让金所对应的权利转移至宏佳公司，但是在交易中双方均知悉并认可相关土地权利尚未取得，由于土地管理规范的严格性，当事人当然知道此时无法实现土地使用权的转让，这是涉案《房地产开发合作合同》与土地使用权转让合同的相区别的合同要素，且该差异合同要素对于争议焦点合同是否有效具有重要的实现程度，故应当将《房地产开发合作合同》与土地出让合同最相类似的假设予以证伪。

笔者认为，类推解释本身具有无限性，即总是能在已经类推的结论基础上继续类推，这有利于其在提出假设阶段发挥作用。但是提出假设后，要结合类推标的的相同之处和不同之处对争议焦点和当事人真意的实现程度去作出取舍，具有重要贡献的相同点起到证成类推的作用，具有重要贡献的不同点起到证伪类推的作用。如果因为这个交易目的就认定双方构成土地使用权转让合同，并以土地使用权转让合同的强制性规范来认定涉案合同无效，未免有些本末倒置。毕竟，当事人的真意是实现刘宝亮前期投资的土地出让金权益能够由宏佳公司行使，并最终实现刘宝亮约定的固定本金和投资收益。将双方的合同认定为无效，并使上述投资收益分配安排落空，当然不符合当事人的真意。

二审法院名为尊重当事人真意，实为漠视当事人真意。以当事人作为手段的真意为本尊，而对当事人作为目的的真意予以漠视，实际上是一种买椟还珠的态度。无论是土地使有权转让还是无法实现的发票转让，或是通过土地出让金退款再缴纳的方式实现刘宝亮的前期2 000万元投入转至宏佳公司，都只是手段，交易至此显然尚未终结，刘宝亮与宏佳公司之合同不是为此而设，此时的利益也未达到平衡的阶段，因为刘宝亮的投资未能收回。通过类推使当事人之间的合同归于无效的结论应当十分慎重。

同样，在海南利乐房地产开发有限公司与海南省国营南新农场、海南省农垦总局合同纠纷案中，[1]海南利乐房地产开发有限公司（简称"利乐公司"）与海南省国营南新农场（简称"南新农场"）签订《土地转让合同》，约定将南新农场持有的国有划拨农用地转让至利乐公司，并在此基础上争取变更为建设用地，由利乐公司负责土地性质变更，如变更成功，则按照 3.5 亿元作为转让价款，如变更失败则以 2.1 亿元作为转让价款。诉讼中，利乐公司认为案涉《土地转让合同》包含了变性后建设用地使用权的转让，即使变性失败也应当参照最相类似的国有划拨建设用地使用权转让合同，适用法律关于划拨建设用地使用权转让合同的规定，南新农场在未与当地土地管理部门签订土地使用权出让合同，未缴出让金，更未取得政府批准的情况下，签订该合同应当认定无效。最高人民法院二审认为，将涉案合同认定为建设用地使用权转让合同并不正确，不应该作此类推，在《土地转让合同》作为农用地转让合同并约定利乐公司进行土地变性这些条款不违反法律规定的前提下，以无名合同对《土地转让合同》进行界定并认可其法律效力更符合当事人的真意。

在进行无名合同的类推适用时，不能无休止地类推，否则会陷入裁判者逻辑判断的泥潭，使类推逻辑与遵循当事人真意的价值指引背道而驰，使目的成为手段而牺牲，进入无休无止的专业人士争吵之中。[2]

二、合同类型束的构建

以干类型与支类型的关系为基础，可以将合同类型体系化，形成合同类型束。借助合同类型束，我们可以解释既有的合同类型所具有的共有要素与独有要素，进而对合同类型进行整体性、全貌性的展示。

易军教授从合同类型之间参照适用的角度出发，评价了参照适用的合同类型之间类似性判断的因素，并指出将合同类型区分为一时性和继续性、财产性和劳务性、转移所有权和转移使用权、诺成与实践等应构成类型。[3]

---

〔1〕 （2016）最高法民终 201 号民事判决书；（2015）琼民一初字第 27 号民事判决书。
〔2〕 参见 ［日］川岛武宜：《现代化与法》，王志安等译，中国政法大学出版社 1994 年版，第 244~246 页。
〔3〕 参见易军："买卖合同之规定准用于其他有偿合同"，载《法学研究》2016 年第 1 期。

耶鲁大学的 Alan Schwartz 教授和弗吉尼亚大学 Robert E. Scott 教授将广义的买卖视为一个大类，包含了商品的买卖和服务的"买卖"，并以此为基础，按照合同主体为公司/个人区分为四种类型：1. 公司卖给公司，2. 个人卖给个人，3. 公司卖给个人，4. 个人卖给公司。他们认为美国《统一商法典》和《合同法重述》（第二次）所构成的合同法主要适用于类型 1，即公司与公司之间的交易。而类型 2 个人卖给个人的合同，主要受到家庭法（如婚前协议和离婚协议）、不动产法（如房屋租赁）的约束，只有极少部分的个人之间买卖受到上述"合同法"的约束。类型 3 公司卖给个人的合同，主要受到消费者权益保护法、不动产法和证券法的约束。类型 4 个人卖给公司的合同，主要针对劳动力提供的情形，故主要受到劳动法的约束。而类型 1 中的公司也被进一步限缩为三种情形：有 5 个以上雇员的公司、有限合伙和专业合伙（如律师、会计师组成的合伙）。[1]这种对合同类型的再分类虽然是以主体作为标准的，但是体现出了交易中双方信息的对称程度、交易的频繁程度、交易主体的专业程度，以及法律对该类缔约自由的干涉程度。如在类型 1 中，双方当事人都是本领域内专业、老练的缔约者，他们能够缔结表意准确清晰的合同，裁判者应当以文义解释为原则，这样才能更加符合当事人的真意。两位教授认为，法律为这类缔约者所规定的默认条款（default rules）实际上并不高效，只会增加当事人的交易成本。虽然两位教授对法律调整公司之间缔约自由持否定态度，但不得不说，两位教授以美国的合同法渊源为背景，用四两拨千斤的方式对合同类型作了简要地再分类，并基于此指导了合同解释的方向。

笔者认为，合同类型束所体现的合同类型之间的关系能够从整体上展现合同类型之间的相似性程度，再结合案件的具体分析，能够使裁判者类推的逻辑被清晰地展现。

游进发教授强调，无名合同有名化立法时不仅应关注该无名合同出现的频繁性，还应当注意使之与既有的合同类型体系之间相互协调，避免产生矛盾。这样才能使相同者受到相同对待，不同者受到不同对待。[2]笔者考虑，借助合同类型束，新的有名合同与既有合同类型体系之间的协调性能够被更好地保护。

---

〔1〕　See Alan Schwartz, Robert E. Scott, "Contract Theory and the Limits of Contract Law", *Yale Law Journal*, Vol. 113, No. 3., 2003, p. 541.

〔2〕　参见游进发："无名契约典型化之因素"，载《高大法学论丛》2017 年第 13 卷 1 期。

（一）一般合同类型束

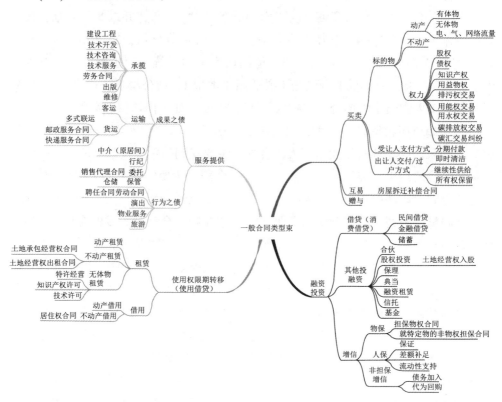

与物法强调归属相比，债法强调给付。[1]可以说，合同的一切内容都围绕着给付来构建。合同的给付或为物（含无体物）或为行为。同时，合同功能或为使双方（含多方，后不赘述）产生交换的价值，或为使双方产生协作的价值。正是这些合同要素在有无、比例、排列组合上的差异构成了形形色色的合同类型。

法国法学家多马在其《自然秩序中的民事法律》中阐述了合同分类的一般基础，即将合同（包括单务合同）分为四类：双方当事人相互交换物，一方当事人从事行为交换另一方当事人交付物，一方当事人从事行为且另一方当事人从

---

[1] 参见费安玲："民法典的理性与债法总则"，载《经贸法律评论》2018 年第 1 期。

事行为，一方当事人单独从事行为或交付物。[1]

对合同进行理论上的分类，自然会形成将某些合同归为一类，进而体现出干、支合同关系，如此会形成合同类型束。日本民法学者大木雅夫亦从给付行为的角度对合同进行分类。如将合同分为转移所有权的合同、转移使用价值的合同、提供劳务的合同、形成组织的合同四大类。转移所有权的合同一般包括买卖合同、赠与合同、互易合同等。转移使用价值的合同一般包括租赁合同、借用合同等。提供劳务的合同一般包括承揽合同、委托合同、雇佣合同、保管合同、运输合同等。形成组织的合同一般包括合伙合同、联营合同等。[2]

如上图所示，笔者亦从给付的区分出发，将合同分为所有权转移、使用权限期转移、服务提供和投资融资四个合同类型束。相较于法国学者和日本学者的分类，本身并无大的区别。笔者认为，合同类型束为合同提供了基本的概念体系和思维方法，由于四个合同类型的界分具有基础性，合同具体类型发展可能无法被四个合同类型所涵盖，新型合同可能兼具四类合同各自的特征。例如特许经营合同兼具转移使用价值合同和提供劳务合同的特征，有时还因涉及买卖结算而具有转移所有权合同的特征。[3] 又如当事人之间协议以低于市场价格进行买卖，此时双方的合同目的兼具买卖和赠与，这时的合同瑕疵担保责任应高于赠与低于买卖，王泽鉴教授认为质量瑕疵担保适用买卖合同的规定，而不当行为适用赠与合同的规定。

在四大类之下，学者又将合同类型进行进一步的细化，提炼出同类合同中不同合同所具有的下位分类。如承揽合同被区分为物中心型承揽和劳务中心型承揽[4]，前者指劳务提供以完成某物作为合同义务履行之标准（例如加工制作合同），后者指劳务的提供不会形成作为成果之物（例如音乐会服务合同）的情形。这一分类也被一些国家的立法吸纳，并着重体现在价款支付与成果交付的关系上。例如《日本民法典》第六百三十三条规定："报酬与工作标的物之交付同时支付。但无须交付物时，准用第六百二十四条第一款之规定。"我国台湾地区"民法"第四百九十条第一款规定："称承揽者，谓当事人约定，一方为他方完

---

〔1〕　参见徐涤宇：《原因理论研究——关于合同（法律行为）效力正当性的一种说明模式》，中国政法大学出版社 2005 年版，第 108~109 页。

〔2〕　参见［日］大木雅夫：《比较法》，范愉译，法律出版社 1998 年版，第 123 页。

〔3〕　参见［德］C. W. 卡纳里斯：《德国商法》，杨继译，法律出版社 2006 年版，第 499~506 页。

〔4〕　参见［日］山本敬三：《民法讲义Ⅳ-1 契约》，有斐阁 2005 年版，第 643 页。

成一定之工作，他方待工作完成，给付报酬之契约。"第五百零五条第一款规定："报酬应于工作交付时给付之，无须交付者，应于工作完成时给付之。"

一般的合同类型束从合同类型的一般性区分角度梳理合同类型之间的关系，能够使人们较为迅速地掌握合同类型之间的关系，具有合同类型束在教育、说明上的基础性价值。而下文，笔者也会探讨特殊的合同类型束，体现以特定角度对合同类型进行区分，特定角度的区分在解决一些特殊问题时，能够解释合同类型在特定争议焦点上的根本性差异。

1. 所有权转移的合同类型束

顾名思义，所有权转移的合同类型束是以所有权转移为交易目的的合同类型，具体的支类型均以一方承担转移标的物所有权的义务为前提，或细化和调整出让人的义务履行方式，或细化和调整受让人的义务履行与否和履行方式，发展出不同的合同类型。

一般而言，所有权转移的合同类型束可以分为三个支类型，分别是买卖、互易和赠与。这是就受让人是否承担义务、承担金钱义务还是非金钱义务为标准做的分类，很好理解。在罗马法时期，对买卖合同的讨论就比较充分，在注释法学派的解读下，转移所有权的义务被限定于出卖人系所有人，且出卖的标的物系种类物的情形，在此之下，对物的性质的探讨重于对合同类型的分析，以所有权转移为中心的内涵是随着商品经济的发展而不断完善的。[1]

买卖合同之下，又可以根据标的物的不同分为动产、不动产和权利的买卖。之所以这样区分是因为三种标的物的交付方式、所有权转移方式、受让人的占有、使用、收益、处分等所有权权能实现方式因标的物的基础分类有所不同。动产又区分为有体物和无体物，我们熟悉的电、煤、气甚至网络服务流量等都是无体物。动产的买卖合同下，一切围绕占有展开。在不动产买卖之下，一切围绕登记和占有展开。而在权利的买卖和合同中权利的无法占有特征（排污权买卖）、可复制特征（著作权买卖）、相对性特征（债权买卖）等可以作更加细化的区分。以受让人支付方式为视角，可将买卖合同细化为限期付款和分期付款。从出让人的交付、过户方式，又可将买卖合同细化为即时清洁、延迟性供给和所有权保留等类型。

---

〔1〕 参见刘家安："买卖的法律结构——以所有权转移问题为中心"，中国政法大学 2001 年博士学位论文。

互易是对受让人义务非金钱化的形象总结。由于受让人支付的对价非金钱，所以其价值较难评价，同时互易交易往往具有即时清洁的特征，这使该类合同不能成为社会经济活动的常态。

赠与合同是对受让人无对价义务的总结。人们对赠与合同的要素有过讨论，关键在于除了标的物所有权的类型外，一方的物减少、另一方的物增加是否也构成赠与，从我国立法来看，显然界定于标的物所有权的转移，不过并不应限于有体物的转移。[1]正是由于缺乏对价，所以理论上人们总结出了慷慨的美德作为原因来解释赠与合同的效力正当性。对价的缺乏也使得出让人的承诺效力可以一定程度上松动，例如在受让人侵害出让人利益时撤销，[2]或者在赠与人经济条件发生重大变化时调整，以及为赠与合同设定实践性特征，使意思表示的一般性允诺作用被消解，债权行为与物权行为合一。

所有权转让类型束下的买卖合同构成社会经济活动的最大基础，法学理论以及经济学理论等都以买卖合同为基本对象构建起理论体系和规律范式，因此，买卖合同类型在很大程度是我们理解、解释和规范各类双务合同的一般性认知基础。

2. 服务提供的合同类型束

服务提供合同类型束以一方提供特定类型之服务，另一方支付价款为核心合同要素（必要之点）。按照提供服务所拟达到的输出结果进行分类，可分为成果之债和行为之债。前者以可物化、量化或可客观评估的成果作为服务之合同目的，后者以服务过程或非可客观评估的结果作为服务之合同目的。如承揽合同、运输合同、中介合同、旅游合同为常见的成果之债，后者以保管合同、演出合同、物业合同为常见的行为之债。

不过行为之债与成果之债的分野并非清晰，如物业合同[3]、旅游合同，究竟属于行为之债还是成果之债似乎是一个见仁见智的问题。当物业合同所约定的

---

〔1〕　参见刘家安："赠与的法律范畴"，载《中国政法大学学报》2014年第5期。

〔2〕　参见尹志强、马俊骥："赠与合同中受赠人'忘恩负义'之构成——《民法典（草案）》第663条第1款第1项的规范分析"，载《广东社会科学》2020年第2期。

〔3〕　物业合同可以被分为物业管理合同和物业服务合同，前者是所有权衍生出的对共有部分的保护、改良、排除妨害等权利委托给特定主体予以实施的合同，而后者只是服务合同。实践中二者虽然可能存在于同一份合同中，但是具有不同的性质和逻辑体系，笔者十分赞同于飞教授的意见，本书对此暂不做展开。参见于飞："物业管理与物业服务的区分与交叉——兼论我国物业立法概念运用之准确化"，载《浙江社会科学》2012年第6期。

服务标准足够相近，如卫生具有相近的、可量化评估的清洁程度时，宜被归为成果之债，否则宜被归为行为之债。旅游合同具有比较明确的酒店、交通、餐饮标准的，应当被认定为成果之债，标准不明确的，宜被认定为行为之债。因旅游合同在我国大陆尚不构成有名合同，因此其分类引发了一些纠纷。如游客在海南旅游，旅游合同约定住宿酒店为三星级酒店，游客以实际居住的酒店无中央空调、地板陈旧为由主张酒店不符合标准，游客向当地质检所投诉后，质检所反馈该酒店确实属于三星级酒店，有学者认为游客因此无权主张单方解除合同。[1]我国现行的三星级酒店认定标准为原国家质量监督检验检疫总局、国家标准化管理委员会联合发布的《旅游饭店星级的划分与评定》（GB/T 14308-2010），[2]该标准发布于2010年，十几年来，我国的经济社会发展变化较快，按照全国人大公开的信息，该标准正在修改中，[3]但仍现行有效。在该标准界定之下，三星级酒店关于空调的标准是"有空调设施，各区域通风良好，温、湿度适宜"，按照该规定，空调确实是必备设置，但是并非必须使用中央空调。且上述要求是作为检查项目之一进行评定，最终是否符合三星级酒店标准，以整体得分为准。可见，从客观来看，上述案件游客的主张确实难以成就，这也是为何旅游合同有名化难度相对较大的原因之一。

不过，我国台湾地区"民法"将旅游合同作为有名合同予以设置，并规定："旅游营业人提供旅游服务，应使其具备通常之价值及约定之品质"（第514-6条）。

"旅游服务不具备前条之价值或品质者，旅客得请求旅游营业人改善之。旅游营业人不为改善或不能改善时，旅客得请求减少费用。其有难于达预期目的之情形者，并得终止契约。"

"因可归责于旅游营业人之事由致旅游服务不具备前条之价值或品质者，旅客除请求减少费用或并终止契约外，并得请求损害赔偿。"

"旅客依前二项规定终止契约时，旅游营业人应将旅客送回原出发地。其所生之费用，由旅游营业人负担。"（第514-7条）

可见旅游服务之价值和品质是旅游合同目的的重要组成部分，旅行社（上述

---

〔1〕 参见常晓芳主编：《旅游法规实务》，湖南大学出版社2015年版，第41页。

〔2〕 关于标准的法律效力，参见柳经纬："标准的类型划分及其私法效力"，载《现代法学》2020年第2期。亦见柳经纬："论标准的私法效力"，载《中国高校社会科学》2019年第6期。

〔3〕 参见全国人民代表大会网站，http://www.npc.gov.cn/npc/c30834/201912/1364ed69c2a540998f3b0e857a487537.shtml，最后访问日期：2021年6月3日。

旅游营业人）作为与承揽人具有相当地位的成果之债承担主体，具有提供特定标准成果之义务，若给付有品质上的瑕疵，旅行社（承揽人）有能力、有便利实施品质的修补，[1]或将游客送回原出发地。我国大陆旅游合同的有名化与旅游行业发展的规范性有关，随着《旅游饭店星级的划分与评定》的修改，以及旅游行业的发展进步，旅游服务的品质越发向旅游合同的合同目的靠近，旅游合同的定位也会从行为之债转向成果之债，届时，上述案件中三星级酒店没有中央空调、地板陈旧，游客能否解除合同，甚至要求旅行社承担重新住宿的费用并将游客送至原出发点，或有不同的结论。

3. 融资投资的合同类型束

投资和融资是一个问题的两面，从资金提供方角度看，是投资，因为提供资金的一方往往要求资金的收益率，无论是以借贷的利息来表述，还是以投资的收益来阐释，甚至在投资过程中获取了股权、基金份额、信托份额等可变价资产，总之，投资人在提供资金的同时，要求一段时间后获取比其提供的资金更高价值的财物，这就是投资的本质，也是投资一方在合同中设置的核心要素。而从资金的接受方角度看，是融资，因为无论资金接收方获取资金是用于一般性活动还是特定性活动，用于消费或是生产经营甚至仍用于投资，接收资金的一方总是要在一定时间后提供一定的财物给提供资金的一方，而且这一财物的价值要高于提供资金一方早期提供的资金。即使在股权投资上，也不例外，因为股权的出资人的最终目的并非持股，无论是长期持有获取分红还是一定期间内转让股权套现，甚至是参与经营管理实现投资标的资产的增值，终究还是要回到收益上，不可能只是为了获取经营权的"支配"上。可见，投资合同和融资合同只是解释角度的不同，二者是同一类合同。

借贷合同是各类融资合同的干合同类型。一些司法解释对合同类型之间的问题作了探索性规定，虽然这些规定有待商榷，但是它们反映了执政者、监管者、裁判者对这些合同的态度，尤其是强监管的金融领域，比如最高人民法院在《关于进一步加强金融审判工作的若干意见》（法发〔2017〕22 号）等文件和全国法院在大量判决中，将众多名为买卖合同/融资租赁合同/保理合同/供应链金融合同等各类合同，实为均落在借款合同。裁判者以"穿透式审判思维"证成进行合同类型的否定和重构，不仅体现了对金融政策的理解和运用，更重要的是，体

---

〔1〕 参见游进发："无名契约典型化之因素"，载《高大法学论丛》2017 年第 13 卷 1 期。

现了借贷合同在各类金融合同中的基础性、一般性地位。

在借贷的一般性投融资之外，通过将资金使用目的的特定化、对价支付物化、担保措施多元化等特定的安排，金融从业者创造出了其他投融资合同，包括合伙、股权投资、保理、典当、融资租赁、信托、基金等，有时，我们以类金融称呼之。这些交易比借贷合同复杂，但终究可以被借贷合同所解释。同时，金融活动中之所以生成了这些合同类型，并成长出稳定的市场，是因为这些合同类型满足了特定的投资融资需求，当事人的特定投资融资需求体现为当事人在合同中的要素安排，应当被尊重。

在投资融资的主要活动之外，还有增信合同类型。增信合同依附于投资融资合同，在陌生人社会下，大大降低了投资融资合同中当事人之间的不信任，促成了本来无法促成的投资融资。由于担保合同被法律定型化，故可将增信合同分为担保合同和非担保增信合同，担保合同包括物保与人保。物保合同除了担保物权合同外，还可以有针对特定物的非物权担保合同。[1] 在人保合同上，除了最基础的保证外，差额补足、流动性支持也逐渐被司法解释和判例类型化。由于代为回购和债务加入人不当然具有追偿权（当事人另有约定的除外），不具有担保合同的类型化合同要素，故而笔者将二者安排在非担保增信合同中。

投资融资合同是金融活动的载体，金融治理的政策属性使金融合同的分类随着政策的调整而发生变化，并不存在绝对和永恒的正确，正因如此，我们可以看到民间借贷合同的裁判规则在数年间不断发生变化，金融审判的会议纪要对《合同法》的金融合同类型予以调整。十年前的买卖合同判例或许对当前还有较大的指导价值，而在投资融资领域，其价值就大打折扣。这也是投资融资合同类型束本身的区分性价值。

4. 使用权限期转移的合同类型束

使用权不是永久性权利，这是其与所有权的根本区别，也构成了以使用权为内容的合同类型之核心要素，使用权限期转移的合同类型束与所有权转让的合同类型束泾渭分明。以使用权限期转移是否有对价，可以将该合同类型束分为租赁和借用，前者是市场行为，后者是非市场行为。因此，也就区分了市场的原因与非市场的原因，前者包括等价有偿、允诺约束、预期利益的内涵，后者则以慷慨

---

[1] 参见石冠彬："民法典应明确未登记不动产抵押合同的双重债法效力——'特定财产保证论'的证成及展开"，载《当代法学》2020 年第 1 期。

美德、非约束性、非等价化为特征。

值得探讨的是，以使用权作为交易标的的合同并非均为转移使用权的合同类型束下的合同。例如，我国将具有所有权属性的建设用地使用权、宅基地使用权界定为使用权，但将这类用益物权的转让归类为所有权转让的合同类型束，是因为我国土地所有权由国家或集体所有的特殊产权理论安排，与我国社会主义公有制为主体的整体经济体制有关。实践中，不动产使用权转让的合同被认定为所有权转让合同一类，适用买卖合同而非租赁合同的法律规定。

使用权限期转移的合同类型束中，各合同类型具有到期返还、按期收费的合同要素。在马盛杰、大连广宇置业有限公司合同纠纷案中[1]，原告从开发商处购买了商品房，并与开发商签订了《地下车位使用权转让协议》，约定开发商将特定车位的六十余年使用权转移至原告，原告按期付清车位使用权转让价款后，取得使用权。未经开发商允许，原告不得转让、转租、转借或允许第三方使用该地下车位。合同还明确，原告不得自行办理、也不得要求开发商办理该地下车位的产权登记。原告认为转移使用权的合同就是租赁合同，故超过二十年租期的约定无效，起诉要求开发商退还超出二十年对应比例的车位使用权费。

法院认为车位使用权转让协议属无名合同，的确不能认定为房屋买卖合同。但是由于合同并未约定到期返还车位，且价款系按照车位个数一次性计价收费，而非按照租赁期限计价收费，故合同并不符合租赁合同的合同要素。故《地下车位使用权转让协议》不属于租赁合同，不适用租赁合同之超出二十年租期无效的规定（《民法典》第七百零五条）。

笔者认为该案之所以还有文字上争议的空间，是因为原告对转移使用权之合同类型束在文字上的不当解释，也与我国特殊的基本经济制度下土地所有权公有制有关。法院妥当地将使用权转移合同项下的期限性解读为到期返还、按期收费两个合同要素，使无名合同项下无法办理土地使用权证的地下车位不被归入使用权转移合同，这一逻辑的背后实际上是对所有权转移合同与使用权转移合同两个类型束进行合同要素的比对所得。

将合同类型放在类型束下，除了便于我们整合概念，也便于我们区分概念，例如消费借贷与使用借贷类型在类型束上的区分。消费借贷（loan for consumption）和使用借贷（loan for use）都是将某物提供给他人，消费借贷提供的物将被消耗

---

[1]　（2018）辽 0211 民初 8377 号民事判决书；（2019）辽 02 民终 5807 号民事判决书。

掉，未来相对人所归还的是与被消耗掉物等价值的物（或增加利息价值）。使用借贷提供的物只是被占有使用甚至收益，但是到期归还的仍是该特定物。[1]两者虽然都被归为借贷，但两者的合同目的并不相同，消费借贷的合同目的是标的的所有权，使用借贷的合同目的是标的的使用权，前者在实践中体现为融资，后者在实践中体现为租赁，二者显然具有明显的差异。虽然二者都是非转移所有权的合同，但是租赁合同和借贷合同在合同目的、行业分布、监管原理、理论基础等问题上存在重大的差异，故将使用借贷与消费借贷放在同一个种合同项下进行分类的模式并非合同解释所能适用。

按照德索托教授的观点，消费借贷之下，借方（消费方）需要归还的是与出借标的物同质同量的物，即使物的价格发生了变动。同时，德索托教授也指出，消费借贷最大的价值是与一般等价物——金钱相结合的情形，它比石油、小麦等种类物的消费借贷更能够产生经济价值[2]。

实际上，证券市场上的融资融券合同就是消费借贷的典型例子。融资融券合同是指证券公司向客户出借资金供其买入证券，或者出借证券供其卖出，并收取担保物的合同[3]。融资合同与普通借贷合同相比突出的特征是资金的使用目的，即只能用于购买证券。而融券合同则更明显地体现了消费借贷下借贷标的物价值变化的风险/收益由借方承担/享有的特征，由于证券价格会在融券期间发生变化，如果证券价格上涨，则借方偿还同等数量标的证券的成本会大于其融入证券的成本，从而承受损失。如果证券价格下跌，则借方偿还同等数量标的证券的成本会小于其融入证券的成本，从而获取收益。融资和融券甚至普通的借贷都含有这个特征，金钱借贷下汇率损失/收益也是由借方承担/享有，只是融券业务将之体现得更加明显。纵观证监会《证券公司融资融券业务管理办法》，全文使用了担保、信用状况评估、风险揭示、融资融券金额不超过净资本4倍等词句，体现了融资融券活动兼具融资合同与投资合同的特征。

由于使用借贷以免费为特征，消费借贷以收费为特征，故使用借贷更偏重民

---

〔1〕 参见［西班牙］赫苏斯·韦尔塔·德索托：《货币、银行信贷与经济周期》（上册），秦传安译，上海财经大学出版社2016年版，第1~2页。

〔2〕 参见［西班牙］赫苏斯·韦尔塔·德索托：《货币、银行信贷与经济周期》（上册），秦传安译，上海财经大学出版社2016年版，第2~3页。

〔3〕 参见"证券业协会关于市场热点问题解答"，载 http://www.csrc.gov.cn/ningxia/xxfw/tzzsyd/201312/t20131206_ 239435. htm，最后访问日期：2021年10月6日。

事领域，消费借贷更偏重商事领域；又由于使用借贷偿还的是借贷标的的特定物，消费借贷偿还的是借贷标的的等价种类物，加之消费借贷标的物主要为货币，故而可以发现使用借贷的合同目的与消费借贷的合同目的截然不同，二者的当事人属性、风险/收益分配、行业归属、监督管理完全不同，故而在合同解释的背景下，二者并非归于同一种合同。即将借贷合同分为使用借贷和消费借贷在合同解释领域并无适用性。[1]

（二）特殊合同类型束

合同类型束展现了合同类型之间的关系，但是合同类型束并不限制归类的角度。上述的一般合同类型束是以给付为标准作的分类，符合一般实证法之下对合同类型作的界定，易于理解。但是在解决一些特殊问题时，必须通过其他角度来对合同进行归类，并基于干合同类型的合同要素对支合同类型进行统摄，以便对合同类型进行区分。

在以给付行为为分类标准的一般合同类型束之外，还可以以其他有合同分类价值的标准对合同类型进行归类。从逻辑上看，这种归类方式存在千万种，但是从价值上看，只有对特定实践问题具有指导作用的归类才有必要作为合同类型束予以构建。

例如，在投融资合同类型束下，合伙合同、股权投资合同等形成组织的合同还具有组织的特性，这使其与不形成组织的投融资合同有差别。这个差别可以构成特殊合同类型束中的差异，即在形成组织的合同类型束中，维护组织的稳定性，在投融资中的组织形成、组织形式变更、组织成员变更、组织消灭中都要体现非必要不解散的特征。[2]按照这个分类，我们可以将合同类型区分为形成组织的合同类型束与非形成组织的合同类型束。又如，根据合同当事人在缔结、履行合同中的意思自治程度、与公共利益的关联度、是否动用了公权力资源等要素将合同分为行政合同与民事合同，来解决政府采购合同的基本属性和规范适用问题。[3]

诺贝尔经济学奖得主科斯（Ronald Coase）、威廉姆森（Oliver Williamson）和哈特（Oliver Hart）从经济学角度对合同多有研究，并提出了不完全契约理论

---

〔1〕　朱广新教授使用的是定期交付的合同的概念，基本等同于赫苏斯·韦尔塔·德索托所述的借贷合同。参见朱广新："民法典之典型合同类型扩增的体系性思考"，载《交大法学》2017年第1期。

〔2〕　参见李建伟、岳万兵："民法典合伙合同规范的体系功能及其解释"，载《西北工业大学学报（社会科学版）》2020年第4期。

〔3〕　参见陈川生、葛梦婷、李显东："政府采购协议的法律属性及其法律关系的解析"，载《中国政府采购》2021年第8期。

等重要观点。王文宇教授结合上述经济学观点，将合同分为关系性合同类型束和即期性合同类型束，前者指当事人之间不断延续的、稳定合作的合同，后者指个别的、短期的合同。关系性合同之间的商业主体在长期合作下互利共生，从简单的契约关系衍生出治理的管理特征。关系性合同类型中，合同条款可以模糊，以实现解决未来长期变化问题所需要的弹性，例如需求合同中买方所有合同项下需求只能由卖方满足，因此买卖的数量并非限定，而是根据买方需求来确定，[1]而即期性合同中数量显然是应当确定的合同必要之点。同时，关系性合同需要对风险和收益向双方均等地分配，而即期性合同则多应尊重当事人的选择。

具有价值的特殊合同类型束有多种，有的特殊合同类型束在讨论具体个案时具有对争议焦点针对性，有时，特殊合同类型束的区分就是争议焦点的解题钥匙。笔者对以下几种特殊合同类型束予以展开讨论。

1. 共同利益合同类型束与对立利益合同类型束

从合同中的当事人利益关系之差异角度，可以将合同分为共同利益的合同类型束与对立利益的合同类型束。共同利益的合同类型束中，当事人之间一般为相互合作完成某项工作，工作的成果由各方共享，工作的成本和失败的损失由各方共担，例如合伙协议。而对立利益的合同类型束中，当事人之间体现为一次性交换，由于交换的标的物（包括无体物和行为）是特定的，因此给付的价款高低就呈现出双方当事人利益的此消彼长关系，例如买卖合同。

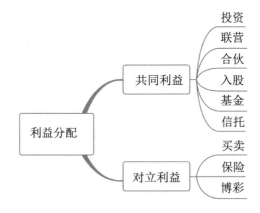

〔1〕 参见刘承韪："包需求合同的法理与适用"，载《法学研究》2017 年第 1 期。

（1）利益的共负盈亏与此消彼长之分

在海南和成房地产开发有限公司与琼海市国土环境资源局合同纠纷再审案[1]中，和成房地产与琼海国土局签订的《融资协议》名为借贷，实为共同推进土地征收与挂牌拍卖的共同投资类合同。前者双方具有对立利益，即出借人的利息收益是借款人需要单方承担的损失。但在本案的《融资协议》中，和成房地产开发有限公司（简称"和成公司"）向琼海国土环境资源局（简称"琼海国土局"）提供资金的目的是促进土地征收，并实现征收后土地由和成公司摘得该项土地。土地征收并在此挂牌拍卖的过程中，和成公司能够获取土地，因此享有未来可期待的开发收益，而琼海国土局征收土地后再进行挂牌买卖，能够完成工作业绩，能够实现地方政府土地收益。因此，在推动土地征收和挂牌事项上，二者具有共同利益，至于《融资协议》中约定的违约金，也并非针对征收失败情形，而是针对征收拆迁后，标的土地再进行挂牌拍卖时，和成公司未能按照预期拍得该土地的情形。因此，在土地征收过程中，和成公司和琼海国土局具有共同的利益，而非对立的利益。最高人民法院认可海南高级人民法院关于《融资协议》名为借贷，实为垫付项目用地前期费用的"征收土地费用预存"合同之认定。

笔者认为，本案中实为的合同虽然是一项无名合同，似乎难以捉摸，但是在征收阶段的权利义务安排上，显然具有合同双方共同利益的特征，在合同类型束下，可以被归入共同利益合同的合同类型束，双方当事人共负盈亏。相反，在借贷合同项下，出借人与借款人对本息的偿付设置具有"此消彼长"的对立利益。

借助合同类型束，我们能够更容易地区分合同类型之间的关系，便于我们为合同真意寻找最合适的合同类型，甚至使无名合同在与有名合同的较量中不因规则体系的缺少而显得捉摸不定，模糊无力。

在同类交易中，不同的主体之间进行不同的利益安排，会使交易的类型产生根本性的差异。在江苏君有置业发展有限公司与北方信息控制集团有限公司土地使用权转让合同纠纷案[2]中，双方签订《协议书》，约定北方信息控制集团有限公司（简称"北方信息"）（军工企业）将其持有的划拨土地申请政府有偿收回，而君有置业发展有限公司（简称"君有置业"）向北方信息提供 6.3 亿元

---

[1]　（2015）民申字第 1083 号民事裁定书。

[2]　（2013）民一终字第 59 号民事判决书。

资金，未来政府向北方信息支付划拨土地有偿收回的款项时，北方信息将该款项全部转给君有置业，不论该款项金额大于或小于 6.3 亿元。同时，君有置业代理北方信息与政府沟通上述事宜，并实现标的土地的变性，未来，北方信息将通过拍卖获取变性后土地的使用权。

该协议被江苏省高级人民法院和最高人民法院两级法院认为名为"合作"协议，实为划拨土地使用权转让合同。核心理由为，该协议在划拨土地变性的框架下，按照土地收回和再挂牌拍卖的规定，实现标的土地由北方信息持有转为君有置业持有。

笔者认为，一定程度上，本案中的交易与上述和成公司与琼海国土局的交易类似，都是"土地的熟化"中发生的纠纷。实践中，拟取得土地的社会资本在拍地前与相关方合作，并支付较高的资金，以缓解政府的收地压力，这一行为被称为"土地的熟化"，拟取得土地者的熟化行为还可能包括为标的土地周边承担基础设置建设的成本等。[1] 上述两起案件都是在土地尚不具有直接转让条件时，由拟取得土地的开发商向原土地持有人提供资金（本案中为划拨土地持有人，前案中为支付给国土局，国土局再用于支付给集体土地所有人），都是开发商为获取土地向原权利人直接或间接偿付土地补偿款（有偿收回土地款）的行为。只不过，在本案中，开发商是与土地的原权利人签合同，在前案中，开发商是与政府签合同。

两案中，开发商的目的都是为了获取标的土地进而推动土地变性。本案为由划拨的工业用地变为出让的开发用地，前案集体土地变为国有土地。本案中虽然合同实现的直接结果是标的土地由政府有偿收回，但这是土地转移至君有置业的第一步，也是最难的一步，是明显的土地使用权转让目的下的阶段性合同。而在前案中，也是为了推进土地有偿收回，由开发商为政府提供收回土地所需的拆迁补偿款，也是开发商获取土地的重要环节。

但是两起案件在合同利益安排上有本质的区别，本案中，君有置业与土地原权利人进行交易，安排了君有置业固定的支出，虽然君有置业未来拍得标的土地还需要支付土地出让金，但是土地原权利人北方信息从政府处获得的划拨土地有偿收回土地款能够覆盖一部分君有置业未来支出的土地款（实践中甚至有通过多方债权债务转移，最终进行抵销的操作）。虽然北方信息获取的土地补偿款金额

---

〔1〕　参见魏黎："土地'熟化'也要规范"，载《中国土地》2008 年第 2 期。

不确定，但是北方信息所让渡的权利是确定的，这个权利从整体上看是既有的划拨土地使用权，从合同所处的阶段看，是土地有偿收回后的补偿款。虽然补偿款金额不确定，但是补偿款的权利基本内容、债务人、权利成就条件等其他内容是确定的，且该补偿款也由君有置业以北方信息的名义与政府进行索取。

因此，北方信息向君有置业让渡的权利是相对确定的。而君有置业向北方信息支付的款项是确定的 6.3 亿元，该交易中，君有置业支付的款项价值与北方信息出让的权利价值应当是总体对等的，二者的收益存在一定独立性，即如果君有置业给付少于 6.3 亿元，则君有置业获利多，如果君有置业给付多于 6.3 亿元，则北方信息获利多，二者体现为对立利益。而在前案中，和成公司与琼海国土局所达成的合同是帮助琼海国土局进行土地征收拆迁补偿的资金支付，如上所述，在拆迁征收阶段，和成公司和国土局之间是共同利益。

（2）交换价值与协作价值之分

从合同的功能看，有的合同如买卖合同实现的是交换功能，有的合同如合伙合同实现的是协作功能，正如罗马法学家所强调的"合伙是基于合伙人之间如同兄弟般的信任设立的""当合伙人开始分别为各自的利益从事经营活动时，意味着信任开始崩溃"[1]，显然协作合同与交换功能具有截然不同的利益指向、行为模式和权利义务安排。

以商品为标的的合同多为物的要素，以服务为标的的合同多为行为要素。这一界分比较显性，笔者不做展开，主要分析交换与协作要素的界分。

土地（房屋）买卖合同和房地产联合开发合同的本质区别在于其合同功能不同，土地买卖合同实现的是交换功能，而联合开发合同实现的是协作功能。交换功能之下，双方的义务是有上限的，所交换的标的物或者行为具有价值上的相当性。但是在协作功能之下的合同中，双方的义务是无上限的，其目的也不在于设置上限或者使双方的义务呈现等价有偿的价值，而在于促成双方实现利益最大化努力。

例如在对赌协议第一案中，甘肃省高级人民法院将私募股权投资人投资的金额进行分拆，将与其获得股权对应的注册资本金的部分作为股权投资款，将其支付的超出其股权对应的注册资本的金额（计入公司资本公积金）作为借款。这

---

〔1〕　费安玲："商事合伙人资格论纲——对罗马法和中国法的观察与思考"，载强力主编：《罗马法与中国法的传承和发展》，法律出版社 2015 年版，第 179～188 页。

实际上是否定了私募股权投资合同中的协作价值。因为在私募股权投资中，投资人的风险很大，所投资的标的公司往往处于创业期，而投资人的投资额往往大于其所获得的股权金额，甚至即使获得了股权，也无法行使股权原本对应的参与管理标的公司的权能。而私募股权并没有市场公认的价值、无公开的市场，因此，除非投资成功，否则基本没有第三人作为"接盘侠"去承接经营未达到预期的标的公司股权。

在此背景下，为了鼓励私募股权投资人拿出自己宝贵的资金，标的公司的原股东通过自身或通过第三方为投资人设置了投资失败时的回购机制，作为一种兜底性的增信措施。关于增信的性质，显而易见，因为回购为投资人设置了变现的机会，这个机会是原本的私募股权投资中所不当然具有的退出机制。如果是有偿付能力的第三方回购，就会比原股东的回购更加有力。除了增信的性质外，回购措施具有兜底性，即回购所实现的预期利益远低于投资人本拟追求的超额投资收益，是一种投资失败后的补救措施，显然不构成投资人的合同目的。如果投资人以回购的预期收益去投资，显然没必要选择私募股权，金融市场上的债券及其基金可以实现基本相当的收益，而债券和基金份额的流转便利性等特点使其风险远小于私募股权投资。

因此，将回购的收益界定为投资人的目的显然曲解了投资人的真意，虽然有时我们也可将借贷作为实现协作价值的方式来看，但借贷的利率管控显然不允许太高的协作收益，相比私募股权投资，借贷更接近于交换。因此以借贷去界定私募股权投资超出股本的部分，是以一种近乎交换的价值去曲解协作价值的误读。

理解了合同的功能要素，就能够理解功能要素不同分布、不同排列组合之下当事人的合同目的，这背后既隐含着双方的利益安排，又体现了合同目的的实现的路径和方法。从而基于此判断双方各自履约的适当性，尤其是面对合同解释争议的情形下，对当事人的真意以及基于真意的利益分配进行符合双方初衷、符合事物发展客观规律的合同解释和权利义务安排。

2. 等价交易合同类型束与风险投资合同类型束

罗马法上合同（contractus）一词由词根 con 和词根 tractus 结合而成，前者指共同、相互之意，后者指交易、束之意，contractus 即共相交易之意。[1]当事人

---

[1] 参见中国社会科学院法学研究所《法律辞典》编委会编：《法律辞典》，法律出版社 2003 年版，第 638 页。

在缔结、履行合同中所支付的成本与收益之间的关系是其达成合同的真意。成本和收益之间的关系十分复杂，生意人在进行合同谈判时自会争取符合其利益的安排〔1〕，这份安排就是当事人的真意，合同解释不应当僭越裁判者的权力红线，裁判者也没有能力像生意人那样对成本和收益的关系作出明察秋毫的安排。宁红丽教授认为以真意确认合同类型时，应当"根据当事人对合同利益享有和风险分担所作的约定来确定合同类型"〔2〕。合同类型是为合同真意下的权利义务服务的，而一切权利义务安排又是为利益和风险分配服务的，在利益和风险面前，合同类型、权利义务只不过是提供服务的手段。

2016 年的《法国民法典》第一千一百六十八条规定："在双务合同中，合同给付平衡的缺失不是合同无效的原因，除非法律另有规定"〔3〕。等价有偿应当被视为合同法的一般原则，那么，在什么情形下应当实现给付平衡，什么情形下不需要呢？这是否也可以构成合同类型的一种类型束区分标准呢？

笔者认为，根据单个合同上双方当事人的支出和回报之间的差异程度，可以将合同类型归类为等价交易合同与风险投资合同。一般的合同类型多为等价交易合同，如买卖、借贷、租赁、维修、运输等，这些合同下，等价有偿是合同的一般原则，但是并非所有合同类型都具有这一特征，有些合同类型从单个合同上看，并不具有等价交易的特征，即单个合同项下，一方的投入和产出可能明显不匹配，这往往出现在一对多的交易模式中，即在一方当事人具有大量相对方的情形下，总体的交易呈现出等价有偿的原则，只是这一原则放在单个合同上可能并不适用。例如保险合同中保险人的理赔金额远远超出投保人的保费，从单个合同看，似乎不符合等价有偿的原则，但是由于一个保险人与海量的投保人订立保险合同，从总体上看，该保险人与海量投保人之间的合同利益是等价有偿的。

裁判者需要尊重生意的安排，为了理解合同上的成本收益关系，裁判者需要关注几项重点：

（1）等价中的低风险（收益）与价差中的高风险（收益）

一般而言，风险与收益呈正相关的关系，即人们平时所说"风险越大，收益

〔1〕　参见［美］鲍勃·亚当斯：《小企业起步》，王庆玲、李正彪译，云南人民出版社 1999 年版，第 389~340 页。

〔2〕　宁红丽："论合同类型的认定"，载《法商研究》2011 年第 6 期。

〔3〕　秦立威："《法国民法典：合同法、债法总则和债之证据》法律条文及评注"，载《北航法律评论》2016 年第 00 期。

越大"。风险与收益的关系首先体现在交易类型上,交易之间的风险收益比往往以交易的类型相区分。买卖一瓶矿泉水,一手交钱一手交货,除矿泉水本身存在质量瑕疵或交付的货币是假币的特殊风险外,一般情况下几乎没有风险,相应的,也不会有什么收益,因为矿泉水的价格并没有什么市场波动,双方基本遵循等价交换的标准。相反,私募股权投资中,投资人投入资金所换取的是不能在公开证券市场上交易的非公众公司股权,公司的经营情况并不公开,盈利能力也很难评估,甚至公司从事的行业往往比较新,过往的市场经验并没有多少可参考的数据,所约定的未来退出机制下,即使经营者回购甚至第三方回购的条件发生,但因为公司业绩没有达到预期的标准,经营者、第三方也往往没有能力去回购标的股权。因此,这类投资被称为风险投资,其风险显而易见。但是,风险投资的收益也极高,数十倍、数百倍甚至数千倍于本金都有可能。该合同显然不是等价的合同。

当然,并非所有投资都是高风险的,投资的风险与投资的标的有关,一般认为,普通股投资合同>优先股投资合同>国家债券投资合同>企业债券投资合同>储蓄存款投资合同。[1]投资风险(收益)也因募集对象为不特定多数人的公开募集与限于特定对象的非公开募集(私募)而有差别,一般而言,私募投资的风险和收益都高于公募投资的风险和收益。

甚至,在非投资领域,不同的合同细节安排也区分了不同的风险收益。例如在建设工程施工合同类型中,施工方的风险和收益为:固定费用合同>专用合同>费用补偿合同。固定费用合同中,刺激性条款的设置又进一步放大了收益和风险的程度。[2]

可以说,风险收益的差异在合同类型之间具有相对固定的体现,而根据风险收益的差异关系,可以将合同类型归入等价交易合同类型束与风险投资合同类型束。等价交易合同类型束中,交易的对价往往体现为等价,双方的风险和收益并不大。而在风险投资合同类型束中,交易的对价并不具有等价的特征,不能以对价的差异去否定合同的对价关系,合同当事人可以基于该合同获取远超其履行义务的回报价值,同时,也承担损失其全部投入的风险。

---

〔1〕 参见〔日〕津村英文:《证券市场学》,张友栋、白若愚译,中国经济出版社1988年版,第155页。

〔2〕 参见〔英〕R. N布雷:《疏浚工程手册》,上海航道局设计研究所情报室译,上海航道局设计研究所1982年版,第135~136页。

（2）回报周期对成本收益关系的影响

成本和收益的关系还体现在成本支付与收益分配的时点关系上，即回报周期问题。回报周期是指从投入到产出之间的时长，放在合同上看，就是给付与接收对价给付行为之间的时长。回报周期不仅存在于投资合同，其他类型的双务合同也存在回报周期问题，只要给付与对价给付之间不是即时发生的，给付行为人就需要考虑对价给付何时才能发生，回报周期的拉长不仅为权利人延后了权利实现的时点，还增加了权利实现的风险。[1]缩短给付与对价给付之间的时间差，即缩短回报周期，是给付行为人的诉求。[2]回报周期的长短在不同类型的合同之间体现出比较明显的差异。例如投资类合同的回报周期比较长，转移使用权的合同的回报周期相对短一些，转移所有权的合同回报周期更短。通过对回报周期的考察，我们能够区分合同的类型，并以此准确参照适用最类似的有名合同规则，使合同解释符合当事人的真意而不是偏离当事人的合同目的。

在杭州萧山蓝博人力资源有限公司与裴毅峰合同纠纷案[3]中，各方争议，涉案合同是否名为委托合同实为无名合同？合同中主播巨额解约赔偿金是否公平？对这些问题的回答，离不开对风险投资合同有别于等价交易合同的特征分析。

蓝博人力资源有限公司（简称"蓝博公司"）与裴毅峰签订《游戏解说特别委托协议》约定：裴毅峰接受蓝博公司委托，于游戏在线直播平台进行游戏解说，蓝博公司按裴毅峰的解说时长向裴毅峰支付解说费用，但要求裴毅峰的解说实现每日排名不低于前 10 名等考核要求，每日直播计时 4 小时。合同期限为三年，合同期间裴毅峰不得在其他平台进行游戏解说，也不得实施蓝博公司制定的游戏以外的解说。裴毅峰不得提前解约，如解约，裴毅峰应按照年酬劳总额三倍+蓝博公司的直接损失和可预见的合理损失向蓝博公司进行赔偿，并公开赔礼道歉。

裴毅峰在解说一段时间后不再履行合同，在此期间裴毅峰获得解说费 17 万余元。蓝博公司起诉要求裴毅峰继续履约，并赔偿解除损失约 70 万元。裴毅峰认为其与蓝博公司签订的是委托合同，作为受托人其享有法定任意解除权，案涉

---

〔1〕　参见涂永红、赵雪情：《新常态下北京金融可持续发展研究》，中国金融出版社 2017 年版，第 139 页。

〔2〕　参见包启宏、沈柏锋：《中国式股权：股权合伙、股权众筹、股权激励一本通》，中国铁道出版社 2016 年版，第 134~135 页。

〔3〕　（2017）浙 01 民终 7346 号民事判决书；（2016）浙 0106 民初 9660 号民事判决书。

的合同为格式合同，不能约定排除其解除权，解除合同不承担赔偿责任。本案的争议焦点为双方签订的《游戏解说特别委托协议》名为委托协议，是否实为无名合同？能否适用委托合同的解除权规则和赔偿规则？

一审认为鉴于合同使用了委托人与受托人、委托事项、委托报酬、禁止转委托等委托合同特有的概念，故《游戏解说特别委托协议》应认定为委托合同，裴毅峰作为受托人享有的法定解除权不能被格式合同排除，按照当时有效的《合同法》第四百一十条之规定，因受托人解除合同给委托人造成的损失，除不可归责于受托人的事由以外，受托人应当予以赔偿。但是《游戏解说特别委托协议》约定的赔偿金过高，与蓝博公司支付的合同对价严重不对等，构成显失公平，故将违约金酌定为1万元。

蓝博公司上诉，认为一审法院对合同定性错误，因为委托合同并不能反映案涉合同中蓝博公司的风险收益关系与漫长的回报周期特征。蓝博公司称游戏解说合同应归为演艺合同，该类合同中艺人初期并不能为经纪公司或直播平台带来收益，而经纪公司却需要在艺人发展初期投入大量资本培养、宣传、推广艺人，该种投入部分体现在经纪公司、直播平台本身影响力的塑造与推广，正是因为经纪公司、直播平台的声名显赫，依存于该平台本身默默无闻的艺人才能得到足够的曝光量和关注度……本案中，主播得到的打赏来自粉丝……而"粉丝"正是直播平台前期付出高额成本获得的平台用户，每个平台用户都是付出巨大市场投入成本从而增强平台自身的知名度及曝光量才获得的。单个用户获取成本超过8元，2015年~2016年间，直播平台全年用于获取用户的市场投入高达数亿，平台付出高额成本获得超过几千万用户。主播作为"素人"入驻平台后，蓝博公司联合直播平台通过曝光及推广将平台用户转换、培养成主播粉丝，因此，无论是用户获取，还是蓝博公司与直播平台共同投入的曝光推广，都是主播成为网络红人必不可少的条件。主播获取的基本薪资及排名奖励亦是蓝博公司及直播平台付出的培养成本。粉丝对主播的打赏也属于蓝博公司上述行为的预期收益。

蓝博公司称裴毅峰是被其他平台挖走，其他平台给裴毅峰高额的报酬就是蓝博公司前期包装的结果，裴毅峰在其他公司直播将给蓝博公司造成损失。蓝博公司的分析强调了游戏主播行业特殊的风险收益关系，即游戏主播的"委托合同"中，经纪公司需要支出极高的主播培育成本和市场推广成本，而这些成本将会作为游戏直播市场的"流量"为公司带来市场收益，可以说"流量"已经是一项无形资产，但问题是，"流量"这项无形资产不是由游戏公司享有，而是由游戏主播享有，游戏主播跳槽的，"流量"随游戏主播而动，由游戏主播的新"委托人"享有。这一点，即使提供加工材料的定作合同，也不能涵盖高昂的成本特征，以及"定作成果"由"受托人"占有的特征。因此，委托合同不能满足游戏主播合同的合同要素。

实际上，在一些行业如飞行员与航空公司的劳动合同，已经也体现出上述特征，飞行员与航空公司的劳动争议的焦点不是航空公司向飞行员赔偿多少经济补偿金，而是飞行员在接受航空公司高额培训，历经数年培养为民航局认可的机长后，离职时需要向航空公司赔偿多少培训赔偿款的问题。在司法实践中，飞行员离职时向航空公司赔偿服务期未满的数百万赔偿金已经是该类合同纠纷处理的共识。[1]本案中蓝博公司所主张的前期投入成本之高昂以及回报周期之漫长实际上就是在主张"服务期"未满的问题。

除了培育主播和市场推广所得收益不能被经纪公司占有之外，二审法院也认识到了经纪公司的回报周期漫长之特征。故接受了双方约定的解除合同赔偿金计算方法，因法院折算裴毅峰的日均收入为481.76元，故按照约定计算其赔偿金为年酬劳146 000元的三倍438 000元。

除了成本收益特征外，游戏主播合同毕竟是主播向经纪公司提供劳务的合同，其人身属性特征不容忽视，因此，应当参照劳务合同、委托合同，支持劳务一方的任意解除权，但任意解除权是在人身自由层面的权利，并不代表解除行为无须承担任何财产性负担。本案二审也认为《游戏解说特别委托协议》具有明显的人身性质，不能因该合同对自然人提供劳务的选择权进行限制，故裴毅峰享有解除合同的自由，这一自由不因合同的特殊约定而被排除。

笔者认为，当事人虽然使用了委托合同的名称，并使用了一些委托合同的概念作为合同用语，但是从当事人的真意来看，委托合同并不能匹配当事人在《游戏解说特别委托协议》项下的特定需求，即本案名为委托合同，实为无名合同。具体而言，根据《民法典》委托合同的规定，鉴于本案的争议焦点是裴毅峰是否有权单方解除合同，解除合同后是否应当向蓝博公司进行赔偿和赔偿额能否适用合同约定，应当对委托合同、案涉合同的以下合同要素进行比对，以便解决争

---

〔1〕 （2018）沪0105民初11277号民事判决书，（2017）京03民终7411号民事判决书，（2017）沪01民终7807号民事判决书。

议焦点：

合同要素	委托合同	《游戏解说特别委托协议》
委托款支付时点	预付	次月月结
委托人指示权	受托人遵从委托人指示	裴毅峰对蓝博公司制定游戏进行直播，并接受其考核
事项处理人	受托人亲自处理	裴毅峰亲自直播
受托人权限来源	委托人授权并以此为限	裴毅峰在蓝博公司授权下使用经推广的账号，且直播内容受限
单方解除权	两方均有	未明确，实际无法限制
解除合同赔偿	过错责任，赔偿直接损失和预期利益	裴毅峰为无过错责任，提前解约赔偿约定责任（包括约定的直接损失和预期利益）
竞业禁止	无	合同期间和合同终止后三个月
前期投入	不构成要素	蓝博公司前期投入巨大
损失可能性	不构成要素	蓝博公司损失可能性较大
出资方回报周期	不构成要素	蓝博公司回报周期较长

从合同要素的对比来看，涉案合同与委托合同在委托人指示权、事项处理人（亲自性）、受托人权限来源上能够匹配，在单方解除权、解除合同赔偿上能够部分匹配，但是在竞业禁止、前期投入、损失可能性、出资方汇报周期上不能够匹配。按照蓝博公司的意见，涉案合同竞业禁止的约定能够匹配劳动合同的要素，而委托合同无此要素，故不能够被认定为委托合同，应认定为无名合同。

笔者认为，蓝博公司虽然说出了案涉合同出资方（蓝博公司）前期投入巨大、损失可能性较大、回报周期较长之要素，但是并未从合同要素的角度去论证合同类型，仅在竞业禁止的约定上，从合同要素的角度论证与委托合同不匹配。蓝博公司之所以未能将上述相对抽象的交易特征从合同要素角度进行论证是因为没有合同类型束的理念，出资方前期投入巨大、损失可能性较大、回报周期长等交易特征是投资类合同的合同要素，如果能够将合同类型束进行采撷，蓝博公司便能够从更加宏观的合同类型视角去探讨案涉合同的类型问题。由于案涉合同这些无法被归于委托合同，也无法被归于劳动合同的合同要素，应当将《游戏解说特别委托协议》认定为无名合同。

又由于《游戏解说特别委托协议》具有服务提供合同、投融资合同之合同要素，故应当适用两类合同的规则。在服务提供合同下，因具有明显的人身属性，当事人即使没有约定受托人的单方解除权，也应当赋予裴毅峰以单方解除权，这一点在各类具有人身属性的劳务合同中都构成合同要素。[1]这不仅是委托合同项下委托人、受托人之间相互信赖消减时当事人享有的单方解除权，更是裴毅峰作为提供长期、固定的劳动活动方情形下，享有的解除长期劳动行为的人身自由所致。故本案的第一个争议焦点问题解决，应当赋予裴毅峰以单方解除的自由。

关于本案的第二个争议焦点，一审法院在委托合同的视角下，认为蓝博公司提供的高额赔偿金条款是格式条款，有违公平原则，应认定无效，故仅判定了1万元的赔偿金。二审法院并未提及格式条款问题，但鉴于二审认可了《游戏解说特别委托协议》中解除条款的违约责任约定，故应当认为二审法院并不认为该格式条款达到了违反公平原则的地步。

为什么未违反公平原则？二审判决中并未揭示法院的分析，笔者认为，是因为案涉合同具有投融资合同的要素，即出资方前期投入高、投资损失可能性高、回报周期长，故而该格式条款未违反公平原则。可见公平原则在不同的合同类型之下具有不同的平衡尺度，如果在委托合同项下，要求受托人赔偿委托人年酬劳总额三倍的赔偿金以及一切直接损失和可预见的合理损失且进行媒体公开道歉达到了有违公平的地步，那么在投融资合同项下，培养和包装公众认可的艺人时，投资人需要进行前期高额投资，单个项目收回投资的可能性低、回报周期长，同时如果投资成功，收益率极高。这种风险投资的特征在本案中得到了突出的体现，投融资合同的这些合同要素下，蓝博公司要求裴毅峰赔偿上述金额甚至赔礼道歉就均未达到不合理地加重对方责任的情形。正如博登海默所说："正义具有一张普洛透斯的脸，变幻无常，随时可呈现不同形状并具有极不相同的面貌"[2]。格式条款的适用必须进行充分的说理才能使其中的内涵得以被检验并取得当事人的

---

〔1〕 参见岳宗福、秦敏主编：《劳动与社会保障法：规范与应用》，西南交通大学出版社2019年版，第97~103页。宋秉斌编著：《合同法学》，知识产权出版社2015年版，第199~212页。陈慧芳、陈笑影编著：《合同法》，上海大学出版社2014年版，第277~285页。

〔2〕 ［美］E·博登海默：《法理学——法哲学及其方法》，邓正来、姬敬武译，华夏出版社1987年版，第238页。

理解和信服，[1]对公平原则指引下格式条款约定的违约责任是否达到不合理的地步，如果离开了成本收益的考察，只能是无本之木，无源之水，最终所进行的合同解释不仅与合同类型体系相悖，也会有违当事人的真意。

---

[1] 参见王丽美："论格式条款的司法规制"，载《湖南社会科学》2010 年第 3 期。

名实不符合同裁判的小前提：真意探究

除了要理解合同类型之间的关系，裁判者还要清楚涉案合同中当事人的真意。将两者进行结合，才能得出正确的合同类型判断。真意解释的小前提为当事人合意下的真意，合意发起于各方当事人，经过当事人之间的谈判不断被调整，确定于合同订立之时，体现于合同文本之上。名实不符的合同纠纷发生后，出于自身利益，双方当事人对真意的主张大相径庭。[1]正如人不可能两次踏入同一条河流，情境的变迁、利益的纠葛、指称的混乱，使真意成为不可能到达的彼岸，任何证据证成的只能是事实的赝品，裁判者要做的就是寻找最接近于真意的赝品，[2]并将该赝品当作当事人曾经同意的事情，要求当事人在当下的情形中必须执行。[3]在名实不符的合同纠纷中，由于拟制的合同类型与真意有差别，裁判者探究真意的工作更加困难。

第一节　原因：指向真意的指南针

名实不符的合同至少具有两种真意假设，一种是合同文本所直接体现的真意，另一种是基于文本和其他解释资源间接推演出的真意，而后者在双方当事人

---

〔1〕　See Stanley Fish, *Is There a Text in This Class? The Authority of Interpretive Communities*, Harvard University Press, 1982, p. 338.

〔2〕　参见周赟、沈明敏："事实赝品：司法决策小前提的本质"，载《厦门大学学报（哲学社会科学版）》2021 年第 4 期。

〔3〕　See Alan Schwartz, Robert E. Scott, "Contract Theory and the Limits of Contract Law", *Yale Law Journal*, Vol. 113, No. 3., 2003, p. 541.

之间又有不同的主张，各方的真意主张都与背后的利益相关联，双方都不可能被说服。甚至裁判者基于自我的社会观念和价值立场会形成不同于当事人意思的"真意"。此时的裁判者如同一个驾驶着"合同号"船只的水手，在各方当事人所推起的真意海浪之间左右摇摆，能够为裁判者指引方向的就是原因，原因像指南针一样坚定、准确地指向真意的彼岸，水手要做的，就是寻找原因、抓住原因。

合同原因在不同历史时期、不同法域中具有不同的含义，[1]为了便于讨论，笔者首先说明，笔者所指的合同原因包含两方面的含义，一是以当事人的缔约目的（包括主观原因与客观原因）为内涵的合同订立原因，二是以给付行为的总体对等性为衡量的合同效力原因。

《意大利民法典》第四编（债）第四节（契约的解释）第一千三百六十九条（多重意思的表达）规定："在有疑问的情况下，对有多重意思表达的解释，应当取其更符合契约性质和目的的意思"[2]。

名实不符合同下，契约性质（合同类型）存在争议，合同有名为、实为两种类型的选项，其中的实为还可能有多个类型，故名实不符情况之下，原被告、裁判者可能对合同的类型作出两类以上的主张（假设）。但是合同终究只能有一个类型，裁判者对合同真意的解释，首先体现为在各方主张的几个合同类型中作出选择。而这一选择需要标准，按照当前公认的看法，标准显然是合同真意，即合同类型是为合同真意服务的，合同类型是实现真意的手段。有趣的是，诉讼中的原被告、甚至裁判者，常常将其主张的合同类型与合同真意视为等同的事物。他们有意无意忽略的是，合同类型并非合同真意，真意主观思想的客观表达，终究还是意思。而类型只是真意的体现方式和载体。

合同真意有十分丰富的内涵，复杂而较难捉摸。虽然可能存在一定争议，但是可以达成理论共识的是，合同真意是当事人主观意思的外化。合同真意来自当事人交易的目的，最终体现为双方共同的理解。而在合同目的之中，又有多个层级，其中最本质、构成当事人达成本次交易的"初心""本源"的是合同法理论上的原因。如果说，裁判者要在多个类型的选项上做选择，那么以原因作为指向进行分析判断，则抓住了当事人真意中最本质的内核，犹如在波涛汹涌的海浪中

〔1〕 See Ernest G. Lorenzen, "Causa and Consideration in the Law of Contracts", *Yale Law Journal*, Vol. 28, No. 3., 1919, pp. 621–646.

〔2〕 费安玲、丁玫、张宓译：《意大利民法典（2004 年）》，中国政法大学出版社 2004 年版，第 331 页。同时参见陈国柱译：《意大利民法典》，中国人民大学出版社 2010 年版，第 251 页。

握紧指南针一样，船长（裁判者）终究能够驶向符合当事人真意的方向。

萨维尼认为，意思表示包含三个要素：意思、表示，以及意思与表示的一致性。[1]而错误所影响的是第三个要素，即意思与表示的一致性，一旦这一要素缺失，导致的结果是意思表示不生效。萨维尼将意思与表示不一致打上了影响意思表示有效性的标签。意思与表示不一致的问题，往往可以从原因方面进行揭示。

另有德国学者认为，要查明当事人的真实意思，就需要进一步探究作出意思表示的动机，以及表意人经由意思表示所追求的经济效果和社会目的。[2]这里对动机的阐述，与意大利法上的原因比较接近，动机是当事人发起法律行为的原因，有时这里的原因并不是法律所正视和能评估的利益或诉求。

从合同的演进史来看，原因是法哲学层面上赋予合同以法律上的正当性的重要理论支点。而当合同名实不符，需要探究合同真意时，原因——这一展现当事人行为初衷、并在法理上具有相当地位的理论显得尤为重要。

一、原因的合同要件地位

（一）原因对合同效力正当性的证成

在意志决定论占主导地位的今天，当我们解释当事人的允诺为什么能够产生对双方之间的法律效力时，除了从形式上说明人应当遵守其承诺且法律应当维持这种遵守以外，我们不得不从实质角度去还原合同对当事人的效力，这种效力只能来自当事人自发的需求，否则无法解释为何绝大多数合同是正常履行，不需要通过法律强制执行。纵观前人的研究，原因就是合同对当事人产生效力的实质，原因中的交换价值是人们内生的动力，[3]原因是能够使合同产生法律约束力的要件，[4]是交

---

[1]　参见［德］弗里德里希·卡尔·冯·萨维尼：《当代罗马法体系》，朱虎译，中国法制出版社2010年版，第99、441、263~294页。转引自［德］维尔纳·弗卢梅：《法律行为论》，迟颖译，法律出版社2012年版，第523~532页。

[2]　See Wolf, Neuner, *Allgemeiner Teil des Bügerlichen Rechts*, Verlag C. H. Beck oHG, 2016, S. 328. 转引自李文涛："遗嘱的目的解释与形式——以暗示说理论的论争及其修正为中心"，载《北方法学》2019年第6期。

[3]　参见徐涤宇：《原因理论研究——关于合同（法律行为）效力正当性的一种说明模式》，中国政法大学出版社2005年版，第1~3页。

[4]　参见［德］海因·克茨：《欧洲合同法》，周忠海、李居迁、官立云译，法律出版社2001年版，第77页。

换利益在经济社会中的正当性对允诺之法律正当性的支持。[1]

亚里士多德认为人们对事物的认识可以从四个方面来进行，即四个因，分别是质料因、动力因、形式因和目的因。基于这四个因，我们可以探究大到治大国、小到烹小鲜的规律。[2]巴托鲁斯和巴尔都斯作为亚里士多德的拥护者，将四因说运用于合同领域，发展出了合同的原因——目的因——近前目的因等一系列概念。他们认为原因即四因说中的目的因，并在一些论证中将目的因进一步混用为"近前目的因"。在四个因中，目的因是基础，又被称为其他原因的原因。[3]

在此基础上，巴托鲁斯和巴尔都斯总结出原因的两种基本类型——表达慷慨或者获取回报，他们对原因理论作出了非常贴合实际的分析，认为缺乏原因的允诺或为允诺人欠缺考虑、疏忽大意所为，或为允诺人非诚实的意思表示，故而，形成了原因的缺乏导致允诺不具有相应诉权的论证（可以作为抗辩行使）。这里的慷慨是在解释赠与等单务合同时的正当性基础，以便使赠与具有原因从而具有法律约束力。不过在巴托鲁斯和巴尔都斯的学说之下，原因仍旧仅适用于无名合同以及口约，而未能成为所有合同的一般构成要件，从而以更加宏观和概括的层级去影响合同的构成和效力。[4]

德国学者弗卢梅认为，原因"是使给予行为中的给予具有正当性的理由"。进一步说，当事人之间相互对立的请求权互为原因。而在给予行为中，抽象行为不以原因为构成要件，有因行为以原因为构成要件。如在德国法上著名的物权行为——所有权的移转，属于抽象行为，不以存在原因为前提。而相应的债权行为——买卖合同，则以双方之间互付标的物和价款债务作为生效的前提。在抽象行为中，"原因消灭，效力不消灭（cessante causa non cessat effectus）"，而在有因行为中"原因消灭，效力消灭（cessate causa cessat effectus）"。[5]由于物权行为不需要原因，

---

〔1〕 参见李永军："契约效力的根源及其正当化说明理论"，载《比较法研究》1998年第3期。亦见李永军：《合同法》，法律出版社2003年版，第245~247页。

〔2〕 参见［英］安东尼·肯尼：《牛津西方哲学史》（第一卷·古代哲学），王柯平译，吉林出版集团有限责任公司2010年版，第1~4页。

〔3〕 ［美］詹姆斯·戈德雷：《现代合同理论的哲学起源》，张家勇译，法律出版社2005年版，第97~99页。

〔4〕 参见［英］约翰·亚历山大·汉默顿编：《西方文化经典：哲学卷》，李治鹏、王晓燕译，华中科技大学出版社2016年版，第28~30页。亦参见陈融："探寻契约效力的哲理源泉——以民法法系'原因'理论为视角"，载《华东师范大学学报（哲学社会科学版）》2011年第1期。

〔5〕 参见［德］维尔纳·弗卢梅：《法律行为论》，迟颖译，法律出版社2012年版，第178~184页。

所以给付本身生效，这会造成不公平的情况。在德国学者精准的立法技术之下，以不当得利来矫正物权行为无因性带来的问题，使受领人向给予人进行返还。

英美法上存在与原因基本相同的概念——对价。耶鲁大学的 Ernest G. Lorenzen 教授介绍，在英国法的很长一段实践中，对价与原因是作为同义词使用的。他总结了英美法历史上对价的四项基本内涵：一是在没有印封（sealed）的合同上，对价能够使其具有法律效力；二是对价的内容或者对允诺人产生利益，或者对相对人造成不利益；三是对价构成当事人缔约的普遍原因或动机（conventional causes or inducements of a promise）；四是对价并不要求价值的相等性。[1]他认为对价对道德义务的承认是其区分于原因之处，但是原因理论对慷慨德性的接受也消减了这个分别。

英美法学者在论证对价时，着重强调对价使一般的允诺发生法律效力的意义，即对价在实质上是区分允诺是否具有法律强制力的标准。[2]不过由于对价内涵的复杂性，一般而言，人们以某些行为来判断允诺是否有效，例如现代合同中的盖章、签字。[3]但是，英美法学者分析，对价不仅仅可以是好处，还可以是一种不利益，或损失（detriment）。他们称"凡为对价者，如果不是立约人所得的利益，或者受约人所受的不利益，则不为法律上之充分对价"。霍姆斯主张，能够作为对价之物，必须与允诺之间构成互惠的、约定的以及彼此互为诱因的关系。[4]而科宾针对对价的充分性补充道，利益或者不利益本身不影响对价的充分性。[5]

关于对价的内涵，英美法学者也在不断地争议中，甚至对价是否已经失去了意义而应当被废除，也是英美法上学者们广泛讨论的问题。[6]

我国学者在唯意志论的解释力困境中，上下求索其他的解释路径。徐涤宇教

---

〔1〕　See Ernest G. Lorenzen, "Causa and Consideration in the Law of Contracts", *Yale Law Journal*, Vol. 28, No. 7., 1919, pp. 621-646.

〔2〕　See Peter Benson, "The Idea of Consideration", *University of Toronto Law Journal*, Vol. 61, No. 2., 2011, p. 241.

〔3〕　See Mark B. Wessman, "Retraining the Gatekeeper: Further Reflections on the Doctrine of Consideration", *Loyola of Los Angeles Law Review*, Vol. 29, No. 2., 1996, p. 713.

〔4〕　参见［美］小奥利弗·温德尔·霍姆斯：《普通法》，冉昊、姚中秋译，中国政法大学出版社2005年版，第256~259页。

〔5〕　参见［美］A. L. 科宾：《科宾论合同》（上册），王卫国、徐国栋、夏登峻译，中国大百科全书出版社1997年版，第232~233页。

〔6〕　See Lord Wright, "Ought the Doctrine of Consideration to Be Abolished from the Common Law?", *Harvard Law Review*, Vol. 49, No. 8., 1936, pp. 1225-1253.

授借助亚里士多德的原因理论以及中世纪的注释法学家、评注法学家对其的研究，指出原因理论将合同的正当性从宗教神秘主义发展至世俗伦理观念，即使面对当代的合同解释问题，原因理论仍具有重大的解释力根源。[1]

薛军教授在对徐涤宇教授的大作，也是本书的重要参考文献——《原因理论研究》的评释中谈到，现代社会对意思自治的运用呈现格式化的特征，这种僵化的意思自治理念会导致个体利益的受损，使意思自治所实现的目的有悖初衷。因此，应当承认个体理性的不足，在法律家长主义背景下，借助原因理论在合理限度内矫正有损当事人利益的意思自治。[2]

李永军教授评价人们在意志决定论之下，并未忘记对契约正当性的探寻，其间经历大量的探索，[3]而原因则是其中重要的成果。他深入浅出地介绍，仅仅靠一句"我愿意"并不能产生法律的约束力，其背后必须有实质的正当性依据，这个正当性的依据，即合同双方当事人"都有所求"，以便为义务构建相互依存的物质基础。李永军教授总结：原因在法国法模式下是作为生效要件来安排，在德国法模式下是作为债的履行障碍来设置，我国法实质上是遵照了德国法的模式，即原因欠缺的情况下，当事人得以请求变更或解除合同。[4]李永军教授进一步认为，法定的原因是区别法定之债与自然之债的根源，自然之债之所以不具有法律约束力，是因为其欠缺法律上的原因。[5]对于违反公序良俗的不法原因，应当详细评价当事人的动机、目的之不法程度，妥善处理因公共利益否定私人意思自治的情形。[6]

韩伟、赵晓耕教授以中国传统上历代契约古籍为对象，查找出了其中大量的原因条款，指出了在传统中国民间社会中，也当然地具有以满足社会经济需求、体现当事人缔约动机为核心的原因，这些原因条款以符合时代特征的表述承载于合同中。同时他们认为，在当代中国法下，离开了原因，对合同类型的界分就失

---

〔1〕 参见徐涤宇："论中世纪原因理论对契约一般理论的贡献"，载《中外法学》2005 年第 4 期。

〔2〕 参见薛军："民法的两种伦理正当性的模式——读徐涤宇《原因理论研究》"，载《比较法研究》2007 年第 3 期。

〔3〕 参见李永军："契约效力的根源及其正当化说明理论"，载《比较法研究》1998 年第 3 期。

〔4〕 参见李永军："论债因在合同法中的作用"，载《当代法学》2018 年第 2 期。

〔5〕 参见李永军："自然之债源流考评"，载《中国法学》2011 年第 6 期。

〔6〕 参见李永军、李伟平："论不法原因给付的制度构造"，载《政治与法律》2016 年第 10 期。

去了根基。[1]

谭启平教授认为，在以不法原因为给付的相关制度中，原因理论具有重要的理论和实践价值。[2]冯洁语教授也认为，原因是现代法上给付行为的要件，甚至是给付的核心。原因具有明确的目的指向性，这使得给予具有了当事人的意思，从而转化为法律行为。正是由于原因具有指向性且其与当事人意志相连，因此，给付的内容也来自原因。原因在不采用物权行为的我国法下，对不当得利制度也有不可替代的解释力。[3]

（二）原因在立法上的变化

1. 原因立法例鸟瞰

原因在大陆法系历史上具有过一般的合同地位，甚至在当今大陆法系国家的代表：《法国民法典》《意大利民法典》《西班牙民法典》《比利时民法典》《阿根廷民法典》《智利民法典》《玻利维亚民法典》《危地马拉民法典》《乌拉圭民法典》《洪都拉斯民法典》《阿尔及利亚民法典》中也被作为合同的一般构成要件。美国的《路易斯安那州民法典》《加利福尼亚州民法典》将对价（约因）规定为契约生效的条件。[4]

大陆法系的民法典代表《法国民法典》《意大利民法典》光明正大地赋予原因以"显赫"的合同地位。如《法国民法典》在多马和波蒂埃的直接影响下，[5]将原因规定于合同的生效要件中，原因和行为能力、意思表示（同意）、标的（客体）并列为四大要件。同时，《法国民法典》不仅规定原因缺失时合同无效，还规定了原因发生错误或者原因违法（包括违反公共秩序和善良风俗）情形下合同也不发生效力。《法国民法典》不要求原因被明确表达出来，但是原因必须存在。[6]

《意大利民法典》第一千三百二十五条将"原因"作为契约的要件："契约

---

[1] 参见韩伟、赵晓耕："中国传统契约'原因条款'研究——兼与欧陆民法原因理论之比较"，载《北方法学》2014年第6期。

[2] 参见谭启平："不法原因给付及其制度构建"，载《现代法学》2004年3期。

[3] 参见冯洁语："论原因理论在给付关系中的功能——以德国民法学说为蓝本"，载《华东政法大学学报》2014年第3期。

[4] 参见徐涤宇：《原因理论研究——关于合同（法律行为）效力正当性的一种说明模式》，中国政法大学出版社2005年版，第157～164页。

[5] 参见〔美〕詹姆斯·戈德雷：《现代合同理论的哲学起源》，张家勇译，法律出版社2005年版，第205页。

[6]《法国民法典》第一千一百八十条、第一千一百三十一～一千一百三十三条。参见罗结珍译：《法国民法典》，中国法制出版社1999年版，第283、287页。

的要件包括：1）当事人的合意（一千三百二十六）；2）原因（一千三百四十三）；3）标的（一千三百四十六）〔1〕；4）法律规定的必须采取的不可缺少的形式（一千三百五十）。"并且在第二章契约总论第二节契约的要件第二分节专节规定了"契约的原因"，包括三条：第一千三百四十三条（不法原因）、第一千三百四十四条（规避法律的契约）、第一千三百四十五条（不法动机）〔2〕。

按照《意大利民法典》第一千三百二十五条之规定，合同的原因是合同的一个必要条件，原因非法的合同无效（《意大利民法典》第一千四百一十八条）。《意大利民法典》的原因立法深受法典编纂委员会成员贝蒂的理论影响，贝蒂认为，意思自治必须与法的秩序相结合才能产生效力，即原因是法律秩序评价意思自治是否有效、产生何种效力的工具、法律秩序对意思自治下的法律行为作出三种评价，即肯定、否定和不予评价，肯定的评价即有原因，否定的评价即原因非法，不予评价即无原因。〔3〕不予评价是意大利民法相较于法国民法不同之处，即《法国民法典》规定了合同缺少原因与原因不法两者均为合同不发生效力的原因，而《意大利民法典》仅规定了合同原因的不法，并未规定原因的缺失是否造成合同无效。〔4〕

而在英美法上，对价与大陆法的原因相对应，发挥着合同正当性来源的作用，并被规定为合同生效的要件。美国《合同法重述》（第二次）就对价进行了定义："对价是指，诺言人作出诺言所为获得的，受诺人为获得该许诺而提供的事物"。〔5〕美国法下，合同是以诺言为基础展开的概念和理论体系，对价作为诺言所对应的对方义务，起到了评定合同是否具有法律效力的作用，是合同的必要

---

〔1〕 虽然陈国柱先生版的《意大利民法典》将一千三百二十五条的要件三译为"目的"，但该译本在该节（契约要件）随后的标题分别为：第一款（当事人意思的合致）、第二款（契约的原因）、第三款（契约的标的）、第四款（契约的方式），综合陈国柱先生下文的翻译，一千三百二十五条的要件三宜理解为"标的"。参见陈国柱译：《意大利民法典》，中国人民大学出版社 2010 年版，第 245~249 页。

〔2〕 第一千三百四十三条规定："与强制性规范、公序良俗相抵触的，即是不法原因。"第一千三百四十四条规定："契约构成规避适用强制性规范的手段的，也视为不法原因。"第一千三百四十五条规定："各方当事人仅为共同的不法动机而缔结的契约为不法契约。"费安玲、丁玫、张宓译：《意大利民法典（2004 年）》，中国政法大学出版社 2004 年版，第 326 页。

〔3〕 参见娄爱华：《大陆法系民法中原因理论的应用模式研究》，中国政法大学出版社 2012 年版，第 120~123 页。

〔4〕 参见娄爱华：《大陆法系民法中原因理论的应用模式研究》，中国政法大学出版社 2012 年版，第 2~3 页。

〔5〕 《合同法重述》（第二次）第七十一（二）条，该定义与《合同法重述》（第一次）第七十一条相比无实质变化。

条件。

双务合同和单务合同是相互对应存在的一对概念。美国法上双务／单务合同之划分与我国法不同，从经典意义上讲，传统上，英美法系不认可法律上的单务合同，单务合同因缺少对价而被认为是不具有法律之强制执行力的。为了修补对价对单务合同的全面否定，英美法逐渐形成了将对价从提供利益扩展至包括蒙受损害。在对价的时间属性上，英美法原则上坚持对价必须形成于诺言作出同时或之后，诺言作出之前的对价仅构成"道德上的对价"，不具有法律属性。作为例外，如果诺言人对受诺人负有道德上的义务，[1]那么即使该对价形成于诺言之前，该诺言也构成一项有效的（法律上可以强制执行的）诺言（合同）。这一点在认可和履行超过诉讼时效债务情形下诺言重新获得效力，以及破产程序中免除债务的重新生效中有具体的体现。

而就我国法律而言，娄爱华教授认为，我国是结合了法国和意大利的合同原因以及德国的不当得利原因的混合继受，只不过我国学者习惯于以法律行为的目的指向对法律行为原因的考察。[2]笔者认为，虽然娄爱华教授写作时我国《民法典》尚未颁布，但是《民法典》时代并未改变上述格局。对德国法更为热衷的我国民法，总体上对原因的研究较少，这或多或少与《德国民法典》未赋予原因以一般合同要件地位有关。[3]虽然我国民法没有将原因作为合同一般构成要件进行明确规定，但是我国民法在合同概念、抗辩权、无效构成上"处处体现出债因（即原因）的存在"。[4]

2. 原因条款的缩减

近年来在《荷兰民法典》《法国民法典》的修改中，原因的相关规定被拿下来。原因不再作为法定的合同生效条件之一。原因在立法上的地位似乎逐渐降低。英美法上，关于废除对价的问题也已被讨论多年，[5]但至今未解。

---

〔1〕　就道德上义务的范围，司法裁判中给予了扩大的解释。

〔2〕　参见娄爱华：《大陆法系民法中原因理论的应用模式研究》，中国政法大学出版社 2012 年版，第 142~143 页。

〔3〕　《德国民法典》并未将原因作为合同要件予以规定的原因，或与萨维尼在其巨著《当代罗马体系》中，对罗马法文献的有意忽视或过分曲解有关。参见娄爱华：《大陆法系民法中原因理论的应用模式研究》，中国政法大学出版社 2012 年版，第 2 页。

〔4〕　李永军："论债因在合同法中的作用"，载《当代法学》2018 年第 2 期。

〔5〕　See Lord Wright, "Ought the Doctrine of Consideration to Be Abolished from the Common Law?", *Harvard Law Review*, Vol. 49, No. 8., 1936, p. 1225.

按照当前的《法国民法典》（合同法部分主要为 2016 年修订[1]），合同的生效条件已经被调整，新的合同生效条件被设置在一千一百二十八条，其将原来的客体确定和原因合法整合为一个条件，即合同内容合法且明确。而对原因的具体规定，即无原因、错误原因、不法原因不生效，原因可以默示，不法原因包括违反法律、善良风俗或公共秩序的三项具体规定，进行了删减，仅保留一条。去除原因作为一节的地位，仅在第一千一百六十二条规定无论是合同目的层面还是合同具体条款层面，均不得违反公共政策，即使该情形不被所有当事人所知悉。

应当说，《法国民法典》的规定调整显然将原因的地位进行了下移，其已经不具有先前的"显赫"地位。有学者认为，这与原因在法国法学理论和实践中的发展有关。在 20 世纪 90 年代前，原因以主客观二元论体现，其既包含了合同类型所决定的债的存在，也包含了当事人缔约的具体意志。不过，在此期间的原因并不为裁判者所过多地考察和干预，只要合法即可。20 世纪 90 年代以后，大量裁判者在进行司法分析时，主动以原因为依据对当事人给付的平衡状态进行分析评价，探究条款背后当事人的真意，使得原因经典的二元理论被打破。在此情形之下，原因的内涵纷繁复杂，难以确定。而此时正值欧洲私法一体化的大潮之下，缺乏确定性的概念不利于法的安定性和广泛适用性，故而 2016 年合同法部分修订时，《法国民法典》将原因这一合同要件删除。[2]

（三）原因在司法实践中的持续应用

1. 原因在司法运用中的细化

《法国民法典》在显著位置删除原因这一合同要件，并不意味着原因在合同解释中的地位有实质的降低。如上所述，法国司法裁判已经不满足于合法性的评价，而是触及当事人具体的缔约目的，并大量使用原因去评价当事人给付之间的平衡性。虽然原因内涵的确定性随之降低，从而不适宜在立法中继续存续，但是在司法活动中，原因的活力被更充分地释放。

法国立法为实现安定性作了妥协，原因从合同构成要件的显著位置走下来，进入到一些更具体的规定中。在具体适用上，《法国民法典》将原因的影响更加细化，例如第一千一百三十二条规定："法律或事实性质的错误若影响到主给付

---

[1] http://www.textes.justice.gouv.fr/art_pix/THE-LAW-OF-CONTRACT-2-5-16.pdf，最后访问日期：2020 年 12 月 13 日。

[2] 参见秦立威："《法国民法典：合同法、债法总则和债之证据》法律条文及评注"，载《北航法律评论》2016 年第 00 期。

或相对缔约人的本质品性，那么其构成合同无效之原因，除非这种错误是不可谅解的。"相应地，《法国民法典》在第一千一百三十六条规定了不涉及给付本质品性，仅仅针对给付价值发生错误认识和不准确经济评估的，不构成合同无效之原因。这一点在第一千一百六十八条也作了确认，即给付缺失公平性不是当然的无效原因。在原因与动机的关系上，《法国民法典》第一千一百三十五条、第一千一百三十九条作了比较全面的规定，即非明确表达的且未起到决定性因素的单纯动机，不构成合同无效之原因。不过赠与的动机错误影响决策时，构成合同无效之原因。如果该错误来自欺诈，那么即使是仅涉及经济价值错误或合同的单纯动机错误，也构成合同无效的原因。可见，原因在《法国民法典》中的作用并非被消除，而是比之前更为鲜活、更为积极地影响合同的解释。

正如学者所观察，即使立法者能够在立法上，理论家能够在学说上，去除对合同原因的评价，但在面对缺乏德性的合同时，裁判者不可能仅因合同具有形式上的正当性，就按照合同的约定进行裁判，从而得出有违社会公平正义价值的裁判结果。从事实上看，裁判者通过法律赋予其的权力，以各种变通的方式将只具有形式正当性、有违实质正当性的合同予以矫正，从而使裁判结果符合德性的意图。[1]

2. 原因对逻辑推演的检验

有法官认为，法官的任务是解决眼前的案件，为了完成任务，应当将真意解释的工作交给当事人，并运用举证责任去帮助自己做选择。[2]笔者对此部分认同。裁判者解释的行为的确是一种做选择的状态，但是它并不像我们做单选题那样在既有的、充分的、含义单一的、相互之间不存在明显交叉关系的选项中选择一项，因为往往当事人在律师的辅助下也不能将其表达的含义予以明确，甚至因为各种各样的利益考量，当事人未将应该表达的真实情况和法律意见整体说出，只是"犹抱琵琶半遮面"的表达，这已经不是特例而是常态，故而法官的选择并非绝对被动的，他甚至要去对不同的选项进行查验，或是将不同的选项进行组合，并加入自己所构建的选项，最终达成一个结论。

从这个意义上讲，举证责任确实有重大的作用，但是，绝不是全部作用。换

---

〔1〕　参见〔美〕詹姆斯·戈德雷：《现代合同理论的哲学起源》，张家勇译，法律出版社 2005 年版，第 212~213 页。

〔2〕　参见赵耀彤："举证责任在意思表示解释过程中的运用——以一起语境证据案件的审理为例"，载《法律适用》2020 年第 19 期。

个角度看，笔者不认为法官事实上能够把这个问题完全交给举证责任去解决，因为法官必然逃脱不掉要对诉讼结果进行价值评价的思考，如果根据举证责任所得出的结论与其价值评价之间形成了重大差异，他不敢也不能袖手旁观地裁判，否则也无法实现法律效果与社会效果相统一。[1]

在前引文章[2]所列举的案例中，被告于 1993 年驾驶机动车造成原告一级伤残，丧失劳动能力，生活不能自理。法院判决被告支付治疗费每月 90 元、陪人误工费每月 60 元，合计每年 1 800 元，一共支付 20 年，上述费用每年按期支付。2006 年，本案原被告双方在执行法官的主持下达成了和解协议，约定 2006 年至 2015 年的治疗费、陪人误工费 10 年共计 18 000 元，由被执行人一次性支付 17 000元，申请执行人放弃 1 000 元。同时特别写明了"今后一切事情互不追究"。被执行人于签约后即按照上述和解协议履行完毕 17 000 元。到了 2016 年，被侵权人再次起诉要求侵权人承担其超过残疾赔偿金和辅助器具给付年限、超过确定的护理期限的损失。

被侵权人主张的请求权基础来自 2004 年施行的《最高人民法院关于审理人身损害赔偿案件适用法律若干问题的解释》第二十二条，该条规定了超出 20 年期限，仍旧发生的上述费用由侵权人承担。值得关注的是，本案双方当事人达成"今后一切事情互不追究"的和解协议是在上述司法解释颁布之后，即被侵权人（包括执行法官）在明知（至少为应知）其享有超出 20 年期限赔偿的二次请求权的情形下，为了获取 18 000 元一次性支付，除了免除了侵权人 1 000 元责任之外，还写明了"今后一切事情互不追究"的文字约定。侵权人在第二次诉讼中答辩称这部分责任原告已经在上述约定中放弃，原告则称，由于和解协议是在执行程序中达成的，其放弃的只是当时处于执行中的 20 年内请求权，不包括当时执行程序以外的请求权。

有趣的是，第一次案件的执行法院在 2008 年向原告出具了《执行情况告知书》，该文书盖有法院公章，写明原被告 2006 年达成的和解协议中"今后一切事情互不追究"仅指当时判决中确定的权利义务。但是该文书无制作人或单位负责人签字，法院在二审中依据最高人民法院《关于适用〈中华人民共和国民事诉

---

[1] 参见陈林林、许杨勇："论法律效果与社会效果的'有机统一'"，载《求是学刊》2012 年第 2 期。

[2] 参见赵耀彤："举证责任在意思表示解释过程中的运用——以一起语境证据案件的审理为例"，载《法律适用》2020 年第 19 期。

讼法〉的解释》第一百一十五条的规定，以原执行法院的《执行情况告知书》欠缺院长和制作人签字为由否认该证据的证据资格。与此同时被告也有所行动，找到出具和解协议时的执行案件法院的两名承办法官，这两名承办法官分别出具证人证言表示"今后一切事情互不追究"是指就人身损害赔偿互不主张权利义务（其中一名承办人后又以视听资料反言）。本院的公章文件和本案承办法官的证言引向相互冲突的结果，这确实给二次诉讼的承办法官带来了难题。

前引文章认为，此事应交给证据规则，首先应明确举证责任，被侵权人所主张的 20 年后赔偿责任是法定之债，被侵权人在此情形下已完成举证责任，侵权人抗辩认为被侵权人已放弃赔偿请求权，应当就此承担举证责任。鉴于查证事实为争议《和解协议》系执行法官分别与双方沟通，使用"背靠背"的方式形成的，双方从沟通到签约并未"面对面"进行，故造成了双方当事人分别与执行法官形成合意，这两个合意之间不互相通的可能性，而侵权人作为承担举证责任一方，并不能"在高度盖然性的基础上排除"该可能，故侵权人承担败诉风险。对此，笔者颇感疑惑，虽然高度盖然性理论在实践运用中存在理解和解释不一的情形，但是高度盖然性和排除合理怀疑这两个证明标准的差异还是比较清晰的。就被侵权人放弃赔偿请求权，侵权人已经举证《和解协议》中的概括性放弃条款，在缺乏进一步证据的情况下，侵权人已经完成了其盖然性证明责任。至于执行法官通过"背靠背"方式使双方达成和解协议是否产生了两个不同的合意，这已经到达合理怀疑的程度，如果把排除该合理怀疑作为侵权人进一步的证明责任，那么显然已经超越了高度盖然性的证明规则，进入了排除合理怀疑的刑事证明规则。

前引文章进一步表示，原执行法院出具的《执行情况告知书》不仅存在证据资格的问题，更重要的是，对于双方当事人达成的合同解释，无论是当时的法院，还是主持这一和解协议的承办法官，都不是当事人合意这一主观事实的有权评价者，法官要查明的是当事人的主观认识，其他主体的评价不过是第三人对客观事实的主观理解，以此来证成当事人的主观理解逻辑上不成立。只有第三人去证明自己听到了当事人的表达，例如当事人自己说"一切事情互不追究"是否包含 20 年后损失请求权，并且为第三人听到时，这时的证据才有意义。

从逻辑层面看，笔者认可并尊崇该文章对当事人主观真意的追求，不过，笔者认为，这种追求似乎将主观主义的秤砣无限放大，使得客观主义在合同解释中的作用过分缩小。

实际上，理论上的主观主义只是相对的合同解释方向，当代并没有哪个国家的法律或者被公认的理论明确表示合同的解释只能来源于当事人的主观，而客观的因素不具有效力。同时，作为一项裁判，裁判者不可能达到如此"无为"的境界去解决人民群众的纠纷。法官必然要发挥他的主观能动性，这个能动性的发挥或许是不自觉的，但是不可能是无为的。至少可以说，无论该案中法官的裁判文书作何书写，该承办法官在两难选择中都不得不受到原因的影响。

我们回看本案判决原文[1]，不难发现，原因在法官的合同解释中发挥了举足轻重的作用。《和解协议》中的"今后一切事情互不追究"究竟能否排除被侵权人的诉权，法院一共进行了两个维度的分析，一个维度是逻辑判断，另一个维度即为价值判断。在逻辑判断维度，虽然法院使用证据规则（含证明规则）否定了缺乏院长和出具人签字的原执行法院《执行情况告知书》的证据资格，但其认为原告所主张的侵权之债系属法定之债，不需要向法庭证明其权利主张有明确的合同基础，而被告需要就其所抗辩的双方通过合同方式改变法定债务的主张承担举证责任。因不能排除两种合意不一致的可能性，被告未完成证明责任，法院于是在逻辑上认定侵权人败诉，对此，笔者在上文中已经充分地进行了评价，不再赘述。

真意解释是一个假设和试错的过程，解释者需要根据逻辑判断来推演出一项解释的结论，同时，为了避免自己在信息掌握上的不完备，要对逻辑推演的结果进行价值判断的检验，即检验逻辑推演的结果是否有违可查明的当事人之合同目的、是否有违公序良俗。

最高人民法院也强调"要树立逻辑和价值相一致的思维。民商事纠纷尤其是金融纠纷具有很强的专业性，加上交易结构往往又极为复杂，很容易导致法官在适用法律时从专业的法律视角思考问题，从而忽略价值判断。这就需要民商事法官在坚持专业判断、逻辑推理的同时，一旦发现某一裁判尺度可能有违基本常识时，要反思是否在某一逻辑推理环节出了问题，从而主动校正，在逻辑和价值的互动中实现法律效果、社会效果和政治效果的有机统一"[2]。

---

〔1〕 （2015）聊东民初字第 2183 号民事判决书、（2016）鲁 15 民终 1512 号民事裁定书、（2017）鲁 1502 民初 921 号民事判决书、（2017）鲁 15 民终 2119 号民事判决书。

〔2〕 刘贵祥："刘贵祥专委在全国法院民商事审判工作会议上的讲话"，2019 年 7 月。

3. 以公平原则为进路的原因应用

有时，法院对原因理论有所运用，只是未能展开分析，仅以公平原则称之。详细分析，法院实际所指的是原因理论中的对价（由于实证法并未规定对价，法院在裁判文书中使用的是公平原则的表述），其认为被侵权人在《和解协议》放弃了 1 000 元的赔偿款，换取的侵权人将 17 000 元分 10 年履行改为当下一次性履行，两者之间可以互为对价，交易公平，符合社会常理。如果再将被侵权人享有的超出 20 年索赔权也作为对价，明显超越了"平衡尺度"。

笔者赞同法院在这里对价值判断的运用，纵观当前的裁判文书，将价值判断明确地写在文书中与逻辑判断并列的并不多，其原因主要在于公平原则这样比诚实信用、公序良俗似乎更加抽象的原则作为直接裁判依据存在不可行性，[1]使用公平原则的价值判断作为判决依据时，裁判者面临着较重的论证、挑战甚至追责的问题。实际上，该案最终结论的得出主要在于价值判断对逻辑判断的修正，这里的逻辑判断应当被否定，只是裁判者似乎没有找到更好的逻辑判断说理路径，故而削足适履地借用排除合理怀疑的证据规则来进行逻辑判断，这样显然不合适。

在价值判断上，其实也可以做得更加具有说服力。价值判断虽然相较于逻辑判断有些见仁见智，但是对具体问题、具体案件的价值判断还是可以进行充分、细致的说理。例如在上述案件中，法官评价的是被侵权人获得的收益（原因）是 17 000 元的"贴现"利益，法官认为这一利益和侵权人少支出的 1 000 元利益相当，因而无法覆盖超出 20 年的索赔权。但是法官并没有给予量化或者相对量化的比较，这几个利益究竟有多大呢？

首先看 17 000 元的"贴现"利益。为了明确未来十年每年支出 1 800 元，折算到当前年份的价值变化，理论上可以使用的方法有霍夫曼计算法和莱布尼茨计算法，由于未来长期的支付存在一定的不确定性，损害赔偿（尤其是人身损害赔偿）中往往需要将未来权益折算到当下，类似于我们当前金融市场中常用的贴现，即将未来的权益变现，并在此过程中让渡一定的利息权益。

霍夫曼计算法起源于十九世纪的德国，由霍夫曼创造并以其名命名。霍夫曼计算法不考虑利息所产生的复利，仅在每年本金所产生的利息基础上进行折现。

---

[1]　参见于飞："基本原则与概括条款的区分：我国诚实信用与公序良俗的解释论构造"，载《中国法学》2021 年第 4 期。

我们假设 N 年以后价值为 A 的某项权益当前的价值为 X，而从当前年份起算，每年的货币利率恒定为 B，那么就可以得出以下公式：

X+XBN＝A

进行演算：

X（1+BN）＝A

X＝A／（1+B）N

莱布尼茨计算法和霍夫曼计算法的原理基本相同，差异在于莱布尼茨计算法考虑利息在每年所产生的复利，从而在此背景下对未来权益进行折现计算。同样，我们假设 N 年以后价值为 A 的某项权益当前的价值为 X，而从当前年份起算，每年的货币利率恒定为 B，那么就可以得出以下公式：

A＝X+X+XB+X+（X+XB）B+X+［X+（X+XB）B］B……

到第 N 年演算如下：

A＝X（1+B）N

X＝A／［（1+B）N］

在没有当事人约定的情形下，我们可以考虑不同的标准作为上述 B 的取值，计算资金占用费标准，一种是中国人民银行同期 1 年期贷款利率（目前已为 LPR），另一种是规定额，这个规定额在《关于审理民间借贷案件适用法律若干问题的规定》（2015）第 29 条中规定为 6%（后被 2020 年新的民间借贷司法解释调整，调整后未做明确规定，一般认为是 LPR）。[1]由于金融政策导致每年利率变化，故暂不考虑 2015 年民间借贷司法解释的 6%，以 2007 年~2016 年每年实际的人行同期贷款利率计算，上述案件中的《和解协议》形成于 2006 年，所"贴现"的资金为 2007 年至 2016 年每年 1 800 元合计 10 年的治疗费。[2]

人行同期贷款利率如下：

---

[1] 《关于审理民间借贷案件适用法律若干问题的规定》（2015）第二十九条第二款第（一）项："既未约定借期内的利率，也未约定逾期利率，出借人主张借款人自逾期还款之日起按照年利率 6% 支付资金占用期间利息的，人民法院应予支持"；《关于审理民间借贷案件适用法律若干问题的规定》（2020）第二十九条第二款第（一）项："既未约定借期内利率，也未约定逾期利率，出借人主张借款人自逾期还款之日起承担逾期还款违约责任的，人民法院应予支持。"

[2] 原协议表述为"2006 年至 2016 年后 10 年的治疗费、陪人误工费每年 1 800 元，共计 18 000元"。鉴于 2006 年至 2016 年是 11 年，笔者按照 2007 年~2016 年这 10 年来计算，如按照 2006 年~2015 年这10 年来算，似乎认定当事人对终止年份 2016 年的表述错误，这一点错误的可能性比起始年更小，故笔者以 2007 年~2016 年进行计算。

利率生效日期	1 年期贷款利率（%）
2007.03.18	6.39
2007.05.19	6.57
2007.07.21	6.84
2007.08.22	7.02
2007.09.15	7.29
2007.12.21	7.47
2008.09.16	7.20
2008.10.09	6.93
2008.10.30	6.66
2008.11.27	5.58
2008.12.23	5.31
2010.10.20	5.56
2010.12.26	5.81
2011.02.09	6.06
2011.04.06	6.31
2011.07.07	6.56
2012.06.08	6.31
2012.07.06	6.00
2014.11.22	5.60
2015.03.01	5.35
2015.05.11	5.10
2015.06.28	4.85
2015.08.26	4.60
2015.10.24	4.35

　　为了计算准确，我们假设原本每年的 1 800 元具体给付日期为每年的 12 月 31 日，同时，双方当事人基于本次和解协议的实际给付日期为 2006 年 12 月 31 日。

　　虽然日常银行贷款不收取复利，但是在反向推导贴现时，将复利计入其中更能够反映资金的真实贴现价值，故而笔者选用莱布尼茨计算法进行计算。

基于上述既定逻辑和信息，计算得出将每年 12 月 31 日交付的 1 800 元贴现至 2006 年 12 月 31 日的金额如下：

应付年份	应付金额（元）	年底当期利率	年份差	贴现金额（元）
07 年	1 800	7.47%	1	1 674.89
08 年	1 800	5.31%	2	1 623.06
09 年	1 800	5.31%	3	1 541.22
10 年	1 800	5.81%	4	1 436.04
11 年	1 800	6.56%	5	1 310.09
12 年	1 800	6.00%	6	1 268.93
13 年	1 800	6.00%	7	1 197.10
14 年	1 800	5.60%	8	1 164.02
15 年	1 800	4.35%	9	1 226.99
16 年	1 800	4.35%	10	1 175.84
合计	18 000	平均 5.68%		13 618.17

按照当期人行同期 1 年期贷款利率，以莱布尼茨计算法计算出的每年 1 800 元，10 年给付贴现折算金额为 13 618.17 元，比被侵权人"让"侵权人 1 000 元后的 17 000 元还低了 3 381.83 元。在这种情况下，显然被侵权人"让"少了，因未考虑贴现成本，被侵权人在此情形下获取了超过其损失的收益。

当然，或许被侵权人认为，在 2007 年后，残疾辅助器具费、护理费还存在上涨，仅仅以人行同期贷款利率去计算不能反映真实情况。笔者认为，被侵权人的损失补偿成本增加的同时，侵权人使用相同钱款购买其他生产、生活物品的购买力也在相应地下降，即如果我们不能得出明确的行业偏差的话，两者的成本变化是基本相当的、能够相互冲抵的，故而被侵权人的残疾辅助器具费和护理费上涨不会引起值得考虑的误差。

从这个角度看，原判决中起到重要作用的"让渡 1 000 元 ≈ 一次性履行的机会利益"这一假设并不成立，或者至少是缺乏具体分析过程支持的。从该案最终裁判来看，法院判决支持了 20 年后的赔偿请求权，赔偿金额是护理费、残疾赔偿金、残疾辅助器具费合计 224 047.5 元（判决生效 10 日内支付），按照 2007 年 5 月 8 日贴现至 2016 年末，我们以 5.68% 作为平均年息进行计算（金额差异较大，故进行估算），该笔赔偿金在 2016 年 12 月 31 日的价值约为 90 371.06 元，该金额的确远大于 1 000 元，如果被侵权人以 1 千元的利益为对价放弃 9 万元的赔偿金，的确存在不公平之处，这时的价值判断比较清晰，能够论证原判决所说的 "明显超越双方权利义务的合理平衡尺度"。

价值判断比较困难，有时需要运用数学、经济学等其他学科的工具，这对法律专业背景的法官提出了挑战，为了避免出错，法官又不愿在裁判文书中展现其思维的过程，尤其是价值判断的分析过程，这使得公平原则、对价等价值判断成为虚无缥缈的空中楼阁。如笔者上述分析，或许有读者不认可，这个不认可可以进行说理，即可以说出究竟是笔者的分析方法不合理还是计算过程不准确，而如本案判决所说的 "1 000 元与 10 年期限利益基本相符" "1 000 元与 20 年后赔偿明显超越了合理平衡的尺度"，缺乏实际的分析过程，这种论证的过程既无法验真，也无法证伪，这实际上是对司法裁判说理过程的蔑视，也是对裁判者权威的滥用。

二、客观原因与主观原因之争

原因的内涵一直是学理上争议的问题，总体上，可以将原因区分为客观原因与主观原因。客观原因作为法律行为之构成部分，能够直接或间接地体现在法律行为之中，特定的合同包含着特定的客观原因。当主观原因与写在合同中的客观原因不一致时，合同名实不符的问题就产生了。可以说，原因是合同名实不符的根源，因而进行反向解构时，有必要给予原因特定的地位，这一地位当然要受到表示行为的限制，故而原因不能通过行使撤销权来实现，但是可以在客观表示所划定的界限之内，进行合同解释，实现原因的影响。

（一）客观原因对安定性的维护

史尚宽先生将原因限定于客观原因，认为主观原因只构成合同的间接目的。[1] 王泽鉴教授受德国法理论影响，认为原因是合同典型的交易目的（Typische Verkehrzwecke），仅限客观原因。[2] 陈自强教授也将原因限定为客观原因，认为

---

〔1〕　参见史尚宽：《民法总论》，中国政法大学出版社 2000 年版，第 284 页。
〔2〕　参见王泽鉴：《民法学说与判例研究》（第一册），中国政法大学出版社 1997 年版，第 259 页。

主观原因不影响法律评价。[1]

法国传统的原因理论认为，原因是客观的，是所有合同当事人在特定合同类型中均具有的合同目的，与当事人主观的缔结合同之动机截然不同。在双务合同中，对方主体愿意承担的给付的义务就是己方主体履约的原因。而在单务合同中，慷慨所带来的精神上的满足即是义务承担主体履约的原因。[2]

德国法学家弗卢梅总结，在德国法理论下，原因限定于客观原因，与动机相区别。至少在双务合同下，"动机的错误不受关注"[3]，原因是当事人意思自治的产物，并且只要原因是当事人无表意瑕疵时所达成的，那么原因即符合给付的对等性，而给付是否具有第三人看来的公平性在所不问。弗卢梅认为"通过有因债权合同所约定的债权的原因总是有因行为这一整体。有鉴于此，当所约定的给付之一发生履行不能时，不仅不产生给付债权，而且合同整体无效"[4]。

(二) 主观原因对缔约初衷的揭示

在法国，由于客观原因理论过于抽象，根本无法阻挡司法实践中裁判者对原因理论个别化的尝试。经过长期的洗礼，原因理论从传统的仅坚持客观原因发展为接纳主观原因的理论。即原因除了作为客观的一般对待给付之外，还体现出具体合同当事人愿意承担该合同背后的与其缔结合同初衷最接近的动机。动机的加入使原因理论在司法实践中的运用更具活力，动机的多样性是人们审视动机影响合同效力的方式。

法国学者认为，一项交易背后，当事人的动机往往是多元的，这些动机中可以起到决定性作用的，才具有原因的效力。但是，也有学者提出批评，纵观司法实践中的动机选取，那些应受指责的动机往往会被认为是起到决定性作用的，而合乎道德的动机总是被归于次要。

为了解决动机过于主观、难以被对方知晓的问题，法国学者提出只有共同的动机才能够被认为是具有法律效力的原因。然而，反对者认为，这给了双方以二次选择的机会，不利于维护合同的确定性，应当认为违法动机的持有者不具有违法原因的抗辩权，只有相对人才能以对方的动机违法主张合同无效。[5]

---

[1] 参见陈自强：《无因债权契约论》，中国政法大学出版社 2001 年版，第 168 页。

[2] 参见尹田编著：《法国现代合同法》，法律出版社 1995 年版，第 152~163 页。

[3] [德] 维尔纳·弗卢梅：《法律行为论》，迟颖译，法律出版社 2012 年版，第 504 页。

[4] [德] 维尔纳·弗卢梅：《法律行为论》，迟颖译，法律出版社 2012 年版，第 186~201 页。

[5] 参见尹田编著：《法国现代合同法》，法律出版社 1995 年版，第 152~163 页。

新修订的《法国民法典》将原来的客体确定和原因合法整合为一个条件，即合同内容合法且明确，并且删减了无原因、错误原因、不法原因不生效，原因可以默示等规定后，原因的影响也在发生变化。例如新法明确规定无论是合同目的层面还是合同具体条款层面均不得违反公共政策，即使该情形不被所有当事人所知悉，这使相对人的知悉情况不再作为原因适用与否的条件。[1]

不过，主观的原因在理论上仍有其突出的价值，由于其是距离当事人的真意最近的意思，反映了当事人缔结特定合同的个性化初衷，因此在对一些特殊的合同进行真意解释以及效力评判时，主观原因起到关键的作用。例如在评价请托办事的不法原因给付行为时，李永军教授认为主观原因理论所揭示的当事人的动机能够充分地展现其意思的反社会性程度，以便以此评价其效力以及进行无效后的处理。[2]

（三）客观原因与主观原因结合的二元论

客观原因与主观原因的概念在不同时代、不同地域的学者之间存在差异，尤其是名称上的差异，为了厘清二者之间的关系，笔者对不同名称下的主观原因与客观原因进行了梳理，整体如下：

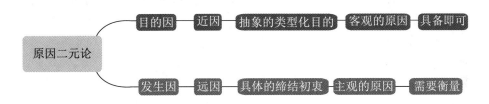

由于主观原因具有多样化，在解释原因时，人们还是倾向于以客观原因作为出发点，以最大程度保护债的确定性。[3]在意大利，学者们从三个角度来阐释原因：[4]

---

〔1〕　参见 http://www.textes.justice.gouv.fr/art_pix/THE-LAW-OF-CONTRACT-2-5-16.pdf，最后访问日期：2020 年 12 月 13 日。

〔2〕　参见李永军、李伟平："论不法原因给付的制度构造"，载《政治与法律》2016 年第 10 期。

〔3〕　参见徐涤宇：《原因理论研究——关于合同（法律行为）效力正当性的一种说明模式》，中国政法大学出版社 2005 年版，第 128~129 页。

〔4〕　See Francesco Gazzoni, *Manuale di Diritto Privato*, Edizioni Scientifiche Italiane, 1992, pp. 761-790. 意大利罗马大学和中国政法大学博士研究生 Giulio Santoni（意大利籍）对此部分有重大帮助，当然，文责由笔者自负。

一是主体意向理论。主体意向理论具有悠久的历史，它在法国资产阶级个人主义中得到升华，并对意大利民法理论产生影响。按照该理论，合同的原因是当事人在缔结合同时的具体意向，至于当事人的行为对社会利益之影响在所不论。

二是抽象目的理论。抽象目的理论产生于二战之后，与主体意向理论不同，抽象目的理论不关注当事人的具体目的，而是以合同类型为视角，将该类型下实现的抽象的、具有普遍性的合同效果作为原因，例如买卖合同的原因是交换标的物和价款。抽象目的理论所论述的原因是基于类型化合同的法定效力，合同的原因和合同的类型交织在一起，对于无名合同，由于合同的抽象目的不存在法定化的普遍共识，故容易产生争议。

三是折中理论。这也是意大利最高法院所践行的通说理论，该理论认为，原因是当事人在特定合同项下法定效力所赋予的利益，即当事人基于事实的具体化目的与法律基于具体合同类型的抽象化效力结合所形成的利益。意大利最高法院三部 2006 年第 10 490 判决专门强调，民法典立法者设定原因一方面是为保护当事人意定的合伙在经济活动中能实现其目的，另一方面是为了通过法律的检验限制合同的当事人的自治权。如果当事人通过虚假的表示来订立一个他们并不想要发生效力的合同，他们也不能随意使用所谓虚假的因素来否认合同的效力，当事人主张的反映其原因的虚假因素至多可以作为佐证合同非真实意思表示的线索。

可见，在意大利通说理论之下，原因也是作为二元论存在，在来源于当事人具体合同目的的同时，还要与合同类型相关联，体现出法律对意思自治的肯定、否定或不予评价。一旦与合同类型相关联，并以此作为评价依据，那么从裁判者的角度来看，原因就依附于合同类型，具有了类型化的特征。甚至，当事人订立合同时，观念上必须有抽象的目的（原因），并朝着这个目的进行条款的设置，否则一旦发生抽象目的上的变化，就会导致合同类型的变化。例如，舅父将一辆昂贵的汽车以低廉的价格卖给外甥，由于双方未按照与车辆价格对等的售价进行买卖，也未按照无偿的方式进行赠与，故而既无法实现买卖合同项下的等价交换原因，又无法达成赠与合同项下的慷慨（或炫耀、强者的保护甚至是讨人欢心）原因，成了合同类型上的"混合体"[1]。

美国法上，对价和允诺是合同的必要条件，对价和允诺之间的关系更接近于当

---

〔1〕 参见［美］詹姆斯·戈德雷：《现代合同理论的哲学起源》，张家勇译，法律出版社 2005 年版，第 207～210 页。

事人形成合同关系的本质，按照霍姆斯的解释，即对价和允诺之间是互惠的关系，霍姆斯用了一个更为贴近本质的词来描述对价和允诺之间的关系——诱因（inducement for each other）[1]。即使如此，霍姆斯也仍然将对价与动机（motive）相区别，相较而言，动机虽然在事实层面具有更加首要的甚至是支配性的作用，但是从法律评价角度，在动机之后的，可能与动机重叠或者不重叠的对价才构成法律上允诺的诱因。

至此可见英美法也明确地表示了双务合同作为交换价值的互利属性，并且强调了在法律上互利之物——对价之上，具有更加原初的动机。笔者以为，动机与对价都是允诺的诱因，动机更加贴近于当事人的思想，对价更加规范化，动机在每个个案中体现出不同的个性化特征，这个动机有可能是可以被法律所认识甚至承认的，也有可能是不能被认识和承认，甚至有可能连道德或者常理都不能认识和承认，故而当我们将对价作为合同之构成要件时，这种难以一般化评估的事务——动机，不能被认定为与对价相同。相应地，正是基于此，在一般评估层面，具有一个与动机比较相当的诱因作用，而又可以被一般理性人设身处地地理解和接受的概念——对价。

（四）客观原因与主观原因区分的相对性

原因的客观主义者总是将客观原因所具有的确定性、一般性作为法律行为的必要特征，以此来排除主观原因的适用空间。但是，笔者认为，无论客观主义者如何区分，想要将客观原因从主观原因处分立的尝试都是无力的。原因终究要包含客观原因和主观原因，对二者无法实施绝对的区分。鉴于原因本身在我国没有实证法的法律地位，区分客观原因与主观原因的意义仅存在于理论层面，并且只有相对的、方向性意义。笔者认为，实践层面下，宜将客观原因和主观原因作为同一探讨对象，适用二元论下的原因对合同真意进行探究。

1. 个性需求与一般需求区分的相对性

买卖合同之下，只有标的物、价款这个层级的目的因被作为客观原因，其余的个性化诉求只能作为主观原因不被接纳为原因。但是，在我们解释买卖合同的权利义务关系时，个性化的诉求显然也是意思表示解释的依据。如上所述，动机与原因的划分有指向意义，但是在操作层面不具有绝对性。因为把原因过分具体

---

[1] 参见［美］小奥利弗·温德尔·霍姆斯：《普通法》，冉昊、姚中秋译，中国政法大学出版社2005年版，第259~260页。

化，原因就和具体的权利义务落入同一层级，原因也就没有了存在的理论必要。而将原因与特定当事人的初衷关联得过多，则产生动机与原因相混淆的问题。且存在当事人基于意定将动机转换为原因的情形，使其在合同中有直接的体现，在很多相对复杂的交易结构之下，动机和原因是无法直接区分的。例如在以公司股权转让实现地产转让的合同中，哪个是动机、哪个是原因？

显然，当事人的合同目的是土地的转让，而非股权的转移，买受人说到底买的是土地，这也在转让对价——价款评估上充分地体现，即评估依据的是项目公司土地的价值（包括土地本身的资产价值和因土地所引发的抵押等负债），股权作为上一层"壳资产"的价值几乎不予考虑。买受人支付股转款的原因究竟是被法律行为所涵盖的股权转让还是未被法律行为所涵盖的土地使用权转让？显然，从当事人的真意来看，买卖标的是土地，这是双方的共识，并且这一共识已经可以作为行业的惯例来看待，但是单纯从评价法律行为来看，土地使用权转让确实不在其中，双方签署的是股权转让合同，进行的是股权买卖的行为，最终落地的是股权的过户登记和相应的董监高变更，并不涉及土地权益的变更登记。

即使如此，也应当将土地买卖作为应当予以重视的因素，无论其被视为是原因还是动机，从这个角度来看，原因和动机的划分只具有相对性，蒂策的看法更具有实践价值和当代意义。原因理论在法国法扎根，法国著名法学家阿居瑟认为，原因是允诺人作出允诺的理由，体现为利益或好处，本质是动机。[1] 动机和原因本就是同根，对动机和原因的区分是合同类型理论抽象化发展的结果，使一般性的近因进入原因，个性化的远因进入动机，但归根结底，原因和动机是同质的，所谓的区分至多是执果索因的倒推罢了。

主观原因具有个体性，客观原因具有一般性，但是二者之间可能相互转换。主观原因是意思表示的初衷，但是，由于主观原因的个体化过强，往往难以抽象为规范层面的意义。比如，出卖人出售房屋的目的意思一般解释为获取价金，但是背后的主观原因可能是置换"学区房"、换更大房子或者这个房子是"凶宅"等，这些主观原因是个体化的，与买卖合同的形成没有直接的因果关系，故并不被法律所接纳。法律接纳的是可以一般化的、普遍共识的、权利义务关系形成更近的意思作为客观原因，比如上述出卖人获取价款。

实际上，"凶宅"对合同效力的挑战恰恰能够说明主观原因和客观原因的区

---

〔1〕 参见尹田编著：《法国现代合同法》，法律出版社1995年版，第5页。

分，如果我们认为买卖的房屋是"凶宅"与否会影响买受人作出价格和买受与否的判断，并且这一判断是普遍共性的，而不是某一些买受人个性化的判断，那么"凶宅"与否就从主观原因进入到客观原因，即进入到法律行为之内，作为权利义务关系建立的前提。[1]

《法国民法典》将原因作为合同的构成要件，现代法国合同法主流理论（以佛鲁尔为代表）认为，在动机对合意的形成起到关键的作用，并且双方的动机能够为对方所知悉的情形下，动机和原因之间就呈现为水乳交融的状态，此时的动机就是原因。[2]笔者以为，法国作为将原因写入民法典并作为合同要件的国家之一，其学者对原因理论的研究、批判、重构体现了审慎的分析和判断。将动机作为原因的一部分来认识更加务实，否则即使将原因写入民法典，在实践中运用时也会一头雾水，最简单的，当事人所论证的作为签约背景、合同目的的意见，究竟是法律行为以内的原因还是法律行为以外的动机，实际对合同的解释没有太大的价值，有价值的，是该动机或原因是否构成双方达成合意的前提，并且能为对方所知悉。

2. 重要性区分的相对性

主观原因是当事人订立合同最初的、[3]最接近于当事人真意的、反映当事人个体化诉求的意志。以买卖合同为例，主观原因是基于标的物和价款展开的（即乌尔比安所谓"所卖之物非约定之物"理论），但是当事人为何买卖的主观原因，不属于买卖合同法律行为的内容。主观原因是"远因"，在法律行为以外；客观原因是"近因"，是法律行为的组成部分。

弗卢梅也对客观原因（causa）和主观原因（motiv）进行了区分，[4]他认为客观原因是给予行为正当性的理由，可以来源于意定，也可以来源于法定。而主观原因是促成行为人实施法律行为却不构成法律行为规则内容的情形。可见，二者之间，重要的区别在于是否构成法律行为规则之内容，即是否为一般性的法律规则所吸纳。

---

〔1〕 参见俞珍珍："房屋买卖中房屋关联信息披露义务研究"，中国政法大学 2010 年硕士学位论文。

〔2〕 参见徐涤宇：《原因理论研究——关于合同（法律行为）效力正当性的一种说明模式》，中国政法大学出版社 2005 年版，第 115 页。

〔3〕 参见陈融："探寻契约效力的哲理源泉——以民法法系'原因'理论为视角"，载《华东师范大学学报（哲学社会科学版）》2011 年第 1 期。

〔4〕 参见［德］维尔纳·弗卢梅：《法律行为论》，迟颖译，法律出版社 2012 年版，第 180~185 页。

然而，在这个区别的标准上，弗卢梅的论证具有明显的相对性。他以《德国民法典》第一百一十九条为基础，如一百一十九条之规定，客观原因错误是在交易中被认为重要的人或物的性质错误，如果不属于重要的情形，则可能构成主观原因的错误。[1]

所谓重要，主观性判断成分极大，并且重要的程度本身也是相对的，区分重要与不重要的准确的线是见仁见智的标准。与其说是当事人基于自身情形和交易安排的判断，不如说是裁判者基于交易公平性的取舍。例如，弗卢梅认为在赠与这种单务合同上，赠与人的主观原因和客观原因合一，主观原因错误等同于客观原因错误，并导致赠与无效。这种判断显然是一种价值取舍，而非逻辑推演。

尽管弗卢梅引用了拉伦茨等学者的分析，将客观原因错误作为表示错误、技术性错误来看待，将主观原因错误作为对现实的认识错误来看待，但是给出的区分方案仍旧以重要性的区分为核心。

对于一些单务合同如赠与，弗卢梅认为主观原因则具有比较重要的地位，可以作为影响合同效力的因素，理由是这类单方承担义务，为另一方设置权利时，应当具有一些重要的主观原因，这些主观原因虽然没有被纳入法律行为，但是一旦主观原因不成就，"公正理智人"会认为法律行为也受到直接影响。

蒂策则有不同的认识，他认为不应区分原因（主观原因）错误与目的（客观原因）错误，影响法律行为效力的是相对人的善意程度，相对人明知错误或相对人致使错误发生的，可以否认法律行为效力，否则不能。笔者认为，以相对人之善意程度作为法律行为效力影响因素有其合理性，实际上《德国民法典》是从两个层面来解决该问题的，第一个层面是第一百一十九条规定的因错误而可撤销，这个层面讨论的是作为原因的错误不能撤销法律行为，而作为目的的错误可以撤销；第二个层面是一百二十二条，这个层面讨论的是撤销后对善意相对人信赖利益损害之赔偿问题。蒂策的逻辑有其正当性，但是将二者打通并不进行区分没有必要，毕竟在利益平衡角度，可以通过善意相对人信赖利益损害赔偿来缓和目的错误之撤销。

可以发现，上述德国学者关于主观原因与客观原因的区分是基于错误理论展开的，错误理论本身就与"重大"的程度有关，例如在我国法上错误被表述为重大误解，其中"重大"的标准在错误判断上有意义，这个意义是否就是主观

---

〔1〕 参见［德］维尔纳·弗卢梅：《法律行为论》，迟颖译，法律出版社 2012 年版，第 180~190 页。

原因和客观原因之间的区分，而不是错误理论上其他要素的区分标准？这并不能仅以上述论证直接推出结论。

　　萨维尼认为动机错误影响的是意思本身，原因错误影响的是意思与表示的一致性。而仅影响意思的动机错误不导致意思表示效力瑕疵，理由是这种情形下意思表示本身是自由的，故应当有效，即动机错误不应当受到关注。[1]但是笔者认为意思自由作为意思表示效力瑕疵的标准似乎有些不妥，因为毕竟错误讨论的是误解，不是胁迫，即错误更多讨论的是应当预见而没有预见的情形，而不是已经预见到因为其他因素（胁迫、过于自信）而轻信能够避免的情形。实际上，萨维尼在适用其理论时，仍然以重要性为标准，具体合同中，也是以法律行为类型、当事人、标的、性质作为重要性判断的落地之处，这仍旧是重要性问题，是主观判断性极强的问题。可见，原因与动机虽然在德国法学上存在公认的区分，但是要在实践中对二者进行区别，论证的主观程度极大，很难有客观的标准和尺度。该论证帮助人们理解了原因和动机之间的区别，但是这一重要性标准的确不容易被认为是裁判规则，只能是为法官设权的规则。

　　即使认为主观原因和客观原因具有上述区别，二者之间也可能因当事人的意定发生转换。比如，如果当事人将一般公认动机的私人因素写入合同，作为合同签订的前提（一些大型的商业交易合同会在"鉴于"部分将既有的事实或者当事人的判断以书面形式记录，这构成了双方当事人达成以下权利义务安排的前提），那么这时这种本应是动机的情形就转为原因了，如果该情形不成就或者发生了当事人判断的错误，那么就应当从目的这条路径来考量合同的效力或者相应的权利义务安排。

三、原因在合同真意解释中的应用

　　面对复杂的法律关系，裁判者不得不进行抽丝剥茧、分条析理，在多个法律关系并存、多种合同类型均可能发生法律效力时，裁判者需要找出法律行为之间的关系，以此确定名为 A 合同、实为 B 合同的问题。纵观海量真意解释裁判文书，虽然呈现出相对杂乱的尝试，但是在众多的裁判文书中，总能找到一些闪烁智慧的文书，在进行详尽说理时触及合同真意，并以原因或与之相关的概念如目的、初衷来进行论证和解释。

---

　　〔1〕　参见［德］维尔纳·弗卢梅：《法律行为论》，迟颖译，法律出版社 2012 年版，第 180~185 页。

借助原因理论，我们能更清晰地区分目的意思中的手段和目的，以便比较不同合同要素的重要程度，避免将当事人的真意曲解，使当事人被动地买椟还珠。

（一）作为缔约目的之原因应用

在原因二元论中，客观的原因是指特定合同类型下当事人之间所具有的共性的对待给付期待。由于客观的原因以合同类型为基础，不同的具体合同在同一合同类型下具有相同的原因，故而徐涤宇教授在总结法国学者的观点后认为，当代的原因理论衍生出了一项功能，即区分合同类型。[1]笔者认为，除了客观原因与合同类型之间有关联之外，由于主观原因是在客观原因之下发展而来的，与客观原因具有逻辑上的关联性，因此类型在限定客观原因的同时，也与主观原因相关联。

原因理论强调，相对人的对待给付应与本人的给付基本对等，至少不存在过于严重的不平衡，否则会被矫正。那么这种给付的总体对等性则在特定合同类型之下体现为类型化的对等，尤其是随着典型合同规则的细化，原因中的对等性被具体化。同时，如笔者上文所述，不同的合同类型下，给付的总体对等性体现不同，绝大多数合同类型归属于等价交易的合同类型束，给付的总体对等性直接体现在具体当事人之间，遵循等价有偿的基本原则。而在风险投资的合同类型束下，个体的当事人之间的投入和收益具有明显的射幸特征，即作为投资人投资目的的收益远高于其投资额，但是投资失败的收益又明显低于其投资额。

以对赌协议第一案——苏州工业园区海富投资有限公司与甘肃世恒有色资源再利用有限公司、香港迪亚有限公司、陆波增资纠纷案的二审判决[2]为例。案件基本事实为，2007年，海富投资有限公司（简称"海富公司"）与世恒有色资源利用有限公司（简称"世恒公司"）、迪亚有限公司（简称"迪亚公司"）、陆波签订《增资协议书》，约定海富公司作为投资方，向目标公司世恒公司进行投资，投资之前，迪亚公司是世恒公司的唯一股东。本次投资以世恒公司增资的方式进行，世恒公司在本次增资前注册资本为384万美元，迪亚公司持股100%。海富公司本次以现金2 000万元人民币向世恒公司进行增资，增资后持有世恒公司股权的3.85%，迪亚公司持有世恒公司股权的96.15%。陆波承诺

---

〔1〕 参见徐涤宇：《原因理论研究——关于合同（法律行为）效力正当性的一种说明模式》，中国政法大学出版社2005年版，第169~170页。

〔2〕 （2011）甘民二终字第96号民事判决书。

将一矿产项目过户至世恒公司名下（世恒公司以募资款进行收购）。世恒公司承诺着手世恒公司的上市，承诺世恒公司于 2010 年 10 月 20 日前完成 A 股上市目标。

同时，为了保障上市以及海富公司的投资收益，世恒公司和迪亚公司承诺世恒公司 2008 年净利润不低于 3 000 万元人民币，否则海富公司有权要求世恒公司和迪亚公司进行补偿，补偿金额＝（1－2008 年实际净利润/3 000 万元）×本次投资金额。

如果至 2010 年 10 月 20 日，由于世恒公司的原因无法完成上市，则海富公司有权在任一时刻要求迪亚公司回购届时海富公司持有世恒公司的全部股权。回购价格计算方式为：若自 2008 年 1 月 1 日起，世恒公司的净资产年化收益率超过 10%，则回购金额为对应的所有者权益账面价值；若自 2008 年 1 月 1 日起，世恒公司的净资产年化收益率低于 10%，则回购金额为（海富公司的原始投资金额－补偿金额）×（1＋10%×投资天数/360）。

笔者对甘肃省高院的分析意见展开讨论，其对当事人真意分析的基本逻辑为：在本合同中，海富公司付出了与另一个股东几乎相当的支出——2 000 万元人民币与 399 万美元，但是海富公司只获得了 3.85% 股权，对应的注册资本为 15.38 万美元（折合人民币 114.771 万元）。那么 2 000 万元人民币－114.771 万元＝ 1 885.228 3 万元，1 885.228 3 万元对世恒公司来说，是股本溢价，计入资本公积金。"当事人对于海富公司有权要求世恒公司及迪亚公司以一定方式予以补偿的约定，则违反了投资领域风险共担的原则，使得海富公司作为投资者不论世恒公司经营业绩如何，均能取得约定收益而不承担任何风险。参照《关于审理联营合同纠纷案件若干问题的解答》第四条第二项，企业法人、事业法人作为联营一方向联营体投资，但不参加共同经营，也不承担联营的风险责任，不论盈亏均按期收回本息，或者按期收取固定利润的，是明为联营、实为借贷，违反了有关金融法规，应当确认合同无效，《增资协议书》第七条第（二）项该部分约定内容，因违反《中华人民共和国合同法》第五十二条第（五）项之规定应认定无效。"[1]

"海富公司除已计入世恒公司注册资本的 114.771 万元外，其余 1 885.228 3 万元资金性质应属名为投资、实为借贷。虽然世恒公司与迪亚公司的补偿承诺亦

---

〔1〕　（2011）甘民二终字第 96 号民事判决书。

归于无效，但海富公司基于对其承诺的合理信赖而缔约，故世恒公司、迪亚公司对无效的法律后果应负主要过错责任。根据《中华人民共和国合同法》第五十八条之规定，世恒公司与迪亚公司应共同返还海富公司 1 885. 228 3 万元及占用期间的利息，因海富公司对于无效的法律后果亦有一定过错，如按同期银行贷款利率支付利息则不能体现其应承担的过错责任，故世恒公司与迪亚公司应按同期银行定期存款利率计付利息。"[1]

甘肃高院认为股权投资溢价部分计入资本公积金，构成借贷关系。甘肃高院对当事人真意的这一探究并没有表示行为的支持，从当事人之间的表示行为来看，无论是作为标的公司对投资人的差额补足，还是大股东对投资人的差额补足，都是第二位的，然而，从投资人签署合同时的原因来看，投资人的客观原因显然不是获取固定收益，而是所投资的目标公司上市，否则就不会存在股本溢价率达到 2 000 万元/114. 771 万元 = 17. 43 倍。正是基于目标公司上市、投资人获取 IPO 过程中股份的巨大增值这一目的，才有本次交易合同的达成。而合同中约定的投资收益补足，显然是公司不能上市之后第二位的保障性设置，并非当事人签订合同的目的，充其量构成保障措施（可以理解为法律上的担保）。在投资失败后，投资人按照约定主张固定收益，是事后的保障性措施，虽然投资人的诉讼请求是在投资失败后主张固定收益，但这并不能决定合同的类型名为投资、实为借贷，投资人的客观合同原因是投资，而非借贷，究其本质，甘肃高院的结论是将当事人的合同目的与原告的诉讼请求目的相混淆的结果。

（二）作为给付总体对等性之原因应用

如前所述，法律规定只是从原因缺失的角度规定了原因对合同效力的影响，是定性的评价，既然原因是相对人的对待给付，那么当对待给付与本人的给付在价值上形成严重偏差时，裁判者可否根据对原因的"量"的评价，来评判合同的效力？

1. 有关给付总体对等性的理论

（1）意思自治掩盖价值评价

上文已述，随着意思主义在全球范围内的风靡，当事人意思自治下拟定的合同具有当然的正当性，其意思的内容是否具有德性，是否具有价值上的总体对等性在所不问，裁判者也不能触及对给付价值的评价，只能对是否具有原因进行定

---

[1] （2011）甘民二终字第 96 号民事判决书。

性的判断。如剑桥大学 Pollock 教授认为，合同价值的评估应以具体合同当事人的个人好恶来进行，合同是否具有对价，在于所达成的价格是否系当事人所同意给予的价格，至于该价格是否具有第三人看来的公平性，在所不论。[1]在 Pollock 教授的影响下，美国大法官霍姆斯采用并在其巨著《普通法》中表达了相同的观点。[2]

以当事人真意支持意思自治的效力正当性，建立在双方当事人合同地位绝对公平，且信息绝对对等的理想情形之上。随着生产社会化和垄断经济的到来，以意思自治掩盖给付的对等性的理论，逐渐暴露出一些问题，尤其是劳动者面对用人单位、消费者面对经营者、普通经营者面对垄断者时，表面上看起来意思自治订立的合同，实际上由于经济实力、专业分工、竞争环境在这些情形下具有明显的不对等性，因而裁判者甚至立法者不得不去触及交易内容的公平问题，并对当事人之间的给付对等性进行定量评价。如科宾教授认为，"不要求对价的适当性以及将对价的价值完全交由当事人自由协商过程去决定的规则，致使一些极端的案例显得十分荒谬"[3]。而从司法实践来看，法院并非简单遵从制定法或先例去维护不公平的合同，只不过法院在解释不公平给付的效力时，不一定以原因作为解释的进路。然而，在加州大学伯克利分校教授詹姆斯·戈德雷看来，"当存在价格不公平时，不回到公平价格、等价交换以及交换正义的概念，就不可能解释这种救济。"[4]

其实在 Pollock 教授之前，对价是以等价物的内涵被阐述的，这与大陆法系把原因作为对待给付正当性的前提具有基本相同的态度。哈佛大学法学院院长 Langdell 在其名著 *Summary of Law of Contracts* 中论述，对价必须与债务具有价值上的对等性在合同中进行交换。尽管在实践中，对价并不总是绝对对等，但是如果不对等的差异程度达到法律不得不关注的程度时，合同会因此而无效，允诺无法产生法律强制力。至于什么是法律不得不关注的程度，Langdell 作了一个极端

---

〔1〕 See Frederick Pollock, *Principles of Contract：A Treatise on the General Principles Concerning the Validity of Agreements in the Law of England*, Stevens and Sons Limited, 1921, p. 172.

〔2〕 参见［美］小奥利弗·温德尔·霍姆斯：《普通法》，冉昊、姚中秋译，中国政法大学出版社 2005 年版，第 257 页。

〔3〕 ［美］A. L. 科宾：《科宾论合同》（上册），王卫国、徐国栋、夏登峻译，中国大百科全书出版社 1997 年版，第 241 页。

〔4〕 ［美］詹姆斯·戈德雷：《现代合同理论的哲学起源》，张家勇译，法律出版社 2005 年版，第 293 页。

的举例，房屋租赁合同中的一美元租金是法律不得不睁开眼睛的情形。[1]

美国《合同法重述》（第二次）第八十六条规定了允诺的价值与对价的价值需要具有相称的程度，否则该允诺没有约束力。《加利福尼亚州民法典》第一千六百零六条也规定了过去的道德义务之对价需要和允诺之间程度相称。审查程度上的相称性似乎超越了法院的裁量权范围，进入了当事人之间意思自治的帝国，但是这些规定主要针对的是过去的对价，而在争议发生之时，一方当事人（或其代理人）往往不认可存在对价。不过在事实举证的层面，又确实存在合同形成之前的一些道德性恩惠，法院是在此情形下对过去道德义务能否达到与涉诉的合同义务之间相称进行评价的，这也有其特定的适用范围和合理性。对价的充分性（sufficient）体现在与允诺之义务具有程度上的相称性，不过，程度相当并不代表价值相当，尤其是不限于经济价格的等同，而是指双方的对待给付达到了严重的不均衡的情形。而在当事人之间存在缔约地位严重不对等时，裁判者就需要对双方对待给付的均衡性作出相对敏感的判断，因为此时，双方当事人可能实质上并未就交易达成如合同所写的一致，至少合同所实现的结果并非某一方当事人所谋求的。

科宾指出："不要求对价的适当性以及将对价的价值完全交由当事人自由协商过程去确定的规则，致使一些极端的案例显得十分荒谬"[2]。在谈及裁判者能否对原因进行定量上的评价时，科宾举例"提供 10 美元并不是立即支付 20 美元的充分对价"。除非这一偿付要在一段时间后才进行，而二者的差额形成了借款的利息，不过过高的利息不会被赋予强制执行效力。[3]

科宾教授所指的充分的对价、对价的适当性即是大陆法系中对原因的定量评价。当作为原因的对价给付与本给付之间存在价值上的巨大差异时，当事人很可能对此交易并未达成一致意见，即使双方表面上对合同进行了签字盖章。原因的定量评价中，巨大的差异要结合交易当事人之间地位的平等性、交易信息的对称程度、给付的一般社会价值等多方面来进行评价。

---

[1] See C. C. Langdell, *A Summary of the Law of Contracts*, *Gale*, Making of Modern Law, Little, brown and company, 1880, pp. 70-78.

[2] A. L. 科宾：《科宾论合同》（上册），王卫国、徐国栋、夏登峰译，中国大百科全书出版社 1997年版，第 241 页。

[3] 参见 A. L. 科宾：《科宾论合同》（上册），王卫国、徐国栋、夏登峰译，中国大百科全书出版社 1997 年版，第 244 页。

对原因的定量评价所评价的是对待给付对本给付人的价值，不限于经济价值。价值是对人们需求的满足，既然人们的需求并不限于经济方面，而是以生理、安全、社交、尊重、自我实现为层级的需求体系，[1]那么对价值的评价也不应仅以经济价值为标尺。由于价值的评价具有主观性，裁判者要将自己放在当事人的角度，去评估这一价值。在多数商事合同中，裁判者设身处地地考量并不难，不过在一些民事合同中，裁判者完全做到与当事人感同身受可能存在困难，但在社会一般感情的共同道德和人性引导下，裁判者总体上能够对当事人的情感予以体会。即使不能完全体会到情感的程度，在裁判者不得以价值存在一般的不对等，而只能在严重不对等时对当事人的原因进行评价应用时，往往也不会产生背离当事人真意的合同解释。

马克思和恩格斯指出，"在考察使用价值时，总是以它们具有一定的量为前提，如几打表、几码布、几吨铁等"[2]。单纯谈论存在原因，即存在当事人愿意承担不利后果的对待给付（物、受益的作为或不作为），而不考虑物、相对人的作为或不作为具有多大的价值，实际上是对价值的忽视，使原因作为合同效力来源的实质基础丧失了实质品格。因此当我们谈论原因时，除了对原因的存在与否进行定性判断外，还必须对原因的量进行评估，以便在价值的均衡性发生严重偏离时，予以矫正。

我国当代的审判实践中也存在对原因的定量评价的问题。例如罗玉琼合同纠纷再审审查与审判监督案中，[3]罗玉琼原为扶贫驾校的教练员，与扶贫驾校之间具有劳动合同关系，后扶贫驾校与罗玉琼以及众多教练员签订《联合经营合同》，约定两方对驾校实施联合经营，驾校不再对罗玉琼发放工资和缴纳社保，两方根据罗玉琼的具体经营业绩由驾校向罗玉琼支付报酬。罗玉琼认为驾校是为了免于为员工缴纳社保，减少支出，从而与罗玉琼签订《联合经营合同》。在合同真意解释的视角下，罗玉琼的观点可以被概括为：《联合经营合同》名为联合经营合同、实为劳动合同下对劳动者权益的损害，同时构成以合法形式掩盖非法目的。

---

〔1〕　See Abraham H. Maslow, "A Theory of Human Motivation", *Psychological Review*, Vol. 50, No. 4., 1943, pp. 370-396.

〔2〕　《马克思恩格斯全集》（第 23 卷），中共中央马克思 恩格斯 列宁 斯大林著作编译局译，人民出版社 1972 年版，第 48 页。

〔3〕　（2018）川民申 4342 号民事裁定书；（2018）川 07 民终 1427 号民事判决书。

驾校认为双方经过平等协商签订《联合经营合同》，并不存在胁迫或以合法形式掩盖非法目的之情形，罗玉琼所获得的实际收益与先前劳动关系项下收益并无实际区别。

经过两审，法院认为鉴于驾校为罗玉琼提供了选择劳动关系或是联营关系（因自然人主体不适格，实际构成无名合同）的权利，虽然扶贫驾校的众多教练员与驾校从劳动合同关系转为联营合同关系，但是仍有一部分教练员继续与驾校保持劳动合同关系，并未签订《联合经营合同》，故驾校不存在欺诈或胁迫。加之联合经营在减少罗玉琼的社保收入的同时也增加了罗玉琼获取驾校经营收益的可能性，故法院认为解除劳动合同（免除驾校社保缴纳义务）是为二者订立联营合同之目的服务的，而不是联营合同为免除社保义务服务，不应该本末倒置。

笔者思考，如果该事项不是发生在劳动者与用人单位之间，那么似乎可以按照裁判者的逻辑来进行判断，毕竟当事人作为具有完全行为能力的主体，应当对自己表意自由之下达成的合同负责。但是纵观合同法在现代经济背景下的发展历程，恰恰就是这种缔约自由掩盖了双方给付的不对等，形式正义在形式逻辑的推演之下具有了高于实质正义的地位，产生了恶法亦法的问题。处于缔约弱势地位的劳动者在缔结合同之后，求助于司法来否定既有合同的效力，本身就应当被充分地关注，裁判者作为专业人士应当主动考察联营合同与劳动合同之间劳动者利益的差异，不应被无法实现的虚高利润分成扰乱了思绪，缴纳社保是用人单位在现代社会下法定的、不可磨灭的兜底义务。

裁判者对待给付的定量评价必须站在当事人位置上，对合同以及合同以外的社会经济关系、普遍理性文化、社会价值取向进行整体通盘考量，不能为形式逻辑所掣肘，须理解当事人在缔约特定时点所处的利害关系，[1]并非简单地评价缔约自由。我们赋予裁判者定量评价的权力，并非要让裁判者充当经济交往的"物价局"，对所有的、存在一丁点价值不对等的合同进行否定，也不是让裁判者仅以经济价值来评价原因的量，而是要让裁判者对已经进入到诉讼中的合同，结合其对社会价值的整体考量，以法律的生命不在乎逻辑而在乎经验的态度，运用完整的价值评价和对当事人交易地位的评估，将存在严重价值不对等的合同进行矫正。

---

〔1〕 参见隋彭生：《合同法要义》，中国政法大学出版社 2003 年版，第 456 页。

（2）原因部分缺失说

原因的缺失一般指完全缺乏对待给付，但是当对待给付的价值远低于本人的给付时，继续要求双方当事人按照合同进行履约，也会造成实质的不公平，在此情形下，法国的裁判者在既有的法律规范体系中，提出了原因的部分缺失说，使裁判者对给付价值的衡量能够影响当事人的合同履行义务。

如当事人就一幢 6 层楼房进行买卖的合同中，出卖人只能交付 3 层时，买受人得以选择放弃买卖或要求按照 3 层楼房相应地调整本人的价款义务。在法国原因理论学说的影响下，该原理已经被诸多判例在各类不完全给付中应用。[1]

（3）合同损害说

在法国法制度体系下，就合同中双方给付存在严重不公平、不对等的情形时，裁判者是否有权进行调整，发展出了合同损害说。合同损害是指由于当事人之间在合同履行中所获的利益严重不对等，从而给获利明显少的一方造成的损失。合同损害说是意思自治与交易公正之间冲突下的平衡，是对形式上符合有效性要件的合意进行实质审查和评价的理论。

从意思自治的一般原理来看，形式上符合有效要件的合同即存在法律约束力，这是形式主义逻辑下的观点，也是当前的主流看法。但是在一些交易中，由于交易主体之间谈判能力、交易地位的严重不均衡，发生了形式上合法，但实质上不公平的情形，故而法律通过介入当事人的合意进行调整，以使之恢复到平衡的状态，此间发展出了公平价格主义，旨在使交易的对价实质公平。由于公平价格主义会大大影响交易安全，故而形成了折中的自由主义，即除法律有特殊规定的特定情形外，不得以合同利益的严重不对等主张合同效力瑕疵。而法律的特殊规定集中在不动产交易合同、著作权授权合同、高利借贷合同等领域。如规定土地买卖合同的价格不足土地实际价格的 7/12 时，卖方有权在两年内宣布交易无效，且买方可以提出支付协议价格和市场价格的 90% 之间的差额来实现合同有效。[2]

为了使合同损害说能够在既有的意思表示理论体系中融合，法国学者将合同利益的严重不对等解释为推定的表意瑕疵，即推定当事人在此情形下属于被欺

---

〔1〕　参见徐涤宇：《原因理论研究——关于合同（法律行为）效力正当性的一种说明模式》，中国政法大学出版社 2005 年版，第 137~138 页。

〔2〕　参见［德］海因·克茨：《欧洲合同法》，周忠海、李居迁、宫立云译，法律出版社 2001 年版，第 190 页。

诈、胁迫、重大误解等情形，以使合同损害说与意思自治的理论体系相融合，但是该主张存在生搬硬套的情形，毕竟在诸多利益不对等的合同中，当事人并不存在上述表意瑕疵的情形。

也有法国学者从给付的对等性高于意思自治的角度，直接为合同损害说提供正当性支持，但是在既有的法律体系下，这种情形只能归于法律另有规定的特殊情形，此时是否需要以压低意思自治为代价，有待商榷。

2016 年修订的《法国民法典》第一千一百六十八条规定："在双务合同中，合同给付平衡的缺失不是合同无效的原因，除非法律另有规定"[1]。目前在法律司法裁判下，将合同损害仅限于法律有特殊规定的特定类型，并且对合同利益的调整通过合同类型下的典型合同规则发挥作用，避免了从基础理论上挑战意思自治，合同法分则中的强制性规范以调整或者补足的方式在特定领域内使合同的公平性得到保障，更能够发挥合同损害说的影响。[2]

有学者认为合同损害说是原因理论的应用，也有学者认为合同损害是具体规则的体现，不构成合同无效的原因。[3]笔者认为，无论从哪种理论进行切入，原因理论对交易正义的评价与合同损害说对给付的对等性的要求都存在无法忽视的相近之处，即使非要将二者归入不同的理论或学说，也无法否认二者之间在逻辑和思想上的紧密联系。

2. 名为房屋买卖，实为以物抵债中的给付总体对等性评价

梅迪库斯强调："我们要考虑到，通常当事人（主要）着眼于其行为的经济效果，而对其为达到这一效果所使用的手段的兴趣是次要的"[4]。在梅迪库斯的论证下，为了实现当事人的经济效果等目的，在必要时要对手段行为进行转换。

价款是当事人对合同给付行为价值评价的直接体现，也是合同中当事人最敏感的合同要素，通过价款的形成方式，裁判者可以快速获取合同原因、并在多个法律关系下选择占据主导地位的法律关系，以便确定合同类型及适用法律。冯洁

---

〔1〕 秦立威："《法国民法典：合同法、债法总则和债之证据》法律条文及评注"，载《北航法律评论》2016 年第 00 期。

〔2〕 参见尹田编著：《法国现代合同法》，法律出版社 1995 年版，第 104~115 页。

〔3〕 参见何勤华主编：《法律文明史》（第 9 卷：大陆法系），商务印书馆 2015 年版，第 354~358 页。亦见徐涤宇：《原因理论研究——关于合同（法律行为）效力正当性的一种说明模式》，中国政法大学出版社 2005 年版，第 136~138 页。

〔4〕 〔德〕迪特尔·梅迪库斯：《德国民法总论》，邵建东译，法律出版社 2000 年版，第 395 页。

语教授在总结最高人民法院的大量让与担保裁判文书后认为，在名为买卖合同、实为让与担保合同的争议中，如果买卖合同的价款接近于标的物的价值，则容易被法院认定为名为的买卖合同，如果买卖的价款与标的物价值相差较大（笔者总结一般为标的物价值远大于买卖的价款，否则无法实现担保的合同目的），则容易被法院认定为实为的让与担保合同。[1]

（1）认定实为的以物抵债

以物抵债合同作为一项具有多种内涵的合同类型，其类型界定问题历来讨论不断。崔建远教授认为，以物抵债合同包含两种，根据债权人是否已经受让了替代物，分为诺成的以物抵债和实践的代物清偿。[2]姚辉教授和阙梓冰博士认为以诺成与实践区分以物抵债合同之性质不应限于逻辑判断，还应从各方利益的价值层面去考虑，在将以物抵债定性为诺成合同后，可将之进一步分为新债清偿、债务担保、债的更新。[3]房绍坤教授和严聪博士则着重强调了代物清偿和代物清偿契约之区分，以物抵债合同性质的争议很大程度上来自对代物清偿行为性质认识的不清晰，代物清偿不是合同，而是债之特殊消灭方式。[4]陈永强教授对以物抵债合同的类型进行详细分析，认为"以物抵债的核心是抵债而不是买卖，适用买卖之规定将违反当事人意思自治原则"。[5]核心即为交易的目的、合同的真意，王洪亮教授在分析了大量案例后发现，以物抵债合同的当事人主要有三种真意，分别是代物清偿的意思、新债清偿的意思和担保的意思。[6]施建辉教授认为以物抵债合同应当被认定为一种无名合同，借助类推解释、参照适用的规则即可在现行法中予以解决，[7]这一点与房绍坤教授和严聪博士的意见一致。学者们的讨论为以物抵债合同的真意探究和类型判断提供了多元的思路，笔者拟以几则案例来讨论合同真意解释的具体应用问题。

---

〔1〕　参见冯洁语："民法典视野下非典型担保合同的教义学构造——以买卖型担保为例"，载《法学家》2020年第6期。

〔2〕　参见崔建远："以物抵债的理论与实践"，载《河北法学》2012年第3期。

〔3〕　参见姚辉、阙梓冰："从逻辑到价值：以物抵债协议性质的探究"，载《学术研究》2020年第8期。

〔4〕　参见房绍坤、严聪："以物抵债协议的法律适用与性质判断——最高人民法院（2016）最高法民终484号判决评释"，载《求是学刊》2018年第5期。

〔5〕　参见陈永强："以物抵债之处分行为论"，载《法学》2014年第11期。

〔6〕　参见王洪亮："以物抵债的解释与构建"，载《陕西师范大学学报（哲学社会科学版）》2016年第6期。

〔7〕　参见施建辉："以物抵债契约研究"，载《南京大学学报（哲学·人文科学·社会科学）》2014年第6期。

在湖南长沙南南方新材料科技有限公司远固分公司、湖南和翔置业有限公司合同纠纷案[1]中（分别简称为"远固公司""和翔公司"），当事人对《商品房认购书》和《三方协议》是否构成名为商品房买卖，实为以物抵债产生争议，法院从价格特定指向性认定合同目的（原因）是债务相抵，故该案不能适用房屋买卖合同中关于未取得预售证返还两倍购房款的规定。具体如下：

和翔公司系位于长沙市岳麓区洋湖国际创富中心工程项目的建设单位，武汉一冶建筑安装工程有限责任公司（简称"一冶公司"）系该项目的施工单位，和翔公司尚有剩余工程款未支付一冶公司。一冶公司因该项目施工与远固公司订立混凝土买卖合同，一冶公司尚有混凝土货款未支付远固公司。

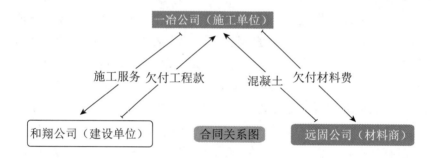

当前，开发商（建设单位）现金流紧张的情况十分普遍，故实践中，大量存在开发商对施工方以未售出的房屋抵扣工程款的行为。本案中也不例外，只是施工单位一步到位，将抵款的房屋直接抵给了材料商。

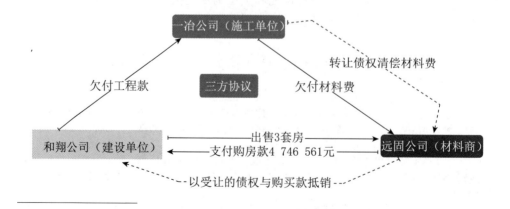

〔1〕 （2020）湘 01 民终 4439 号民事判决书；（2019）湘 0104 民初 7517 号民事判决书。

三方协商，一冶公司将其作为总包对和翔公司的 4 746 561 元工程款债权转让给远固公司，远固公司向和翔公司购买洋湖国际创富中心 1 栋 2003、2005、2006 号室，购买价格 4 746 561 元，远固公司以其受让的对和翔公司的 4 746 561 元债权与购房款相抵销。在具体合同签订上，首先是远固公司与和翔公司于 8 月签订《商品房认购书》，对房屋买卖进行约定。其后和翔公司、一冶公司、远固公司于 9 月签订《三方协议》，约定一冶公司将其持有的对和翔公司的施工费应收账款转让给远固公司，以抵扣其对远固公司的混凝土费应付账款。同时，由于远固公司购买了和翔公司的 2003、2005、2006 号室，远固公司以其受让的对和翔公司的 4 746 561 元应收账款与购房款 4 746 561 元相抵销。

由于涉案的 3 套房没有预售许可证，无法转让，故远固公司以购房人的身份起诉和翔公司，要求以和翔公司隐瞒重要事实为由主张撤销购房合同，同时要求和翔公司按照《最高人民法院关于审理商品房买卖合同纠纷案件适用法律若干问题的解释》第九条之规定，[1]返还购房款 4 746 561 元；并以 4 746 561 元为基数，按年利率 24% 支付利息。同时赔偿房屋涨价损失 917 848 元，并承担已付购房款一倍的赔偿责任即 4 746 561 元。

和翔公司不予认可，认为其不存在欺诈的情形，无论是否以房抵债其债务都未减少，缺乏欺诈之动机，没有欺诈之原因。

本案中论及了动机，也触及了原因，双方核心争议点在于涉案的《商品房认购书》和《三方协议》究竟构成了当事人之间什么合同关系？商品房买卖、以物抵债、债权转让与抵销，哪个构成了手段合同类型，哪个构成目的合同类型？

如果是原告远固公司所主张的商品房买卖关系（以应收账款债权作为购房款支付方式），那么的确应该适用《关于审理商品房买卖合同纠纷案件适用法律若干问题的解释》（2003）（以下简称《商品房买卖司法解释》）的规定，除了返还购房款、支付利息之外，还可能赔偿房价上涨损失+不超过一倍的房款。

如果是纯粹的以物抵债关系，那么按照法院的逻辑，不适用《商品房买卖司法解释》的规定，也就没有法定的房价上涨损失，尤其是无法在利息外支持一倍购房款的赔偿额。

---

[1]《商品房买卖司法解释》第九条："出卖人订立商品房买卖合同时，具有下列情形之一，导致合同无效或者被撤销、解除的，买受人可以请求返还已付购房款及利息、赔偿损失，并可以请求出卖人承担不超过已付购房款一倍的赔偿责任：（一）故意隐瞒没有取得商品房预售许可证明的事实或者提供虚假商品房预售许可证明……"该条在 2020 年最高人民法院修改该司法解释时被删除。

按两审法院的观点（两审法院观点一致），本案有一处关键点，即 3 套房屋的售价是 4 746 561 元，该金额与远固公司对一冶公司材料费债权金额相同，基于此，法院认为 3 套房是专门挑选用于抵扣工程费的，金额也是专门设立的，故而远固公司与和翔公司之间的交易目的是抵扣工程费，不是房屋买卖，所谓的房屋买卖只是手段，该手段服务于抵扣工程款所进行的以物抵债，因而不适用《商品房买卖司法解释》的规定。

应当说，无论当事人还是法院，都是从动机出发，指向目的，最终以此来界定当事人之间的合同关系。

原告远固公司的逻辑为，其先于 8 月与被告和翔公司签了房屋买卖合同，其中已经约定了购房价格，后于 9 月与和翔公司、一冶公司签了三方协议，约定了债权转让和抵扣购房款，两个合同具有明确的时间先后顺序，并且合同之间相互独立，目的显然是购房，远固公司受让债权并以此债权作为对和翔公司购房款的支付方式。在原告远固公司的逻辑之下，房屋买卖作为先行的合意，双方以房屋买卖为目的进行交易，后面的债权转让和工程款债权与购房款债权相抵销只是购房款的支付手段，故总结为房屋买卖是目的，债权转让和抵销是手段。

而在法院的逻辑之下，即使两份合同有先后之分（法院并未提出倒签或其他合同日期的问题），也不能证明二者的关系。反倒是购房款的金额和远固公司对一冶公司的债权金额完全一致，由于远固公司对一冶公司的材料费债权金额是先前基于混凝土材料的买卖合同就既定的，故法院判断购房款的金额是照此材料费金额设定的，所以法院认为两份合同的交易目的是清偿和翔公司对一冶公司、一冶公司对远固公司的债务，至于买卖和债权转让只是清偿债务的手段。故可以总结为债务清偿是目的，债权转让和房屋买卖是手段。

陈永强教授指出"以物抵债的核心是抵债而不是买卖，适用买卖之规定将违反当事人意思自治原则。"[1]陈教授将以物抵债合同的目的——抵债，与手段——买卖相区别，并以当事人的真意作为合同类型界定的标准，笔者十分赞同。为了进一步探究当事人的真意，笔者认为，本案中法院的判断依据生活经验和商业逻辑，抓住了原因在合同真意中的核心作用，而这里的原因就体现为价款。具体而言，远固公司对一冶公司的混凝土材料费债权金额既定，一冶公司对和翔公司的工程款债权既定，这里的工程款债权大于材料费债权。当前市场上总

---

〔1〕 参见陈永强："以物抵债之处分行为论"，载《法学》2014 年第 11 期。

包方对材料方材料费的拖欠相对普遍，总包方在建设单位未能支付工程款的情况下，支付材料费也有一定的困难，故实践中存在不少建设单位以房抵工程款甚至抵次债权人的分包工程款、材料费的情形。本案中，各方也是以房抵债，并且是直接抵给次债权人，虽然形成的合同是买卖合同+债权转让合同，且买卖合同早于债权转让合同，但是毕竟合同中最关键的条件是：价款与工程款债权金额相当。对远固公司而言，它持有的材料费债权如果要进行交易，需要得到的是价值相当的对待给付，即原因。如果按照以物抵债的交易目的来看，那么远固公司所能获得的原因应当与其失去的债权金额相当，本案即为该种情况。

如果我们换一种假设，双方交易的目的是购房，那么和翔公司出让涉案3套房的原因是这3套房的市场价值，即远固公司应当按照房屋的市场价值向和翔公司支付购房款，虽然远固公司可以用债权来相抵，但是总体上会发生债权金额不足以抵扣房款或债权金额大于房款的"多退少补"之情形，而此时的建设单位和翔公司一般处于现金流相对短缺的情形，一般形成的都是少补，而不是多退，即购房人除了以债权相抵外，债权的金额不足以抵扣全部购房款，购房人还需要再补一些现金。本案中双方设定的购房款价格恰恰是远固公司对一冶公司享有的债权金额：4 746 561元，显然，在债权与房屋进行交换的关系中，债权从价值上占据了主导地位，即债权构成原因的主要内容。房屋买卖合同类型所对应的原因与以房抵债合同所对应的原因之间，显然以房抵债更加匹配本案的情形。可以说，虽然购房合同时间早于债权转让，但是相较于时间，原因的量（即给付价值的对等性）更能体现当事人的核心关切，更能反映交易的主观原因。在以房抵债合同既能够匹配客观原因，又能够符合主观原因的情形下，显然将合同类型界定为以物抵债更符合当事人的真意。[1]

（2）认定名为的房屋买卖

与之相似的案例也恰恰是因为价款形成机制最终被认定为不同的合同类型。

---

[1]　本案中，法院没有进一步论及的是，在施工方、材料方拿到"工程尾款房"时，是否符合《商品房买卖司法解释》所设定的适用范围前提，即该司法解释所规定的开发商向商品房买受人销售房屋时，对一般购房者（包括自然人、法人）的信赖利益保护与对工程参与人的信赖利益保护是否有别？该司法解释中规定的没有取得预售证进行售房的行为的确需要被惩戒，正是因此，该司法解释才在第九条规定了利息和损失之外的一倍购房款责任。不过，本项目的施工方、材料方一方面作为房地产行业的从业人员，对预售许可证的查询具有专业知识，另一方面其参与施工的房屋建设、对销售资质甚至工程质量情况比较了解，对于房屋是否有预售许可证，甚至包括前面的四证应当是十分清楚的，因而，在适用《商品房买卖司法解释》中的一倍购房款赔偿时，需要慎之又慎。

在于某与商丘市天赐置业有限公司（简称"天赐置业"）商品房预售合同纠纷案[1]中，被告天赐置业拖欠实际施工人荣会强的工程款30万元，经荣会强介绍，原告于某购买了被告天赐置业的房屋，房屋总价49.44万元，于某在购房合同签约日向天赐置业刷卡支付了29.44万元，天赐置业除了向于某出具该笔29.44万元的收据外，还向于某出具了20万元的收据，并注明该笔20万元购房款由荣会强收取。

现由于涉案房屋未取得预售许可证，于某作为购房人起诉天赐置业，要求确认购房合同无效，并要求天赐置业返还购房款，同时赔偿已付购房款一倍的赔偿金。该案以基本相同的交易结构，同样在探讨是否构成名为买卖、实为以物抵债的问题。在该案中，法院适用了《商品房买卖司法解释》，但同时认为暂无证据证明天赐隐瞒了房屋无预售许可证的事实，故未判定其支付已付购房款一倍赔偿金。这里面的交易结构与上述和翔公司的案件比较接近，只是更简单一些，即购房人和中间人荣会强之间没有既存的债权债务关系，故只涉及一次债权转让，但本质相同。当然，本案中房屋买卖的价款也并非针对既有的债权金额设置，与上述案件法院以价款发现原因的情形不同。

实际上，和翔公司案的裁判文书中各方说理充分，将主观原因与客观原因问题进行了充分的剖析，在天赐置业案中，法院和原被告双方未对该问题展开论述。笔者认为，这里显然也存在名为房屋买卖、实为以物抵债的合同真意解释问题，并且双方直接的争议焦点即为合同类型的确定，因为合同类型会决定原告所主张的赔偿金是否具有适用的前提，只有认定为房屋买卖合同，才可能适用赔偿金，如果被认定为以物抵债，则不具有适用前提。

本案中，双方以物抵债的金额并非购房款，假设以房屋买卖合同作为双方交易的目的，那么房屋买卖的交易价格会因房屋的市场价值而定，在本案中买卖房屋价格为49.44万元，抵债的金额为20万元，显然抵债金额未影响房屋买卖合同中双方的对待给付，不能认为房屋买卖合同是为抵债而设。从原因的定量评价来看，开发商交易的原因——购房款49.44万元与抵债金额20万元不具有原因定量上的对等性，存在严重偏差，这也反映在购房者另行刷卡支付的29.44万元上，故而本案中双方交易的原因是符合房屋买卖合同类型的。

正如科宾教授所言，"对价的严重不适当（按照其他人的观点来衡量），有

---

[1]　（2019）豫1403民初4706号民事判决书。

助于支持这样的结论，即当事人双方实际上并未就交换达成一致，这种'胡椒籽'实际上并不是立约人所要谋求的……人们有时宣称他们已协商成交，与此同时他们的其他行为却表明他们并未成交；而有时实际上是就某一事物成交，可是他们的书面或口头陈述却说明他们已就另一事物成交"[1]。胡椒籽用以指代与对待给付严重不对等的给付，本案双方显然不是以 20 万元的债权交换 49.44 万元的房屋，双方实际支付了差额的 29.44 万元，故不能在以物抵债合同上揭示本案的原因。双方用另行支付的 29.44 万元差额说明，双方是在买卖合同上成交，而非以物抵债合同上成交。

第二节　合同名实不符的意思表示情形

名为的合同类型不能成就，是对表意瑕疵的概括，而从意思表示的角度来看，不同层级的合意瑕疵与效力瑕疵体现为名实不符合同的常见的类型。从表示行为的效果意思来看，可以分为表示行为的效果意思为肯定和表示行为的效果意思为否定，而从否定的主观来看，又可分为故意使表示行为的效果意思为否定和过失导致表示行为的效果意思为否定。从否定的主体来看，可分为全体当事人否定效果意思和部分当事人否定效果意思。视角从效果意思移开，就目的意思而言，又可分为目的意思相一致和不一致的情形，在此之下又可分目的意思的效果意思为肯定和目的意思的效果意思为否定的情形。

最常见的合同名实不符的意思表示情形的三种类型，分别是通谋虚伪表示、避法行为和恶意串通损害第三人利益。其中的通谋虚伪表示于《中华人民共和国民法总则》立法时被吸纳，并在《民法典》中有明确规定，恶意串通损害第三人利益于《中华人民共和国民法通则》时即被立法认可，在当时的立法时代背景下，第三人利益与国家利益、集体利益被并列作为恶意串通损害的对象，受到法律调整。

---

〔1〕　［美］A. L. 科宾：《科宾论合同》（上册），王卫国、徐国栋、夏登峻译，中国大百科全书出版社 1997 年版，第 241 页。

一、常见的三种情形

（一）通谋虚伪表示

1. 通谋虚伪表示的基本构成

通谋虚伪表示，又称虚假意思表示，[1]是指当事人之间对意思表示不发生法律效力一致同意的情形。[2]按照王泽鉴先生的总结，通谋虚伪表示有三个要件："须有表示意思的存在，须表示与真意不符，须其非真意的表示与相对人通谋"。[3]

笔者认为，在名实不符的合同背景之下，通谋虚伪表示是目的意思与表示行为不一致，对表示行为的效果意思为否定，而对目的意思的效果意思为肯定。

由于双方当事人对表意不生效构成通谋，故表意行为自始无效，[4]而由于双方的意思不仅在于使表示的意思无效，停留于此没有实际意义，双方还有隐藏的意思，并有意使隐藏的意思生效，隐藏行为的效力适用被隐藏行为的规定。[5]

由于通谋之内容未作明显的表示，故在通谋双方以外的第三人看来，不存在通谋虚伪表示的情形，故表面行为无效，隐藏行为有效的效力设置不能对抗善意第三人。这一点，《中华人民共和国民法总则》草案中有规定，后正式文本删除。《日本民法典》第九十四条第二款明确规定："前款规定的意思表示无效，不能对抗善意第三人。"《德国民法典》第一百一十六条的规定，似乎可以作相同解释："表意人对所表示的事项心中保留有不愿意的意思的，意思表示并不因此而无效。应当向他人作出表示，而他人明知此项保留的，表示无效。"《大清民律草案》第一百八十条规定："表意人因欲误第三人与相对人通谋而为虚伪意思表示者，其意思表示无效；但不得以无效与善意第三人对抗""前项之意思表

---

〔1〕 参见李永军："虚假意思表示之法律行为刍议——对于《民法总则》第146条及第154条的讨论"，载《中国政法大学学报》2017年第4期。

〔2〕 参见〔德〕卡尔·拉伦茨：《德国民法通论》（下册），王晓晔等译，法律出版社2003年版，第479页。

〔3〕 参见王泽鉴：《民法总则》，北京大学出版社2009年版。

〔4〕《俄罗斯联邦民法典》第一百七十条单独强调了自始无效的认定："虚构法律行为，即仅为了徒具形式实施，并无意产生与之相应的法律后果的法律行为，自始无效。"

〔5〕《日本民法典》第九十四条并未明确隐藏行为的效力："与相对人通谋所为的虚伪意思表示，无效。"《中华人民共和国民法总则》第一百四十六条、《德国民法典》第一百一十七条明确了隐藏意思表示的效力。

示将他项法律行为隐藏之者，其法律行为不因隐藏而失其效力"。[1]虽然最终生效《民法典》未包含通谋虚伪表示不能对抗善意第三人的规定，但是从基本的原理，法条的文义解释以及比较法的角度来看，应当作不能对抗的解释。

2. 通谋虚伪表示与合同名实不符的关系

关于通谋虚伪表示与合同名实不符是不是同一类问题，仍有争议。通谋虚伪表示下，当事人此时所做的是两个行为还是一个行为？表面行为是否不构成法律行为？

笔者认为，表面行为的效果意思为否定，这也是当事人的意思表示，既然解释者不能够轻易去否定其否定的效果意思，那么表面意思当然也构成具有"法律效力"的行为，只不过这个"效力"是不发生法律约束力的效力。同时，当事人所表示的只能是一个行为，因为在客观上，我们只能看到一份合同，而并不是当事人签订了一份合同，作为表面不生效的行为。同时又订立一份抽屉协议，作为实际生效的行为。这种情形下，并非通谋虚伪表示所解决的问题，而是合同之间效力优先性的问题。如果当事人对两份合同的效力有争议，那么需要裁判者以合同修改规则去判断合同的效力，原则上在后的效力优先。如果当事人之间对合同的效力无争议，无论当事人选择的是表面的合同还是抽屉协议，都构成双方的二次表意，二次表意可以在既有的合同中进行选择，与合同解释无关。

通谋虚伪表示下，表面行为和隐藏行为的合同类型是否均清晰无争议？笔者认为，实践中关于合同是否构成通谋虚伪表示的争议俯拾皆是。进一步看，这个争议存在于表面行为的效果意思是否构成否定，且双方对此均知悉并认可。或许，在缔约时点，双方当事人对此具有共同的意思，但是在纠纷发生时，双方基于各自利益的考量（此时的利益关系已经与缔约时点不同），作出了不同的主张。除此之外，隐藏行为的性质，更容易产生争议，因为其之所以被称为隐藏行为，是因为该行为的表示不那么充分，因此，在纠纷发生时，很难让双方对其隐藏的意思达成一致的意见。如果可以达成，双方大可不必来法院诉讼。因此，通谋虚伪表示的司法实践中，争议焦点至少包含两个，一是表面行为是否具有共同的否定性效果意思，二是隐藏的行为究竟为何？通谋虚伪表示的诉讼争议充分地展现出合同真意解释的问题，即当事人对意思表示是否构成名为 A 实为 B 存在

---

[1] 参见杨立新："《民法总则》规定的隐藏行为的法律适用规则"，载《比较法研究》2017 年第 4 期。

争议，对实为的合同类型究竟是哪种这一问题也存在争议。而裁判者所做的，归根结底是还原当事人在缔约时点所形成的真意，并匹配该真意最相适应的合同类型。

3. 通谋虚伪表示与真意保留的区别

与通谋虚伪表示比较接近的是真意保留，两者都是对真意的虚假表示，前者具有通谋，后者则无通谋。虽然在理论上对通谋虚伪表示和真意保留好做区分，但在实践中这一区别并不那么易于识破。真意保留有三个要件，即目的意思与表示行为不一致，效果意思为否定，表意人故意造就该不一致。而通谋虚伪表示相较于真意保留，增加了一个相对人知悉并作相同认识的要件。[1]

在《中国法院 2013 年度案例：借款担保纠纷》，有一起再审案就涉及通谋虚伪表示和真意保留之间的差异认识。在重庆锦庆建筑工程有限公司（原重庆市璧山县第四建筑工程公司，以下简称"璧山四建"）诉潘昌七借款合同案中，2005 年，原永川市大安镇政府与璧山四建签订了大陈公路工程承包合同，约定璧山四建建设该公路，后璧山四建项目经理以大陈公路指挥部的名义与刘德森签订了单向工程的分包合同。刘德森委托潘昌七为其组织施工人员完成上述工程的施工。在此期间潘昌七共组织 30 余名工人施工，时长 6 个月。工程期间，潘昌七多次与璧山四建签订借款合同，约定潘昌七从璧山四建处借款，合计借款金额25 000 元。同时，借款合同中备注了"大陈公路工程款""大陈公路工资""大陈公路现金"的信息。璧山四建在工程结算时，未将上述 25 000 元结算在内，仍旧将其作为潘昌七的借款，并起诉潘昌七要求偿还借款。

本案中《借款合同》究竟是借款合同，还是预付工程款的结算确认行为，双方存在争议。一审、二审法官从合同名称出发，认定双方系借款关系，而检察院抗诉后，再审法官从借款合同的备注信息以及工程背景情况出发，认为潘昌七的借款、领款行为所获取的是璧山四建在大陈公路上的工程款。潘昌七构成分包方代表，潘昌七的真意系预先领取工程款。再审法官认为该案中潘昌七签订《借款合同》时构成真意保留，其真意系接受预付的工程款，并非借款，其行为构成真意保留，同时，再审法官认为对方当事人即建筑公司对潘昌七的真意保留是明知的，故

---

[1] 参见［日］我妻荣：《我妻荣民法讲义·Ⅰ·新订民法总则》，于敏译，中国法制出版社 2008 年版，第 269 页。

潘昌七的真意能够对抗建筑公司，双方构成预付工程款关系，无借款关系。[1]

对此案的裁判结果笔者没有异议，但是对此案分析的路径，笔者存疑，既然签订《借款合同》的相对人明知该借款合同不是双方真实的意思表示，并且明知双方的真实意思表示是工程款预先结算，那么为何不构成通谋虚伪表示，而需要以更难论证的真意保留作为裁判的缘由？或许是因为璧山四建的意思表示不那么明确，真意的查明比较困难，在证据难以证明璧山四建隐藏的意思亦为工程款结算的情况下，法官以真意保留论证更加稳妥？殊不见真意保留中对方当事人的意思相较于通谋虚伪表示更加被忽视，从意思自治的原则出发，通谋虚伪表示在论证中的障碍更小，确定性更强。再审法官也承认真意保留在理论和实践上存在真意主义、表示主义和折中主义，与其用折中主义作为论证的正当性依据，不如采纳更加具有共识、结论更加确定的通谋虚伪表示。

（二）避法行为

合同的名实不符是表意瑕疵在合同类型上的表现，有的表意瑕疵系无意为之，有的表意瑕疵是有意为之，如上述的通谋虚伪表示即为当事人之间故意实施的表意瑕疵。但是，当事人为何要舍近求远，不直接对其真意进行表示，而必须表示出与真意不符的表示，绕道实现真意呢？避法行为作为一项相对成熟的法学理论概念，能够解释上述原因。正如前人所言，"虚伪行为的种类与规避法律的行为种类一样多"[2]。

"避法行为者，规避法律禁止规定之行为也。即因法律禁止为某种法律行为，而迂折为他种法律行为，使与被禁止之行为生同一之效力也，又称曰脱法行为。"[3]当事人为规避特定法律规定所带来的不利后果，而采取的间接实现相同或相近效果的行为，显然具有与法律的不一致性，但是不一致是否等同于违法行为？这一点在上引陈谨昆先生的著作中即称"多数学者已主张二者不应同视""其是否无效，应视禁止规定之趣旨以定之""所禁止者，若迳在目的，故应以为无效""所禁止者，专在手段，则斯时即已改用手段，自应仍认为有效"[4]。

---

〔1〕　参见国家法官学院案例开发研究中心编：《中国法院 2013 年度案例：借款担保纠纷》，中国法制出版社 2013 年版，第 12~16 页。

〔2〕　科英：《科沙克纪念文集》，转引自［德］维尔纳·弗卢梅：《法律行为论》，迟颖译，法律出版社 2012 年版，第 414 页。

〔3〕　陈谨昆：《民法通义总则》，北平朝阳大学出版部 1931 年版，第 184~185 页。

〔4〕　陈谨昆：《民法通义总则》，北平朝阳大学出版部 1931 年版，第 184~185 页。

避法行为的价值中性，不仅在法律规定上，也在文化上，[1]甚至在自由与规范之间的互动上。[2]避法行为是当事人作为经济理性人的选择，其本身在经济发展、社会制度改革过程中起到了重大的积极作用。非强制性规定、管理性强制性规定为避法行为留下有效空间。从当前我国的法律体系来看，避法行为的效力与法律本身的强制性、私法公法属性有关，同时，按照我国当前的法律和司法解释，即使是违法的行为，也不当然导致法律行为的无效，而是与该强制性规定是否属于效力性规定有关。

被避的"法"本身也随着社会经济发展有所变化，甚至在一些领域体现出较强的政策性，例如，非金融机构的企业间借贷在 1996 年中国人民银行《贷款通则》第六十一条下被明令禁止。法律的禁止并不能熄灭市场的需求，反而使企业间借贷的火苗燃烧至其他途径。为了实现企业间融资，实践中以合作开发等方式实现融资之目的行为大量存在。在司法阶段，裁判者又不得不为此妥协，毕竟合同司法的首要目的是解释当事人的真意，在这类裁判中，最高人民法院先后出台了《关于审理涉及国有土地使用权合同纠纷案件适用法律问题的解释》《关于审理建设工程施工合同纠纷案件适用法律问题的解释》等司法解释，在司法调整上为乙方提供资金、收取固定利息、不承担经营风险的行为，以及施工合同中的垫资和垫资利息等予以实质认可，使合同的效果回归到当事人关于融资的真意之上。[3]

《民法典》取消了对《合同法》第五十二条合同无效情形之一的"以合法形式掩盖非法目的"的规定，原因之一是以合法形式掩盖非法目的的适用标准不明。这里的目的可以被理解为目的意思，但是基于目的意思避法的后果又存在不同。例如通过股权转让的方式将尚未完成开发投资总额的百分之二十五的房屋建设工程的用地进行资产买卖，显然目的违法，但是并不因此而判定该行为无效。此问题经历了多次政策的调整。

避法行为有两个作为必要条件的特征，一是行为目的的非法性，二是行为本身的合法性。如果行为本身亦为非法，则应该属于违反法律强制性规定的非法行

---

〔1〕 参见苏力：《法治及其本土资源》，中国政法大学出版社 1996 年版，第 59~73 页。

〔2〕 参见〔法〕雅克·盖斯旦、吉勒·古博：《法国民法总论》，陈鹏等译，法律出版社 2004 年版，第 758 页。

〔3〕 参见宁红丽：《我国典型合同理论与立法完善研究》，对外经济贸易大学出版社 2016 年版，第 21 页。

为，不是这里所讨论的避法行为。避法行为包括主体避法、行为避法和对象避法。实践中常见的借用资质、挂靠等即是常见的避法行为。[1]

（三）恶意串通损害他人合法权益

名实不符的合同本意是内向的，即为了实现当事人（至少其中一方）的利益，但是有时也会因当事人之间的安排产生利益影响的外部性。当这个外部性为负，且当事人之间构成故意时，就构成了恶意串通损害第三人利益。

恶意串通损害第三人利益规定于《中华人民共和国民法通则》，全国人大常委会法工委公布的《民法总则（草案）征求意见稿》（第一次）规定了"串通虚伪表示"，删除了恶意串通的规定，全国人大常委会法工委公布的《民法总则（草案）征求意见稿》（第二次）增加了隐藏行为的规定，并又重新"启用"了恶意串通。后在最终的《中华人民共和国民法总则》《民法典》中保留了通谋虚伪表示和"行为人与相对人恶意串通，损害他人合法权益"的法律行为无效情形，删除了与第三人并列的恶意串通损害国家、集体利益的情形。在现有的规定下，这里的"他人"能够包括《中华人民共和国民法通则》中的"国家"、"集体"和"第三人"。"合法权益"相较于"利益"在语义上范围更窄，但是从法律解释来看，《中华人民共和国民法通则》也不会保护"合法权益"以外的"利益"。故这一点未做实质性修改。

恶意串通损害他人合法权益是中国民法上的特有概念，虽然立法上将其作为一种独立的法律行为无效事由，但是学理上关于其是否具有独立的理论地位有较大争议，有学者认为恶意串通与虚伪表示无实质差异，[2]也有学者以串通双方对第三人的效力不能被通谋虚伪表示所涵盖为由，主张恶意串通损害他人合法权益有理论价值，[3]也有学者认为恶意串通的意思和表示可能一致，且从利益角度的界定与从意思表示角度的界定存在差别，故恶意串通损害他人合法权益有其独立于通谋虚伪表示的价值。[4]有学者认为恶意串通损害他人合法权益可以竞合通谋虚伪表示以外的欺诈、无权处分、心中保留，故有其价值。[5]

---

〔1〕　参见王军："法律规避行为及其裁判方法"，载《中外法学》2015 年第 3 期。

〔2〕　参见中国社会科学院法学研究所《法律辞典》编委会编：《法律辞典》，法律出版社 2003 年版，第 258~259 页。

〔3〕　参见朱广新：《合同法总则》，中国人民大学出版社 2012 年版，第 287~289 页。

〔4〕　参见王利明：《民法总则研究》，中国人民大学出版社 2003 年版，第 602 页。

〔5〕　参见冉克平："'恶意串通'与'合法形式掩盖非法目的'在民法典总则中的构造——兼评《民法总则》之规定"，载《现代法学》2017 年第 4 期。

笔者认为，无论学者们如何争议，关于恶意串通损害他人合法权益与通谋虚伪表示存在竞合的意见是一致的，主张恶意串通有独立价值的是从该制度的设立角度、外延范围来作主张。在《民法典》已经保留该制度的前提下，主张其缺乏独立价值的意义不大，重要的是厘清其与通谋虚伪表示以及避法行为这些常见概念的关系。

（四）三种主要类型之间关系

上文中，对于通谋虚伪表示与恶意串通损害他人合法权益的交叉关系已经有所论述，三个概念表述的角度不同，导致概念之间存在交叉关系。

李永军教授认为："虚假意思表示的外延包含但不限于非法目的与损害国家、集体或者第三人利益的法律行为"[1]。虚假法律行为（即本书所述通谋虚伪表示）作为《中华人民共和国民法总则》的规定，具有独立的价值和意义，从构成要件上看，能够与其他意思表示瑕疵的法律行为相区别（如真意保留、戏谑表示、重大误解等）。虚假法律行为（通谋虚伪表示）无效的理由不是价值判断的问题，而逻辑判断的问题。即该行为之所以无效，是因为当事人不希望该行为发生效力，而是希望隐藏的行为发生法律效力。[2]虽然虚假法律行为（通谋虚伪表示）与恶意串通损害第三人利益能够在概念上相区别，但是在保护第三人问题上，两者存在实践应用时的规范重合。[3]同时，虚假法律行为（通谋虚伪表示）与违反公序良俗、恶意串通损害第三人利益与违反公序良俗之间也存在竞合的情形。三者竞合之下，一方面存在概念的区别，另一方面选择三者中的一项或几项作为请求权、抗辩权的基础，是当事人的权利（相应地也是当事人的负担）。[4]

朱广新教授认为，恶意串通损害国家、集体或者第三人利益（《中华人民共和国民法总则》限缩为他人）的合同无效，可以被解释为通谋虚伪表示的一种。[5]这实际上反映了两个概念之间存在的法条竞合，尤其在具体司法实践中二者似乎呈现出不可分割的状态，因为当事人之间费尽周折进行通谋虚伪表示，必然是因触碰到一定的利益，这个利益只要被法律认为是国家、集体、第三人的利益，

---

〔1〕 李永军："法律行为无效原因之规范适用"，载《华东政法大学学报》2017 年第 6 期。

〔2〕 参见李永军："虚假意思表示之法律行为刍议——对于《民法总则》第 146 条及第 154 条的讨论"，载《中国政法大学学报》2017 年第 4 期。

〔3〕 参见李永军："虚假意思表示之法律行为刍议——对于《民法总则》第 146 条及第 154 条的讨论"，载《中国政法大学学报》2017 年第 4 期。

〔4〕 参见李永军："法律行为无效原因之规范适用"，载《华东政法大学学报》2017 年第 6 期。

〔5〕 参见朱广新：《合同法总则》，中国人民大学出版社 2012 年版，第 205 页。

就当然地存在竞合。

韩世远教授认为，在代理人与合同相对人进行恶意串通损害被代理人利益时，由于该行为亦非被代理人的真实意思，故同时存在合意之瑕疵和恶意串通损害第三人利益。[1]

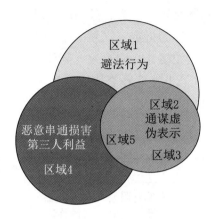

通谋虚伪表示和避法行为的关系

	通谋虚伪表示	避法行为
表示行为是否与目的意思一致	不一致	不完全一致（部分不一致，完全不一致）
表面意思表示是否真实	否	具体判断
表面合同是否有效	否	具体判断
是否故意实施	是	是

笔者认为，以集合的方式来展示通谋虚伪表示与避法行为之关系的话，原则上通谋虚伪表示是避法行为的子概念，除非避法行为所避之法本身已经不生效（或者避法人以为生效其实不生效）。在通谋虚伪表示之外的避法行为主要包括：单方避法行为（非通谋）、通谋非虚伪表示（目的意思意图生效，表示行为也意图生效）。

避法行为和通谋虚伪表示两个概念界定的角度不同，前者是对行为能够规避法律规定作出的界定，后者是对意思表示真实性作出的界定。通过通谋虚伪表示规避法律，但是不损害他人合法权益的，或所损害的利益不被法律直接确认为可

---

〔1〕　参见韩世远："虚假表示与恶意串通问题研究"，载《法律适用》2017 年第 17 期。

救济的利益（区域2）。在重庆雨田房地产开发有限公司与中国农业银行股份有限公司重庆市分行房屋联建纠纷案中[1]，开发商无预售许可，为规避法律，故签署联合建房协议，法院认定合同要素不符合联建建房，而符合房屋买卖，故认定为房屋买卖。双方签订合同时，为规避法律规定，而对合同类型做出了通谋虚伪表示。故本案所述情形既是避法行为，又构成通谋虚伪表示。

构成避法行为但效果意思为肯定（区域1）。通过买卖股权实现土地（房产）的交割，其效果意思是使股权转让合同有效（降低税负和规避土地使用权转让条件），与上述联建合同不同。上述联建合同下，当事人并无分担风险、共享收益的目的，因此并无使联建合同（表示行为）生效的效果意思。在通过股权买卖实现土地交割的合同中，效果意思是肯定的。

	目的意思	表示行为	效果意思
重庆雨田房地产开发有限公司、中国农业银行股份有限公司重庆市分行房屋联建纠纷案[2]	1. 重庆雨田房地产开发有限公司将房屋建成并交付农行后，农行向雨田公司付首款（而非建房前付款）； 2. 以固定的每平米单价换算出重庆雨田房地产开发有限公司应交付房屋面积（而非直接划分面积或者划分区域）； 3. 重庆雨田房地产开发有限公司单方办理证照，完成产权变更后农行付尾款（而非双方共同承担办理证照的义务和风险）。	联合建房（而非买卖合同）	否定（无联合建房之利益共享、风险共担之要素意思）
杨焕香、孙宝荣股权转让合同[3]	1. 转让土地使用权，但是不变更土地使用权登记，仅进行项目公司股权交割； 2. 降低税负和规避土地使用权转让条件。	股权转让合同	肯定（有股权交割之要素意思）

通谋虚伪表示所规避之规范不构成法律（例如道德规范、公司内部管理制度），也不直接侵害具体第三人可救济的利益（区域3）。弗卢梅认为，鉴于德国法有关于通谋虚伪表示的规定和法律解释原则，专门讨论法律规避的理论没有必要，其可以完全被通谋虚伪表示所涵盖。[4]笔者认为弗卢梅先生所述的确涵盖

---

〔1〕 （2011）民抗字第48号民事判决书。
〔2〕 （2011）民抗字第48号民事判决书。
〔3〕 （2015）民二终字第191号民事判决书。
〔4〕 参见［德］维尔纳·弗卢梅：《法律行为论》，迟颖译，法律出版社2012年版，第414页。

了绝大多数的情况，不过避法行为也存在表面行为亦属于真实但非目的表示的情形，如通过股权转让来实现土地买卖，这显然不能被认为是通谋虚伪表示，故而二者也不能绝对划等号或者只择一研究。

效果意思为肯定，但行为内容不直接违反法律强制性效力性规定，构成对他人合法权益之损害（区域5）。除此之外，还存在三种行为皆符合的情况，既符合通谋虚伪表示、又符合恶意串通损害第三人利益，同时也是避法行为（区域4）。

中国工商银行青岛市市北区第一支行诉青岛华悦物资发展公司、青岛海尔空调器总公司、青岛海尔集团总公司借款合同担保纠纷上诉案[1]能够反映避法行为与恶意串通损害他人合法权益的关系。该案中，最高人民法院认为，华悦公司与工商银行签订的借款合同虚假，工商银行未实际支付借款给华悦公司，"该项借款名为华悦公司的'购房'款，实为工商银行用于内部平账、以贷堵漏、转嫁经济损失的目的"。该合同既构成"恶意串通，损害国家、集体或者第三人利益"又构成"以合法形式掩盖非法目的"。《民法典》并未保留以合法形式掩盖非法目的的合同无效情形，在未来的法律适用上，不会存在该竞合。

综上，通谋虚伪表示和恶意串通损害他人合法权益具有实证法上的地位，避法行为在《民法典》之下已经不再有法律地位。三个概念界定的角度不同，故存在交叉关系，同时，由于利益的法定与否、法律的强制性、效力性存在区别，故而三个概念之间又存在差异之处。有法律地位的前两个概念在适用时会存在交叉，但本质上不影响适用，更多体现为对问题分析的角度不同，避法行为由于价值中性，不直接产生法律后果。在分析合同名实不符的情形并进行真意解释时，需要使用三个具体的概念，尤其是将具有法律地位的前两个概念作为裁判的依据。

二、否定性效果意思所反映的真意

《荷兰民法典》第三十三条规定："法律行为应当具有能够产生法律效果的意思，该意思以意思表示的方式表达。"效果意思具有肯定性的内涵，是意思表示之当然，如果一份合同具有否定性效果意思，甚至明确称"本合同对双方当事人无法律约束力"，那么我们至多将其作为"意向函"来看待，不会作为合同评

---

[1]　"中国工商银行青岛市市北区第一支行诉青岛华悦物资发展公司、青岛海尔空调器总公司、海尔集团总公司借款合同担保纠纷上诉案"，载《中华人民共和国最高人民法院公报》1997年4期。

价。因此，原则上，合同中的效果意思为肯定性效果意思。

管中窥豹，可见一斑。效果意思在意思表示中虽然占据的内容不多，但是理应为肯定性效果意思。[1]由于特殊的原因，可能会出现否定性效果意思，甚至表面行为为否定、隐藏行为为肯定的情形，在这些情形下，对效果意思的窥探，可以帮助解释者探究当事人意思表示较为深层的内涵。

以洪秀凤与昆明安钡佳房地产开发有限公司房屋买卖合同纠纷案［（2015）民一终字第 78 号民事判决书］为例，云南省高级人民法院和最高人民法院对于当事人之间签订的《商品房购销合同》究竟是商品房买卖合同还是民间借贷合同判断不同，云南省高级人民法院一审认为双方当事人之间名为商品房买卖合同，实为借贷合同。理由为《商品房购销合同》有三个特征：1. 合同约定的交房时间晚于房屋具备交房条件的时间；2. 房屋买卖价格低于售房者与第三人签订的同楼盘售房价格；3. 购房人在合同约定的付款日之前就付清了全部房款。而这三个特征与商品房买卖合同的交易惯例不符，从而认定当事人之间以商品房买卖为名，行借贷之实，认定当事人之间是借贷合同关系，从而驳回了原告基于商品房买卖合同提出请求权。

问题在于，且不论上述内容是否构成商业惯例，以及商业惯例在何种情况下能够否定当事人的表示行为，仅就云南省高级人民法院分析的路径来看，整个分析过程并未论及当事人的效果意思。而云南省高级人民法院想要论证的恰恰就是效果意思，即当事人之间对房屋买卖的效果意思为否定。相反，最高人民法院的判决结果则认为，虽然当事人签订了与常规的商品房买卖合同不符的《商品房购销合同》，但仍不能证明其买卖房屋的效果意思为否定。

当然，相较于目的意思，效果意思比较抽象，往往是间接体现的，但是这并不能否定效果意思的要件地位。恰如从意思到表示这一当事人设权过程一样，效果意思的地位从来都是至关重要的。

（一）否定性效果意思的价值分析

允许当事人行使设定否定性效果意思的权利，首先是认可当事人在法律效果上的自治权利。私法自治是先于法律秩序存在的基本权利，法秩序原则上不能破

---

〔1〕 当然，如果当事人明确强调其效果意思为肯定，即通过各种方式强调某内容构成合同条款（抑或是明确强调某内容不构成合同内容，来明确效果意思为否定），也不失为排除争议的好方法。参见刘承题："民法典合同编的立法建议"，载《社会科学文摘》2020 年第 2 期。

坏该项基本权利，除非该权利损害了第三人或社会公众的利益。同时，在合同的缔结过程中，当事人的意思也在变化，必须尊重当事人在合意形成时点下的真意。真实意思不是法官的意思，因此法官不能以对合同的"有效性偏见"去框定合同的有效性。

否定性效果意思必须是当事人共同的意思，而非单方的意思。一项已经实施的法律行为，原则上是有效的，否则我们也不会称之为法律行为，因为这项行为中必然含有表示行为，即表示其拟使某项权利义务发生变化的意思。但是如果在合同的缔结时点，双方当事人都赋予了该表示行为以否定的效果意思，则应当尊重双方当事人的意思。由于效果意思否定与表示行为的有效性追求具有一定的冲突，因此否定效果意思往往体现为相对不公开的"通谋"。

既然当事人的否定性效果意思往往不公开，相对人和第三人就可能为表面的表示行为的有效性表述所蒙蔽，甚至因此遭受损害。一般而言，表示行为是证明双方当事人缔约时点合意的证据，这项证据被认为是"合同"，或者进一步说，是合意的原始证据。拟证明效果意思为否定的证据，往往不在合同文本上，作为传来证据，欲证明效果意思为否定并不容易，主张效果意思为否定的当事人承担较重的举证责任。[1]

《民法总则（草案）征求意见稿》第一次至第三次，均规定了通谋虚伪表示人不得以通谋虚伪表示无效对抗善意第三人。但是在最终审议通过并生效的《中华人民共和国民法总则》中，该内容被除去。笔者认为，对第三人而言，如果其就通谋虚伪问题是善意，则可主张合同有效；如果其就通谋虚伪问题是恶意（明知即可）则合同对第三人也无效。即使《中华人民共和国民法总则》的生效稿删除了通谋虚伪表示对第三人的效力问题，仍然应该按照草案的逻辑去评判对第三人的效力。

例如最高人民法院早期的一起公报案例中，青岛华悦物资发展公司（简称"华悦公司"）与工商银行工作人员王某勾结，非法侵占工商银行资金800万元。为平账，工商银行与华悦公司签订借款合同，以虚假票据和转账支票使华悦公司侵占800万元平账，且工商银行"已履行支付800万借款"的义务，该合同由青岛海尔空调器总公司（简称"海尔空调公司"）空调公司担保。华悦公司

---

[1]　参见王雷："借款合同纠纷中的举证责任问题"，载《四川大学学报（哲学社会科学版）》2019年第1期。

借款到期未还，工行要求海尔空调公司承担担保责任，一审山东高院认定担保有效。二审最高人民法院新查明上述恶意串通、虚构履行证明的证据，从而认定合同系"恶意串通，损害国家、集体或者第三人利益"和"以合法形式掩盖非法目的"的无效民事法律行为，以及构成"主合同当事人双方串通，骗取保证人提供保证的""保证人不承担民事责任"的情况。[1]

笔者认为，在该案中，虽然华悦公司和工商银行之间对其借款合同具有效果意思为否定的真意，但是对海尔空调公司来说，其并不能获知该真意。海尔空调公司实施的保证法律行为基于的是有效的借款合同，因此在善意的海尔空调公司与恶意的工商银行之间，要求海尔空调公司向工商银行承担保证责任的前提——借款合同有效性不存在，相应地，海尔空调公司也不应为其意思表示承担责任。

否定性效果意思，往往与合同类型有关。如果当事人拟订立的是完全不生效的合同，那么当事人就不需要费尽周折地完成合同的撰写和签订。因此，当事人特意使效果意思为否定时，往往其真实的意图与法律规则、社会道德、行业共识等作为规范的标准不一致，而当事人又意欲达成该约定。法律规则以表示行为中的行为方式作为度量该规则适用与否的条件，否定效果意思，并将表示行为中的行为方式否定，甚至肯定未公开表示的目的意思中的行为方式，会引发法律适用与表示行为之间的不一致情形，一定程度上影响了法律之形式逻辑本性。加之法律规范中的法律后果往往具有效力性评价作用，对合同类型的调整可能动摇法律秩序对合同效力的判定。

值得考量的是，合同的法律效力从根本上来自约定还是《合同法》的规定？笔者认为，我们虽然主张私法自治，但是私法自治的效力离不开法律秩序的确认，意思自治的法律效力正是由法律规定中的"法无明文禁止即合法"予以一般性确认。[2]弗卢梅认为，当事人之间产生买卖合同的合意时，并不当然产生法律效力，还需要在合意的基础上附加法律关于买卖合同的规定，此时法律秩序赋予当事人之间的约定以法律效力。如果不作细致分析，似乎无法体现法律认可与当事人合意之间的差异。但是从另一种法律秩序条款，即侵权责任的法律秩序条款规定可以看出，当事人之间对于权利义务并无约定时，权利义务无论是内

---

〔1〕 参见"中国工商银行青岛市市北区第一支行诉青岛华悦物资发展公司、青岛海尔空调器总公司、青岛海尔集团总公司借款合同担保纠纷上诉案"，载《中华人民共和国最高人民法院公报》1997 年第 4 期。

〔2〕 参见柳经纬："意思自治与法律行为制度"，载《华东政法学院学报》2006 年第 5 期。

容，还是效力均源于法律秩序的直接规定。

甚至，我们可以看到法律规定对私法自治设定边界，私法自治受到法律秩序的修正。弗卢梅解释，有一些法律秩序先于私法自治的设权行为而存在，这些法律秩序是针对特定类型的私法自治行为的，在某种特定类型的私法自治行为发生时，尽管当事人之间并未通过意思表示对权利义务进行约定，但是法律秩序的规定，可以直接为当事人设定权利义务，从而起到对当事人之间意思表示补足甚至修正的效果。他举例认为即使当事人未约定违约责任为预期利益的实现，在违约时也应当将守约方当事人利益实现至"假设合同得到履行时所处的财产状况"[1]。

当然，法律的这一规定并非完全独立于当事人的意思表示，这种补足实际上是对大量买卖合同进行总结后，抽象出买卖合同中普遍适用的规则，从而作为一般性补充条款对当事人之间的意思表示进行的补足。

否定效果意思，在尊重当事人意思自治的同时，也给当事人规避法律以可乘之机。实践中，通过离婚来获取更多的购房资格是屡见不鲜的案例，[2]除了对房地产行业监管法规的规避外，社会上也频发借"假离婚"实现真离婚的情形，即离婚后一方当事人主张复婚而对方不同意甚至已再婚的情形。[3]主张复婚者认为双方离婚缺乏效果意思，目的是为获取购房资格，但是对方认为离婚是真实的意思表示，主张复婚者在举证上并不占优势，甚至还面对另一方已经再婚的无法挽回的情形。又如，通过阴阳合同降低房产的交易价格，从而实现规避房产交易税费的目的，双方当事人签订的价格较低的阳合同只为提交监管机构使用，双方实际履行的是价格较高的阴合同，阳合同的效果意思为否定。

应当说，效果意思为否定在实现当事人意思自治的同时，也给法律适用、行政监管、第三人利益保护增加了难度。

（二）否定性效果意思的判断方法

否定性效果意思产生于订约过程，锁定于合意形成之时，外化于履行行为。争议中，当事人为了使已形成的合同无效，主张的路径包括通谋虚伪表示、戏谑表示、真意保留、重大误解等，无论使用哪个制度，都离不开对否定性效果意思这一核心意思的论证。

---

〔1〕 ［德］维尔纳·弗卢梅：《法律行为论》，迟颖译，法律出版社 2012 年版，第 4~6 页。
〔2〕 参见陈至奕、范剑勇："限购、离婚与房地产区域差异"，载《浙江社会科学》2016 年第 12 期。
〔3〕 参见蔡立东、刘国栋："司法逻辑下的'假离婚'"，载《国家检察官学院学报》2017 年第 5 期。

当事人往往通过履行行为展现否定性效果意思。实践中，如果一项合同在当事人之间自始不履行，或者该合同客观上就不可能履行，并且该合同的相对人对于合同义务人不履行合同长期明示或默示地接受，那么该项合同可能具有否定的效果意思，当然，具体还需主张否定的一方当事人进一步举证证明缔约时点双方的意思。

例如在最高人民法院 2023 年 12 月 5 日发布的《民法典合同编通则司法解释相关典型案例》的案例三：某甲银行和某乙银行合同纠纷案中，原被告虽然签订了《银行承兑汇票回购合同》，但是双方的履行行为自始至终不交票、不背书，法院认为《银行承兑汇票回购合同》并非双方当事人的真实合意。结合其他证据，法院认定双方真实的合同关系为资金通道合同，并基于此进行合同效力的评价并认定双方的权利义务关系。

否定性效果意思是当事人之间意思交互下产生的特殊意思。不过，无论订约过程中，当事人如何考虑，最终都要以合意形成之时的意思为准，故在合同成立之时效果意思被锁定。至于事后，当事人是基于自己合同的意思对合同进行不履行或者虚假履行，还是基于环境变化从自身利益出发对原有合同进行违约，已经不再重要。只是在诉讼过程中，无论是前者还是后者，当事人都倾向于主张自己是前者，即效果意思在合同成立之时即为否定，这就给裁判者提出了难题。

例如，在徐州大舜房地产开发有限公司诉王志强商品房预售合同纠纷案[1]中，原告系地产商，被告系原告关联公司的员工。原被告双方于 2008 年签订商品房买卖合同，约定被告从原告处购买涉案房屋，并使用按揭贷款的方式进行付款。后涉案房屋的首付、贷款的偿还均由原告地产商实际支付，至 2009 年，在上述房贷偿还期间，原告又将涉案房屋签约出售予第三人，其后上述贷款（以被告名义所做的购房贷款）由第三人偿还。至 2011 年，涉案房屋产权过户至被告名下。

现原告主张原告与被告签订的商品房买卖合同无效，理由是该合同系获取银行贷款供原告使用为目的，该合同非买卖双方真实意思表示且双方均明知，故请求将涉案房屋注销登记，并恢复登记至原告名下（以便过户给新的买受人第三人）。被告认为双方房屋买卖合同是真实有效的合同，其在购房时尚不是原告关联企业的员工，不存在配合原告获取贷款的情形，房屋首付款和贷款之所以由原告支付，是因为被告从原告法定代表人处借款以支付上述款项，借款由原告法定

---

[1] "徐州大舜房地产开发有限公司诉王志强商品房预售合同纠纷案"，载《中华人民共和国最高人民法院公报》2013 年第 12 期。

代表人（原告公司系家族企业）使用、原告公司支付而已。原告到了2011年还配合被告办理房产证，说明双方对此合同的有效性无异议。同时认为，如确如原告所称合同系骗取银行贷款所签，则该案涉嫌刑事犯罪，应移送公安，并对民事案件中止审理。

该案件仅经过徐州市泉山区法院一审（二审因上诉人未交上诉费视为撤回上诉），被最高人民法院选入2013年公报案例。泉山法院分析认为，双方当事人签约时对商品房买卖合同非真实意思表示，即使被告事后否认，被告的主要合同义务——支付首付款、偿还贷款、支付契税、支付物业维修基金和所有权登记费均由原告实际履行，被告在房产办至其名下后，仍然未曾偿付其所辩称的从原告法定代表人处的个人借款。

上述行为发生在合同签订之后，但是能够推导出被告对合同签订时合同不真实的情形明知且认可。故涉案房屋买卖合同在签约时并非当事人之间的真实意思表示。

该案件充分体现了当事人在争议时和签约时对其效果意思可能有相反的表述，此时法院要坚守和探究的，就是签约时当事人的效果意思，但是主张效果意思为否定的当事人，往往拿出的是签约后的证据，其举证难度很大。

第三节　名实不符的真意属性剖析

合同真意是合同双方当事人达成合意的意思表示，合同真意具有如下三项特征：首先，合同真意是双方真意之汇合，双方经由不同目的所能够汇合之处即为合意，[1]可见合意不是任何一方当事人单方的意思。单方意思未能汇合之处，不构成合同真意，仅是一方当事人的意思。其次，合同真意是当事人意思的固化，不是当事人磋商过程中的意思，也不是当事人履行过程中的意思，而是在合意达成时点（如签约时）固化于合同文本四角之内的客观内容。最后，合同真意是当事人意思在法律上的烙印，由于意思表示指向的是特定的法律后果，因此，意思表示的结果是法律关系，而不是事实关系，未能影响法律关系的意思表示不是完整的意思表示，也不构成意思表示。

鉴于合同真意具有上述三项特征，笔者认为，合同真意是双方当事人相互检

---

〔1〕　参见费安玲："我国民法典中准合同解释之罗马法因素"，载《比较法研究》2021年第5期。

视下的真意，兼具主观与客观属性，包含事实和法律属性。

一、甲方与乙方相互检视

意思表示是表意人（甲方）与相对人（乙方）协作完成的行为，表示的过程有表意人的表意，又有相对人对表意人表意的理解，同时在此基础上相对人再向表意人表意，表意人在理解相对人的基础上再进行表意。这是一项双方意思表示最简单的过程。可见合同作为双方的意思表示，必然存在当事人甲与乙相互理解对方主观认识的情况，即合同的意思表示必然具有从不同主体处进行观察的角度属性。

表意人并非均系要约人，承诺人的意思表示往往也不是同意或不同意这么简单。表意人的表意以理解对方之目的意思、效果意思和表示行为为前提，即将对方的主观意思转换为己方的理解，在此基础上做出的意思表示。这个过程又存在己方的意思表示在对方处作何理解的问题。陈自强教授介绍的德国和受其影响的奥地利意思表示错误理论认为，意思表示错误分为表示错误、行为错误和动机错误。陈自强教授认为，虽然类型错误属于行为错误，意思表示受领人所理解的错误属于表示错误，但是从体系上分析，受领的错误仍应是行为错误的特殊形态。[1]

可见，经典理论所称的意思表示瑕疵问题，除了表意人的表示不符合社会规范和特定习惯之外，还有表意人对相对人意思的理解与社会规范、特定习惯不符的情况。这也是表示主义可归责性的一个体现，只是这个体现更加内隐，其效果不亚于表示上的可归责性。

表示主义所称的可归责性是否仅及于表示行为？从拉伦茨的论述中看并非如此。拉伦茨在评述马尼希克的观点时称，表意人的可归责性分别体现在三个方面：表示之内容含义的可归责性、表示意义的可归责性、举动的可归责性。[2]笔者不揣浅薄，将这三个方面分别理解为目的意思的可归责性、效果意思的可归责性和表示行为的可归责性。如上所述，实践中的意思表示，绝非无任何信息共识情形下作出的意思表示，任何一个交易的产生或者经过多轮沟通（正式或非正

---

[1] 参见陈自强："契约错误法律发展之一瞥：从罗马法到二十世纪初"，载《台大法学论坛》2015年第2期。

[2] 参见［德］卡尔·拉伦茨：《法律行为解释之方法——兼论意思表示理论》，范雪飞、吴训祥译，法律出版社2018年版，第70~103页。

式、明确或非明确、完整或非完整)，或者既有充足的沟通背景。总之，任何意思表示的作出都以对相对人意思的理解为前提。如此，则构成一幅在目的意思、效果意思、表示行为三个方面，在表意人和相对人两个角度相互碰撞的合意形成之图景。

如果我们认为某一项行为构成意思表示，那么这个意思表示的表意人是否必须也这样认识？即表意人是否将其行为作为规范意义上的意思表示进行思考和表达？相应的，相对人在接收到该行为时，如何对该行为进行认识，是否也应达到规范意义上的意思表示的认识？即使表意人或是相对人不了解规范意义上的意思表示，作为能够进行交易的当事人，他们内心存在更加通俗的、实际上起到意思表示概念和标准的认识，并通过这一认识区分、判断、分析究竟其行为、对方的行为是否构成约束双方的行为、具体如何约束。

纵观大量意思表示经典研究著作，对上述问题的回答应当为是。合意的产生是双方当事人（笔者按照实践惯例称为甲乙方，当然，也可能是多方，原理相同）意思表示相互碰撞所产生的结果，这是一个甲方意思客观化、乙方意思客观化相互交织的过程，双方的意思在对方处获得合意的认识时，产生形式上的合意。

然而，形式合意下（如合同已签订），双方在意思表示上可能存在实际的差异。这一差异在目的意思、效果意思、表示行为上都有可能体现。同时，由于这个过程是双方的，必然存在主客观认识上的差异。

笔者将表示主义所遵循的客观视角限定于表意相对人，故甲方的意思表示客观化，即乙方基于甲方表示和其他客观因素（包括习惯、惯例、规范和文化）所理解的意思，简单说就是乙方认为的甲方的意思。

就一方当事人是否知道对方存在对己方表示的理解偏差，美国法《合同法重述》（第二次）第 201 条的规定值得借鉴，该条就双方当事人对对方的理解产生误认时是否形成合意、以哪一方的认识作为双方之合意作了规定，分为以下情形：

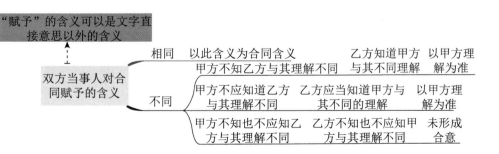

作为合同法重述的制定者，美国法学会就合同法的研究，或者说对美国合同判例的总结已经明确地展现出了各当事人对对方意思的检视问题，即当一项合意需要形成之时，当事人除了形成和表达自己的意思之外，还要当然地去查明对方对己方表示的理解。查明对方意思时有时不能够准确地理解而导致对对方意思的误解，存在误解的情形下，也不是未形成合意（合同不成立），而是有更加复杂的推演，即一方不仅知道对方与自己的理解不同，而且知道或应当知道对方主观上真实的意思是什么，即使这种意思与双方表面上形成的意思不相一致。在此情形下，裁判仍然应当力争使当事人的真实的、隐含的甚至只被单方查明和"修补"的合意产生法律效力。

拆解意思表示来看，在合意的形成过程中，双方的目的意思、效果意思、表示行为都需要经过对方的理解，并由对方与其自身的意思进行对照检查，具有一致性的，形成合意，不具有一致性的，不形成合意。由于存在通谋虚伪表示、重大误解等合意瑕疵，故实践中，已经形式上存在合意（如合同已签订）的意思表示仍旧可能存在不同层面、不同角度的合意瑕疵。

为了进一步理解真意解释的对象，笔者对形式上已经具备合意的双方法律行为进行拆解分析。为了便于分析，笔者就目的意思、效果意思、表示行为分别进行讨论。同时将甲方认为的自己的意思称为甲方主观，将乙方认为的甲方意思称为甲方客观，并对意思在主观与客观之间是否一致进行比对，比对的前提是双方已经形成形式上的合意，这样才能将论域限定于合同解释问题。

（一）目的意思的相互检视

甲乙方目的的意思相互检视（具备形式合意）				
	甲方主观	甲方客观	乙方主观	乙方客观
甲方主观	\	同 1	同 2	同 3
甲方客观	1 一致〔通谋虚伪表示／避法行为（含恶意串通损害第三人利益，下同）〕 不一致〔故意：真意保留／甲方过失：表示错误／乙方过失：重大误解〕	\	反向 3	同 4

续表

甲乙方目的的意思相互检视（具备形式合意）				
	甲方主观	甲方客观	乙方主观	乙方客观
甲方主观	\	同 1	同 2	同 3
乙方主观 2	一致：通谋虚伪表示　避法行为　隐藏的目的意思形成合意　不一致：通谋虚伪表示　隐藏的目的意思未形成合意	反向 3	\	反向 1
乙方主观 3	一致：甲方认为达成合意　不一致：甲方认为不产生合意　甲方胁迫　甲方欺诈　甲方真意保留	4. 不一致：通谋虚伪表示隐藏的目的意思未形成合意	反向 1	\

目的意思相较于表示行为更加概括、精练和抽象，反映了当事人实施交易所追求的目的。交易中，双方的目的当然不同，但不同的目的作为交换对价，相互之间的目的是一致的，如在房屋买卖合同中，出卖人的目的意思是收取特定价款，为此可将房屋的所有权出让。买受人的目的意思是获取房屋所有权，为此可支付价款，双方的目的不同，但是相互一致，能够在目的意思上产生合意，在理想状态下双方的目的意思应当达到严丝合缝的互补状态。

甲方主观的目的意思存于甲方大脑，仅甲方可见。甲方的目的意思在交易过程中客观化，主要通过合同文本为乙方所知，同时，谈判的过程以及交易习惯等辅助乙方在乙方的大脑中构建甲方的目的意思。这时，甲方的目的意思就有主观和客观两个存在。当甲方主观的目的意思和客观的目的意思相一致时，可能在目的意思上不存在合意瑕疵（这种情况笔者不予分析，上图未做体现），也可能是通谋虚伪表示或避法行为，如无货贸易的名为买卖合同、实为借贷合同中，出卖人明知其目的意思是获取一定期间的流动资金，到期后直接或通过第三方向买受人还本付息。买受人在交易中通过谈判、圈内交易的惯例获知了出卖人的上述交易目的。如果买受人的目的是于一定期间内提供流动资金，并于到期后收取本金和利息，那么买受人与出卖人（可能还有第三方）形成通谋虚伪表示。在此情形下，买受人所理解的出卖人的目的意思与出卖人主观的目的意思存在一致。又如，一家地产公司的子公司名下有一块土地使用权，为了变现获取流动性资金和收益，地产公司将其持有的子公司的股权进行出让，与受让人签署《股权转让合同》，这是典型的为规避土地交易税费所实施的避法行为，在此情形下双方并没有使表面行为不生效的意思，故不构成通谋虚伪表示，此时，受让人所理解的出让人的目的意思也是将土地价值进行变现，此种情形下也符合甲方（出让人）的目的意思在主观上与客观上相一致的情形。

当乙方理解的甲方的目的意思与甲方大脑中真实的目的意思不一致时，可能产生法律上的真意保留、表示错误以及重大误解，甚至包括未被法律或法理赋予特定概念的情形。如果甲方故意使表达与真实意思产生不一致之处，那么构成法理上的真意保留。如果甲方基于疏忽大意或过于自信的过失导致自己的表达不准确，造成了乙方的误解，那么构成法理上的错误表示。比如甲方（某高档餐厅）对包间就餐另收菜品总价格15%的服务费，乙方（消费者）在订包间和用餐时甲方工作人员并未告知，甲方的菜单最后一页以小字备注了15%服务费事宜，结账时双方就是否存在15%服务费之合意产生争议。此时虽然形式上双方达成餐饮服务合同并且甲方已履行完毕，但是乙方并未获取甲方要在菜品价格外另收取15%服务费之目的意思，甲方存在表示错误。在一些专业度较高的行业如金融业，法律为了强化乙方（金融消费者）对甲方（金融机构）目的意思的理解，强制性地要求甲方进行带有强调性、解释性表达的意思表示，并设置了相应的责任，实际上就是为了解决甲方目的意思在甲方主观和甲方客观不一致上的一类问题，这时的合同解释往往存在一些特别法的直接规定，[1]由于有这些特殊规定，裁判者可以不回溯至当事人真意解释的层面进行分析就可以得出相应的裁判结果，但是这并不代表这类问题未产生于合同解释。

如果甲方的目的意思在表达上没有问题，只是乙方基于特定的认识背景对甲方的目的意思作了曲解，那么构成重大误解。重大误解下，虽然双方签署了合同，形成形式上的合意，但是乙方所理解的甲方目的意思与甲方真实的目的意思不相符，最终还会因为合意瑕疵影响合同的效力，《民法典》第一百四十七条规

---

[1] 例如，《全国法院民商事审判工作会议纪要》第72条至第78条对金融产品发行人、销售者以及金融服务提供者与金融消费者之间因销售各类高风险等级金融产品和为金融消费者参与高风险等级投资活动提供服务而引发的民商事案件落实"卖者尽责、买者自负"原则的相关规定。

定重大误解的合同可通过诉讼或仲裁撤销。

如甲方主观的目的意思与乙方主观的目的意思不一致（不匹配），那么当然不能产生真实的合意。笔者讨论的是具有形式上合意的问题，故此种情形下可能存在双方通谋虚伪表示，双方仅在表面的、非真实的目的意思上相一致，而经合同类型转换（还原真实意思）后，隐藏的目的意思不相一致的情形。实践中，因主观的目的意思的证明较为困难，且双方各执一词，故这类情形也是最容易产生争议并且给裁判者提出难题的。

如果甲方理解的乙方的目的意思与甲方主观上的目的意思不相符，则本不应产生合意，即甲方认为双方存在不同的目的意思。如果双方最终还是形成了形式上的合意，那么往往存在一些特定的原因。比如甲方故意通过欺诈等行为骗取乙方使乙方对其目的意思产生错误理解，而在乙方处以为双方产生目的意思的合意，而甲方故意不拆穿这一差异，并与乙方签署合同，造成实质上的合意瑕疵。例如甲方以假画为真迹出售给乙方，售价 40 万元。甲方主观的目的意思为获取 40 万元价款并交付假画。乙方客观的目的意思（甲方理解的乙方的目的意思）为获取真迹，为此可以支付 40 万元。双方的目的意思在甲方处不一致，在乙方处一致，甲方故意不揭穿。该类型构成欺诈。除此之外，甲方的真意保留也会产生甲方主观与乙方客观的目的意思不一致的情形。

也存在甲方主观的目的意思与乙方客观的目的意思相一致，但是合意存在瑕疵的情形，如胁迫。甲方胁迫乙方签署的合同，甲方主观的目的意思是用免于暴力换取财物，甲方也明知乙方签署合同的目的意思是用财物换取免于暴力，在甲方脑中，双方的目的意思不存在差异，存在差异的是效果意思，后文详述。胁迫下签署的合同，从合意的角度来看，实际上在用财物交换免于暴力这一点上，双方不存在合意的瑕疵，合意瑕疵产生在被胁迫人的效果意思表示上。

更进一步的不一致产生于甲方客观的目的意思和乙方客观的目的意思的不一致中，即甲方理解的乙方目的和乙方理解的甲方目的不一致，在此情形下应存在客观一致的表示行为，否则不会形成形式上的合意。但是甲方理解的乙方目的和乙方理解的甲方目的不一致，即在隐藏行为层面的不一致，最终形成表面行为的通谋虚伪表示（无效），隐藏行为未形成合意（不成立）。例如，甲乙丙三方通过货物循环贸易实现虚增收入，甲方将货物卖给乙方，乙方将货物卖给丙方，丙方再卖给甲方。买卖货物的资金由乙方提供，每期到期时乙方从丙方处收取本金和利息，交易过程中无真实货物交付，三方明知。进行一段时间后，乙方未能按期收到本息，因丙方缺乏履约能力，乙方起诉甲方，要求甲方还款。[1]双方在证据交换后，无货之事实已经被充分证明，乙方要求以名为买卖实为借贷之借贷合同要求甲方偿还借款本息，甲方认为双方确非买卖合同关系，但实际用款人系丙方，应由丙方偿还借款。案件中，甲乙双方之间关于买卖合同之表面合同效力无争议，签署了合同形成了形式上的合意。甲方的目的意思为其作为借款的通道，不承担还款义务。乙方的目的意思为其提供资金获取收益，并以甲方之资信作为还款之保障。甲方理解的乙方之目的意思系甲方不需还款，也不承担保证责任。乙方理解的甲方之目的意思系甲方承担保证责任。二者存在不一，本不应形成合意。但由于在表面行为上产生合意，故形成了形式上的合意。该类案件最终如何裁判，法院的认识差异很大，因为该类合同关系中，乙方之所以起诉甲方是因为甲方具有较好资信可以还款，而丙方毫无还款能力，即使对丙方胜诉也无履行可能。甲方究竟在借款关系中承担什么样的角色，各法院判决看法不一。实际上，通谋虚伪表示的隐藏行为不一致是司法裁判中的难题，因为证据往往停留在表面行为，隐藏行为的证据少之又少，完全按照谁主张谁举证似乎又与经验法则存在一定的冲突。[2]

---

〔1〕 该类诉讼一开始乙方以买卖合同起诉，往往在证据交换后才会变更为借贷之诉。

〔2〕 详见黑龙江农垦完达山贸易有限公司与中国石化销售有限公司北京石油分公司买卖合同纠纷案，北京市东城区人民法院（2018）京 0101 民初 22219 号民事判决书。又见：广东云峰能源有限公司、华大石化（南通）有限公司买卖合同纠纷案，广东省高级人民法院（2017）粤民终 383 号民事判决书。又见：美高国际投资有限公司、广东金信通集团股份有限公司买卖合同纠纷再审案，最高人民法院（2018）最高法民申 1637 号民事裁定书。又见：浙江物产石化有限公司与山西焦炭产业投资控股有限公司、山西省焦炭集团有限责任公司买卖合同纠纷再审案，浙江省高级人民法院（2016）浙民申 1795 号民事裁定书。又见：北京中铁物总贸易有限公司与厦门中远物流有限公司、福建柯米斯商贸有限公司等仓储合同纠纷案，北京市西城区人民法院（2015）西民（商）初字第 35315 号民事判决书。又见：北京中铁建物资贸易有限公司、天津物产国际贸易有限公司与北京中铁建物资贸易有限公司、天津物产国际贸易有限公司买卖合同纠纷再审案，最高人民法院（2015）民申字第 3252 号民事裁定书。又见：中国外运宁夏有限公司、贵州航天工业物资有限公司保管合同纠纷再审案，最高人民法院（2018）最高法民申 3050 号民事裁定书。

（二）效果意思的相互检视

甲乙方效果意思的相互检视（已具备形式合意）			
	甲方主观	甲方客观	乙方主观	乙方客观
甲方主观	\	同1	同3	同3
甲方客观	1— 一致〔是 避法行为／否〔通谋虚伪表示／戏谑表示〕〕；不一致〔重大误解／真意保留〕	\	反向2	同3
乙方主观	同1	反向2	\	反向1
乙方客观	2— 一致〔是 避法行为／否〔通谋虚伪表示／戏谑表示〕〕；不一致 不形成合意	3— 一致〔是 避法行为／否〔通谋虚伪表示／戏谑表示〕〕；不一致 不形成合意	反向1	\

　　相较于目的意思和表示行为，效果意思相对简单，内涵仅为是或否，同时，由于效果意思与法律效果之间具有直接的关联性，故效果意思在当事人的"意思处分"和合意瑕疵上具有比较突出的作用。没有效果意思的概念，我们无法提取出通谋虚伪表示这一相对复杂的合意结构，也无法精准分析戏谑表示，尤其是，当效果意思不一致时，这种情况往往是过失产生，并直接导致合同效力出现问题。故意的效果意思不一致不产生合意，这一点和目的意思不同，目的意思在故意不一致情形下还可能产生欺诈、胁迫，效果意思则没有那么复杂，例如胁迫之下，当事人之间的目的未达成完全一致，胁迫方的目的是永久获取财物，并为此实施了胁迫行为，被胁迫方的目的是排除胁迫，并为此愿意暂时支付（交付）财物。二者的目的有重合之处，但是显然在是否永久性地转移财物所有权上存在不同。然而，胁迫之下，二者的目的意思是相同的，均意使该法律行为发生效力，如果将胁迫的动产交付和不动产转移登记认定为缺乏效果意思的行为，那么将破坏善意第三人的信赖利益，也不符合物权变动的一般逻辑。并且，胁迫之下，被胁迫认定的权利保护可以通过目的意思与表示行为不一致的路径来解决，不一定非要否定效果意思。故无论从当事人自身还是从外部，胁迫不必被强行解

释为否定效果意思。

当甲方主观上的效果意思与乙方理解的甲方效果意思相一致时，如果均系肯定的效果意思，则在合意瑕疵背景下产生避法行为，即双方均拟使表面行为具有法律效力，但实际上的目的却不在于此。严格地说，这一合意瑕疵在效果意思的相互检视上并不体现为瑕疵，反而没有任何问题。这就是避法行为类的合意瑕疵比较难以被发现的原因。如果双方效果意思均系否定，则双方可能构成通谋虚伪表示，即均拟使表面的表示行为不产生法律效力，双方签约后也不打算履行该合同，合同签订的目的完全系被用作他途。同时，也可能在双方效果意思均为否定的情形下，甲方实施戏谑表示，乙方明知对方为戏谑，也未当真。

当甲方主观上的效果意思与乙方理解的甲方效果意思不一致时，可能产生重大误解和真意保留。比如，经常被引用的讲座门口签到购书案，甲方匆忙到达讲座门口，见乙方安排进门的人签字，甲方认为签字不具有法律上的效果意思，只具有"统计上的效果意思"，故甲方签字，而乙方在未做提示下，误以为甲方的签字对购书作出了肯定的效果意思，乙方理解的甲方效果意思为肯定，而甲方主观上的效果意思为否定，这时产生重大误解的合意瑕疵。

如果此时表意人对表示行为和目的意思的不一致构成故意，则符合真意保留的要件。故意使目的意思与表示行为不一致的，有两种类型化的合意瑕疵，一为真意保留，一为戏谑表示。真意保留对于主客观的不一致更加内部化，而戏谑表示对主客观不一致更加外部化，简单说，即真意保留难以从外部特征看出，而戏谑表示易于从外部特征看出。比如，《德国民法典》第一百一十八条规定"预期对真意缺乏不致产生误认而进行非真意的意思表示的，意思表示为无效"[1]。笔者认为，解释为戏谑表示更加合适，因为这里明确限定了预期不致产生误认，[2]如果不区分真意保留与戏谑表示，则有些问题不容易被分析清楚。[3]

在冯建伟、韩霞子民间借贷纠纷案中[4]，冯建伟和韩霞子曾系无婚姻关系

---

[1] 杜景林、卢谌译：《德国民法典》，中国政法大学出版社 2014 年版，第 24 页。

[2] 从这个角度来看，对意思表示的主客观方面进行分析确实具有必要，这会使得意思表示的瑕疵分类更加精细化，也更加贴近于当事人的真意。

[3] 有更加激进的观点认为，真意保留与戏谑表示有明显的区别，真意保留的表意人希望相对人不能识破，而将其客观表示作为真意看待。戏谑表示的表意人希望并知悉对方会识破其客观表示与目的意思不一致。参见岳业鹏编著：《国家法律职业资格考试精练·民法 2018 版·讲义卷》，中国法制出版社 2018 年版，第 42~43 页。

[4] （2020）豫 03 民终 662 号民事判决书。

下的同居关系，同居期间，冯建伟（男）向韩霞子（女）出具一份书面《欠条》，内容为"今借到韩霞子现金肆萬元整。"此后，冯建伟向韩霞子转账 5 千元。后双方发生争议，韩霞子起诉冯建伟，要求冯建伟偿还剩余借款 3.5 万元。冯建伟的主要抗辩理由是，该《欠条》系双方同居期间的戏谑表示，判决书总结的语句为"没有真实借款关系"。笔者将冯建伟的说法展开为，冯建伟出具《欠条》时，系特定感情下的"效果意思"，并无法律上的收到该《欠条》约束的效果意思，其目的意思并非使双方之间形成冯建伟欠付韩霞子 4 万元的债务，并且韩霞子对此（效果意思为否定，目的意思与表示行为不一致）明知。故其意思表示系戏谑行为，双方无相应的债权债务关系。该案最终一二审法院未采信冯建伟的说法和意见，认为"冯建伟作为完全民事行为能力人，应当知道出具欠条的法律后果"，故双方借贷关系有效，冯建伟应当偿还韩霞子 3.5 万元借款。

此案中，《欠条》的出具系特定同居关系下的产物，可能双方并不存在出借行为，但民事活动中，常有以"借据""欠条"等民间借贷合同文本表示债务确认的惯例，故与其说法院在处理民间借贷法律关系，不如说法院在审查债务确认文书。理论上，债务确认是一种债的佐证行为，不是法律关系产生的法律行为，但是由于一般民事活动下产生法律关系之时缺乏可留待作为证据的文书，往往仅有此种债务确认的文件，作为法律关系发生、佐证、展期的载体。案件中，双方可能确实没有借贷关系，即韩霞子或许的确没有向冯建伟出借 4 万元，但《欠条》下的债务确认（无论是出于感情上的原因，还是经济活动上的缘由）均具有明确的表示行为以及显而易见的效果意思。至于冯建伟在事后主张其目的意思与表示行为不一致从而主张其书写的《欠条》因意思表示瑕疵而不具有法律效力，实质的争议在于《欠条》究竟是真意保留还是戏谑表示。如果是真意保留，因相对人无法得知表意人的目的意思与表示行为不一致，也无法获知表意人的效果意思系否定，故原则上应当为有效；如果是戏谑表示，因相对人知道或应当知道表意人的目的意思与表示行为不一致，且效果意思为否定，故原则上应当为无效。[1]本案中，从现有证据来看，不足以证明相对人明知冯建伟之效果意思为

---

〔1〕 参见［日］我妻荣：《我妻荣民法讲义·Ⅰ·新订民法总则》，于敏译，中国法制出版社 2008 年版，第 269~270 页。需要说明的是，我妻荣先生的该作中，未明确戏谑表示与真意保留的上述界分，而是作为真意保留的一般情形的原则（相对人不知）与例外（相对人明知）进行探讨。这或与《日本民法典》之相应规定一致：《日本民法典》第九十三条："心里保留（一）意思表示，不因非表意人之真意而妨碍其效力。但是相对人知道或者能够知道该意思表示非表意人之真意时，该意思表示无效。（二）前款但书规

否定，也不足以证明相对人明知冯建伟之目的意思与表示行为不一致。因而，表意人主观上效果意思为否定（至少诉讼中表意人如是主张），但表意人的效果意思在相对人处做了不同的理解，即理解为肯定，这不足以构成戏谑表示，只能构成真意保留。

在长沙桐木公司与三正实业公司建设施工合同纠纷案中[1]，是否构成真意保留或者更进一步的通谋虚伪表示是争议焦点。2006年12月原告长沙桐木公司和被告三正实业公司签订施工合同，约定长沙桐木公司以包工、包料承包涉案工程，在发包人收到竣工报告及完整的结算资料后3个月内完成结算审核工作或提出修改意见，经双方核对确认的结果才能作为支付结算款依据，逾期视同发包人认可承包人所报结算。本案就同一工程一共有三份结算单，其中一份金额最高的4994万元结算单系长沙桐木公司和三正实业公司共同盖章确认，纳税申报也以该结算单向税务机关申报。长沙桐木公司主张以双方盖章确认的结算书作为结算依据，三正实业公司辩称该结算书不是真实意思表示。案件经过两审，双方共同盖章确认的结算单是否构成真实意思表示是争议焦点之一。二审法官分析，2009年1月双方签订补充协议约定的结算时间是2009年6月底前，而上述双方盖章确认的结算单是2009年2月，早于合同约定时间4个月，提前结算与常理不符。同时，长沙桐木公司在起诉时并未以此更有利于己方的结算书作为证据提交，进一步证明了长沙桐木公司自始明知该结算单非双方的真实意思表示。另外，在2009年2月后、诉讼前双方相互往来的结算的函件中，长沙桐木公司也未提及过上述最有利于其的结算单。基于以上情况，二审法官认为长沙桐木公司明知该结算书不是三正实业公司真实意思下的最终结算依据，构成不真实的意思表示，不能以此结算单作为涉案工程的结算依据。二审法官虽然没有明确说该事项究竟构成真意保留中对方明知的情形还是通谋虚伪表示，但是从要件拆解上已经很清晰地说明甲方三正实业在主观上认为这份结算单的效果意思为否定，乙方也知悉甲方将该结算单的效果意思赋予否定，乙方将该结算单的效果意思赋予否定，甲方也知悉乙方将该结算单的效果意思赋予否定。虽然效果意思为否定，但在甲方主观、

（接上页）定的意思表示无效，不能对抗善意第三人。"参见刘士国、牟宪魁、杨瑞贺译：《日本民法典（2017年大修改）》，中国法制出版社2018年版，第14~15页。亦见上述《德国民法典》一百一十八条之规定。

〔1〕（2014）海中法民初字第7号民事判决书；（2015）琼环民终字第10号民事判决书。

甲方客观、乙方主观、乙方客观上不存在差异。

（三）表示行为的相互检视

甲乙方效果意思的相互检视（已具备形式合意）				
	甲方主观	甲方客观	乙方主观	乙方客观
甲方主观	\	同1	同2	同3
甲方客观	1 一致：通谋虚伪表示之表面意思／避法行为（表面意思、隐藏意思）；不一致：通谋虚伪表示之隐藏行为无法达成合意、真意保留	\	反向3	不一致无法产生合意
乙方主观	2 一致：通谋虚伪表示／避法行为（表面意思与隐藏意思）；不一致：重大误解、真意保留	反向3	\	反向1
乙方客观	3 一致：通谋虚伪表示／避法行为／甲方重大误解；不一致：真意保留	不一致无法产生合意	反向1	\

表示行为相较于目的意思更加外部化，也更加细致，是具体的权利义务关系设计的直接体现。虽然称为表示行为，因其仍然存在对方的理解问题，故具有主观方面和客观方面之分。因合同类型的种属关系，目的意思相一致的合同下，表示行为可能不相一致，如当事人之间为了相同的目的意思——融资，可能采取借贷合同、保理合同、典当合同、买卖合同等表示行为。即，目的意思更加接近于当事人的真意——达成某种契约的初衷，表示行为更加接近于当事人的具体权利义务关系。

如甲方自以为的表示行为与乙方认为的甲方的表示行为（甲方客观）相一致，且双方存在合意瑕疵，那么双方可能存在通谋虚伪表示，且表面行为如此

（隐藏行为如一致亦属本类型，不一致的属下一个类型）。在避法行为类别中，表面行为和隐藏行为的表示行为均一致，也可体现为甲方主观与甲方客观（乙方认为的甲方效果意思）相一致的情形。

如甲方主观与甲方客观不一致，那么可能是通谋虚伪表示隐藏的法律行为未达成合意的情形。除此之外，还可能是甲方真意保留的情形，在此情形下的甲方主观上的表示行为与其表现出的表示行为不相符，乙方基于客观方面所理解的甲方表示行为与甲方主观上的表示行为不符，构成甲方的真意保留。但是如上所述，此种真意保留虽然是合意瑕疵，一般并不影响双方客观上表示行为的效力。例如，在绿鼎置业公司诉霍邱县国土局建设用地使用权出让合同纠纷案中[1]，绿鼎置业公司（简称"绿鼎置业"）与霍邱县国土局签署土地使用权出让合同，绿鼎置业存在逾期支付土地出让金的行为，同时霍邱县长集镇政府存在未能在承诺时间内移走标的土地上通信线杆并打通施工通道的行为。霍邱县国土局要求绿鼎置业支付相应的逾期付款违约金457.29万元。绿鼎置业于交纳违约金后的一个月将霍邱县国土局诉至法院，认为霍邱县国土局也存在违约，主张自己支付违约金457.29万元的行为存在错误的认识和判断，未能扣除对方违约部分，请求法院判决霍邱县国土局返还多交的违约金433万元。该案的争议焦点之一是绿鼎置业向霍邱县国土局支付其要求的违约金的行为是否构成真意保留，即绿鼎置业在客观上实施支付457.29万元违约金的表示行为（此时债权行为与给付行为合一）时，绿鼎置业主观上自认为的表示行为是否与之相一致，该认识是否可以为相对人霍邱县国土局所查明。该案承办法官分析认为，绿鼎置业在收到霍邱县国土局发函支付违约金的请求后，履行了霍邱县国土局索要金额的违约金，是承诺行为与履行行为相合一。从一般理性人的角度来看，绿鼎置业与霍邱县国土局的表示行为相一致，并不能查明绿鼎置业存在真意保留的情形，因此不能判定其支付违约金的行为无效或者可撤销。

再如，在孙庆龙、孙兴宏民间借贷纠纷案[2]中，孙兴宏、孙庆龙系朋友关系，2013年起，孙庆龙陆续从孙兴宏处借款，其间有陆续还款，至2018年2月，孙庆龙向孙兴宏出具《借条》载明："今借到孙兴宏现金肆万陆仟元（￥46 000）。"

---

[1] （2014）皖民四终字第00331号民事判决书，同时参见廖永结："当事人无权请求调整已履行完毕的违约金——安徽高院判决绿鼎置业公司诉霍邱县国土局建设用地使用权出让合同纠纷案件"，载《人民法院报》2015年11月26日，第6版。

[2] （2019）皖0403民初1940号民事判决书；（2020）皖04民终319号民事判决书。

2019 年 1 月，孙兴宏向孙庆龙催款，孙庆龙还款 5 000 元，并重新出具《借条》载明："今借到孙兴宏现金壹万伍仟元整（15 000.00）。"孙兴宏接收了该借条，并退还了 46 000 元的《借条》，后于当日晚，孙兴宏告知孙庆龙退还的 46 000 元借条是复印件。后成诉，双方对借款剩余金额存在争议，出借人认为尚有 46 000-5 000＝41 000 元借款本金未偿付，而借款人认为双方已于 2019 年 1 月合意将借款剩余债务金额作了变更，目前未偿付本金 15 000 元。

　　本案中，一审法院认为，出借人是在催收遇到重大困难的情形下，为了顺利获取 5 000 元回款而做出了接收 15 000 元借条的意思表示，鉴于出借人仅将 46 000 元借条的复印件交还借款人，并于当晚告知借款人原件未交还，应当认定出借人接收 15 000 元借条的行为构成真意保留，双方未形成有效的合意（一审法院并未展开论证真意保留下对方当事人——借款人是否知悉真意保留的情形，或许当晚告知借款人未交回原件被视为借款人明知出借人真意保留的依据）。二审法院与一审观点不同，二审法院认为，出借人在微信上接收 5 000 元转账并且到借款人家中收取 15 000 元借条的行为构成对债务变更予以接受的表示行为，鉴于出借人无法对其收取 15 000 元借条作出合理解释（按照一审法院的说法，收取 15 000 元借条似乎为促成 5 000 元的还款，二审未对此回应）。二审法院强调出借人未退还 46 000 元借条原件的行为在现有法律下无法被认定为"真意保留"。

　　笔者认为，出借人接收 5 000 元微信转账的行为与债务变更无直接关系，即无论是否变更债务，其均有权接受这 5 000 元微信转账，故不能以此证据倒推本案争议焦点问题。但是出借人去借款人家中接收 15 000 元借条的行为确实系积极地、以作为的方式做出的表示行为，无论出借人在此情形下主观上认为其接收借条的行为是变更债务的承诺还是一种为促成 5 000 元还款所做的缺乏效果意思的事实行为，至少从相对人角度来看，应当认定其行为构成一般意义上的表示行为，符合一个完整的意思表示要件，除非出借人能够举出其他占据优势的证据证明相对人对真意保留存在明知。至于出借人仅交出复印件而保留 46 000 元欠条原件的行为，由于系出借人事后告知，不能够变更其已作出的意思表示（除非先前的意思表示处于效力待定或可撤销的性质中）。因此，笔者赞同二审的裁判。

　　当然，本案的确具有讨论的空间，在追债难的大背景下，是否应绝对地将出借人的行为视为真意保留，有没有胁迫或其他非真实意思表示适用的空间？回答似乎见仁见智。本案中甲方（出借人）表示行为主观上与甲方客观（借款人所理解的出借人的意思）不相符，构成表格中的真意保留情形。同时，该案也涉及目的意思的甲方（出借人）主观与甲方客观（借款人理解的出借人目的）之间相互检视问题，如果二审更多地从目的意思角度来分析甲方主观与甲方客观之间的关系，可能会得出不一样的结论，毕竟，该案中一直隐含着一个重要的逻辑，即出借人接收 15 000 元借条与借款人偿还 5 000 元借款之间存在着重要的甚至能达到充分条件的关系，这种情形，在实践中并不少见。在此情形下甲方（出借人）的目的意思是否是变更借款？难道不是获取 5 000 元偿付？更进一步说，甲方之目的意思是获取偿付，而非变更债务为 15 000 元，这一点在甲方主观上比较明显，在甲方客观（即乙方认为的甲方目的意思）上，难道无法察觉？借款人难道不知道出借人是在多次催款而不得，为了获取来之不易的部分偿还，而不得不在表示行为上作出的委曲求全？分析至此，再次说明对目的意思、效果意思、表示行为的考察，均有必要从主观和客观两个方面进行，并从合同甲乙双方的角度进行相互检视。这不仅为裁判者提供了裁判分析的路径，也为原被告双方展示了其可用的"武器"，"武器"的选择会导致比拼的项目和优劣势的差异。

在不同层面进行双方意思表示的相互检视，不仅是我国实践中常见的问题，在域外也有相类似的纠纷和裁判，例如美国弗吉尼亚州最高上诉法院于 1954 年裁判的 Lucy v. Zehmer 案[1]，该案中原被告在酒后就被告以 5 万美元为对价出让其农场的事宜书写了便条，后原告要求被告依约出让农场，被告认为当时构成戏谑表示。本案的争议焦点在于，被告客观上将意思表示赋予了肯定的效果意思，但称其主观上不具有肯定的效果意思，这一点是否能够被原告（作为一般理性人）所察觉？即甲方（出让方）的主观上效果意思为否定，甲方客观（即乙方认为的甲方效果意思）是否也为否定？

对此，乙方主张：1. 便条的内容十分明确，包含了具体转让的标的和对价、转让的具体权利；2. 除被告签名外，其妻子也在该便条上签名；3. 被告虽然醉酒，但是还未让他糊涂到无法签订一个有效的合同的程度；4. 整个过程原告无法察觉被告的签字行为是否为真实的意思表示。甲方辩称：1. 该便条被告签署后并未交付给原告，是原告将便条自行捡起。2. 甲方妻子签名前，甲方告诉妻子这只是个玩笑；3. 双方酒后处于相互吹牛的醉酒状态，甲方签字的目的意思

---

〔1〕 Lucy v. Zehmer, 196, Va. 493, 84 S. E. 2d 516.

是迫使乙方承认其拿不出 5 万美元；4. 便条上农场的名字以及 satisfactory 的词语均存在拼写错误，进一步说明双方的醉酒状态和非正式、非约束性意思。法院在综合双方证据后认为，即使甲方主观上确实存在效果意思为否定，且表示行为与目的意思不符，但是甲方所表现出的行为在乙方看来（甲方客观）无法察觉效果意思为否定以及表示行为与目的意思不符。弗吉尼亚州最高上诉法院还引用了在先的判例——Firs Nat. Exchange Bank of Roanoke v. Roanoke Oil Co 案，在该案中法院认为，相较于当事人没有外露的内心意思，我们更应当注重其表明目的的外在表现。[1]

在该案中，法院的裁判逻辑也在区分当事人主观的目的意思、效果意思和当事人客观的目的意思、效果意思（原告所理解的被告的目的意思、效果意思）之间的关系，不应当被对方当事人察觉的主观意思不产生相应的法律效果，在做合同解释时，仍旧以客观为基础，除非主观能够以可被察觉的方式"客观化"。

主客观二元之间的平衡是以主观主义作为本质、来源，客观主义作为依据、限定，并且认为主观从根本上优先于客观的理论，归根结底是尊重人的私法自治权利的理论。

二、主观与客观的双向解析

拉伦茨认为，意思表示之解释系"在其'主观的'和'客观的'要素中左右逢源"[2]的过程。

（一）主观意思的客观表示

要分析合同解释的过程，需要先弄清楚合同构建的过程。合同构建是从当事人主观意思到客观表示的过程，而合同解释是从相反方向进行，即从当事人的表示反推当事人的意思。《德国民法典立法理由书》中对意思表示与法律行为之间的关系做了如下的界定："法律行为是，旨在产生特定法律效果的私人意思表示，该法律效果之所以依法律秩序而产生，是因为人们希望产生这一法律效果。""法律行为的本质在于作出旨在引起法律效果的意思表示，且法律秩序通过认可该意

---

〔1〕　First Nat. Exchange Bank of Roanoke v. Roanoke Oil Co., 169 Va. 99, 114, 192 S. E. 764, 770.

〔2〕　［德］卡尔·拉伦茨：《法律行为解释之方法——兼论意思表示理论》，范雪飞、吴训祥译，法律出版社 2018 年版，第 33 页。

思来判定意思表示旨在进行的法律形成在法律世界中的实现"[1]。

人具有先于法律秩序的自由，这不需要法律去赋予，甚至《民法典》第一百一十八条规定的"民事主体依法享有债权"显得多余。[2]作为自然人的主体，人可以就自己的事务自主决定是否设定约束。人可以选择的约束不只是法律，还包括道德、商业信用等。法律只不过是约束工具之一。既然是工具，就是为人所用产生价值的载体。法律秩序为个体提供了设定权利义务的一般概念，使个体能够较为简便地使用法律秩序的概念为其设定权利义务范式。同时，法律秩序为了平衡多个个体之间的利益冲突，在社会整体上也为人的自由设置了原则性的边界。

人作出特定的意思表示总是基于个体的利益诉求，即原因。原因描述了人类本质的欲望，包括对财富、社会声望等社会性价值的追求以及对食物、温暖、情感等生理性需求的满足。原因的复杂性被马斯洛的需求层次理论所体系化，具体到特定目的意思而言，往往可能有相互交叉的、不同角度和层次的原因在起作用。这不是本书所研究的对象，并且在本书所研究的范围内，原因层面的争议并不大。

基于特定的原因，人产生了目的意思。从意思表示的形成过程看，目的意思是首个产生具体意思表示的存在，并且是支配整个意思表示过程的核心和主线。拉伦茨引用齐特尔曼的观点称"如果表示与意图不相符，那么表示就是不真实的，表示因此就降格为一种纯粹的表象了"[3]。虽然在先存在的法律规范可以成为意思表示的矫正甚至是补充因素，但是失去了目的意思，意思表示就失去了灵魂，也就失去了意思自治在民事活动中的价值。

人基于特定原因产生具有具体内涵的目的意思。这里的具体内涵是人将作为事实的原因与作为法律的权利义务范式相结合所编织的特定利益关系网，这关系网连接着合同的双方当事人，具体的网就是设定好的特定时点一方当事人应当为某事，另一方当事人不应当为某事。

我们之所以称这个网为法律关系，是因为人在编织网时赋予了其法律效力，

---

[1] 《德国民法典立法理由书》I，第126页（《穆格丹》I，第421页）。转引自［德］维尔纳·弗卢梅：《法律行为论》，迟颖译，法律出版社2012年版，第27页。

[2] 参见费安玲："我国民法典中准合同解释之罗马法因素"，载《比较法研究》2021年第5期。

[3] ［德］卡尔·拉伦茨：《法律行为解释之方法——兼论意思表示理论》，范雪飞、吴训祥译，法律出版社2018年版，第61页。

即预示其具有法律约束力的效果意思。效果意思分为是和否，无其他内涵，至多可以复杂为分层次的是与否，比如通谋虚伪表示中表面行为的效果意思为否，隐藏行为的效果意思为是或否。

一项意思表示的效果意思应当包含三个要素：预示、约束和到达相对人。具体如下：

预示意味着对未来的打算，这体现了合同所设定的只能是未来的事务，即使针对过去的事务，也是就未来的、未实现的利益作出的安排。预示下，表意人对某种目的具有追求的态度，在某些法律行为如物权行为上，表示行为和法律效果之间的时间差并不明显，预示的意义也相应地不突出，但这并不否定意思表示上效果意思的预示性。预示与其说是来自法律的赋予，不如说更多地体现了效果意思的自然属性，这与其他具有经济上、道德上、情感上效果意思的行为相一致。

约束意味着行为人拟受到该意思表示的约束，也希望相对人受到该意思表示的约束。这一约束具有法律上的效果，任何一方不能违反，如果违反，将承担法律责任的不利后果。约束是意思表示上的效果意思区别于其他非法律行为的最大特征。比如两名同事相约中午12时一同在某一餐厅用餐，下午16时一同在某一会议室开会沟通工作。第一个约定具有社会一般道德上的约束力，第二个约定具有职业道德上的约束力（可能还因与公司的规章制度相连具有一定的经济约束力），但是一般来说，这两个约定均不具有法律上的约束力，违反的情况下不产生相应的法律责任。值得说明的是，最终的法律约束力来自规范，而非当事人的意思，这一点在违法行为上比较明显，即当事人的意思并非受到处罚，而法律效果却是处罚。在法律行为上，有效的意思表示所产生的法律效果与意思表示相一致，按照宾德尔的说法，这种一致是逻辑上的一致，而非因果关系上的一致，[1]即并不是因为一致从而赋予法律行为相应的法律效果。笔者认为，这一点在具有约束力的各类"表示"上均适用，即具有一般道德上、职业道德上约束力的表示行为也是因道德规范（虽然不明文，但是被公认）的认可而产生道德的约束力和相应的道德"处罚"。例如，英美法传统上，对书面合同的强调，甚至对蜡封的

---

〔1〕　参见［德］卡尔·拉伦茨：《法律行为解释之方法——兼论意思表示理论》，范雪飞、吴训祥译，法律出版社2018年版，第47页。

重视,[1]体现了法律对当事人约束意思的关注。

到达相对人意味着意思表示需要使相对人知悉。未达到相对人的,不能够产生指引相对人、约束相对人的效果。意思表示作为创设、调整、消灭人与人之间法律关系的方式,必然是发生在人与人之间的,表意人独自一人在旷野中充满预示和约束的呐喊不构成意思表示。这里的相对人不一定是特定人,比如悬赏广告等单方法律行为只要求表意人的表示具有一定的公开性即可。同时,法律也拟制了意思表示达到相对人的方式,比如遗嘱本应表示给亲属,但是通过律师的见证也可实现表示到达相对人的效果。人们流传清雍正皇帝起,正大光明牌匾背后留藏决定皇位继承人的"建储匣",也是效果意思达到相对人的拟制方式。

意思表示作为产生法律效果,创建、变更、消灭当事人之间权利义务关系的一种行为,具有的显著特征之一是效果意思。效果意思在合意形成之前,体现的是表意人受到自己意思表示的约束,如要约人受到其要约的约束,一旦对方进行了特定表示,哪怕没有细致的内容,只是同意的意思表示,那么要约人就要承受其要约内容的法律关系。在单方法律行为如悬赏广告中体现得更为明显,表意人单方的、不以特定人作为表意对象的意思表示可以造成其受到表意的约束,一旦有任何人将悬赏人的遗失物交回(虽然所有权人本身就有权请求遗失物的拾得人将物交回,最多承担交回的路费等费用),表意人就要兑现其承诺的奖励,即使这个奖励价值在绝对值上或是相较于遗失物而言价值十分高,其效力也不受影响。

因为此时的意思已经客观化,交回人对客观化的意思表示享有信赖利益,并基于此实施交回行为,故交回人有权要求悬赏人基于客观表述的内容进行履约,既然悬赏人给遗失物开出的交回酬金高于该遗失物的市场价值,交回人有理由相信,该遗失物在悬赏人处所产生的价值更高,这一价值有可能是纯经济的价值,也可能不完全是经济的价值,如精神价值。此时起到约束作用的是客观的表示,而非悬赏人主观的真意。

一项正常的意思表示中,目的意思与表示行为应相一致。即表示出的就是当

---

〔1〕 虽然这些制度是从对价角度来树立当事人的效果意思的,但是其内涵的当事人对其行为经过深思熟虑后仍然意欲赋予约束效力这一点是共通的,甚至通过书面形式等体现约束意思的意思表示形态作为合同具有对价的体现(近来部分判例又有变动的趋势)。如《宾夕法尼亚州注释法》第 33 卷第 33 篇第 6 条,《加利福尼亚州民法典》第 1614 条,《纽约州一般债法》第 5~1105 条。参见王军编著:《美国合同法》,对外经济贸易大学出版社 2011 年版,第 27~30 页。

事人内心所意欲追求的，随之也即赋予表示行为以肯定的效果意思。但是，如果当事人故意或过失导致表示行为与目的意思不一致，[1]那么就会出现通谋虚伪表示、重大误解、欺诈、真意保留等情况，从利益角度讲，即避法行为或恶意串通损害第三人利益。

法律秩序对表示行为、目的意思、效果意思进行效力判定和类型判定后，会产生法律后果。设权的过程是当事人意思和社会一般认识以及法律规范互动的过程。意思表示当然源始于当事人的主观意思，这是意思自治的必然要求。当事人的意思在表意之前、表意之中、表意之后都要受到社会一般认识的填补、修正甚至否定，这个过程是主观到客观必然经历的过程，除非相对人能够打开表意人的头颅，直接读取信息，否则任何一个主观的想法要为他人所知悉必然要受到社会一般认识的矫正。表意人的主观意思和社会一般认识使双方的意思能够相互交流和碰撞，进而促成合意的形成。但这一合意并不直接产生法律效果，产生法律效果的是被规范吸纳和认可后的当事人合意，超越了制定法的合意无法产生法律上的效果，无法在现有的法律体系内找到为其所用的工具进而引发权利义务关系。故而，整个意思表示的设权过程是一个从主观发起，经社会一般认识修补，并由法律规范"认证"的过程，是个体与群体之间互动的方式，也是自由和秩序相互交织的路径。

（二）对客观表示的主观解读

合同解释是解释者的主观活动，是对合同缔结后的事后活动。所解释的合同是已经订立的合同，甚至往往是已经履行或不履行一段时间，并发生了履行问题的合同。所以解释的不是当前的事务，而是过往的事务。同时解释是解释者的主观活动，无论我们怎么去限定解释者，将解释者的素材限定于合同文本，将解释者的依据限定于法律，将解释者的知识背景限定于行业惯例或当事人之间的交易习惯，终究，解释是解释者的主观活动。总有一些无法被客观所限制、所左右的自由留存于解释者处，交由解释者自我构建。虽然我们不愿接受这个事实，因为这将侵害当事人对自我事务决定的意思自治权威，但是，既然当事人将其自我事物交由第三方（法院、仲裁）来决断，那么当事人就要接受这一弊端。

解释者解释的方向是当事人的主观真意。虽然解释者总有一部分决策的自

---

[1] 参见席志国："《民法总则》中法律行为规范体系评析"，载《浙江工商大学学报》2017年第3期。

由，但是其决策并不是毫无约束的，即解释者为了使其解释的结论具有正当性，除了法律所赋予他的形式上的正当性，解释者还需要以实质的正当性去论证其解释的正确。实质的正当性即当事人的真意。也就是说，解释者虽然身着法袍，手持法槌，高高在上地坐在当事人中间听当事人申辩甚至恳求，但是解释者最终做出的解释必须是以当事人真意为名义的，必须追求当事人的真意。他所论证的每一个细节意思，最终的落脚点都是当事人的真实意思。即使法律规范为当事人所补充的合同条款，也是解释者认为当事人在此情况下会有的意思。没有一个解释者敢公然作出结论，得出一项解释的结论，并明确表示该解释不是当事人的真意，这在合同领域不会发生。

三、事实与法律的双重属性

（一）事实在法律上的烙印

作为一项产生法律效果的意思表示，被我们指称为真意的并非纯粹的作为事实的真实意思，而是真实意思能够在法律上产生的后果，即真实意思能够在法律上留下的烙印。

作为推崇意思自治的民法学人，我们当然希望当事人拟定的合同文本就是当事人之间的法律规范，对当事人直接发生法律的强制力。但是，只要我们俯身考察纷繁复杂的司法实践，可以发现发挥法律效力的毕竟还是法律，不能被法律支持的当事人之约定不能产生强制执行效力。

甚至在民法人对合同效力进行证成的历史中，我们可以清晰地看到，当事人的意思直接发生法律效力，并非意思自治所争取到的地盘。[1]拉伦茨明确指出，意思表示是对一种指向引发某种法律效果之意愿的宣告。[2]可见，意思表示的结果是法律效果，而不是宣告。宣告只是主观意思的客观化表现形式，宣告是服务于法律效果的工具。无论是以交换正义还是慷慨美德去论证合同效力的来源，亦或是以原因或对价去论证合同效力的依据，意志决定论下的意思如果无法得到法律规范的认可（或最低程度的默许），终究无法取得法律的强制执行

---

〔1〕 参见李永军："契约效力的根源及其正当化说明理论"，载《比较法研究》1998 年第 3 期。参见[德] K. 茨威格特、H. 克茨：《比较法总论》，潘汉典等译，贵州人民出版社 1992 年版，第 590~595 页。

〔2〕 参见 [德] 卡尔·拉伦茨：《法律行为解释之方法——兼论意思表示理论》，范雪飞、吴训祥译，法律出版社 2018 年版，第 37~38 页。

力。[1]

如果非要对当事人意思的直接效力进行框定的话，该效力应限于商业信用所支撑的社会经济交往体系，人们基于对自身商业信用的维护而遵守其承诺，如果违反承诺，将减少合作的机会，作为商业信用体系上倒逼履约的"经济强制力"。从法律角度，这种非来自法律的约束力之债被概称为自然之债，[2]李永军教授将之进一步区分为自然之债（狭义）和非债，前者指具有一定法律的效力，但因欠缺法定要件而不被法律承认、不受法律保护的债，后者指来自道德、宗教等非法律的债。[3]

甚至意思表示的解释也并非旨在探寻表意人之内在意思，而在于查明其表示在法律上的决定性的意义。[4]真意探究之重点并不在于探究当事人的真意这一层级，因为当事人的真意本身并无法律意义，也不会当然产生法律后果。法律解释的过程（与设权过程相反）是将事实向法律规范进行归纳的过程，只有对事实提取至有法律意义的法律事实层面，才能够具有法律效力。正如拉伦茨所言："意思表示作为一个有意义的事件，其特征所产生的结果是，事实构成之认定并非以事实认定之终结而终结，而应当紧接着对事实的意义进行诠释，诠释的目的在于查明那些被法律秩序视为具有决定性的意义。"[5]其实不仅意思表示的解释，意思表示的实施过程中也需要在法律上产生效果。

（二）事实约束意思与法律约束力

一项意思表示要产生法律上的约束力，实际上有两层有关效力的内容。一层是表意人所表示的、意愿受到法律约束的意思，另一层是法律规范对意思表示进行评判，从而赋予意思表示相应的法律效果的过程。显然，前者是事实，后者是法律。最终形成的是出于事实层面的约束意思与处于法律层面的法律效果叠加的约束力。

为了进一步厘清构成约束力的两层内容，笔者对这两层有关效力的内容区分

---

[1] 参见［法］埃米尔·涂尔干：《社会分工论》，渠东译，三联书店2000年版，第76页。

[2] 参见费安玲主编：《罗马私法学》，法律出版社2020年版，第225页。

[3] 参见李永军："自然之债源流考评"，载《中国法学》2011年第6期。

[4] 参见［德］卡尔·拉伦茨：《法律行为解释之方法——兼论意思表示理论》，范雪飞、吴训祥译，法律出版社2018年版，第1页。

[5] 参见［德］卡尔·拉伦茨：《法律行为解释之方法——兼论意思表示理论》，范雪飞、吴训祥译，法律出版社2018年版，第12页。

如下：

一是来源不同。第一层的来源是意思自治，即当事人自身对相互关系的创设、变更和终结，是当事人主观意愿的客观表达。第二层的来源是法律规范，即法律规范基于对当事人意思表示的审视和评判，从而在现有规范体系中推导出的法律效果。

二是内容不同。两层内容虽然有交叉，但是第一层本质上说是一种对某种目的的追求，具有明显的当事人主观利益和个人色彩。第二层本质上说是法律规范对当事人追求的评价，具有明显的利益平衡属性和社会客观视角。

三是效果不同。第一层起到的效果是对受到某种约束的追求，本身不直接产生法律效果。第二层是法律对当事人意思表示进行评价后的结果，直接产出变更权利义务关系的法律后果。

故而，意思表示人的效果追求和法律秩序的效果评判有时会产生不一致的冲突，这种冲突就是意思表示瑕疵的处所之一，也是在事后反推意思的抓手。

第四节　合同真意的名实体现

当我们谈论名实不符时，必然要对具体什么是"名"、什么是"实"进行具体地援用，以解释当事人的真意。真意在"名"上的体现比较简单，即为合同文本。真意在"实"上的体现比较多样，"实"虽然是主观的内涵，但诉讼参与人必须通过外化的客观证据来佐证。哥伦比亚大学教授 Avery W. Katz 认为，合同实质（substance）与形式（form）解释的差别在诉讼中体现为解释素材限定范围的差异，主张限定的多为形式解释，主张不限定的多为实质解释。[1]波斯纳教授推崇不限定解释素材的解释方法，并将之与合同自由相关联。[2]而在我国的名实不符合同纠纷中，当事人所称的名为即合同文本上写明的合同类型，实为则是当事人从缔约行为、履约行为、交易背景、习惯惯例中证明的双方真实采用之合同类型。

故而，可以说对真意的争议，实际上是当事人双方对合同文本和合同文本以

---

〔1〕　See Avery W. Katz, "The Economics of Form and Substance in Contract Interpretation", *Columbia Law Review*, Vol. 104, 2004, p. 496.

〔2〕　See Eric A. Posner, *The Fall and Rise of Freedom of Contract*, Duke University Press, 1999, p. 61.

外的合同解释资源孰优孰劣的争锋。

莱昂哈德主张，解释的对象是全部的行为事实构成，包括了合同文本以外的沟通过程、交易习惯、公众认知、履行行为等。但是拉伦茨认为，这种判断混淆了解释的对象与解释的资源。上述体现于客观方面的可直接感知的资源只是进行意思表示解释时所使用的材料，并不构成意思表示解释时的对象（或目标）。解释的对象必然是某种意识，而且这种意识体现于具体化的交易之中。故而表现出的材料不构成解释的对象，这些材料只是进行意思表示解释的依据。[1]在本书中，笔者在此探讨的是解释的资源，而非解释的对象。

一、合同真意的名体现：合同书

合同书所体现的合同类型即拟制的合同类型。拟制的合同类型是指从当事人表意中所能简单、直接得出的合同类型，最直接的是合同标题所体现的合同类型，例如 XX 合作开发合同，XX 买卖合同。有的合同标题上并不能体现合同类型，例如实践中常用的以 "协议" "协议书"、盖章的 "会议纪要" 等来缔结和承载具有法律效力的合同，虽然合同标题上无法体现合同类型，但是合同的具体条款具有明显的合同类型的特征，例如对当事人主体称为 "供货方" "需方"，又如对给付行为称为 "借贷"，等等，这些表述方式在日常交易和诉讼案件中十分常见。按照惠灵顿维多利亚大学的 David McLauchlan 教授的理解，这些语词是当事人基于对合同类型理解，在意思表示中所使用的标签（label）。[2]

当然，理论上也存在合同书四角之内没有体现合同类型的文字，虽然这对当事人来说也十分难以做到，毕竟合同的法律语言本身就是来自交易实践的，并非法学家臆造的表达。不过，即使有这种情况，我们仍然能够从合同安排的一步一步给付行为中抽取出当事人想要直接表达的合同类型，即使这个合同类型是无名合同类型。

拟制的合同类型是直接、简单地体现合同类型的方式，即不需要通过复杂的真意探究以及对合同文本以外的外部资源的解释就能够实现的类型界定。在多数合同纠纷中，并不涉及名实不符的问题，这种情况下合同类型的界定并非当事人

---

〔1〕 参见［德］卡尔·拉伦茨：《法律行为解释之方法——兼论意思表示理论》，范雪飞、吴训祥译，法律出版社 2018 年版，第 37~38 页。

〔2〕 See David McLauchlan, "Form and Substance in Contract Damages", *Northern Ireland Legal Quarterly*, Vol. 70, No. 2., 2019, p. 221.

的争议焦点，法院也就不可能在合同文本之外再去组织双方费尽周折地进行举证证明合同类型。即拟制的合同类型是真实有效的合同类型，纠纷是在预设合同有效的前提下展开的对违约行为、违约责任的争辩。

（一）合意形成时点锁定的真意

乌尔比安在《论告示》中对当事人的合意作了非常精辟的描述："就像我们说汇合是指那些来自不同地方的人向同一地点聚集一样，汇合在另外一个意义上也是指不同的意向变为相同的意向，即达成一致"〔1〕。显然，我们所探究的对象，即当事人经过磋商所形成的合意。

王泽鉴先生总结我国台湾地区"最高法院"为合同解释设置的司法裁判规则中，重要的一条即"解释契约，应探求当事人立约时之真意"〔2〕。当事人合意的一个重要特征，即他们的合意形成于立约之时。之前和之后的都不是合意，除非他们对合同作了变更。

洪秀凤与昆明安钡佳房地产开发有限公司房屋买卖合同纠纷案中，最高人民法院二审认为，"重大交易的达成，本身在协商阶段就存在意思的变化。商定后履行阶段，尤其是发生争议后双方基于各自利益考量，从一些细节性证据上主张其他意思表示的，很正常，并不构成对原合意的更改或者明确……一项民事交易特别是类似本案重大交易的达成，往往存在复杂的背景，并非一蹴而就且一成不变。当事人的意思表示于此间历经某种变化并最终明确的情况并不鲜见。有些已经通过合同确立的交易行为，恰恰也经历过当事人对法律关系性质的转换过程。而基于各自诉讼利益考量，当事人交易形成过程中的细节并不都能获得有效诉讼证据的支撑。"〔3〕基于上述理由，最高人民法院二审认为应当查明的是签约时的意思表示，既不是签约前，也不是签约后。

（二）当事人合意的客观化

在以表示主义为根基的折中主义下，合同书四角之外都不能被认定为合同真意的载体，毕竟真意是合意缔结之时双方当事人在合同文本上固化的合意，单方的意思不是合同之双方法律行为的真意，双方缔约前的磋商意思与合同缔结之时有别，缔约之后双方的履行行为也可能基于单方利益发生偏差，因此，折中主义

〔1〕 优士丁尼：《学说汇纂》（第一卷），罗智敏译，中国政法大学出版社 2008 年版，第 251 页。

〔2〕 王泽鉴：《债法原理》（第一册），中国政法大学出版社 2001 年版，第 271 页。

〔3〕 （2015）民一终字第 78 号民事判决书。

认为合同的真意锁定在合同书四角之内。

李永军教授认为，合同虽然是当事人主观合意的产物，但合意一旦形成合同，便脱离了主观的范畴，"进入一个'无意志'的客观地带"。[1]

纪海龙教授总结，意思表示分为自然解释与规范（性）解释，自然解释是指当事人合意无瑕疵下对真意的解释；规范（性）解释是指在表意人的表意与真意偏离而相对人又不可知真意时，基于合同文本以外的情形对当事人合意的解释，纪教授认为意思表示解释是对自然解释和规范（性）解释的集合。[2]于程远老师在借鉴该分类并评价上述洪秀凤与昆明安钡佳房地产开发有限公司房屋买卖合同纠纷案时，认为对意思表示的解释，"并非发掘越深入，解释的结果就越正当，意思表示的文义始终是查明当事人真实意思的首要依据"。[3]

对合同真意解释究竟采主观主义还是客观主义并非大陆法系独有的思考和问题，只要合同理论是建立在双方当事人合意基础之上的，合同解释就无法回避当事人主观的意思、对方当事人理解的本方当事人意思（客观意思）之间的差异。

美国法要求有效的合同必须有 mutual assent（直译为相互同意，即合意）。马萨诸塞州 2006 年的一份判例中，[4]法官认为将 mutual assent 等同于 meeting of minds 很容易引人误解，实际上，马萨诸塞州法律所规定的有效的合同要件是客观的合意，而非主观的合意。马萨诸塞州 2013 年的一份判例中对这里的客观合意作了进一步的延伸，即从对方当事人之角度，以一般理性人的标准来理解一方当事人意思。[5]

客观主义倾向也体现在对承诺 acceptance 的解释上。严格地说，合同的内容都体现在要约 offer 和反要约 counter offer 上，承诺只有同意或不同意（部分同意本质上是反要约）。同时，承诺是 mutual assent 的另一半，具有当然的重要地位。

---

〔1〕　李永军："契约效力的根源及其正当化说明理论"，载《比较法研究》1998 年第 3 期。

〔2〕　参见纪海龙："走下神坛的'意思'——论意思表示与风险归责"，载《中外法学》2016 年第 3 期。

〔3〕　于程远："论法律行为定性中的'名'与'实'"，载《法学》2021 年第 7 期。

〔4〕　See "Although mutual assent is often misleadingly referred to as a 'meeting of the minds', the formation of a valid contract under Massachusetts law requires objective, not subjective" Intent. Nortek, Inc. v. Liberty Mut. Ins. Co., 843 N. E. 2d 706, 713-14 (Mass. App. Ct. 2006).

〔5〕　See "A party's intent is deemed to be what a reasonable man in the position of the other party would conclude his objective manifestations to mean." CSX Transp. Inc. v. ABC & D Recycling, Inc., No. 11-30268-FDS, 2013 WL 3070770, at *5 (D. Mass. June 14, 2013).

对承诺的解读就是对合同意思的判断。

同样以马萨诸塞州为例，2015 年的一份判例中，劳动者认为其签署劳动合同时，并不构成对附列的知识产权条款（职务智力成果的归属、应用、再开发等）的承诺，因为这些知识产权条款是特别条款，且以网络链接形式而不是全部文字直接作为附件的方式附属在合同上，故劳动者认为其承诺行为不涵盖这些知识产权条款。法官认为，虽然知识产权条款未在合同中全文列明，但是合同所附链接可以查看知识产权条款全文，故劳动者称其主观上未注意到知识产权条款，并不认可该知识产权条款的抗辩，与其两次签署上述合同的行为相左，应以其客观行为来判断其意思。[1]

无论我们在私法中如何推崇真意主义，意思表示的客观化是不能忽视的属性，在纠纷发生时，各方所要解释的真意只能是客观化的真意。

二、合同真意的实体现：外部资源

以合同文本为解释对象，并不代表合同文本以外的资源对合同解释没有意义，即使有着严格的合同解释口头证据规则的英美法，也允许合同的外部资源在特定的条件下被引入作为合同真意解释的依据，大陆法系也有相对完备的合同外部资源引入解释的条件和路径。[2]

（一）规范与惯例

合同解释是在诉讼背景之下进行的，指向的是裁判者的有权解释。裁判者不是当事人，对真意的探究即使竭尽所能也不过是法官所理解的当事人的真意，终究不是当事人的真意。法官在对当事人真意作解读时，必然离不开法律、习惯、惯例这些作为社会共有的公平正义理念，社会共有理念在合同解释中起到无法忽略的作用。

"证明体系的逻辑一致性要求某些特定的结论是一回事，但这并不是全部。法律的生命不在于逻辑，而在于经验。对时代需要的感知，流行的道德和政治理论，对公共政策的直觉，不管你承认与否，甚至法官和他的同胞所共有的偏见对

---

〔1〕 Ross W. GREENE, Plaintiff, Appellant, Cross-Appellee, The Center For Collaborative Problem Solving, Inc. , Plaintiff, v. J. Stuart ABLON, Defendant, Appellee, Cross-Appellant, General Hospital Corporation, a/k/a Massachusetts General Hospital, Defendant, Appellee. United States Court of Appeals, First Circuit. Nos. 13-2237, 13-2294, 13-2369.

〔2〕 参见雷继平：《论合同解释的外部资源》，中国法制出版社 2008 年版，第 4~5 页。

人们决定是否遵守规则所起的作用都远远大于三段论。法律包含了一个民族许多世纪的发展历史。它不能被当作由公理和推论组成的数学书。"〔1〕放在合同解释领域，法官在进行合同解释之时，即使没有法律的强制性要求，他也会自然而然将自己先验的来自社会公共领域的体现特定时期和地域的善良风俗的理念附加在合同的解释之中，即便这个过程不为解释者发觉。

　　规范是以法律强制力为背景对合同真意进行的补足解释，即笔者上文所述的规范的合同类型，而惯例则是以社会一般观念对合同进行的补充解释，即笔者上文所说的观念的合同类型。二者共同构成了当事人缔约的前提，二者又在合同的争议阶段作为裁判者对合同真意进行解释的前提。

　　（二）履行行为与缔约过程

　　在合同解释时，履行行为的作用有多大？我国法律或相应的司法解释并没有较多重视，履行行为在真意解释上并没有一个相对正式的"身份"。在《民法典》制定时，正式文本也未将履行行为作为合同解释的一个依据，第一百四十二条仍然停留在条款、行为的性质和目的、习惯以及诚信原则这些本质上属于意思的层面，并不认可不在意思层面而作为意思实现层面的履行行为。

　　意思是因，履行是果，从意思表示的正向逻辑来看，的确不宜将"果"再作为解释"因"的依据。但是，司法裁判就是从后向前进行反观的过程，裁判时意思表示早已完结，且意思表示的履行行为也已经发生，此时的不完全履行究竟是违约还是当事人的原意，裁判者作为第三人确实无法直接查明，从而只能退而求其次地使用履行行为来反推。这种对履行行为的重视，也可以被看作是逻辑向经验的妥协。

　　在我国的司法裁判中有不少探讨履行行为从而推导当事人缔约时合同真意的例子，这在本书的其他多个案例中有所体现。例如，在徐州大舜房地产开发有限公司诉王志强商品房预售合同纠纷案〔2〕中，被告作为购房人，本应依照约定在签约时支付购房首付款，并在取得房贷后，按照贷款合同定期支付贷款。但实际是，购房人的首付款、贷款均由开发商支付，开发商主张双方民事法律行为名为房屋买卖，实为"骗取"银行贷款供开发商使用。开发商的关键证据——房款

---

〔1〕〔美〕小奥利弗·温德尔·霍姆斯：《普通法》，冉昊、姚中秋译，中国政法大学出版社2005年版，第1页。

〔2〕"徐州大舜房地产开发有限公司诉王志强商品房预售合同纠纷案"，载《中华人民共和国最高人民法院公报》2013年第12期。

支付和贷款偿付行为均为签约后发生的履行行为，履行行为是反映当事人合同真意的重要体现，司法机关面对实践中的案件不得不予以回应，故而大量地触及履行行为对合同真意的解释。相较而言，立法的确落后于司法。

虽然我国当前经验上承认而逻辑上不承认履行行为在合同解释上的地位，但这并非国际通例，甚至也不是大陆法系的普遍做法。在比较法视野下，有一些立法或与立法有着相当效果的文件将履行行为作为合同解释的重要要素。比如《意大利民法典》第一千三百六十二条（缔约者的意图）："为了确定当事人的共同意愿，应当全面考虑契约成立后在内的行为。"[1]

除了履行行为外，缔约过程也能够反映当事人最初的意思以及最初的意思在磋商过程中不断发展、不断妥协、不断细化的变化之处，分析这些变化能够帮助裁判者解读当事人的真意。缔约过程连同履行行为在合同解释中的作用在美国《合同法重述》（第二次）也有相应的体现，第二百零二条对合同解释规则进行总结时，提到合同目的的解释要与订立过程、履行过程以及交易惯例进行互动并合理地保持一致。该重述在第二百零三条作了更进一步的规定，对合同解释时各要素的优先程度进行列举，明确了条款>履行行为>缔约过程>交易惯例的优先级顺序。与之相类似，美国《统一商法典》（UCC）第 2-202 条虽然否定了口头证据和缔约前的备忘录之合同效力，但是专门肯定了缔约过程、履约过程和交易习惯作为补充解释的法律地位。并且在第 2-208 和 1-205 条专门规定了条款>履行行为>缔约过程和交易惯例的优先级顺序。

美国法学会将履行行为提升到了非常高的地位，并且将履行行为与缔约过程、交易惯例等合同解释外部资源的优先级作了明确的规定，对我们理解合同解释的外部资源大有裨益。相较而言，交易习惯在我国《民法典》中被明确规定为解释的外部资源，但在美国法学会的判断中，交易惯例却排在缔约过程之后，更排在履行行为之后，这对我们重新审视缔约过程和履行行为有所启发。

笔者以为，美国法学会之所以将履行行为提升至如此高的位置，是因为在大量的判例支持下，法官通过有记录的方式大胆地将履行行为作为合同真意查明的方式，相较而言，我国法官一方面确实没有美国法官的裁量权大（在一般意义上），另一方面，我国法官即使较多地使用履行行为去解释合同，也可能因为裁

---

〔1〕 费安玲、丁玫、张宓译：《意大利民法典（2004 年）》，中国政法大学出版社 2004 年版，第 331 页。

判文书说理性较弱对这一部分的分析较少地着墨，导致从文书上并不能体现履行行为在合同解释上实际应有的地位。

第五节　名实不符合同真意的探究方法

英美法上的形式主义（form）法律推理与实质主义（substance）法律推理可以被简单区分如下：形式主义法律推理是将规则适用于事实从而得出结论的过程，不需要考虑规则背后的正当性问题，而实质主义的法律推理则是直接基于特定的正当性目的、正义观以及效率最优来进行法律评价和选择的推理方式。[1]放到合同解释领域，形式主义法律推理基于合同文本的表述适用对应的合同规则，从而得出裁判结果。而实质主义法律推理需要将合同进行拆解（"open it up"[2]），分析合同背后的经济实质、利益关系以及当事人的合理预期，并将之对应合同规则背后的正义观，从而全部、部分甚至完全不适用规则，最终实现合同裁判的实质正当性。看似更优的实质主义法律推理在实现实质正义的同时也增加了交易的成本，给裁判者的偏见提供了空间，使裁判结果更加不确定，并影响第三人的预期。

合同解释领域的形式主义法律推理与实质主义法律推理一定程度上可以对应大陆法上的表示主义与真意主义的合同解释和裁判路径。

哥伦比亚大学的 Avery W. Katz 教授认为，几乎所有的合同解释问题背后，都隐藏着合同实质与形式之间的冲突与调和（"almost all questions of interpretation implicate the tension between form and substance"[3]）。牛津大学教授 Atiyah 和 Summers 观察到，相较于英国法，美国法上的合同解释更具有实质主义气质。[4]不过，惠灵顿维多利亚大学的 David McLauchlan 教授分析了英国最高法院近几年的合同裁判后认为，英国普通法实践中的形式主义论证比重在减少，实质主义逐渐受到英国最高法院的推崇，尽管这种推崇是比较隐晦的，以"the form here is substance"的方式展开。尽管英美法论著中，有实质优于形式（substance over

---

〔1〕 See P. S. Atiyahm, R. S. Summers, *Form and Substance in Anglo-American Law*: *A Comparative Study of Legal Reasoning*, *Legal Theory*, *and Legal Institutions*, Clarendon Press, 1987, p. 2.

〔2〕 P. S. Atiyah, *Essays on Contract*, Oxford University Press, 1986, p. 116.

〔3〕 Avery W. Katz, "The Economics of Form and Substance in Contract Interpretation", *Columbia Law Review*, Vol. 104, 2004, p. 496.

〔4〕 See P. S. Atiyah, R. S. Summers, *Form and Substance in Anglo-American Law*: *A Comparative Study of Legal Reasoning*, *Legal Theory*, *and Legal Institutions*, Clarendon Press, 1987, p. 437.

form）的一般性态度，但是实质的优先性也要结合具体的场景，并非绝对。[1]

拉伦茨也表示，真意主义与表示主义之间并无当然的优先与劣后，二者的冲突与平衡是意思表示解释的常态。学理上对意思表示解释的研究，本身就是对真意主义、表示主义二元论冲突的克服和探索，这个过程中时而真意主义占上风，时而表示主义占主导。而意思表示解释问题就是对二元论之探索过程的审视和总结。[2]

不过，马尼希克从主客观的主次地位上论述真意主义与表示主义之间的关系，他认为表示主义是辅助性的解释方式，仅适用于真意未被相对人辨识或真意无法辨识之情形。笔者认为，马尼希克关于真意主义为主、表示主义为次的分类具有指导价值，但是也存在主次适用上缺乏可操作性的问题，如表示主义和真意主义相冲突下，是否一律以真意主义优先？这一点只要不绝对，那么真意主义为主、表示主义为次的顺位规则就不存在。

意思表示解释是一个将本身就包括主客观两方面的意思表示进行主观与客观交互作用的过程。虽然我们要强调解释者解释的是表意者的真意，但是一旦裁判者实施解释时，无论他如何努力也不可能使自己成为表意者，从而绝对区分自己的主观和表意者的主观，并对自己的主观进行屏蔽。可以说，意思表示解释就是主观主义（真意主义）和客观主义（表示主义）相互交织、互相作用的活动。

一、真意与表示的共同作用

合同真意解释，本质上是对意思表示的解释。因此，合同真意解释的问题，离不开大师们对意思表示解释理论的深厚的学术积淀以及深远的理论视野。合同真意解释一方面要受到意思表示解释理论的引导，另一方面也作为意思表示之名实不符的情形对意思表示解释理论进行一定的回馈。

（一）真意主义与表示主义的平衡

名实不符合同的真意探究需要结合合同的主观方面与客观方面进行综合评价，解释的过程是主观内容与客观内容循环假设和求证的过程，是目的与手段、真意与表见、当事人意思与社会规范互动的过程。

---

[1] See David McLauchlan, "Form and Substance in Contract Damages", *Northern Ireland Legal Quarterly*, Vol. 70, No. 2., 2019, p. 221.

[2] 参见［德］卡尔·拉伦茨：《法律行为解释之方法——兼论意思表示理论》，范雪飞、吴训祥译，法律出版社 2018 年版，第 10 页。

1. 表示主义与真意主义的发展史

罗马法早期，将合同效力与合同形式相结合，不具有法定形式的合同无法律约束力，[1]甚至学者认为，在罗马法早期，合意（consenso）并非契约之债的核心，[2]形式要件比内涵要件在赋予法律强制执行力上更具有正当性。当事人的真意必须附着于有法定效力的合同形式，相较客观的表现形式，主观的真意处于明显的弱势地位，因此，对真意的探究远不如对表现形式符合程度的论证重要。随着皇帝赦令与法学家的著作被赋予法律效力，对真意的解释才逐渐显现。[3]因此，到了优士丁尼《学说汇纂》广泛流传后，古罗马五大法学家之一乌尔比安的观点得以发挥影响，他认为，当事人就各事项达成一致，构成缔约之原因。"甚至，要式口约、典型的口头贸易也是无合意即不产生"[4]，使合意逐渐走向私犯之债以外的契约之债的核心，从而逐渐摆脱契约之债法定形式、法定类型的桎梏，当事人的真意被越发重视。

法国民法是中世纪之后，对罗马法吸收、借鉴和发扬的集大成者，经过多马、朴蒂埃、杜普里亚梅诺等法学家的努力，[5]在研究罗马法的基础上，将意思自治、真意解释的理念付诸《拿破仑民法典》，[6]《拿破仑民法典》第一千一百五十六条到一千一百六十四条条确认了真意优先于文本、实现合同目的、符合缔约习惯、体系解释、保护债务人、以可推知的当事人真意解释文本等合同解释规则。从这些条款来看，当事人的真意具有比表示更加优先的地位，合同的解释也是朝着实现合同目的、指向当事人真意的方向进行。

直至19世纪后期，萨维尼等法学家在罗马法的影响下，将主观主义的解释设置为解释理论的核心。[7]不过，以耶林为代表的法学家对主观主义提出了激烈的批评，认为在当事人之间产生法律效力的，终究是表示出的意思，而不是当

〔1〕　参见费安玲主编：《罗马私法学》，法律出版社2020年版，第256页。

〔2〕　参见李永军："论债因在合同法中的作用"，载《当代法学》2018年第2期。

〔3〕　参见王洪：《合同形式研究》，法律出版社2005年版，第18~20页。

〔4〕　[意]鲁伊吉·拉布鲁纳："单纯合意即形成债：论罗马债法中的合意主义——从历史的足迹到中国债法之引人注目的演进"，费安玲译，载费安玲：《私法要论——从罗马私法到现代私法》，中国政法大学出版社2019年版，第78~89页。

〔5〕　参见[英]约翰·麦克唐奈、爱德华·曼森编：《世界上伟大的法学家》，何勤华等译，上海人民出版社2017年版，第350~355页。

〔6〕　参见何勤华："朴蒂埃与《法国民法典》"，载《外国法译评》1996年第1期。

〔7〕　参见[德]海因·克茨：《欧洲合同法》，周忠海、李居迁、宫立云译，法律出版社2001年版，第156页。

事人保留的意思，表示才是法律行为解释的对象。[1]

拉伦茨认为，意思表示解释在学理上存在主观主义和客观主义，前者重视当事人的真意，后者重视表达（表见）与外部的规范（如诚实信用、交易惯例），二者本身并无优先劣后，冲突与平衡是意思表示解释的常态。学理上对意思表示解释的探究，本身就是对真意主义、表示主义二元论冲突的克服和探索，这个过程时而真意主义占上风，时而表示主义占主导。而意思表示解释问题的研究就是对二元论的探索过程的审视和总结。[2]

在鲁道夫·莱昂哈德和弗朗茨·莱昂哈德的客观主义论述之后，蒂策、厄尔特曼等学者认识到客观主义失之偏颇，从而在客观主义的基础上提出了修正的意见，一定程度上体现了主观主义在意思表示解释中的地位。

蒂策提出了如下的解释理论：仍旧以客观主义作为原则，只是在非交易性法律行为中，因无须受领人同意（承诺）即生效，故主观主义在非交易性法律行为中作为意思解释的原则。而在交易性法律行为中，客观解释仍旧是原则。蒂策区分交易性与非交易性法律行为的思路在我国《民法典》第一百四十二条[3]有所体现。交易性法律行为中区分了一般性客观解释和个别化客观解释。个别化客观解释是指当事人之间存在既有的特别关系，如交易惯例等，从而使当事人之间对某项表示有共同的特殊理解，此时可将共同理解并认可的客观要素作为意思表示解释的依据。与个别化交易相对的就是一般性交易。[4]蒂策理论的整体结构见下图：

---

[1] 参见董安生：《民事法律行为——合同、遗嘱和婚姻行为的一般规律》，中国人民大学出版社1994年版，第173页。

[2] 参见［德］卡尔·拉伦茨：《法律行为解释之方法——兼论意思表示理论》，范雪飞、吴训祥译，法律出版社2018年版，第10页。

[3] "有相对人的意思表示的解释，应当按照所使用的词句，结合相关条款、行为的性质和目的、习惯以及诚信原则，确定意思表示的含义。无相对人的意思表示解释，不能完全拘泥于所使用的词句，而应当结合相关条款、行为的性质和目的、习惯以及诚信原则，确定行为人的真实意思。"

[4] 参见［德］卡尔·拉伦茨：《法律行为解释之方法——兼论意思表示理论》，范雪飞、吴训祥译，法律出版社2018年版，第22页。

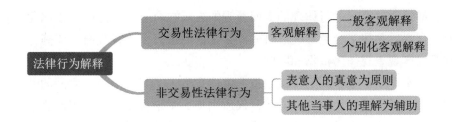

意思表示的主观依据以当事人的真意为体现，意思表示的客观依据以表见（对表示行为的理解）以及法律规范为体现。主观依据与客观依据难以说谁优先于谁。《德国民法典》第一百三十三条规定，"解释意思表示时，应当查明真实的意思，并且不得拘泥于所使用之表达的字面含义。"第一百五十七条规定："解释合同应当符合诚信原则的要求，并且应当考虑交易习惯。"这两条规定，前者显然是真意主义，以当事人之真意作为解释的目标，并特别强调了不拘泥于表达；后者显然是表示主义，起到了对真意之（部分）否定的效力。在论及两个条款的关系以及真意主义与表示主义的关系时，德国学者厄尔特曼在其名著《法秩序与交易习惯》中认为，单个意思表示解释的"射程"以第一百三十三条为限。第一百三十三条在适用领域上优先于第一百五十七条，即主观主义优先于客观主义。但是拉伦茨对此持不同观点，拉伦茨认为无论是一百三十三条还是一百五十七条，在适用相应条款进行意思表示（合同）解释时都不完整，各自具有明显的片面性，在适用中需要相互补足和相互限制。两个条款所体现出的主观主义与客观主义原本是对立的，但是这种对立本身就是一种平衡，有价值的恰恰就是这种对立。[1]

厄尔特曼对主观主义与客观主义的解释更加接近于本质。他认为，相较于客观表现，表意人的主观意见始终具有本质性、决定性意义。在探究真实意思时，要确保的是这一意思必须是与表示有关的、在表示之中的意思，而不是与表示背离的、与表示无关的意思。[2]笔者认同厄尔特曼的结论。主观意思虽然不是直接感知的，但是无论何时，主观意思都是客观表示的来源，是本质，是根，是魂，私法自治的理念必然推出所解释的是主观的意思。但是主观是不可被直接发

<hr />

〔1〕　参见［德］卡尔·拉伦茨：《法律行为解释之方法——兼论意思表示理论》，范雪飞、吴训祥译，法律出版社2018年版，第9页。

〔2〕　参见［德］厄尔特曼：《法秩序与交易习惯》，第60页。转引自［德］卡尔·拉伦茨：《法律行为解释之方法——兼论意思表示理论》，范雪飞、吴训祥译，法律出版社2018年版，第24页。

现的，都是通过客观进行体现的，而客观的表示在合意形成之时得以固化，在合意前、合意后存在于合意形成之时的差异。这时进行主观探究时，要确保任何解释都是以客观表现作为依据和限度。

马尼希克则从主客观的主次地位上论述真意主义与表示主义之间的关系，他认为表示主义是辅助性的解释方式，仅适用于真意未被相对人辨识或真意无法辨识之情形。马尼希克的论述实际上将真意主义与目的意思相联系、表示主义与效果意思相联系，认为真意主义是意思自治原则的体现，而表示主义是"表意人负责原则"的体现。[1]意思自治的含义很明确，表意人负责的含义即一个人对他人实施某种行为时，行为人须对其行为所具有的"表示价值"（表示之意义，即本书之表示行为）负责。

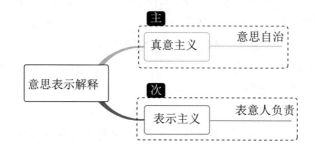

笔者认为，马尼希克关于真意主义为主、表示主义为次的分类具有指导价值，但是也存在主次适用上缺乏可操作性的问题，如表示主义和真意主义相冲突下，是否一律以真意主义优先？这一点只要不绝对，那么真意主义为主，表示主义为次的顺位规则就不存在。

主客观二元之间的平衡是以主观主义作为本质、来源，客观主义作为依据、限定，并且将主观从根本上优先于客观的理论，归根结底是尊重人的私法自治权利的理论。

2. 表示主义的证成角度：可归责性

表意人负责的含义即一个人对他人实施某种行为时，行为人须对其行为所具有的"表示价值"（表示之意义，即本书之表示行为）负责。

厄尔特曼认为，相较于客观表示，表意人的主观意见始终具有本质性、决定

---

［1］ 参见［德］马尼希克：《错误与解释》，第202页。转引自［德］卡尔·拉伦茨：《法律行为解释之方法——兼论意思表示理论》，范雪飞、吴训祥译，法律出版社2018年版，第29页。

性意义。在探究真实意思时，要确保的是这一意思必须是与表示有关的、在表示之中的意思，而不是与表示背离的、与表示无关的意思。[1]

笔者认同厄尔特曼的结论。主观意思不能被直接感知，它必须承载于客观的表示，客观表示与主观真意之间的对应程度，是当事人的技能体现。作为使用共同语言、在同一法域下的社会主体，承担着依照社会语言表达自己意思的义务，并对表达错误承担责任。例如，当事人使用"购销合同"表述合同类型时，解释者默认其意思为买卖合同，如果当事人不能通过其他表示的内容将其与之差异的意思进行准确的表述，那么当事人就不得不承担买卖合同的合同定性。

表示主义者认为，意思表示之所以有效力，来源于其可归责性。这一可归责性更像是行为能力（责任能力）问题，正向分析体现得不甚明晰，从反向分析的角度看，即在表意瑕疵的情形下才能明显体现出来。拉伦茨评述马尼希克的观点时称，人们需要对其行为负责是以其行为的可归责性为前提的。[2]在意思表示解释的背景下来看，即之所以将特定的意思表示为 A 目的意思、B 效果意思，是因为该行为使人认为其具有 A 目的意思和 B 效果意思，如果表意人就是该意思，那么问题不那么明显，也没有去探究真意的必要，当表意人的意思与之不同时，我们需要将表意人的意思解释为 A 目的意思和 B 效果意思，如当相对人回复同意时，A 目的意思和 B 效果意思的内涵在当事人之间构建、变更或消灭了权利义务关系，表意人之所以要承受与其主观方面（真意）不一致的法律关系，是因为表意人对意思具有可归责性，意思表示的主客观不一致过错在于表意人。

可归责性为表示主义提供了正当性的一个构建角度，同时也为意思表示解释以客观表示为依据、以客观表示为限度提供了理论支持，否则无法对抗真意主义的灵魂地位和意思自治的绝对正当性。可归责性是信赖利益保护的结果，在可归责性背后能够与意思自治在同一层面较量的是信赖利益保护。

梅迪库斯提出了更细致的讨论，他首先论证表示主义在合同解释中的重要地位，即合同"解释的目的并不是要确定表意人的真实意思。毋宁说，解释旨在查知相对人可以被理解为表示人意思的东西"。接着，梅迪库斯分析，这使得表意人承担了对其表示行为的无过错责任。但是在分析了耶林讨论的使用 10 年前菜

---

　　[1]　参见［德］厄尔特曼：《法秩序与交易习惯》，第 60 页及以下。转引［德］自卡尔·拉伦茨：《法律行为解释之方法——兼论意思表示理论》，范雪飞、吴训祥译，法律出版社 2018 年版，第 24 页。

　　[2]　参见［德］卡尔·拉伦茨：《法律行为解释之方法——兼论意思表示理论》，范雪飞、吴训祥译，法律出版社 2018 年版，第 31 页。

单点菜案例后，梅迪库斯认为，纯粹以受领人角度去分析当事人之间合意的法律效力并不妥当，需要予以矫正，矫正的目的是要顾及表意人过错程度，即相对人所受领到的意思表意人是否能够查知。[1]

更有价值的是在具体操作层面，当我们对某一存在争议的意思表示进行解释之时，若表意人所主张的意思与其他当事人主张的意思不同，那么我们除了考虑该意思是否能够从客观表述中解释推导出之外，我们还应当考量，造成表意人必须承受与其主观预设不一致的后果，表意人是否具有一定的过错（实践中，存在一部分表意人在发生纠纷阶段所主张的真意与其在合意形成阶段的真意不符，这是另一个问题）。至此，我们发现，表意人表示行为的可归责性，不仅为表示主义提供了正当性基础，还为表示主义设定了解释的限度。即在超出表意人真意进行解释时，表意人应有过错，否则，不能将表意人主观以外的、被相对人所查知的信息作为双方之合意，并以此来约束表意人。至于表意人过错的界定，则以表意人能否查知相对人基于其表示行为领会到超出表意人真意的意思为准。

表意的过错似乎是一个新课题，但实际上理论论证已久，真意保留、重大误解等都是表意过错的体现，如真意保留是表意人的主观意思未能体现在客观方面的总结，而重大误解则是表意人基于对相对人表意的错误认识，所做出的与自己真实意思不相符但是客观上与相对人意思表示相符的表意。是否存在过错有一个基本的评价标准，这一标准是以一般理性人的认识规律和表达方式作为基础，兼顾特定当事人之间所具有的交易惯例和意思表示共同习惯所刻画出的意思表示方式方法。偏离了这个方式方法，表意人就具有可归责性，就应当承受与其主观方面不一致的法律后果。如果我们认为表意人不存在过错，那么就不应当使其承受主客观不一致的后果。

3. 立法上的真意主义与表示主义倾向简评

没有一个国家的法律规定明确提出本国法律是真意主义还是表示主义，在当今各国立法之下，真意主义与表示主义必然处于相互平衡的状态。虽然可以以平衡来整体描述真意主义与表示主义的总体关系，但是二者之间的权重分配在不同法域，甚至在同一法域的不同时期也有所变化，如果以时间、空间相对宏观的角

---

[1] 参见［德］迪特尔·梅迪库斯：《德国民法总论》，邵建东译，法律出版社 2000 年版，第 239~242 页。

度来看，真意主义与表示主义呈现出天平两端此消彼长、周而往复的关系。[1]

我国《民法典》对合同解释的基本规定见于第一百四十二条，该条第一款规定了有相对人的意思表示解释，第二款规定了无相对人的意思表示解释，这一分类与蒂策区分交易性与非交易性法律行为的思路一脉相承，合同作为有相对人的意思表示应当按照第一款的规定进行解释，该款规定"有相对人的意思表示的解释，应当按照所使用的词句，结合相关条款、行为的性质和目的、习惯以及诚信原则，确定意思表示的含义"。该款中的词句、相关条款、习惯和诚信原则体现为表示主义，而目的（或还包括行为性质）体现为真意主义。但是该款显然属于真意主义与表示主义相平衡的条款。[2]不过，我们可以通过对比，尝试去探究我国法对真意主义与表示主义之间权重比例相对于其他法上的权重比例。

其一，对比该条第二款无相对人的意思表示的解释，"不能完全拘泥于所使用的词句，而应当结合相关条款、行为的性质和目的、习惯以及诚信原则，确定行为人的真实意思。"不能完全拘泥于词句就是在消减客观主义，并且最终收尾于真实意思。可见，合同的解释的客观性较单方意思表示的解释更强调表示主义。李永军教授认为，在无相对人的意思表示解释规则中确立诚信原则并无必要，因为此时无需平衡双方的权利义务关系，而只需要考虑表意人的真实意思。[3]

其二，我们可以尝试对比《德国民法典》的规定，毕竟我国的民事立法很大程度上受到德国法的影响。《德国民法典》对意思表示解释由第一百三十三条和第一百五十七条搭建制度基础，[4]第一百三十三条规定"解释意思表示时，应当查明真实的意思，并且不得拘泥于所使用之表示的字面意义"[5]。但从文字来看，该条的用语多次与我国《民法典》无相对人意思表示相重叠，包括查明真实的意思、不拘泥于文义等，对真意主义的强调比较明显。再看第一百五十七条，该条规定"解释合同应当符合诚信原则的要求，并且应当考虑交易习惯"，诚信原则与交易习惯是表示主义解释的依据，故表示主义又在第一百五十

---

〔1〕 参见杨代雄："意思表示解释的原则"，载《法学》2020年第7期。

〔2〕 参见朱晓喆："意思表示的解释标准——《民法总则》第142条评释"，载《法治研究》2017年第3期。

〔3〕 参见李永军："论民法典合同编中'合同'的功能定位"，载《东方法学》2020年第4期。

〔4〕 参见［德］迪特尔·梅迪库斯：《德国民法总论》，邵建东译，法律出版社2000年版，第236页。

〔5〕 杜景林、卢谌译：《德国民法典》，中国政法大学出版社2014年版、第27页，第31页。

七条作为合同解释（第一百三十三条是意思表示解释，包含单方意思表示和双方意思表示）的一般规则，对真意主义进行平衡。

不过，梅迪库斯却在其民法巨著《德国民法总论》中对《德国民法典》的上述安排提出了批评。他认为"两条法律规定的具体行文，也是不成功者甚于成功者"，第一百三十三条过于强调表意人的单方意思，第一百五十七条着重于信赖保护的区分并不能体现合同解释的规则，至多可以理解为有相对人的意思表示和无相对人的意思表示在解释上的真意主义与表示主义权重上的区分。即有相对人的意思表示解释中表示主义的权重重于无相对人的意思表示解释。

梅迪库斯甚至直接指出，有相对人的意思表示"解释的目的并不是要确认表意人的真实意思。毋宁说，解释旨在查知相对人可以被理解为表意人意思的东西"。可见，梅迪库斯将合同真意视为可被相对人理解的真意，而非当事人一方的真意。不过，梅迪库斯也同意弗卢梅和卡纳里斯的观点，如果受领人所理解的范围超出了表意人可查知的情形，那么除非表意人有过错，否则表意人不承担超出其可知自己表意范围的责任。[1]

再看我国台湾地区的规定，台湾地区"民法"第九十八条规定"解释意思表示，应探求当事人之真意，不得拘泥于所使用之词句。"该条文与《德国民法典》第一百三十三条之规定基本相同，不过该法并无《德国民法典》第一百五十七条之规定。按照王泽鉴先生的意见，虽然台湾地区"民法"按照真意主义对意思表示解释进行规定，但是实践中完全以真意主义解释合同显然不妥，有违合同的"社会性"。[2]王泽鉴先生提出，进行合同解释时，应符合6个标准：依据合同文义、通观合同全文、斟酌订约事实及资料、考量合同目的经济价值、参考交易习惯、坚持诚信原则。[3]为了矫正立法上的偏失，台湾地区"最高法院"设置了合同解释的司法规则，包括文义解释、体系解释、历史解释（缔约过程）、目的解释，以及参考交易惯例和诚信原则解释。

可见，即使我们从法典法国家关于意思表示解释的条文差异上能够看出一些真意主义与表示主义的权重差异，在学者看来，司法裁判并不能以那些立法文字上的差异去增加或减少真意主义与表示主义的权重，二者之间总是应当处于均衡

---

〔1〕 参见〔德〕迪特尔·梅迪库斯：《德国民法总论》，邵建东译，法律出版社2000年版，第241~242页。

〔2〕 参见王泽鉴：《债法原理》（第一册），中国政法大学出版社2001年版，第269~270页。

〔3〕 参见王泽鉴：《债法原理》（第一册），中国政法大学出版社2001年版，第239页。

的状态，并各自发挥其在合同真意解释上的作用。

（二）合同真意解释的内外部影响因素

法律所解决的意思表示解释问题是在诉讼环境之下的，即此时的意思表示已经完结，意思表示的客观内容已经确定，双方当事人对意思表示的解释不一。这是意思表示解释与意思表示或意思表示作出相对重要的特征。这些特征决定了意思表示解释除了要重视意思表示这个目的意思和表示行为两个要素之外，还要关注解释的外部影响因素。

德国学者考夫曼认为，即使是法律这样远远比合同精确的文字，在立法者完成立法文本颁布后，制定法都会因法律适用者对其的解释而获得比立法者预设的内容更加丰富的内涵。用考夫曼的话说"从制定法中可以解读出立法者根本未做规定的判断"。[1]

原因在于，解释本身是将客观化的事物联系主观化的过程，此时必然会包含解释者的理解和领悟，解释者将不自觉地以其经验作为解读合同文本的大背景，这些经验包括解释者自身的生活经历所形成的公平正义观念，也包括社会知识传达给解释者的间接经验。

合同解释可以被看作是合同内部的原因、目的意思、效果意思、表示行为等与合同外部的表见、规范互动的过程。

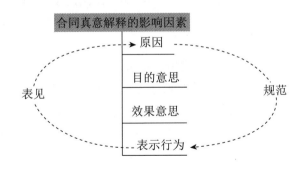

合同真意解释的影响因素

比目的意思更上位的内涵是缔约的原因，双方当事人缔约原因并不相同，但要一致，即应是非冲突性的。如前所述，一方为获取欠款，愿意出让房产，另一方为获取房产，愿意支付对价，这就是不相同但相一致的原因。各方的缔约原因

---

〔1〕　［德］亚图·考夫曼：《类推与"事物本质"——兼论类型理论》，吴从周译，学林出版社 1999年版，第 95 页。

有明显的自利性，体现了自我为中心的第一人称属性。

同时，合同原因是整个意思表示的统领和主线，它支配着意思表示从酝酿到发生再到传达，贯穿着对效果意思和表示行为的解释。

如海因里希·迈尔所言，如果意思表示所指向的法律效果不是当事人所意愿和追求的，而是其基于客观理性所判断的，那么这不构成意思表示，意思表示必然是具有一定情感性想法的表达，是以特定事实应当发生效力为内容的意志决定。按照拉伦茨的总结，这种想法是对某种效力的追求，而不是对某种意愿的宣告。[1]

不得不承认的是，真意探究之重点并不在于探究当事人的真意这一层级，因为当事人的真意本身并无法律意义，也不会当然产生法律后果。法律解释的过程（设权过程相反）是将事实向法律规范进行涵摄的过程，只有对事实进行提取至有法律意义的法律事实层面，才能够具有法律效力。正如拉伦茨所言："意思表示作为一个有意义的事件，其特征所产生的结果是，事实构成之认定并非以事实认定之终结而终结，而应当紧接着对事实的意义进行诠释，诠释的目的在于查明那些被法律秩序视为具有决定性的意义"[2]。

上述内容比较抽象，笔者试举两例来诠释其内涵：

案例一：甲男与乙女恋爱，甲在乙生日时送给乙一条价值1 000元人民币的项链，后甲乙分手。甲欲将项链索回，理由是其送给乙项链的前提是双方的恋爱关系，以及对双方未来结婚的预期，现双方恋爱关系终结，无结婚之可能性，故要求乙退还项链。

案例二：甲男与乙女恋爱，双方已见过对方父母，并沟通了明年结婚的事宜。为了使双方有稳定的居所，结合城市习惯，甲男父母支付100万元支付首付购买房屋，因该城市具有户籍政策限制，女方有该市户籍，男方暂无，故房屋在双方结婚前只能登记在女方名下。后双方感情破裂未能成婚，现男方向女方主张返还房屋，女方认为房屋系赠与不予返还。

两起案例简单看均为男方出钱，女方受益，均为恋爱婚姻过程中发生的财产关系，均以恋爱、婚姻关系的存续和预期作为法律行为产生的基础，但是这一基

---

〔1〕 参见〔德〕卡尔·拉伦茨：《法律行为解释之方法——兼论意思表示理论》，范雪飞、吴训祥译，法律出版社2018年版，第50~53页。

〔2〕〔德〕卡尔·拉伦茨：《法律行为解释之方法——兼论意思表示理论》，范雪飞、吴训祥译，法律出版社2018年版，第12页。

础在解释过程中是否构成法律上的基础，存在不同。案例一中，男方将项链在女方生日时送给女方，确实具有双方系恋爱关系的前提，不承认这一前提显然与当事人的真实意思相悖，但是这一前提并不构成法律规范中意思表示的前置条件，不构成双务合同，也不构成附条件法律行为，而是普通的赠与行为。此案例中，恋爱关系的存续以及对结婚的逾期未被吸纳进入法律关系中。案例二中，房产的价值与 1 000 元的项链相比不可同日而语，并且为结婚而买房确实反映了社会一般认识，甲方婚前出资登记在乙方名下的房产显然应被认定为附条件的赠与（解释为双务合同似乎不妥），在未能结婚情形下，撤销该赠与具有法律上的基础。案例二与案例一均处在恋爱期间，似乎均具有结婚之目的，但是，赠与是否以结婚作为前提这一点上具有区别。不过，这一区别有时会显得模糊，比如婚前一个月赠与的价值 100 万元的戒指，未能结婚的是否可以索回？如果可以，结婚后离婚的是否可以索回？如果可以，假如甲方系富豪，经常赠与不同女性价值百万元财物，该财物是否可以索回？

案例反映的不仅仅是财产价值的影响，更多的是反映某些具有经济上、道德上、情感上意义的因素，是否在法律上能够被接受和实现相应法律效果，需要结合一般社会观念进行分析判断。

二、实为是探究的方向

（一）实为具有私法自治下的当然权威

合同类型是为当事人真意服务的，法律规定、社会秩序、裁判者解释的权威性所确定的合同类型，无论是有名合同还是无名合同，都是为了追求完全地实现当事人的真意。无论是裁判者对习惯、惯例的理解，还是其熏陶于法律文化形成的公平正义观，甚至是具体合同类型规范的直接规定与补足，归根结底，都是外部环境为当事人所预设的、默认善良当事人在形成合意时会接受的内容，是拟制的当事人真意，即默认的"实为"。

为了确定名实不符合同的合同类型，我们使用了法律科学中的一般性技术——三段论，使用了立法者所指定的大前提——法律，并由裁判者以基于司法权威对当事人之间就合同类型的争议进行权威裁定，并将裁判者的偏见作为当事人必须服从的"合同真意"，这一切来自当事人以外的思维方式、规范内容。裁判者权威看似游离于"实为"以外，实际上是社会规范对"实为"的一般性总结，并且这个总结总是指向当事人的合意，如果总结与合意有差异，只要这个差异能够被证明，那么原则上就应当让位于当事人的个性化"实为"真意。

可以说，在合同的王国，"实为"的真意具有当然的权威。无论何时，"实为"都是"名为"的来源，"实为"是本质，是根，是魂，私法自治的理念必然推出所解释的是"实为"的主观意思。

（二）维护名为的口头证据规则并不排斥实为

在洪秀凤与昆明安钡佳房地产开发有限公司房屋买卖合同纠纷案中，最高人民法院二审认为，合同属于原始证据、直接证据，除非确有履行行为证明的内容与合同相冲突，否则不能轻易推翻合同文本的优先证明效力。[1]与此证据规则相当，美国合同法下有口头证据规则，该规则是维护"名为"类型的规则。

口头证据规则（parol evidence rule）是美国合同法上的一条重要的合同解释规则，它的基本含义是：口头证据（包括当事人之间的言辞、邮件和短信往来、磋商过程等）不能用以增加、减少、变更书面协议的内容，除非该书面合同是不完整的、有明显歧义的或是存在欺诈、重大误解等合同效力瑕疵情形。[2]口头证据规则的基本原理是，书面协议是具有绝对效力的协议，那些最终没有被当事人选择纳入书面协议的内容是双方当事人考量的结果，没有被纳入说明双方对此内容未能达成合意，或者双方即使达成合意也没有赋予该内容以法律上的约束力。[3]口头证据规则建立的前提是理性人假设，即当事人对合同文本的确立是谨慎的，对合同用语的选择是精确的，对未纳入合同的内容不具有法律效力是明确知悉的。口头证据规则是一项排除性规则，它的本质是排除口头证据，维护合同文本的书面证据。合同文本作为当事人表示最正式的成果，是表示主义的精华所在，也是表示主义对抗真意主义的一般理由。

不过，口头证据规则与其他法律规则一样，都有例外适用的空间，[4]即上述"除非"的范围。伴随着英美法法官造法的驱动力，实质（substance）主义

---

〔1〕 （2015）民一终字第 78 号民事判决书。

〔2〕 参见［英］伊丽莎白·A·马丁编著：《牛津法律词典》，蒋一平、赵文伋译，上海翻译出版公司 1991 年版，第 358 页。See also Eric A. Posner, "Parol Evidence Rule, the Plain Meaning Rule, and the Principles of Contractual Interpretation", *University of Pennsylvania Law Review*, Vol. 146, No. 2., 1998, p. 533.

〔3〕 参见［美］约翰·卡拉马里等：《美国合同法案例精解》（上册），王飞译，上海人民出版社 2018 年版，第 267~268 页。

〔4〕 原则与例外作为一对范畴共同组成一套法律规范，产生相应的法律效果。参见易军："原则/例外关系的民法阐释"，载《中国社会科学》2019 年第 9 期。

法律推理强势扩张，口头证据规则中的"除非"范围逐渐扩大，[1]这也给了"实为"的合同类型适用机会。同时，由于美国各州之间司法裁判权的独立性，各州法院之间对口头证据规则适用的严格程度也有不同，例如加州和新泽西州较松，而弗吉尼亚州和德克萨斯州较紧。[2]在特定的情形下，美国法允许书面协议以外的证据进入事实查明的范围，从而以此确认当事人之间的合意。[3]一般而言，影响合同效力的外部证据能够作为相应的当事人合意解释依据，比如证明欺诈的证据。[4]之所以有此例外，是因为口头证据规则据已建立的前提存在假设性，实际的当事人总是或多或少地存在不那么谨慎、不那么精确、不那么明白的情形，可能对合同谈判过程很重视，但对合同文本确立不够谨慎，对合同用语不精确，并且未能意识到那些未纳入合同文本的信息不具有法律效力。

口头证据规则确立于1897年的Bank of Australasia v Palmer案[5]，在其后的大量案件中，不同法院对该规则作了进一步的探索和延展，[6]当前在美国《合同法重述》（第一次）第二百三十七至二百四十条，《合同法重述》（第二次）第二百零九至二百一十六条，美国《统一商法典》第2-202条以及《国际商事合同通则》第2.1.17至2.1.18条中均有对口头证据规则的规定。例如，《合同法重述》（第二次）第二百零二条，如果可查明，当事人的合同目的应予以充分考虑（given great weight），对当事人合同目的的解释要考虑缔约过程、既往行为（relevant course of performance）、履约行为（course of performance）以及交易惯例。为了在更广阔的范围适用合同文本以外的证据来进行合同解释，《合同法重述》（第二次）第二百一十条还将合同分为完全不可分割的合同（COMPLETELY INTEGRATED AGREEMENTS）和部分不可分割的合同（PARTIALLY INTEGRATED AGREEMENTS），其中完全不可分割的合同是当事人完整、规范、精确的表

---

[1]　See P. S. Atiyah, *Essays on Contract*, Oxford University Press, 1986, p. 116.

[2]　See Robert E. Scott, "The Uniformity Norm in Commercial Law: A Comparative Analysis of Common Law and Code Methodologies", in *Jody S. Kraus, Steven O. Walt eds.*, *The Jurisprudential Foundations of Corporate and Commercial Law*, Cambridge Universtiy Press, 2000, pp. 167-169.

[3]　参见陈慧芳编著：《英国商务法律》，立信会计出版社2008年版，第116~117页。

[4]　口头证据规则是欺诈法令的典型适用类型，往往即通过合同文本以外的证据证明当事人合意上的瑕疵，从而修正甚至否认合同文本上的表示。参见［美］罗杰·勒鲁瓦·米勒、盖勒德·A. 詹提兹：《汤姆森商法教程》，阎中坚等译，中国时代经济出版社2003年版，第183~186页。

[5]　Bank of Australasia v Palmer, Privy Council (Australia), [1897] AC 540.

[6]　Mlitchill v Lath, 247N. Y. 377, 160N. E. 46 (1928).

达，当事人有意将合同文本形成之前的所有合意排除在效力之外，对此，合同以外的证据原则上不能用于解释合意，除非该外部证据与合同文本本身是相一致的。而部分不可分割的合同原则上允许合同文本以外的内容作为合意解释的依据，甚至可能因为外部证据将合同文本之含义进行改变。

笔者十分赞同对完全不可分割合同与非完全不可分割合同的分类，这一分类的最大价值在于承认非完全不可分割合同的普遍存在，这与合同订立的现实民商事生活匹配程度较高，现实中，除非双方均有律师在场，否则很难说双方所订立的合同是规范的、精确的、周延的，毕竟，在大量的合同磋商和订立场合下，当事人只是拿一个合同模板"填录一下"，确实有一些重大的意思可能在合同中表述，一般的、未充分考虑和预估的风险有时并不能准确和周延地表达在合同文本之上。甚至在某些有律师参与的合同中，我们也可以在未来纠纷中发现，那些看起来冗长、啰嗦、繁复、细致的合同，也有不少遗漏了重要信息，或是将重要情形模糊化约定的例子。

由于口头证据规则不仅仅是关于对合同以外的证据是否排除的程序性规则，更本质的是对当事人在规范化表示之外的"实为"证据是否采纳的规则，尤其是当事人的真实意思与表示之内容不那么一致之时，[1]故而有学者将之列为实体法规则，[2]笔者十分赞同。

"名为"的合同类型以当事人的客观表示作为解释的依据，而这个客观表示又有广义和狭义之分，狭义的客观表示仅指双方签署的合同（包括补充协议等正式的合同），广义的客观表示除了正式签署的合同之外，签约前的沟通证据（邮件、短信、微信、电话录音、既往交易习惯，等等）均构成表示主义解释的依据，只是非正式的沟通证据在效力上一般弱于正式的合同条款。将客观表示限定在正式的合同文本，有助于使当事人的表示更加精准和慎重，毕竟谈判过程中双方意思是不断发生变化甚至非真实流露的，这种捉摸不透、随意更改的表示与表示主义严谨、精确的气质不相符合。然而，限定于合同文本的"实为"，给"实为"设置了一道枷锁，使得合同解释的依据十分限定，拒绝合同文本以外的证据作为解释的依据可能产生与当事人真意不相符合的结果，即使这种不相符合难以

---

〔1〕 原文为 "the true intent of the parties when such is not readily ascertainable from the terms of the writing."

〔2〕 See Paul R. Jackiewicz, "Evidence——The Parol Evidence Rule: Its Narrow Concept as a Substantive Rule of Law", *Notre Dame Law Review*, Vol. 30, No. 4., 1955, p. 653.

察觉，也能够察觉这种限定可能导致一些有违常理的解释。更何况，合同文本以外的证据也是"实为"的表示方式，只是这种方式不是正式的方式，不能因为其非正式性，就否认其也是当事人意思流露的结晶，在合同文本解释出现争议时，有必要打开证据的大门，让合同文本以外的非正式表示方式进入解释考察的对象范围。

在对口头证据规则进行司法实践考察之后，Eric A. Posner 指出，根据人们对口头证据态度的不同，可将裁判者分为保守派（hard-PER）和开放派（soft-PER），保守派倾向于不接纳外部证据，开放派倾向于接纳外部证据，无论哪一派，其对外部证据的排除或接纳均非绝对化。并且，真正让大家去考虑的问题——如争议的合同文本是否具有完整性、条款是否有歧义——是一个见仁见智的难题，再冗长的合同也可能不完整。英美法所谓为 merger clause（合并条款，我国商事合同也比较常见）[1]一定程度上流于形式，并不能绝对地对抗外部证据。[2]

美国加州最高法院 1968 年由全体法官共同审理（en banc）的经典案例 Pacific Gas & Elec. Co. v. G. W. Thomas Drayage & Rigging Co，对该问题进行了比较透彻的讨论。该案中，被告是服务提供方，原告是服务接收方，被告提供的服务是以包工包料的方式为原告更换蒸汽机的金属盖。书面合同明确约定被告在为原告提供服务时自担风险和费用，并写明：被告向原告"补偿履行合同过程中产生，或者与履行合同相关的所有损失、损害和支出，并承担相关责任"。[3]为确保这一义务的履行，被告同意投保不少于 5 万美元的保险，对可能造成的损害进行赔偿。然而，合同履行过程中，涉案蒸汽机上的金属盖脱落，损坏了原告蒸汽机外的转片，修复转片等设备和材料合计花费 2.5 万美元。原告主张被告应当依照上述承诺赔偿，被告拒绝，理由是被告认为上述条款的意思是赔偿因其服务行为给第三人造成的损害，而非给原告造成的损害。故本案的争议焦点之一即上述合同的赔偿责任是否限定于对第三人的损害，服务提供方给服务接受方造成的设

---

〔1〕　英美法的合并条款基本内容是本合同是当事人最终的合意，它合并了当事人先前的所有谈判情况，任何与本合同不相符合的信息均非双方当事人最终有效的合意。

〔2〕　See Eric A. Posner, "Parol Evidence Rule, the Plain Meaning Rule, and the Principles of Contractual Interpretation", *University of Pennsylvania Law Review*, Vol. 146, No. 2., 1998, p. 533.

〔3〕　"indemnify（plaintiff）against all loss, damage, expense and liability resulting from …injury to property, arising out of or in any way connected with the performance of this contract.（Defendant）also agreed to procure not less than ＄50 000 insurance to cover liability for injury to property."

备损害是否被上述合同条款所涵盖。

被告为了证明上述条款仅指向对第三人的损害，被告向法庭提交了合同以外的证据，包括原告代理商对被告观点的认可，被告之前与原告在类似合同项下发生类似问题时双方的处理等，这些证据均指向被告不承担对原告的损害。初审法院认为，虽然这些证据能够指向上述条款针对的是对第三人的损害，但是由于本案中的正式合同文本写得十分清楚，按照合同文本来看包含了服务提供者对服务接受者的财产损害，故在合同文本含义不存在模棱两可的情形下，合同以外的证据不被纳入合同解释考量的范围，初审法院据此裁判支持了原告的主张。

被告不服并上诉至加州最高法院，加州最高法院的法官们回顾了一些在先案例，[1]这些案例中，法官认为合同与具体当事人的意图无关，合同只是法律强制力在当事人和行为（主要是合同文字）上的具象化体现，这些体现也是法律已经预设过的合同目的。[2]

加州最高法院的法官们反思，文字只是人们思想的指代，同时，文字与思想之间的关联不可能是绝对的、不变的。更何况，人们对文字精准使用的这种追求以及基于此种追求的自信并非贴合当前的现实，完美的文字表达以及确信所表达的文字是准确无误的，这只是一种理想主义的自信。法官认为合同文本已经做了准确的表达，这只是法官的看法，这种看法所预设的前提是合同文本的表达准确无误，这一预设本身就站不住脚。这种预设可能导致对合同文本的解释只是符合了法官的意思，与当事人的真意可能不符，故而不应当简单排除合同文本以外的证据。更何况，人们对文本的解读都是在特定的环境之下的，这种环境包括文本的上下文语境，也包括解读者的生产生活环境和个人价值观点。为了使法官处在当事人的特定环境之下对合同文本进行解读，有必要使合同文本以外的证据进入法官考察的视野。

在该案中，法官们认为合同权利义务的渊源是当事人的主观意思，而不是合同的文本。合同文本是解释当事人意愿的主要依据，而非唯一依据。本案服务提供方提交了合同文本以外的证据，以此来证明签约时双方当事人的主观意图是仅

---

〔1〕 Hotchkiss v. National City Bank of New York（S. D. N. Y. 1911）200 F. 287, 293. See also C. H. Pope & Co. v. Bibb Mfg. Co. （2d Cir. 1923）290 F. 586, 587.

〔2〕 "A contract has, strictly speaking, nothing to do with the personal, or individual, intent of the parties. A contract is an obligation attached by the mere force of law to certain acts of the parties, usually words, which ordinarily accompany and represent a known intent."

赔偿对第三人的损害，不包括接受服务一方自身的损害。初审法院未采纳该证据，理由是这些证据形成于合同之外，超出了合同解释的范围。而加州最高法院认为，当一方当事人能够提供合同文本以外的证据，证明其合同文本具有文字直接含义以外的、反映合同目的的、合理的证据时，应当给予相应的证据资格，而不是将之排除在法庭证据之外。这种将合同以外的证据作为当事人之间法律关系的证据之行为，本身是对真意主义的尊重，更是在司法实践中将已被桎梏的表示主义进行解放。

笔者思考，本案对合同真意解释的价值是，与其说合同以外的证据超越了"名为"，不如说合同以外的证据是广义的"名为"所涵盖的内容。从这个角度上讲，"实为"与"名为"在一些层面呈现水乳交融的状态，那些未被规范化、正式化、绝对化的表示能否被采纳，更多的是体现真意解释在合同解释中的地位，我们在口头证据规则之下适用作为例外的非正式表示时，就是在适用"实为"。

与口头证据规则类似，在美国司法实践中，当事人可以签订禁止口头修改（non-oral-modification clauses）的合意来限制合同书以外的解释资源的运用，甚至美国《统一商法典》第2-209条也明确支持了当事人这种合意的效力。但是，这也不能绝对排除放弃或禁反言的衡平法理论去查找合同书以外的解释资源。[1]

（三）穿透式审判思维探讨

2019年7月，最高人民法院领导在全国法院民商事审判工作会议上强调："要树立穿透式审判思维。商事交易如融资租赁、保理、信托等本来就涉及多方当事人的多个交易，再加上当事人有时为了规避监管，采取多层嵌套、循环交易、虚伪意思表示等模式，人为增加查明事实、认定真实法律关系的难度。妥善审理此类案件，要树立穿透式审判思维，在准确揭示交易模式的基础上，探究当事人真实交易目的，根据真实的权利义务关系认定交易的性质与效力。"[2]在最终印发的《全国法院民商事审判工作会议纪要》中，除保留"穿透式审判思维，查明当事人的真实意思，探求真实法律关系"之外，还特别提出了"特别注意

---

〔1〕 See Avery W. Katz, "The Economics of Form and Substance in Contract Interpretation", *Columbia Law Review*, Vol. 104, 2004, p. 496.

〔2〕 刘贵祥：《刘贵祥专委在全国法院民商事审判工作会议上的讲话》，2019年7月。

外观主义系民商法上的学理概括，并非现行法律规定的原则……外观主义是为保护交易安全设置的例外规定，一般适用于因合理信赖权利外观或意思表示外观的交易行为。"

穿透式审判思维在《全国法院民商事审判工作会议纪要》的人民法院传达学习时被作为本次纪要的标签予以强调，并作为合同效力的审理部分进行重点讲解。[1]

2023年12月5日，最高人民法院民二庭、研究室负责人就《最高人民法院关于适用〈中华人民共和国民法典〉合同编通则若干问题的解释》记者问时表示，"'阴阳合同'和'名实不符'的认定与处理，则要求法官在民商事审判过程中要做到透过现象看本质"。无论是穿透式审判思维还是透过现象看本质，都明显地指向了实为的解释目标和裁判态度。

1. 穿透式审判思维指向实为

何谓穿透式审判思维？刘保玉教授和梁远高博士认为穿透式审判思维是功能主义视角下对当事人真实合同目的的揭示。[2]赵姿昂博士将穿透式审判放在金融大监管的框架下予以审视，裁判者应当积极地实施穿透式审判，甚至"适度突破不告不理原则和合同相对性原则"，向上识别出最终投资者，向下发现实际资金使用方，以此打通资管交易中委托人、被委托管理人、融资方、受益人、担保方等多主体之间层层嵌套的法律关系，展现当事人的真实意思，并综合运用不同的部门法予以裁判和规制。[3]蒋大兴教授则从行政监管的立场和司法裁判的效果的一致性上讨论了穿透式审判思维在信托通道业务合同纠纷中的逻辑进路。[4]基于九民纪要的表述，笔者将穿透式审判思维总结为在商事审判中，不以当事人之间表面的合同认定其权利义务关系，而是在探究当事人真实交易目的的前提下，根据当事人真实的权利义务关系认定合同的类型与合同的效力。不过，对穿透式审判思维的解释和运用，似乎在司法机关中一定程度上突破了商事审判，如有法

---

[1] "《纪要》解读之一：合同效力的审理（2）引言之穿透式审判思维"，载 http://peixun.court.gov.cn/index.php？ m=content&c=index&a=show&catid=5&id=3543&sid=75，最后访问日期：2020年12月8日。

[2] 参见刘保玉、梁远高："'增信措施'的担保定性及公司对外担保规则的适用"，载《法学论坛》2021年第2期。

[3] 参见赵姿昂："资产管理案件穿透式审判探析"，载《人民论坛》2021年第7期。

[4] 参见蒋大兴："超越商事交易裁判中的'普通民法逻辑'"，载《国家检察官学院学报》2021年第2期。

官在民事继承、民间借贷纠纷中也运用了穿透式审判思维进行真意解释。[1]

应当说，穿透式审判思维虽然是一种新提法，但是并非新理念。穿透式审判思维所遵循的，无非是尊重当事人真实意思的意思表示解释原则，只是在意思自治原则的基础上，重点强调了在部分情形下着重探究当事人隐藏了的真实意思，不受限于表面的、非真实的意思表示。穿透式审判思维毕竟是思维层面的内容，在具体应用上还需要有进一步的原则、规则体系，否则容易出现见仁见智的同案不同判情形。在司法体系内强调穿透式审判思维的确具有积极意义，尤其是与通谋虚伪表示规则的适用进行结合的过程。

2. 穿透式审判思维与外观主义不能互为补集

补集是指全集中不属于某一子集的其他全部元素所组成的集合，即 A 集合在全集 I 中的补集即为 A 补。《全国法院民商事审判工作会议纪要》在穿透式审判思维之后，紧接着论述了外观主义适用范围的有限性，并将之与穿透式审判相对比，二者似为相反概念。笔者认为，穿透式审判思维与外观主义具有相反的指向，但是二者不能互为补集。我们可以从外观主义的理论渊源来分析其基本内涵。

外观主义源于 1906 年德国学者莫里茨·韦斯特帕赫尔的著述，[2]他论述了对权利外观信赖的保护，为外观主义设定了基本内容，拉伦茨以"权利表见责任"阐述权利外观创造者的可追责性，[3]日本学者喜多了佑从权利外观具备者作出处分的有效性论述了外观主义的效力，[4]黄茂荣教授从防止外观信赖损害的控制可能性角度论述了外观创造者承担责任更适当。[5]美国判例法确认，权利人基于行为人允诺的外观而做出相应行为的，如果不赋予该许诺的外观以强制执行效力会产生不公正的结果，那么该许诺的外观应当得到强制执行，[6]尤其是许诺外观的一方知道其许诺会诱导另一方采取一定行动的情形。[7]美国《合

---

〔1〕 参见邱永安："法官在办案中如何运用穿透式审判思维"，载《江苏经济报》2020 年 04 月 29 日，第 B03 版。

〔2〕 参见高金松：《空白票据新论》，五南图书出版公司 1986 年版，第 56 页。

〔3〕 参见［德］卡尔·拉伦茨：《德国民法通论》（下册），王晓晔等译，法律出版社 2003 年版，第 887 页。

〔4〕 参见［日］喜多了佑：《外观优越の法理》，千仓书房 1976 年版，第 204 页。

〔5〕 参见黄茂荣：《法学方法与现代民法》，中国政法大学出版社 2001 年版，第 496 页。

〔6〕 Feinberg v. Pfeiffer Co. 322 S. W. 2d 163, 1959.

〔7〕 Conrad v. Fields. , Unpublished opinion, 2007 WL 2106302.

同法重述》（第二次）第九十条规定，允诺人可以预见相对人或第三人因其允诺而承受负担或采取行为，不履行允诺会造成不公正时，该允诺必须履行。第一百五十八条第二款规定如果部分规则的适用导致不公正，则要按照公平原则保护当事人的信赖利益（reliance interest）。第一百六十九条规定如果相对人有理由相信陈述者掌握客观情况（objectivity with respect to the subject matter），则相对人的信赖利益正当。

总结起来，外观主义有三个基本特征，一是权利具有一般理性人所认同的外观，二是信赖权利外观的主体具有善意，三是权利外观所反映的法律效果与实际并不相符。[1]由于外观主义与实际并不相符，权利按照外观来发生效力构成事实向交易秩序和交易效率的妥协，故无论是学理[2]还是司法实践，都对外观主义持谨慎态度，即在相对人非善意或外观未达到一般理性人的信赖程度之情况下，不能以外观信赖来对抗内在实质。

虽然，外观主义和穿透式审判思维所针对的都是名实不符的情形，并且二者具有相反的指向，但是二者并不具有互补的逻辑关系，即从集合的角度看，不能被划入外观主义的情形并非完全落入穿透式审判的集合。外观主义对"名"在外观完备性上的要求远高于穿透式审判思维，外观主义要求"名"具有与之对应的规范的外观条件，"名"需是形式合法有效的，穿透式审判思维所针对的名实不符的情形下，"名"可能具有形式合法的条件，也可能不具备。因此，外观主义和穿透式审判思维至多呈现相反的指向，而非互为补集。

3. 金融监管和会计准则中的"穿透"

穿透式审判思维的提出离不开对金融、会计学科的穿透式思维借鉴。穿透式思维发起于美国税法上反避税的分析方法和监管手段，是指对纳税主体、纳税行为、纳税义务等的穿透规则（look-through rule）。[3]美国的《投资公司法》（Investment Company Act of 1940）和《投资顾问法》（Investment Advisers Act of 1940）均设置了穿透式规则。美国证监会（SEC）的相关行政执法程序中也大量使用穿

---

[1] 也有学者认为外观创造者行为（作为与不作为）与外观结果之间具有因果关系也是外观主义的要件。笔者对此不作展开，作为特征一所包含的内容。参见［德］C. W. 卡纳里斯：《德国商法》，杨继译，法律出版社 2006 年版，第 144~155 页。

[2] 参见崔建远："论外观主义的运用边界"，载《清华法学》2019 年第 5 期。

[3] 参见袁达松、刘春华："论穿透式金融监管"，载郭锋主编：《证券法律评论》，中国法制出版社2017 年版，第 38 页。

透式监管方式，强调一项投资无论其使用了什么名称、什么类型的术语，其是否受到证券法的规制在于其交易实质是否构成一种证券交易。[1]

在金融监管领域，穿透式思维是指"刺破外观形式去发现金融关系的本质"[2]，主要包括对金融交易主体的穿透、对金融产品属性的穿透以及对金融产品嵌套层级的穿透。

我国税法领域也存在使用穿透实质的方法对外商投资企业股权转让行为予以课税。[3]在金融监管上，《互联网金融风险专项整治工作实施方案》（国办发〔2016〕21 号）中规定"采取'穿透式'监管方法，根据业务实质认定业务属性……透过表面判定业务本质属性、监管职责和应遵循的行为规则与监管要求。"

在会计领域，美国会计原则委员会（APB）在《企业财务报表的基本概念与会计原则》中首次明确实质重于形式的会计原则。国际会计准则委员会（IASC）则在《编制和呈报财务报表的结构》（1989）专门强调，当一项交易的法律形式与其经济实质不一致时，应以经济实质进行核算并记录。尽管如此，在既有明确的实质（真意）指向的原则之下，美国学者认为，仍然存在大量利用交易形式掩盖交易实质，实现表外融资、虚假的收入确认和财务信息披露的情形。[4]我国财政部《企业会计制度》（财会〔2000〕25 号）第十一条有明确规定："企业在会计核算时，应当遵循以下基本原则：（一）会计核算应当以实际发生的交易或事项为依据，如实反映企业的财务状况、经营成果和现金流量。（二）企业应当按照交易或事项的经济实质进行会计核算，而不应当仅仅按照它们的法律形式作为会计核算的依据……"这里明确提出了不应当仅仅按照它们的法律形式作为会计核算的依据，这里的法律形式即包含我们裁判文书中经常使用的"名为 A 合同"，这里的经济实质即为我们裁判文书中经常出现的"实为 B 合同"。从这个角度看，我国会计规定中的穿透式思维被强调得更早。不只上述文件，在财政

---

〔1〕　See UNITED STATES OF AMERICA Before the SECURITIES AND EXCHANGE COMMISSION AD-MINISTRATIVE PROCEEDING, File No. 3-20086, File No. 3-17950, File No. 3-17950. See also SEC v. REcoin Group Foundation, LLC, DRC World Inc. a/k/a Diamond Reserve Club, and Maksim Zaslavskiy（UnitedStates District Court for the Eastern District of New York, Case No. 1：17-cr-00647-RJD-RER）

〔2〕　叶林、吴烨："金融市场的'穿透式'监管论纲"，载《法学》2017 年第 12 期。

〔3〕　参见刘燕："实质重于形式——对外商投资企业股权转让所得税争议的评析"，载《涉外税务》2005 年第 4 期。

〔4〕　See C. Richard Baker, Rick Hayes, "Reflecting form over substance: the case of Enron Corp.", *Critical Perspectives on Accounting*, Vol. 15, No. 6-7., 2004, pp. 767-785.

部《企业会计准则——基本准则》（中华人民共和国财政部令第76号）第十六条也有类似的规定："企业应当按照交易或者事项的经济实质进行会计确认、计量和报告，不应仅以交易或者事项的法律形式为依据。"

可见，对交易形式的穿透、对真意的探究并非法律行业独创，其他领域和学科有所运用。但是，法律行业的特殊性、法学的形式逻辑本性应当有其区别于其他学科之处，即我们要思考，在法律关系项下，穿透越深入、越见底就越正当吗？

4. 穿透式审判的限度

会计准则的基本准则要求不能仅以交易或事项的"法律形式"而应以其经济实质来进行会计活动，法律被冠以形式主义特质。我们不得不思考穿透程度问题，因为穿透就意味着对形式的简化、抽象和消解。

首先我们来看法律的形式主义特质。

法律形式主义的基本内涵是，在内容完整、体系完备的法律规则之下，法官根据查明的事实寻找出与之匹配的规则，并在逻辑推演之下将规则适用于事实，从而得出确定性结论的思想体系。[1]对法律形式主义或有多种界定和表述的角度，其基本特征包含以下三点：一是法律由原则、规则的体系组成，它的抽象性和包容性使之能够适用于社会生活中的各类法律纠纷；二是事实本身是可查明的、各方充分参与的诉讼程序能够使事实被准确地发现；三是法律推演的逻辑是确定的，即正确适用法律逻辑下，不同法官所得出的裁判结果是一致的。

当然，通过上述特征我们可以发现，法律形式主义所据已建立的基础基本都是处于真空的，即它应当存在，只是与实践还有一段距离。这也解释了对法律形式主义进行界定的著作基本出自其反对者——法律现实主义者之手。实际上，笔者认为，这是作为"主义"的通病，"主义"在被人们总结出来并予以宣贯时，就会存在过于绝对的问题。法律形式主义在漫长的发展中不断遇到挑战，本书介绍的法律现实主义、动态系统论无不是对法律形式逻辑的拆解，甚至衡平法诞生之初就是为了解决法律形式主义推演所得的实质不公平问题，英国人基于自然正义在普通法既有的判例法体系外"另立门户"，从而实现对法律形式主义的矫正

---

〔1〕 参见［美］丹尼斯·帕特森编：《布莱克维尔法哲学和法律理论指南》，汪庆华等译，上海人民出版社2012年版，第337页。

甚至重构。[1]但是，应当看到，法律形式主义的价值不在于为词语提供最为适当的含义，而在于为观点提供最为可靠的概念，法律形式主义下，法律关系中的公平正义要素通过一定的规律组合起来，而不是随机的或主观臆断的整合。[2]例如，法律形式主义以诉讼为视角，设置了请求权基础体系，对应了物权请求权、合同请求权、侵权责任请求权等，又在每一项请求权下设置了更为细化的假定条件、行为模式和法律后果。虽然我们可以用等价有偿、诚实信用、公序良俗的一般公平正义要素去解释甚至论证某一项纠纷的裁判结果，但是放在法律形式主义的体系之下，这一论证将会具有规律下的确定性。

可以说，截至目前，无论法律形式主义受到了何种批评甚至矫正，也未能产生完全否定法律形式主义的理论共识，既有的批评真正实现的只是在法律形式主义的基本框架下对其弊端不断进行调整和优化，法律形式主义仍旧是我们的法律体系赖以建立的最主要基础。[3]

在经受法律现实主义运动洗礼的美国也有基本的法谚：Form is substance when it comes to law，即便人们为了还原交易本质去不断抽象、简化甚至消减当事人特定的交易安排，也不能无限否定当事人真实意思的细节，即穿透必须有限度。

Alan Schwartz 和 Robert E. Scott 教授甚至认为，无论是立法中的强制性规定，还是司法中裁判者对当事人真意或深层次真意（true or deep intention）的探究，都不具有经济上的正当性。因为合同立法不过是一些非行业的专家未经充分调研所做的规范整理。在美国合同法的论域下，两位教授批评了美国法学会制定的《合同法重述》，以及美国法学会连同美国统一州法律委员全国会议（National Conference of Commissioners on Uniform State Laws）制定的《统一商法典》。他们认为，这些"规范"的制定者只是法学教授和私人律师所组成的兼职劳动者，而不是中立的经济领域专家或某个行业的资深人士，制定过程也缺乏立法应有的充分听证程序，因此这些规则不能适应复杂多样的经济生活。

而司法过程中，法官以探究当事人真意为由对当事人设定的合同条款予以否

---

〔1〕　参见汪其昌：《发现内生于人性和金融本质的法律规则——司法审判视角》，中国金融出版社2016年版，第114~119页。

〔2〕　参见［美］欧内斯特·J.温里伯："法律形式主义"，载［美］丹尼斯·帕特森编：《布莱克维尔法哲学和法律理论指南》，汪庆华等译，上海人民出版社2012年版，第337~340页。

〔3〕　参见沈仲衡：《价值衡量法律思维方法论》，暨南大学出版社2014年版，第16页。

定，本身就构成外人对当事人真意的猜度。否定合同条款构成对意思自治的蔑视，其背后是父权主义的司法观念。而这一观念指导下的司法裁判不仅不能够降低合同当事人的交易成本，反而还会在整体上消减当事人交易的盈余（joint surplus）。[1]

笔者认为，在我国当下的立法和司法环境下，虽然不能像 Alan Schwartz 和 Robert E. Scott 教授那样去对合同条款作如此高度的推崇，但是我们也必须认识到，当事人所设立的特定交易安排，本身就是其真意。裁判者对交易形式、法律关系过度抽象和简化的同时，必然也伴随着对当事人真意的抹杀。

相应的，在穿透式审判思维的加持下，以解释真意为目的的合同解释，是否要穿透到底，否定一切形式主义，将当事人通过意思表示所设置的法律形式打碎，以当事人最本源的"初心"（如本书论及之主观原因）进行裁判？

笔者认为不然。穿透固然具有否定形式、揭示实质之价值，与真意主义的解释理念具有总体相同的指向性，但是穿透的过程也是抽象和简化的过程，我们需要注意，真意主义并不否定法律形式主义，因为法律形式本身也是当事人的真意。

如上文之论述，在投融资合同类型约束下的名实不符合同纠纷中，司法裁判大有一切金融皆为借贷之势。笔者赞同借贷合同在投融资合同类型束中最具典型性、基础性、开放性之地位，但是不能忘了，当事人的真意是复杂多元的，与之匹配的也是复杂多元的投融资合同类型，虽然这些合同类型可以看作是从借贷合同发展而来，但是如果将这些非借贷的投融资合同通通否定，也就意味着否定当事人对其投融资安排之个性化的真意。更何况保险、信托、融资租赁、保理等不同的金融形式已经是大量实践的总结，过于强调穿透的简化并非对真实投资人、实际用款方的查明，而是对当事人真意的漠视。例如，我们将代为回购合同解释为一种担保合同，本身没有问题，但是这并不意味着代为回购合同适用担保合同的一切规则，那些合同要素的差异之处就是合同规则适用的调整之处。代为回购合同在实现主债务人不能履行义务而由第三人履行义务来填补债权人损失之处与担保一致，但是代为回购明确了具体的回购标的物，与担保合同的单务要素并不一致，即使此时回购的标的物本身的价值远远低于约定的回购价，但是债权人在

---

[1] See Alan Schwartz, Robert E. Scott, "The Political Economy of Private Legislatures", *University of Pennsylvania Law Review*, Vol. 143, No. 3., 1995, pp. 607-637.

要求回购人回购时，也应当参照买卖合同之一般规定，履行相应的交付和转移所有权之义务，甚至在物的瑕疵担保上也应做修正性的参照。

穿透式审判思维所强调的应当是目的优于内容、内容优于形式的解释论，但是在适用时，必须警惕"唯目的论"的局限性，因为目的（原因）只具有指向作用，不具有细节的框定效果，当事人为相同的原因选取不同的法律手段是其意思自治的自由，手段不仅具有法律形式的价值，也蕴含了大量的真意细节。否定真意的细节不仅有损交易形式的创新，也构成司法的恣意。[1]

穿透的限度不仅在司法裁判领域应当被重视，在行政监管中也应当被关注。常健教授认为，面对当前的金融市场发展现状，监管者既不需要全穿透，也不可能做到全穿透。过分强调穿透不仅会不当加大信息披露义务人的责任，而且会使监管者以单一的标准否定多元的金融创新。[2]

同时，我们必须意识到穿透式审判思维作为一项司法政策，具有明显的时代性。近年来金融去杠杆、防范系统性金融风险的攻坚战等成为国家整体金融调控的主旋律，金融行业产生的大量金融新产品对金融业监管提出了挑战，穿透式的金融监管是当前金融领域监管的重要手段，故而，配合金融监管的行政调控，司法领域也进一步强调了穿透式的审判思维。但是，随着社会的发展变迁，金融风险把控和金融创新鼓励之间的平衡会重新作调整。

三、名为是探究的界限

（一）固化于客观表示的合同真意

主观的意思不可被直接发现，只能通过客观进行体现，而客观的表示在合意形成之时被固化，合意形成前、合意形成后的当事人真意本身并非合意，合意形成前后的当事人真意也很可能与合意存在差异。这时进行主观探究时，要确保任何解释都是以合意形成之时为"基准日"，基于客观的"名为"表达进行探究。

我国《民法典》第一百四十二条规定："有相对人的意思表示的解释，应当按照所使用的词句，结合相关条款、行为的性质和目的、习惯以及诚信原则，确定意思表示的含义。无相对人的意思表示的解释，不能完全拘泥于所使用的词

---

〔1〕　参见于程远："论法律行为定性中的'名'与'实'"，载《法学》2021年第7期。

〔2〕　参见常健："论'穿透式'监管与我国金融监管的制度变革"，载《华中科技大学学报（社会科学版）》2019年第1期。

句，而应当结合相关条款、行为的性质和目的、习惯以及诚信原则，确定行为人的真实意思。"条文中涉及的词句、相关条款、习惯、诚信原则偏重客观主义，而行为性质、目的更加偏重主观主义。合同作为多方意思表示的产物，是最典型的有相对人的意思表示，在《民法典》规则下，应当以客观主义为基础，主观主义为补足，[1]即只有在客观主义的词句解释发生困难、冲突、矛盾、不合理情况之时，才能调用主观主义和其他客观主义的解释方法来解释合同。[2]最高人民法院的相关人士甚至认为，在第二顺位的相关条款、性质、目的、习惯、诚信之间也有适用的顺位，即在词句和相关条款均适用后仍存在不清楚、需要解释的必要时，才能适用性质和目的解释，以此类推。[3]

有相对人的意思表示处理的是人与人之间的关系，无相对人的意思表示处理的是人与众之间的关系。需要说的是，无相对人的意思表示并非无对应的权利义务人，而是不以特定的人作为意思表示的对象，故不是人与特定人的关系，而是人与普遍众人之间的关系。否则，没有其他人作出的意思表示，不会产生人与人之间的权利义务关系的变化。无相对人的意思表示能够生效，往往是单方获利行为，故在意思解释上更加重视表意人的主观方面。有相对人的意思之所以需要双方进行表示，是因为合意一般是双务的，故更加重视相对人的信赖利益。

应当说，承认效果意思本身，就意味着认可表示主义的地位，因为一个意思如果没有以他人可以感知的方式体现，那么这个意思就没有法律上的意义，只构成当事人的一个想法，不会产生影响权利义务变动的效果。效果意思不仅在于可能约束对方（如要约在对方同意的情况下对对方产生效力），更在于可以直接约束表意人自己（如我国《民法典》第四百七十二条规定要约之意思表示表明经受要约人承诺，要约人即受该意思表示约束）。有效力则有客观，表示主义是我们成立效果意思时作为前提的概念，是意思表示产生权利义务路径中绕不过的一个环节。

1. 名为之表达对真意解释的约束

《德国民法典立法理由书》第七十三条明确说明："对于合同而言，重要的

---

[1] 参见黄薇主编：《中华人民共和国民法典总则编释义》（下），法律出版社 2020 年版，第 371~375 页。

[2] 参见最高人民法院民法典贯彻实施工作领导小组主编：《中华人民共和国民法典总则编理解与适用》（下），人民法院出版社 2020 年版，第 717~718 页。

[3] 参见最高人民法院民法典贯彻实施工作领导小组主编：《中华人民共和国民法典总则编理解与适用》（下），人民法院出版社 2020 年版，第 718 页。

并非缔结合同者之话语的真实含义，而是对方当事人依情势对该话语所必须理解的含义。"[1]拉伦茨进一步说明，即使是与表意人之真意相冲突的表示，在法律对意思表示进行解释时仍然具有高度的重要性。在进行意思表示解释时，表意人的想法不可能是判断表示之含义的唯一标准。诚实信用原则、交易习惯被法律规定为合同解释的依据（《德国民法典》第一百五十七条），说明对意思表示进行解释时，外部的规范和表见也占据了重要的地位，表意人的真意并非解释的绝对目的。[2]

而我国《民法典》第一百四十二条、第四百六十六条规定合同的解释，应当按照所使用的词句，结合相关条款、行为的性质和目的、习惯以及诚信原则，确定意思表示的含义。朱庆育教授认为真意是双方当事人的，并且要体现于条款中，我国法是"偏向于意思主义的效力主义"，显然不是纯粹的真意主义（意思主义），其应是表见而非表意人的意思是法定的解释对象。[3]

纠纷发生之时，对待真意的证据双方往往各执一词，甚至相互矛盾。裁判者面对的真意可能有多种样态，这构成了裁判者面临真意判断的选择题，裁判者要在多个被主张的真意（包括裁判者以通情达理第三人站在当事人立场上所构想的真意）中进行筛选。

筛选的第一步，就是排除。即证成之前先证否，再对剩下不能排除的进行选择。排除的依据在于表见。落入表见范围之内的，暂不能排除，如果支持某一真意的证据、背景、内涵、目的超出了既有的表见范围，那么这一真意选项将被排除。

2. 名为之效果对真意解释的约束

对合同的真意解释，不能超出意思表示客观表见所能涵盖的利益效果，这既是对真意双方性、特定时点性的尊重，也是表示主义下对诚实信用原则的恪守。

关于法律行为转换（下文详述）后的效果，梅迪库斯与弗卢梅有不同的认识，弗卢梅认为，转换后的替代行为必须包含在客观的法律行为中。梅迪库斯反思，弗卢梅的分析仅存于理论层面，从实践来看，法律行为转换并不包含这一要

---

　　[1]　参见《德国民法典立法理由书》（Motive zumbürgerl. Gesetzbuch），第七十三条，转引自［德］卡尔·拉伦茨：《法律行为解释之方法——兼论意思表示理论》，范雪飞、吴训祥译，法律出版社2018年版，第4~5页。

　　[2]　参见［德］卡尔·拉伦茨：《法律行为解释之方法——兼论意思表示理论》，范雪飞、吴训祥译，法律出版社2018年版，第7页。

　　[3]　参见朱庆育：《民法总论》，北京大学出版社2016年版，第220~225页。

件，因为替代行为并非当事人所欲求的，如果当事人欲求该替代行为，那么就不存在法律行为转换。替代行为只能够与客观的转换前基础行为在当事人意愿之外的因素上相符合，即行为能力、合同形式等客观方面，主观方面的比对，应当是替代行为所能达到的效果不能超出客观行为所反映的当事人真意所能达到的效果。[1]笔者赞同梅迪库斯的意见，即"名为"是以其所反映的效果通过否定的边界性约束适用于真意解释，而非以肯定的方向性约束适用于真意解释。

国内学者总结道，法律行为转换须遵守转换后的行为在效果上不能超出转换前无效行为的效果。[2]笔者认为，合同类型转换（下文详述）亦然，裁判者在进行合同类型转换时，面对的显然不是一种转换的可能，当事人之间可能提供了不同的转换结果，那么除了上述落在表见以外的体现真意的转换不能被选择之外，裁判者还可以用表见的合同效果作为标准，来否定一些转换的选项。

一旦某一合同类型转换所达到的合同效果超出了基于现有表见范围所能达到的合同效果，则该合同类型转换须被否定。

在对遗嘱真意进行解释时，德国学者弗雷瑟认为，补充解释不能超出表见的范围。他举例说明，遗嘱人立遗嘱将遗产遗赠给曾经救过他的甲，事后证明曾经救过他的不是甲，而是乙。遗嘱人基于错误的认识将遗产作出了处分的意思表示。诉讼中，当事人证明了遗嘱人将遗产遗赠给甲的原因确实是甲救过遗嘱人，在此情形下，将遗嘱作真意解释时，可以变更受遗赠人为乙，但是遗赠的财产范围、条件等不能超出表示行为的范围。弗雷瑟将之称为解释后的处分不能超出遗嘱范围的处分。[3]弗卢梅对无效的生前赠与能否转换为遗赠问题予以了探讨，他认为，虽然二者都具有赠与的意思，但遗嘱毕竟是死因行为，而就死因所设置的处分体现了当事人对特定情形下的特定财产的安排，因此，不应简单将生前的无效赠与在死后转换为遗赠。[4]虽然无效法律行为转换在本书的基本论证框架内与合同解释有别，但是转换后的效果不能超出转换前的合同效果也适用于合同真意解释。

---

〔1〕 参见［德］迪特尔·梅迪库斯：《德国民法总论》，邵建东译，法律出版社2000年版，第396~397页。

〔2〕 参见杨代雄："借名购房及借名登记中的物权变动"，载《法学》2016年第8期，第28~29页。

〔3〕 Franz Jürgen Säcker, Münchener Kommentar zum Bürgerlichen Gesetzbuch, C. H. BECK 7. Auflage 2015, §§ 2084. 转引自李文涛："遗嘱的目的解释与形式——以暗示说理论的论争及其修正为中心"，载《北方法学》2019年第6期。

〔4〕 参见［德］维尔纳·弗卢梅：《法律行为论》，迟颖译，法律出版社2012年版，第715页。

（二）通情达理第三人意思对当事人真意的"替代"

表示主义又称客观主义，客观需要视角。所谓客观，也是决策者主观视角之下，尽全力去还原一般的、中立的、不带有偏见并竭力抛弃决策者个人好恶的探索角度。所以，可以说没有绝对的客观，只有相对的客观，这一点，社会科学比自然科学体现得更为明显。

当人们说对合同进行客观解释时，实际上就是法官或仲裁员依照客观的（外化）的信息，去探寻通情达理的、知晓双方当事人交易习惯和惯例的、具有一般理性的第三人在当事人处境下的理解和追求。我国台湾地区将之作为合同漏洞填补的一种方式，称为"补充的契约解释"，与有名合同依照法律规定进行填补的方式并列。补充的契约解释是指在合同存在漏洞且合同不能归属于特定有名合同类型进行漏洞填补之时，法院假设"双方当事人在通常交易上合理所意欲或接受的意思"，[1]作为当事人的真意。王文宇教授认为，假设的当事人意思，乃是一种规范性的判断标准，并考量当事人缔约目的、衡量双方利益，依诚实信用原则并斟酌交易习惯加以认定，期望能实现契约上的平均正义。[2]显然，这里所做的补充契约解释与现实中的具体当事人之间的真意可能存在不同，增加了大量的规范性调整，所预设的也是裁判者基于公平正义所分配的合同利益。

李永军教授批评，法官以一般理性人的标准去解释当事人的真意，所得出的并不是当事人的合意，也很难为双方所接受。此时，应当重视撤销制度，而不应以解释制度去侵犯当事人的意思自治。[3]

笔者考虑，通情达理第三人有其正当性和操作可行性，它为客观解释提供了落脚点。虽然法官和仲裁员永远也不可能绝对成为通情达理第三人，但是这一误差只能被忽略，也应当在现实中被忽略，否则规律无法被总结。即使我们忽略裁判者和通情达理第三人之间主客观的误差，也无法漠视一个更加影响问题本质的东西，那就是当通情达理第三人的理解和追求与当事人之间的理解、追求不相一致时，是否需要以通情达理第三人的理解和追求去作合同解释？这种解释是否已经超越了合同解释的范围？

---

〔1〕　王泽鉴：《债法原理》（第一册），中国政法大学出版社2001年版，第245~246页。

〔2〕　参见王文宇："非典型（商业）契约的漏洞填补——论任意规定与补充解释的择用"，载《月旦法学杂志》2009年第164期。

〔3〕　参见李永军："论合同解释对当事人自治否定的正当性与矫正性制度安排"，载《当代法学》2004年第2期。

这个问题总是存在的，只是凸显程度不同而已，毕竟每个交易都是特殊交易，每个交易的当事人在特定的时点、特定的环境下都有其特定的理解能力和追求，这一特定化，甚至连他本人有时在其他条件下都无法理解和支持。

戴孟勇教授认为，法官在使用公序良俗否定当事人意思时，应当尽量摒弃个人的好恶，在当事人所处的特定时空环境内考虑问题，并注意防止专家优先于普通人、多数人优先于少数人的偏见。[1]

从经典的合同解释理论来看，当通情达理第三人与当事人的理解和追求相悖时，这显然是离经叛道。我国法似乎并没有将这个问题从合同解释与合同补足的差异层面展现出来，而是在《民法典》第五百一十一条规定了，如果以体系解释或者交易习惯仍不能确定一些重要条款（如质量、价款、履行地、履行期）时，可以直接适用社会一般规则。

美国法律研究对待该问题更加坦然，并在美国法学会的《合同法重述》（第二次）中进行了直接的体现。该重述第 204 条直接规定了法官对当事人省略条款的补足（Supplying an Omitted Essential Term）。当法官发现合同中缺少通情达理第三人认为应当（reasonable in the circumstances）存在但是并不存在的重要条款时，法官可以进行补足。之所以说该条款不是合同解释，是因为该条明确了所适用的情形是当事人尚未达成一致（have not agreed with respect to a term），未达成一致的原因，或者是无意的，比如当事人并未预见到该情形，故未对该情形设定相应的解决办法（权利义务安排）；或者是有意的，比如当事人之间认为要对该问题进行磋商，那么可能会导致谈判无限拖延甚至终止（当然，如果当事人预见并共识地不同意，那么也不应补足）。但无论如何，所补足的条文不是当事人在当时所达成共识的，而是该社区的公平正义观标准（community standards of fairness and policy rather than analyze a hypothetical model of the bargaining process[2]）。故而关于这一条文是补足（Supplying an Omitted Essential Term），而非解释（interpretation）。

既然是一种合同之外因素的补足，那么什么条件下才能补足？其限制在哪？在 Snyder v. Howard Johnson's Motor Lodges, Inc[3]案中，法院认为当合同文本本

---

[1]　参见戴孟勇："论公序良俗的判断标准"，载《法制与社会发展》2006 年第 3 期。

[2]　See https://1.next.westlaw.com/Document/Ib0bacf75da5e11e2aa340000837bc6dd/View/FullText.html?transitionType=UniqueDocItem&contextData=（sc.Search）&userEnteredCitation=restatement+（second）+of+contracts+204，最后访问日期：2020 年 10 月 6 日。

[3]　Snyder v. Howard Johnson's Motor Lodges, Inc., 412 F. Supp. 724

身是一个书面完整的文件时，原则上应当排除外部的言词证据来对合同进行补足，即使这个证据是关于当事人合同目的的证据且其内容对合同文本存在重大不同也应排除。该原则有例外，即只有存在合理基础（reasonable basis）时才能够使口头证据（尤其是关于合同目的的证据）进入法庭考虑范围，这里的合理基础法院解释为按照法律规定当事人应当如此考虑，或者当事人考虑到法律已经做了规定他们无须再做约定。可见，作为主观主义的合同目的，并非可以轻松对客观合同进行"矫正"的，主观的目的证据要对客观的合同文本进行否定，需要有特定的法律或者法律推理相支持，否则主观目的会被拒之门外。这既是对表示主义下信赖利益的保护，也是对诚实信用原则的贯彻。

值得思考的是，这种允许引入主观证据的"合理基础"，是否是完全客观的因素？在美国经典案例 Haines v. City of New York 案[1]中，法院分析了该问题，并为之后的裁判提供了关键的先例（decisis）。该案中，原告 Haines 持有涉案排污区域的一块待开发土地，为开发需要，需在区域架设排污系统并连接到主系统。因该区域村镇于 1924 年与纽约市政府签订污水处理设施建设合同，约定纽约市政府为该区域提供污水处理系统建设（包括排放设备、主要管道、支线管道建设），并约定今后的运作和维护费用也由纽约市政府承担，[2]原告连同合同当事人（签约的村镇）于上述合同签约的 50 余年后要求纽约市政府为该块土地提供污水处理支线建设，并连通至上述污水处理系统的主要管道，纽约市政府认为这超出了原先合同的约定，并认为原合同在未约定履行期的情形下，纽约市政府可随时解除。严格地说，字面意思上履行期就是其后（subsequent），其后的概念就是自此之后，无此后多久之含义。该案下级法院认为，原合同约定了其后（all costs of construction and subsequent operation, maintenance and repair）所有的建设和维修费用均由纽约市政府承担，故纽约市政府有义务按照约定为新增的直线系统承担维修义务，一定程度上讲这正是对合同语言的严守，如果把当事人看作是经济理性人的话，纽约市政府应当对上述明确的含义负责。

然而，纽约州上诉法院（上级法院）适用了上述合同填补的规则［该案裁判于 1977 年，早于《合同法重述》（第二次）］，认为要求纽约市政府对原告主

---

[1]　Haines v. City of New York, 41 N. Y. 2d 769, 396 N. Y. S. 2d 155, 364 N. E. 2d 820（1977）

[2]　合同原文："all costs of construction and subsequent operation, maintenance and repair of said sewerage system with the house connections thereof and said disposal works shall be at the expense."

张的支线进行建设会超出主线的承载量，导致主线也需要增加建设，这已超越了签约时的"合理预期"，[1] 与当事人的合同目的（intent）不符，[2] 故而否定了原告的诉求。可见，虽然法院进行合同补足的条件是客观的合理基础，其标准是客观的通情达理第三人，但是这些客观通道之内，所运送之物仍然是主观的合同目的、当事人的合理预期（预期是主观，合理是客观，探明的过程又是客观核查主观）。这时候的合同客观解释（补足）仍旧不是绝对的客观解释。

所以，通情达理第三人是客观的事物，也绝对是法官运用权力对合同进行的修补，但是通情达理第三人并未越界，因为通情达理第三人终究还是要对当事人主观的合同目的进行思考，并以此进行客观解释，可以说，这是一种从客观出发，向主观进发的解释。

（三）"误言不害真意"并不排斥表示主义

误言不害真意（falsa demostratio non nocet），又译为误载不害真意[3]、错误表示无害真意[4]、错误的表示无害[5]，即错误的表示不损害当事人真意的效力。按照梅迪库斯的解释，"既然全体当事人都一致在于表意人的意思相同的意义上理解意思表示，那么表意人的真实意思就不仅优先于意思表示的文句，而且也优先于任何其他形式的解释"[6]。误言不害真意显然是真意主义下的原则。表示与真意不一致时，以可以查明的真意作为当事人之间的合意，并以此来判断合同类型和合同效力，这在目前多数国家通谋虚伪表示的规定中能够体现，也在早期合同解释理论有过十分成熟讨论。

但是该原则并不排斥表示主义。因为在运用该原则时，需要注意当事人的真意须为相对人可知悉的真意。即不能是完全未被表示的、相对人无法察知的真意。[7] 拉伦茨将表示主义总结为以意思表示受领人所理解的意思为标准。拉伦

---

[1] 判决原文："the city agreed to assume the obligation of assuring that its water supply remained unpolluted and it may not now avoid that obligation for reasons not contemplated by the parties when the agreement was executed, and not within the purview of their intent, expressed or implied."

[2] 判决原文："the courts may inquire into the intent of the parties and supply the missing term if a duration may be fairly and reasonably fixed by the surrounding circumstances and the parties' intent."

[3] 参见王泽鉴：《债法原理》（第一册），中国政法大学出版社 2001 年版，第 271 页。

[4] 参见杜景林、卢谌编：《德汉法律经济词典》，对外经济贸易大学出版社 2011 年版，第 268 页。

[5] 参见［德］迪特尔·梅迪库斯：《德国民法总论》，邵建东译，法律出版社 2000 年版，第 243 页。

[6] ［德］迪特尔·梅迪库斯：《德国民法总论》，邵建东译，法律出版社 2000 年版，第 244 页。

[7] 参见王泽鉴《债法原理》（第一册），中国政法大学出版社 2001 年版，第 213 页。

茨在引述厄尔特曼的观点时表示，厄尔特曼的观点产生一个结果，即如果一方当事人的表示偏离了其真意，在客观上无法从表示辨识出其真意，但是相对人辨识出了该真意，那么该真意在当事人之间生效，并以此引证"误言不害真意"的法彦。但是笔者并不完全赞同该观点，该观点的确为我们展示了对真意的解释应当以当事人为视角，而不是以第三人为视角（即仅在当事人之间构成解释依据的材料可以被认定为合同解释之依据）。但是这一含义，并不能推导出完全无法从客观上推知的当事人意思能够作为合同之意思。因为如果一方当事人所隐含的意思完全无法从客观上体现或推知，那么相对人也无法知悉和理解。毕竟相对人与表意人的沟通必须有赖于客观的表示，无论该表示是以何种方式，甚至是否有赖于特定的交易背景。毕竟，当事人之间是无法相互打开头颅读取对方真意之信息的。

名实不符合同真意的探究是真意主义和表示主义互动甚至冲突十分明显的情形，除当事人的意思与表示外，交易惯例、诚实信用等外部规范也起到了十分重要的作用。

意思表示解释是对已经形成的意思表示进行倒推的过程，解释指向的是当事人的真意。从意思表示的构成要素来看，目的意思是直接体现当事人真意的载体，故对目的意思的直接解读即真意主义的解释方法。由于目的意思处于主观状态，无法被解释者直接把握，故真意主义（也称主观主义）解释的过程也是以客观依据作为支撑进行解释的。

名实不符裁判的运用：合同类型转换 第四章

　　裁判者熟悉了合同类型之间的关系（大前提），并且探明了当事人的真意（小前提），其后要做的，就是在合同类型中为当事人的真意作出最相匹配的选择，并将规范的合同类型（一般规范）以及规范接纳的当事人拟制的合同类型（个别规范）适用于当事人的真意上，产生相应的法律后果。[1]这个过程是将大前提涵摄至小前提，从而得出结论的三段论演绎推理。

　　不过，面对名实不符的合同，结论并非简单涵摄可得，因为作为小前提的真意与其拟制的合同类型不相符，这一差异使三段论涵摄所得的结论也异于拟制的合同类型，产生合同类型的转换。

　　合同类型转换与既有概念——法律行为转换之间是什么关系？合同类型转换与合同类型之间的参照适用规则又是什么关系？合同类型转换作为一种新的"称谓"，在现有的规范中能否找到例证？裁判者实施合同类型转换时，应遵守怎样的规范？前文论证的合同要素、原因能够起到什么作用？合同类型转换引发的法律规避问题应如何看待和解决？当事人之间的合同类型转换后，对第三人有何影响，应做何限制？合同类型转换与前述的三段论如何衔接和实施？笔者拟于本章回答这些问题。

---

　　〔1〕　参见崔拴林："法律行为所创个别规范的效力来源再探讨——凯尔森'规范三段论否定说'之反思"，载《法治现代化研究》2020年第5期。

第一节　合同类型转换的含义

"名为"A合同，"实为"B合同作为裁判文书"本院认为"部分的重要说理方式，已经演化为一种"自身蕴含正当性的独特公式"，[1]而裁判者要做的，就是在该公式下进行论证。无论我们是否愿意在理论上接纳它，从本书检索到的数万篇裁判文书看，这已是司法实践中普遍接受的说理范式，是将拟制的合同类型转换为隐藏的合同类型之方法。

《最高人民法院关于适用〈中华人民共和国民法典〉合同编通则若干问题的解释》第十五条第一次正式地对合同类型转换作出了规定："当事人主张的权利义务关系与根据合同内容认定的权利义务关系不一致的，人民法院应当结合缔约背景、交易目的、交易结构、履行行为以及当事人是否存在虚构交易标的等事实认定当事人之间的实际民事法律关系。"其核心在于法院判断的合同类型和当事人主张的合同类型不一致，法院进行据实认定的解释权。当然，该条款仅规定了当事人主张的合同类型与法院裁判者认定的合同类型不一致的情形，在合同类型转换上，还存在部分当事人主张与法院认定一致的情形，以及全体当事人主张与法院认定一致的情形。

笔者认为，合同类型转换是指，在合同名实不符的情形下，裁判者作为合同的有权解释者，在探究当事人真意后，结合合同类型之间的关系，对涉案合同从A合同类型转换为B合同类型之解释行为。合同类型转换恰似一场对合同的大型手术，是对合同进行整体性解释的行为。

一、合同类型转换与法律行为转换的关系

法律行为转换又称无效的法律行为转换，是指一项无效的法律行为同时符合其他法律行为之要件，若当事人知道无效时愿采取其他法律行为的，则其他法律行为生效。[2]法律行为转换在罗马法中即有所体现，[3]英美法也有相关的经典判例，[4]

---

〔1〕　参见于程远："论法律行为定性中的'名'与'实'"，载《法学》2021年第7期。
〔2〕　参见王泽鉴：《民法总则》，中国政法大学出版社2001年版，第490页。
〔3〕　参见周枏：《罗马法原论》（下册），商务印书馆2001年版，第673页。
〔4〕　参见黄忠：《违法合同效力论》，法律出版社2010年版，第254页。

《德国民法典》第一百四十条〔1〕、《意大利民法典》第一千四百二十四条〔2〕、《大清民律草案》第二百五十三 条〔3〕、《澳门民法典》第二百八十六条〔4〕，我国台湾地区"民法"第112条〔5〕均对法律行为转换作了一般性的规定。总体上，法律行为转换包含几个要件，一是转换前的法律行为（学界称为基础行为）无效，二是该法律行为能够满足另一项可生效法律行为的要件，三是当事人的真意可以接受这项转换。〔6〕

（一）合同类型转换与法律行为转换的区别

罗马法将正式免除转换为不得提出请求之简约，以及将直接遗赠转换为间接遗赠的实践为德国法学家所借鉴，并由 Dernburg 和 Windscheid 归纳作为法律行为解释下的无效法律行为转换，他们以法官为当事人分配法律为视角，认为第一次分配的法律未能使法律行为生效，故而法官进行第二次法律分配，使法律行为被确定为第二次法律下的性质，并认为转换后的行为仍是当事人的行为，只不过未被当事人表达出来而已。〔7〕到了《德国民法典》时代，梅迪库斯、弗卢梅、拉伦茨等学者进一步分析了法律行为转换，明确其适用的前提和一般内涵，并将法律行为转换区别于法律行为解释。〔8〕

不过，就无效法律行为转换与法律行为解释之间是否明确有别，学者们不无

〔1〕 "一个无效的法律行为符合另外一个法律行为的要件的，在可以认为如知悉无效将有意使此另一法律行为生效时，此另一法律行为有效。"
〔2〕 "无效的契约，考虑因当事人所期的目的，被认为如果当事人知其无效则将订立其他契约时，发生具有其实质及方式的要件时其他契约的效力。"
〔3〕 "无效之法律行为，若具备他法律行为之要件，并因其情形，可认当事人若知无效而欲为他法律行为者，有他法律行为之效力。"
〔4〕 "无效或已撤销之法律行为，如具备另一不同类或不同内容之法律行为之实质及方式要件，得转换为该行为，但仅以按各当事人所谋求之目的，可假设当事人如预知有关法律行为非有效，即愿作出该另一法律行为之情况为限。"
〔5〕 "无效之法律行为，若具备他法律行为之要件，并因其情形，可认当事人若知其无效，即欲为他法律行为者，其它法律行为，仍为有效。"
〔6〕 参见［德］迪特尔·梅迪库斯：《德国民法总论》，邵建东译，法律出版社2000年版，第395~400页。
〔7〕 参见殷秋实："无效行为转换与法律行为解释——兼论转换制度的必要性与正当性"，载《法学》2018年第2期。
〔8〕 参见［德］卡尔·拉伦茨：《德国民法通论》（下册），王晓晔等译，法律出版社2003年版，第647页。［德］迪特尔·梅迪库斯：《德国民法总论》，邵建东译，法律出版社2000年版，第394~398页。［德］汉斯·布洛克斯、沃尔夫·迪特里希·瓦尔克：《德国民法总论》，张艳译，中国人民大学出版社2012年版，第231~235页。［德］维尔纳·弗卢梅：《法律行为论》，迟颖译，法律出版社2012年版，第704页。

争议。殷秋实教授介绍，法律行为转换与法律行为解释在早期并无区分，区分产生于现代法。[1]陈华彬教授认为通谋虚伪表示的表面合同无效后，隐藏的合同生效的解释行为属于无效的法律行为转换。[2]杨代雄教授也认为，无效的法律行为转换本质上是对意思表示的补充解释，法律行为转换和法律行为解释之间的边界并不固定，其界限比较模糊，可以根据实践的需要"左右滑动"。[3]张传奇博士介绍，德国学者也就法律行为转换前后是否具有同一性存在争议，并发展出型构的转变论和解释的转义论。[4]甚至明确主张法律行为转换的前提为法律行为无效的梅迪库斯教授，也说明了"解释与转换之间并不存在精确的界限"。[5]

最高人民法院在 2015 年的判例中，并未将法律行为转换的适用条件限定于法律行为无效，并以真意解释为目的，通过法律行为转换将未办理抵押登记的抵押合同转换为保证合同。最高人民法院认为：

"未履行登记手续的抵押合同，其法律效力并非确定无效。为救济其法律效力的瑕疵……还可以通过解释上的转换这一方式，将其转换为有效的担保行为，以节约交易成本，促进交易发展。根据民法基本原理，法律行为的转换是指原有行为如果具备替代行为的要件，并且可以认为当事人如果知道原有行为不生效力或无效将希望替代行为生效的，可以将原有行为转换为替代行为而生效。其制度趣旨在于不拘泥于法律行为的外观，而是在尊重当事人的真实意思的基础上，对交易做出新的评价，用一种适当的行为去替换当事人所选择的不适当的行为，以平衡当事人之间的利益……根据本案的实际情况，本院将案涉 20 万元的抵押担保合同转换为连带责任保证合同。"[6]

笔者赞同最高人民法院的分析逻辑，但是，由于既有的概念下，鉴于多数学

[1]　参见殷秋实："无效行为转换与法律行为解释——兼论转换制度的必要性与正当性"，载《法学》2018 年第 2 期。

[2]　参见陈华彬："论我国民法总则法律行为制度的构建——兼议《民法总则草案》（征求意见稿）的相关规定"，载《政治与法律》2016 年第 7 期。

[3]　参见杨代雄："民法典第 142 条中意思表示解释的边界"，载《东方法学》2020 年第 5 期。

[4]　参见张传奇："论重大误解的可变更效力"，载《中外法学》2014 年第 6 期。

[5]　参见［德］迪特尔·梅迪库斯：《德国民法总论》，邵建东译，法律出版社 2000 年版，第395 页。

[6]　（2015）民申字第 2354 号民事判决书。

者认为法律行为转换的适用前提是法律行为无效，[1]而避法行为中的表面合同本身有效（如以股权转让实现土地权转让的合同），使避法行为无法适用法律行为转换。为了维护既有概念内涵的一致性，也为了能够从整体上展现合同类型名实不符的裁判方法，笔者使用合同类型转换的概念，以指称当事人合同类型选择不当的情形下，将合同类型解释为另一种匹配当事人真意的合同类型之解释方法。

在我国本次《民法典》立法并未能设立无效法律行为转换的背景下，笔者结合自己的理解，认为合同真意解释中的合同类型转换和法律行为转换区别主要如下：

1. 前者关切匹配真意，后者关切效力评价

真意解释的前提不是合同无效，而法律行为转换的前提必为合同无效。无效法律行为的适用前提是转换前的法律行为无效，名实不符的合同存在大量转换前的合同并未达到无效的情形，只是不符合原合同类型的特征而已，与合同无效有别。

法律行为转换所达成的转换后行为必须是有效的行为，这与真意解释不符。法律行为转换的对象为无效法律行为，转换的结果为有效的法律行为，因为如果转换后仍旧无效，裁判者不必大动干戈实施法律行为转换，[2]毕竟法律行为转换是一种补救措施，是在当事人预设的法律路径无法达到其预设的法律效果的情形下进行的专家救助。按照德国学者梅迪库斯的表述，即"当事人所选择的不适当的手段为另一种适当的手段所取代"。[3]费尽周折另行选择的手段必须是有效的，否则无需实施法律行为转换。

可见，法律行为转换是发生在法律行为无效的情形之下，转换的目标是使行为有效，从而部分实现当事人的真意。而合同类型转换发生在合同类型与当事人的真意不相匹配的情形，此时将当事人已经表达的合同类型进行转换，转换后的合同类型更加贴合当事人的真意。所以，法律行为转换是以法律行为的效力为视

---

〔1〕 参见［德］迪特尔·梅迪库斯：《德国民法总论》，邵建东译，法律出版社 2000 年版，第 395 页。［德］卡尔·拉伦茨：《德国民法通论》（下册），王晓晔等译，法律出版社 2003 年版，第 491 页。王泽鉴：《民法总则》，中国政法大学出版社 2001 年版，第 490 页。江平主编：《民法学》，中国政法大学出版社 2011 年版，第 149 页。李永军：《合同法》，法律出版社 2003 年版，第 399 页。

〔2〕 参见孙蕾、房绍坤："论无效民事行为转换的适用要件"，载《政法论丛》2013 年第 5 期。

〔3〕 参见［德］迪特尔·梅迪库斯：《德国民法总论》，邵建东译，法律出版社 2000 年版，第 395 页。

角开展的，正如张驰教授所言，法律行为转换为强制性规范和当事人的意思自治之间设立的缓冲地带，使违背强制性规定的法律行为能够部分实现真意。[1]而合同类型转换是从表示对真意的贴合性进行的，二者所关切的角度不同。

当然，在合同类型转换中，也尽量追求有效。《意大利民法典》第四编（债）第四节（契约的解释）第一千三百六十七条（契约的保留）规定："在有疑问的情况下，不应当将契约或个别条款解释为无任何效力（一千三百七十一、一千四百二十四），而应当在可有一定效力的意思内进行解释。"[2]即存疑倾向于有效或部分有效的解释态度。在美国法上也有类似的倾向，《合同法重述》（第二次）第二百零三条规定 "*Standards of Preference In Interpretation In the interpretation of a promise or agreement or a term thereof, the following standards of preference are generally applicable：（a）an interpretation which gives a reasonable, lawful, and effective meaning to all the terms is preferred to an interpretation which leaves a part unreasonable, unlawful, or of no effect；*"

在上述洪秀凤案件中，最高人民法院也指出 "进行合同解释时，应当朝着权利义务关系明确，而非权利义务关系模糊的方向进行，并优先认定原合同的效力。交易习惯的规定旨在补充未明确的法律关系，而非否定与之不相符的意思表示。"[3]最高人民法院相关人士在论证《民法典》总则编合同解释条款时，也在强调朝向有效的解释是目的解释推导出的结果。即当事人作出意思表示，目的是交易成立生效，而非为了无效，[4]故最大化的争取合同类型转换的有效也是最大化还原当事人真意的实现方式之一。

只不过，合同类型转换不以合同有效为目的，即有效只是倾向，而不是目的，这与法律行为转换中制度有别。

2. 前者实现全部真意，后者实现部分真意

殷秋实教授认为，法律行为转换中，裁判者通过主观能动性对法律行为（合同）的要素进行了增减，虽然是在无效情形下对当事人真意的实现进行的补救，

---

〔1〕　参见张驰："法律行为效力评价体系论"，载《法学》2016年第5期。

〔2〕　费安玲、丁枚、张宓译：《意大利民法典（2004年）》，中国政法大学出版社2004年版，第331页。同时参见陈国柱译：《意大利民法典》，中国人民大学出版社2010年版，第251页。

〔3〕　洪秀凤与昆明安钡佳房地产开发有限公司房屋买卖合同纠纷案，最高人民法院民事判决书（2015）民一终字第78号。

〔4〕　参见最高人民法院民法典贯彻实施工作领导小组主编：《中华人民共和国民法典总则编理解与适用》（下），人民法院出版社2020年版，第715~716页。

但毕竟与当事人的真意有别。而解释则并不调整法律行为的要素。[1]笔者十分赞同殷教授的分析，笔者考虑，合同类型转换作为一种解释行为，比法律行为转换更加准确地指向当事人的真意，更加接近于当事人的真意。

（1）前者比后者更具方向的确定性

合同类型转换是使表达最大程度贴合当事人真意的解释活动，准确地指向当事人的真意。而法律行为转换是当事人的真意不能全部被法律所承认的情况下，部分实现当事人的真意之活动。

合同类型转换属于合同真意解释的范畴，能进行真意解释的，不应退而求其次进行法律行为转换。因法律行为转换具有更大的不确定性，是法律行为解释的替代性法律技术，故能使用合同解释的，不宜使用法律行为转换。

虽然在虚伪表示中，表面合同也存在因意思表示不真实，缺乏肯定的效果意思而可以被认定为表明合同无效，即符合法律行为转换条件之转换前的基础法律行为无效要件，但是此种情形下，"转换"后的替代合同类型是当事人的真意，并非法律行为转换中所规定的"假设的当事人的意思"，[2]故通谋虚伪表示适用的是真意解释的逻辑，而非法律行为转换的路径。

（2）前者比后者更接近于当事人真意

德国学者认为，法律行为转换是法律行为部分无效后，对剩余部分能够独立实施，且独立实施不违背当事人意图的情况下，剥离无效的部分，使剩余的部分继续以其他法律行为的方式生效的情形。在《德国民法典》下，是将法律行为的部分无效之一百三十九条与法律行为转换之一百四十条合并适用的逻辑。[3]显然，合同类型转换与之不同，追求的是当事人真意的全部实现。

合同类型转换发生在当事人表示的合同类型不能贴合当事人的真意的情形，裁判者所做的，是为真意找一个更加贴合的合同类型，虽然这个合同类型是裁判者通过法律赋予其的权力作出的"拟制的表示行为"，但是这个表示行为是以最大程度贴合当事人真意为标准进行的，从理论上看，是在法律框架下最大程度实现当事人真意的方式。归根结底，合同类型转换是真意解释的结果。学者认为，

---

〔1〕 参见殷秋实："无效行为转换与法律行为解释——兼论转换制度的必要性与正当性"，载《法学》2018年第2期。

〔2〕 参见殷秋实："无效行为转换与法律行为解释——兼论转换制度的必要性与正当性"，载《法学》2018年第2期。

〔3〕 参见［德］维尔纳·弗卢梅：《法律行为论》，迟颖译，法律出版社2012年版，第713页。

"解释比转换更接近于当事人的'真意'"〔1〕，合同类型转换所适用的法律依据也是合同解释的规定（《合同法》第一百二十五条）。〔2〕

　　法律行为转换是第二顺位的法律技术，而合同类型转换是第一顺位的法律技术。法律行为转换发生在当事人本意生效的法律行为无法生效的情形，为了对这种情形进行补救，以部分实现当事人的意思，故而将不生效的法律行为转换为能够部分实现当事人意思的法律行为。可见，法律行为转换是一种第二顺位的法律技术，只有当当事人的真意无法充分被法律认可时才能使用，实现的也是当事人的部分真意，弗卢梅教授认为法律行为转换后的行为比转换前的行为"质量上"更少，〔3〕意在表达法律行为转换中当事人真意的部分流失，故法律行为转换是退而求其次的法律技术。而合同类型转换发生在真意解释中，是对当事人合同真意进行解释时的主动行为，在发生合同名实不符的情形时，需要作为第一顺位的解释技术，对合同类型进行转换，合同类型转换所实现的是当事人完整的真意，是实现当事人意思的首选。

　　（二）合同类型转换对法律行为转换的借鉴

　　虽然合同类型转换与法律类型转换在转换前、转换后的有效性要求有别，但是，这并不代表法律行为转换的基本思路对真意解释无用。只是法律行为转换之适用范围比合同类型转换更窄，法律行为的瑕疵更严重，梅迪库斯教授亦言：（法律行为的）"解释与转换之间并不存在精确的界线"〔4〕。法律行为转换一些理论成果可以被合同类型转换所借鉴，包括：

　　1. 法律行为转换"由确定和价值权衡两部分构成"〔5〕，意指法律行为转换时，除了要进行转换后行为在生效条件上的判断，还要再进行价值上的权衡，以确保转换符合当事人的意思。

　　2. 法律行为转换"不能以超出原本所形成的法律行为效力范围的行为来取代无效的法律行为"。〔6〕即转换后的法律行为的效果不能超出转换前法律行为所

---

〔1〕　孙蕾、房绍坤："论无效民事行为转换的适用要件"，载《政法论丛》2013年第5期。

〔2〕　参见常鹏翱："无效行为转换的法官裁量标准"，载《法学》2016年第2期。

〔3〕　参见［德］维尔纳·弗卢梅：《法律行为论》，迟颖译，法律出版社2012年版，第712页。

〔4〕　［德］迪特尔·梅迪库斯：《德国民法总论》，邵建东译，法律出版社2000年版，第395页。

〔5〕　［德］维尔纳·弗卢梅：《法律行为论》，迟颖译，法律出版社2012年版，第707页。

〔6〕　《联邦最高法院判例集》19，第269页以下，第275页。转引自［德］维尔纳·弗卢梅：《法律行为论》，迟颖译，法律出版社2012年版，第708页。

能达到的效果，以此确保转换不超出当事人的真意。

3. 法律行为转换后不能违反转换前无效规范的宗旨，即转换前的法律行为因某强制性规范而被评价无效的，如果转换后的法律行为不当然适用该强制性规范，从而可以保持生效的，那么要评估转换前的强制性规范的所设立的目的、保护的法益是否因此被破坏。如果遭受破坏，则不应作该转换行为。[1]

4. 法律行为转换中"无效法律行为是否可以被转化为另一个法律行为的决定性因素是，无效法律行为本身是否同时包含另一个法律行为的构成要素"[2]。即转换后的法律行为需要在要素上与转换前的法律行为具有部分的重合，甚至是被转换前的法律行为所包含。

我国学者对法律行为转换的研究成果也值得合同类型转换借鉴。例如常鹏翱教授将当事人的真意作为法律行为转换界限，尤其是作为裁判者自由裁量权的界限，他强调法律行为转换是解释失效后的补救措施，不能作为第一顺位的裁判方法。[3]为了避免裁判者恣意，殷秋实教授将无效法律行为转换的发起权交给当事人，法官不得在裁判中主动发起无效法律行为转换。[4]这些法律行为转换理论的成果，能够被合同真意解释所借鉴。

二、合同类型转换与"参照适用"的关系

合同类型转换是依据当事人的合同真意，将一个合同类型转换为另一种合同类型的解释方式。如上所述，基于人们的认知规律，裁判者倾向于转换为熟悉有名合同，因为人们对有名合同的认识更加深刻，相应的，有名合同的规范体系也更加完备。《民法典》合同编通则部分第四百六十七条规定："本法或者其他法律没有明文规定的合同，适用本编通则的规定，并可以参照适用本编或者其他法律最相类似合同的规定。"合同类型的参照适用是将无名合同不转换的情况下，参照适用最相类似的有名合同的规范。

合同类型转换与合同类型的参照适用相近之处在于都适用了合同文本类型以外的

---

〔1〕 参见［德］迪特尔·梅迪库斯：《德国民法总论》，邵建东译，法律出版社2000年版，第398~399页。

〔2〕 《联邦最高法院判例集》19，第269页以下，第275页；同样地，《联邦最高法院判例集》20，第363页以下，第370页；也参见《帝国法院—德国各所州高等法院判决资料集》80，Nr.110。转引自［德］维尔纳·弗卢梅：《法律行为论》，迟颖译，法律出版社2012年版，第709页。

〔3〕 参见常鹏翱："无效行为转换的法官裁量标准"，载《法学》2016年第2期。

〔4〕 参见殷秋实："无效行为转换与法律行为解释——兼论转换制度的必要性与正当性"，载《法学》2018年第2期。

合同类型规范，区别在于前者发生了合同类型的变更，后者未发生合同类型的变更。

那么，在已经有合同类型参照适用的规定下，是否还有必要进行合同类型的转换，并进行专题研究？笔者认为有必要，因为二者之间存在明显的差别，差别部分无法为合同类型参照适用的规则所涵盖解决。

（一）前者为司法技术，后者为立法技术

合同类型转换是司法活动中，裁判者对名实不符的合同进行解释的技术。而参照适用是立法者在立法活动中，对立法行为予以简化的技术。

黄茂荣教授认为，在立法技术上，为了避免重复性规定，并实现类似情况类似处理的公平原则，立法者会将法律构成上不同，但却类似的情形予以"准用"或"比照"，这被黄教授称为引用性法条。[1]笔者认为，黄茂荣教授所言之"准用"和"比照"即为我国大陆《民法典》规定下的参照。朱庆育教授则将参照适用解释为法律规则构成要件欠缺情况下的规范参引，因而将参照适用的规范称为"参引性规范"。[2]刘风景教授则称之为"准用性法条"。[3]三位教授界定的角度不同，但所表达的实质无太大差别。

在黄教授的观点下，立法时语言应当追求简洁，因此在有可参照的规范时，应予以参照。对于参照（准用）的情形，并非在法律上一致，但是两种法律事实在某个系争问题上的重要之点相同或十分类似，那么在此情形下，规定一项法律事实去参照适用（准用）另一项法律事实的规范，可以避免立法的重复，同时能够实现类似情况类似处理，这在我国台湾地区"民法"第一百零三条、第一百一十四条、第一百六十三条等有直接的体现。

同时，黄教授也指出，在适用引用性法条时，应当注意情况的差异是否足以影响其对系争问题处理的类似性。如果确实差异之处影响到了系争问题的处理，则应当予以修正地适用，甚至不予适用。[4]

易军教授认为，《合同法》第一百七十四条（《民法典》第六百四十六条）的规定对法官设定了强制性的参照义务，而非可以参照也可以不参照。[5]

站在巨人的肩膀上，笔者对我国《民法典》的规定进行梳理，可以发现，

---

〔1〕 参见黄茂荣：《法学方法与现代民法》，中国政法大学出版社2001年版，第137~138页。

〔2〕 参见朱庆育：《民法总论》，北京大学出版社2016年版，第47页。

〔3〕 参见刘风景："准用性法条设置的理据与方法"，载《法商研究》2015年第5期。

〔4〕 参见黄茂荣：《法学方法与现代民法》，中国政法大学出版社2001年版，第137~154页。

〔5〕 参见易军："买卖合同之规定准用于其他有偿合同"，载《法学研究》2016年第1期。

《民法典》中的合同规范中也有不少引用性法条，这些引用性法条可以分为三类：

第一类是无名合同参照适用最相类似的有名合同之一般性规范。上述《民法典》第四百六十七条即为此类。

第二类是某一合同类型束下的合同类型（含有名和无名合同）参照适用该合同类型束下另一特定有名合同类型的规范。包括：第六百四十六条"法律对其他有偿合同有规定的，依照其规定；没有规定的，参照适用买卖合同的有关规定"。第六百四十七条"当事人约定易货交易，转移标的物的所有权的，参照适用买卖合同的有关规定"。

第三类是特定类型有名合同参照另一种特定有名合同的规范。包括：第六百五十六条"供用水、供用气、供用热力合同，参照适用供用电合同的有关规定"，第八百五十一条第四款"当事人之间就具有实用价值的科技成果实施转化订立的合同，参照适用技术开发合同的有关规定"，第五百二十一条第三款"连带债权参照适用本章连带债务的有关规定"。除此之外，还有第三百四十三条"国家所有的农用地实行承包经营的，参照适用本编的有关规定。"第三百七十一条"以遗嘱方式设立居住权的，参照适用本章的有关规定。"需要说明的是居住权、土地经营权虽然都在用益物权的分编下，但是其中的具体规定有物权性的，也有债权性的，例如第三百三十六条调整的是承包人与发包人对特定情形下合同变更的规范，第三百六十七条设定的是居住权合同的内容，显然具有债权规范属性。

合同类型转换与参照适用的区别，至少包括以下三点：

合同类型转换是意思表示解释活动，参照适用是立法行为。参照适用是以法律规范填补为目的的立法行为，是将某一类型的合同规范填补于其他合同类型下的法律规范制定行为。而合同类型转换是在合同解释活动中，在当事人的真意与其表示的合同类型相悖的情形下，对合同类型的调整，使合同类型匹配当事人的真意，本质上是合同解释行为。

合同类型转换是司法者的活动，参照适用是立法者的行为。参照适用是立法者在制定法中，将经常出现的合同类型予以简化立法的方式，本质上是立法者的立法行为。而合同类型的转换是裁判者在合同裁判中，根据当事人对合同类型的争议，将合同类型予以解释的活动，本质上是司法活动。

合同类型转换是具体性活动，参照适用是整体性行为。参照适用发生在某些合同类型与另一类合同类型普遍地、长期地、总体地存在适用上的衔接的情形，是针对社会生活经验的频繁发生后所做的总结，并将总结的结果上升至立法层面。而合同类型转换发生在具体的司法纠纷中，当事人与裁判者所主张的合同类型转换基于特定的合同文本，特定的当事人真意，不具有普遍性，即使部分案件被作为最高人民法院公报案例，指导案例对其他案件产生影响，也是从裁判说理部分进行可适用、可不适用的相似性评估，而非在裁判依据部分作为法律规范进行强制性的援引。

合同类型转换与参照适用之间的差异一定程度上和类推与参照适用之间的差异相当，[1]这主要源于合同类型转换中也使用了类推的方法，且合同类型转换与类推都处在司法活动中，由裁判者进行实施。

（二）合同类型转换与"参照适用"的应用方式差异

在具备引用性法条的情况下，裁判者可以直接参照适用相应的合同规范。此时，不需要先将合同类型进行转换，再依转换后的合同类型适用相应的合同规范。

引用性法条本身是一种立法行为，具有法律的强制性，当合同类型 A 被法律规定参照合同类型 B 的规定时，合同类型 A 便有了相应的法律规范，从效力上看，该规范来自立法。只不过是立法行为为了避免重复，对相关表述实施了简化。

参照适用时，系争合同类型在不转换的情形下即可根据法律的直接规定适用另一种合同类型下的规范，从效力上看，与法律直接规定该合同类型的规范相同。只是在适用性上，由于参照适用毕竟存在一定的差异，黄茂荣教授认为裁判者应当"慎重地认定由这个差异所可能引出之为拟处理之案型限制或修正所准用之法条的必要。"[2]

从我国《民法典》中参照适用的规范来看，上文已述的第一类参照适用在我国《民法典》的规定为"可以参照"，上述第二类、第三类参照适用均无"可以参照"，只用了"参照"的说法。笔者认为，对于第一类"可以参照"的规定，裁判者需要论证参照的适当性，而对于第二类、第三类仅规定了"参照"的法条，实际上表达了"应当参照"的意思，故如果裁判者要排除（应当）"参照"的规范时，需要承担较重的说理责任。

从适用范围上看，参照适用有赖于法条的直接规定或特殊规定，而合同类型转换不以有具体的法条为支撑，是基于合同解释的一般规定发展而来。具体而言，参照适用的情形有下述三类：

---

〔1〕　参见王雷："论身份关系协议对民法典合同编的参照适用"，载《法学家》2020 年第 1 期。

〔2〕　黄茂荣：《法学方法与现代民法》，中国政法大学出版社 2001 年版，第 141 页。

对于第一类无名合同参照适用最相类似的有名合同之一般性规范。仅适用于无名合同，有名合同不能适用。对于第二类某一合同类型束下的合同类型参照适用该合同类型束下某一特定有名合同类型的规范。虽然不限于无名合同，但是限于法律的特殊规定。第三类特定类型有名合同参照另一种特定有名合同的规范。也限于法律的特殊规定，且仅适用于有名合同。

可见，参照适用在第二类和第三类下均限于法律的特殊规定，而第一类限于无名合同。相较而言，类型转换适用于合同名实不符的情形，是表示行为与真意的差异问题，这与合同是否为无名合同无关，当然，在法律有特殊规定的情形下可以直接进行合同类型转换（如上述合作开发房地产合同转换为房屋买卖合同、借贷合同等），既然是特殊规定，那么与参照适用的特殊规定无关。

故而，参照适用的应用范围和类型转换的应用范围不同。除了参照适用之外，法律还有合同类型之间的存疑推定规则，例如保证合同和债务加入合同之间，按照《关于适用〈中华人民共和国民法典〉有关担保制度的解释》第三十六条第三款的规定，在保证合同与债务加入合同难以区分时，存疑的应当认为为保证合同。[1]显然，存疑推定规则也是基于法律的特殊规定。而存疑推定与类型转换也具有差异，存疑推定有赖于法律的特殊规定，构成一种立法行为，存疑推定本质上处于规范填补与类型解释之间，是立法上的类型解释，与合同类型转换的个案转换有别。并且存疑推定并非完全转换，之所以称为推定，还是要尊重当事人的意思，在有表示时不适用推定。

（三）合同类型转换与"参照适用"的联系

合同类型转换与参照适用的区别很明显，但是并不代表二者没有联系。当我们放在同一环节去深思二者之间的关系时，可以发现二者的联系。

在参照适用的制度背后，可能有合同类型转换的原理。参照适用是立法将某一类合同设定为参照适用另一类合同类型规范的立法技术。张弓长博士后认为参照适用的背后是类似性判断，即拟调处的问题和拟参照的法条之间具有事实类型的相近性以及规范宗旨的类似性。[2]他将参照适用的相似性判断通过公式表达为：

被参照的法律事实 X1⇒法律后果 Y

---

〔1〕 参见王利明："论'存疑推定为保证'——以债务加入与保证的区分为中心"，载《华东政法大学学报》2021 年第 3 期。

〔2〕 参见张弓长："《民法典》中的'参照适用'"，载《清华法学》2020 年第 4 期。

法律规范中的参照事实 X2 参照适用法律效果 Y

如果拟规整的事实 X3 ≈ X2，且 X3 ∈ X1，那么 X3⇒Y

那么为什么前一类合同类型要参照后一类合同类型的规范适用？笔者认为，是因为前一类合同与后一类合同之间具有合同要素上的共同点，法律才规定了参照适用的规范。

我们还以上述参照适用的类型说明：当无名合同与某一有名合同具有相同的合同要素时，该合同要素所对应的有名合同规范可以被该无名合同参照适用。当某干合同类型具有合同规范，那么其下支合同类型与干合同类型的相同合同要素之处，可参照适用干合同类型的规范。某一有名合同与另一有名合同具有相同的合同要素时，二者可以就相同合同要素之处参照适用对方的规范。

由于参照适用需要相应的立法活动，从这个意义上讲，参照适用也可以被看作是法定的合同类型转换。

三、法定的合同类型转换分析

虽然法律只在《民法典》第一百四十六条对通谋虚伪表示作了"以虚假的意思表示隐藏的民事法律行为的效力，依照有关法律规定处理"之规定，并未从整体架构上对合同类型转换作出规范，但是司法实践早已使用合同类型转换。甚至在特定领域通过司法解释设置了规定。例如最高人民法院《关于审理涉及国有土地使用权合同纠纷案件适用法律问题的解释》第二十一至二十四条针对合作开发房地产合同中一方不承担经营风险只获取固定合同利益的情形，规定了四个方向的合同类型转换，如提供土地一方不承担经营风险只获取固定利益的，转换为土地使用权转让合同。而提供资金的一方不承担经营风险，如只分配固定数量房屋，则转换为房屋买卖合同；如只收取固定数额资金，则转换为借款合同；如只获取房屋使用权，则认定为房屋租赁合同。

在没有相应法律规定，甚至《民法典》也没有将其吸纳入立法之前提下，最高人民法院《全国法院民商事审判工作会议纪要》有多个条文对合同类型转换有所体现，比如其中的第六十条、第九十一条。

第九十一条的规定比较明显，该条规定，对于信托合同当事人以外的第三人提供的差额补足承诺（合同）、代为到期回购承诺（合同），甚至是为当事人提供流动性支持的约定，虽然表面上看并非担保合同，但是如果具体内容符合保证合同规定的，"人民法院应当认定当事人之间成立保证合同关系。其内容不符合法律关于保证的规定的，依据承诺文件的具体内容确定相应的权利义务关系，并根据案件事实情况确定相应的民事责任。"

在该条文的结构中，明确了原本不是保证合同的差额补足合同、代为履约（回购）合同、流动性支持合同构成保证合同，[1]判断的标准是法律关于保证的规定，符合的，进行合同类型转换，认定保证合同关系；不符合的，认定其他相应的合同关系（或其他法律关系）。

第六十条中，明确规定："因抵押物灭失以及抵押物转让他人等原因不能办理抵押登记，债权人请求抵押人以抵押物的价值为限承担责任的，人民法院依法予以支持，但其范围不得超过抵押权有效设立时抵押人所应当承担的责任。"

（一）合作开发房地产合同的类型转换

房地产行业高投入、回报周期长、金融杠杆率高等特征，使有关合作开发房地产合同争议一直是实践中的"热门"争议。合作开发房地产的方式十分多样，就合作方式而言，可分为委托代建、BOT、PPP 等，就合作的阶段而言，可分为立项、规划、征收、出让、转让、开发、销售、抵债等，就合作开发涉及的利益主体而言，有土地提供方、资金提供方、贷款提供方、施工方、购房方以及国土部门、税务部门。交易的多样性和复杂性以及对应的高收益、高成本特征促生了合同开发房地产合同复杂多样的表意瑕疵情形。[2]最高人民法院《关于审理涉及国有土地使用权合同纠纷案件适用法律问题的解释》第二十一至二十四条为合同类型转换提供了基本的逻辑：

1. 真意的合同要素与表面类型的合同要素不符

对于合作开发房地产的合同类型而言，合作是核心要素。曹慧将合作开发房地产合同作为合伙合同的一个支合同类型看待。[3]合作开发房地产合同中双方分别提供其在土地权、证照审批便利条件、项目规划设计、建设开发、资金调配、配套产业支持、税收优惠等各方面的能力和资源，以共担风险、共享收益为

---

〔1〕 差额补足、代为回购、流动性支持可能为双方法律行为，也可能为单方法律行为，即使为单方法律行为也需要对方（债权人）的默示同意。因构成单方或双方法律行为对下文的讨论无重大差异，为了简化表达，笔者在此不做区分，特此说明。

〔2〕 参见江苏省高级人民法院民一庭："国有土地使用合同案件审判疑难问题研究——《最高人民法院关于审理涉及国有土地使用权合同纠纷案件适用法律问题的解释》施行十二周年回顾与展望"，载《法律适用》2017 年第 21 期。

〔3〕 参见曹慧："合伙合同法律规范对合作开发房地产合同纠纷审判的意义"，载《山东科技大学学报（社会科学版）》2021 年第 1 期。

原则进行合作。如刘俊教授所言，合作开发无论是参建型还是联建型，本质上都是联营行为。[1]在合作开发房地产合同类型中，共担风险、共享收益是处于核心位置的合同要素，是合同要素的"必要之点"，少了这部分合同要素，则不能够成就合作开发房地产合同。

如果当事人双方的真意是一方不承担经营风险，只获取固定收益，体现在合同的具体条款中，无论当事人通过什么方式，或准确或模糊、或直接或间接甚至含混，只要该真意可查明，就是合同真意所具备的合同要素。显然合作开发房地产合同的合同要素不能匹配当事人真意的合同要素，故合作开发房地产合同的类型需要转换。

2. 拟制的合同类型让位于真意的合同要素

黄茂荣教授认为，"在认定当事人所缔结之契约为何种类型时，首当斟酌当事人之真意，而后将其归属于最适当之契约类型中，如此方不致指鹿为马，而违反当事人合意所要达成之法律效果"。[2]笔者理解，黄教授所强调的是，合同类型服务于合同真意，而非相反。

提供土地的一方义务设置为提供土地使用权，同时其不参与合作开发项目的经营，在合同开发项目收益分配时，只获取固定的收益。该合同中提供土地的一方不能被认定为开发者，而相对方才是。虽然当事人之间的约定看起来突破了法律关于合作开发房地产合同的合同要素，但是这种与法相悖并没有被认定为非法，从而终止合同的解释，相反，合同类型是为合同真意服务的，我们应当为合同真意寻找与之匹配的合同类型，并在此类型适用法律。

法律尊重当事人所设置的与法律不同的权利义务关系，并努力为之寻找能够匹配当事人约定特征的合同类型。不因合同真意与约定的合同类型相悖就终止合

---

[1]　参见刘俊："房地产合作开发几个基本法律问题探讨"，载《学术论坛》2007年第2期。

[2]　参见黄茂荣：《买卖法》，中国政法大学出版社2002年版，第13页。

同解释，按照当事人之间约定的合同要素寻找和匹配最相适应的合同类型，而上述司法解释也是以类型服务于真意的态度分析当事人之间的合同关系。例如，实践中，有当事人签订合作开发房地产合同，并共同出资设立了开发主体公司，但是一方出资到位，另一方未出资到位，按照公司法的一般规定应当按照实际出资进行收益分配，但是当事人约定了未出资方享有与出资方相同的分配比例，鉴于该意思表示真实，裁判者就应当为之寻找合适的合同类型，而非改变该意思表示的类型。[1]

3. 基于真意的合同要素和原因选择合同类型

甲方仅提供土地使用权，不参与项目的建设、开发、运营，无论项目未来获得了极大的成功，或是遭受了严重的损失，甲方都要获取固定的收益。在此情形下，乙方才是该项目的开发方，因为项目的建设、开发、运营都由乙方来进行，乙方作为开发的行为人理应享有开发的收益，承担开发的损失，并且乙方还有义务实现允诺给甲方的固定收益。项目的收益能够覆盖甲方的固定收益和乙方成本后，更高的收益完全由乙方享有，与甲方无关。如项目亏损或收益无法覆盖甲方要求的固定收益+乙方成本，乙方仍然要"贴钱"向甲方支付固定的收益。

从合同要素来看，乙方提供项目的建设、开发、运营所需的其他全部成本，获取项目超出自己成本和甲方固定对价款之外的收益。以甲方的视角来看，甲方提供土地，乙方支付固定价款，该合同符合买卖合同的合同要素，匹配土地使用权转让合同。

我们再从原因理论切入双方的给付，甲方提供土地使用权，目的是获取固定的对价款，甲方既不愿意承担开发失败的损失，也不奢求享有开发增值的差额收益，甲方只期望获取其对土地所评估的价值，乙方出价能够达到其所评估的价值，则甲方可以成交。从乙方来看，乙方的交易目的是获取土地后，对土地进行建设开发，开发的安排由乙方实施，开发的收益由乙方享有，损失由乙方承担，此时开发已经不在乙方与甲方的交易范围内，开发只不过是乙方与甲方交易后，对交易所获取土地的后续使用，乙方与甲方的交易下，乙方只需要承担的对价只是土地的价款。

土地使用权转让合同的客观原因能够覆盖当事人的缔约初衷。乙方以开发所得作为第一付款来源，开发失败的，乙方以其他自有资金支付甲方要求的价款，

---

〔1〕 参见孙一涵、徐路超："合作开发收益的构成"，载《人民司法》2020 年第 35 期。

这也只不过是付款的来源，在甲方不承担开发风险的约定下，开发失败与甲方无关。虽然合同中约定了开发建设内容（购买用途、付款来源），甚至对乙方来说，这构成了其与甲方缔约的初衷，但是这并未超出土地使用权转让合同的客观原因所包容的外延，因为土地使用权转让合同是买卖合同类型束下的支类型，适用买卖合同类型的规定，《民法典》第六百一十条对买卖合同买受标的物之目的规定为"因标的物不符合质量要求，致使不能实现合同目的的，买受人可以拒绝接受标的物或者解除合同。"可见，乙方在土地使用权转让合同类型下，可以实现其受让土地使用权实施开发的缔约初衷。

因此，司法解释按照当事人之间的真意将合作开发房地产合同类型转换为土地使用权转让合同，适用土地使用权转让合同的相关规范。

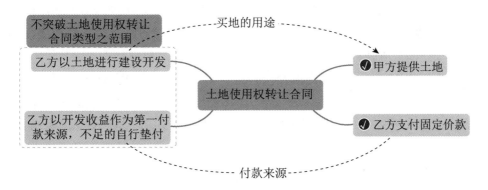

该规定的剩余三个条款基本思路相同，笔者不再展开。

（二）让与担保合同的类型转换

让与担保，在形式上符合参照适用，即构成法条引用，在实质上符合合同类型转换，甚至在流质型让与担保中，还存在无效法律行为转换。

1. 让与担保合同构成规范的合同类型

（1）让与担保合同类型的基本规范

让与担保虽然没有规定在《民法典》中，也没有形成一套相对完备的让与担保规则体系，但是无法否认的是，让与担保在多个规范性文件中有所体现，最高人民法院、国家发展和改革委员会《关于为新时代加快完善社会主义市场经济体制提供司法服务和保障的意见》通报最高人民法院等相关部门将"结合民法典对禁止流押规则的调整和让与担保的司法实践，进一步研究细化让与担保的制度规则和裁判标准，尊重当事人基于意思自治作出的交易安排。依据物权变动规则依法认定担保物权的物权效力，最大限度发挥担保制度的融资功能作用，促进商事交易健康发展。"《上海证券交易所公司债券发行上市审核业务指南第2号——投资者权益保护（参考文本）》第2.6条将让与担保与商业保险、第三方差额补足、流动性支持并列为增信措施的类别。

而在《关于审理民间借贷案件适用法律若干问题的规定》《全国法院民商事审判工作会议纪要》及最高人民法院发布的指导案例、典型案例中，对让与担保的规范设置更加直接。《关于审理民间借贷案件适用法律若干问题的规定》（2020）第二十四条[1]就当事人之间以买卖合同为民间借贷合同担保的法律关系的主合同为民间借贷合同进行了明确，同时规定了"买受人"可以享有对买卖标的物的优先受偿权，而非所有权。《全国法院民商事审判工作会议纪要》第七十一条对让与担保参照适用担保物权的规范作了整体性规定，指导案例111号（2015）民提字号126号[2]指出，提单具有债权凭证和所有权凭证双重属性，如当事人之间没有转移所有权的意思，即使交付提单，提单持有人也不享有所有权。要根据整体交易和该类交易（信用证）的特点进行合同解释，即使当事人之间约定提单持有人取得货物所有权，也只能表明当事人的真意是通过提单流转来设定提单质押权，在债权人与债务人之间签订了具有让与担保意思的合同（虽然约定为所有权转让），并且完成了公示（即提单流转），应当认定债权人作为提单持有人享有提单质押权。

可见，让与担保本身并非完全的无名合同，在规范性文件中，让与担保有一席之地，并有明确的几项基本规范：

第一是让与担保合同的干类型合同为担保（增信）合同，这对让与担保合同类型所具有的合同要素、原因、规范适用构成根基性的界定。

第二是担保目的下，当事人签订的所有权转让合同应解释为让与担保合同，

---

[1] "当事人以订立买卖合同作为民间借贷合同的担保，借款到期后借款人不能还款，出借人请求履行买卖合同的，人民法院应当按照民间借贷法律关系审理。当事人根据法庭审理情况变更诉讼请求的，人民法院应当准许。按照民间借贷法律关系审理作出的判决生效后，借款人不履行生效判决确定的金钱债务，出借人可以申请拍卖买卖合同标的物，以偿还债务。就拍卖所得的价款与应偿还借款本息之间的差额，借款人或者出借人有权主张返还或者补偿。"

[2] 中国建设银行股份有限公司广州荔湾支行诉广东蓝粤能源发展有限公司等信用证开证纠纷案，该案件经最高人民法院审判委员会讨论通过于2019年2月25日发布，载《最高人民法院关于发布第21批指导性案例的通知》（法〔2019〕3号），该案例同时也是最高人民法院发布的第二批涉"一带一路"建设典型案例之一。

这对合同真意的解释甚至是合同类型的转换问题作了原则性的框定。

第三是对已经具有公示措施，甚至已经有所有权转让的公示措施（而非设立担保物权的公示措施）的情形，也要根据负担行为的类型去界定最终的处分行为的类型，在负担行为类型被界定为让与担保的情形下，即使公示措施是所有权转让，也认定为担保物权的公示效力。

可以说，让与担保具有了基础的类型内涵和规范适用，但是，毕竟让与担保的规范还比较概括，相较于其他有名合同而言显然不够成熟，所以才会有适用担保物权合同的规范设置。

（2）让与担保合同类型的参照适用规范

学理上，对让与担保的类型界定争议较大，让与担保是否构成独立的买卖合同和借贷合同两个合同？抑或让与担保只构成一个以物抵债合同，且只是以物抵债众多类型中的一种？由于违反了禁止流质的强制性规范，让与担保是否无效？这些问题在学理上均值得思考。为了统一认识，最高人民法院在《全国法院民商事审判工作会议纪要》第七十一条规定："债务人或者第三人与债权人订立合同，约定将财产形式上转让至债权人名下，债务人到期清偿债务，债权人将该财产返还给债务人或第三人，债务人到期没有清偿债务，债权人可以对财产拍卖、变卖、折价偿还债权的，人民法院应当认定合同有效。合同如果约定债务人到期没有清偿债务，财产归债权人所有的，人民法院应当认定该部分约定无效，但不影响合同其他部分的效力。"

"当事人根据上述合同约定，已经完成财产权利变动的公示方式转让至债权人名下，债务人到期没有清偿债务，债权人请求确认财产归其所有的，人民法院不予支持，但债权人请求参照法律关于担保物权的规定对财产拍卖、变卖、折价优先偿还其债权的，人民法院依法予以支持。债务人因到期没有清偿债务，请求对该财产拍卖、变卖、折价偿还所欠债权人合同项下债务的，人民法院亦应依法予以支持。"

笔者认为，该规定首先是引用性法条，为让与担保合同设置了参照适用担保物权合同规范的制度，然后，在坚持流质无效的背景下，为流质型让与担保设置了无效法律行为转换规则。

担保物权合同是指以设定担保物权为内容的合同，抵押合同、质押合同均为典型的担保物权合同，之所以要在抵押合同和质押合同之上使用担保物权合同的概念，是在尊重当事人意思自治的前提下为非典型担保留下理论空间。由于意思表示和法律行为均在《民法典》总则规定，且合同编下第四百六十四条也规定了身份协议参照合同编的规定，[1] 故而担保物权合同适用合同法的一般规则没有制度上的根本障碍。[2] 即使在原先的《合同法》下，也应将相关规范原则上适用于身份契约和担保物权合同。[3]

从上述规范的指引路径来看，让与担保合同具有明确的规范适用方向，在让与担保已经被列为有名合同的情形下（虽然规范化程度不高），甚至无需进行法律适用分析上的合同类型转换就能赋予担保物权合同的效力，既然法律、司法解释和其他规范性文件已经做出了上述规定，当我们判断某合同构成让与担保合同的情形下，可以基于法律的规定，直接参照适用担保物权合同的规范。

从法律规则的适用条件而言，这符合具有特殊规定的引用性法条，无需进行实体的论证。

2. 让与担保合同的参照适用规范之正当性论证

如上所述，让与担保的参照适用规则可以被看作是法定的合同类型转换，合同类型转换为参照适用提供了正当性说理。

从学理上讲，我们有必要弄清楚：为何让与担保合同应当参照适用担保物权合同的规范？这不仅有利于从学理上厘清合同类型之间的关系，也给上述引用性法条的适用提供了检验的标准，确保不适宜作上述法条引用的情形能够进行相应的调整。

既然让与担保合同能够赋予受让标的物所有权的当事人以担保物权，且公示行为即使是所有权公示也会按照原因行为的类型界定为担保物权，那么这里毫无疑问将让与担保合同认定为担保物权合同，甚至将基于让与担保合同所进行的所有权公示行为（包括交付、所有权登记、所有权转让预告登记）均认定为担保物权设置的公示行为。这背后有什么正当性的基础？笔者试以合同真意解释的方法论来分析之。

让与担保合同归属于担保合同的干合同类型，类型关系首先体现在让与担保合同的名称上，并且《上海证券交易所公司债券发行上市审核业务指南第2

---

〔1〕 不过，身份协议和非合同债的关系在没有明确规定而参照适用合同编的规定时，还要关注其行为的特殊属性，避免财产法中心主义和合同中心主义对身份协议和非合同债的关系的不当干预。参见王雷："论身份关系协议对民法典合同编的参照适用"，载《法学家》2020年第1期。王雷："民法典适用衔接问题研究动态法源观的提出"，载《中外法学》2021年第1期。

〔2〕 参见李永军："论民法典合同编中'合同'的功能定位"，载《东方法学》2020年第4期。

〔3〕 参见田士永："论合同变动的民事权利义务关系"，载《华东政法大学学报》2017年第3期。

号——投资者权益保护（参考文本）》第2.6也表达了这个态度。

除了名称上的界定外，让与担保合同具有干合同类型担保合同的合同要素以及原因。

（1）让与担保合同中的通谋虚伪表示

双方当事人就名为买卖、实为以物担保形成合意。让与担保合同的当事人之间签署的合同名称并非《让与担保合同》，而是《XX买卖合同》《XX转让合同》等。显然，从合同名称来看，属于买卖合同的合同类型。但是双方所设置的权利义务关系并非买卖，当事人之间的合同目的也并非对标的物所有权进行转让，所有权转让显然构成一项手段行为，而其目的行为是对主债务进行物的担保。即受让人可通过该《XX买卖合同》来担保主债务人的履行，在发生履行不能时，受让人可以通过对该标的物行使权利来保障主债务的实现。如在云南金泰房地产开发有限公司、裴文胜民间借贷纠纷再审案[1]中，杨卫华与金泰房地产开发有限公司（简称"金泰公司"）签订《商品房购销合同》后，又签订了《商品房购销合同补充协议》，约定如果借款人按期偿还借款，则商品房购销合同不生效；如借款人未按期偿还借款，则购销合同生效，出卖人应履行房屋过户手续。虽然看似附生效条件的代物清偿（让与担保的典型方式之一[2]），但已明确表示出交易的目的为借贷，房屋买卖只是担保借贷的方式。

相反，如果买受人（债权人）的目的就是为了获取标的物的所有权，以对标的物进行占有、使用、收益、处分，那么则是买卖合同。如在王才等房屋买卖合同纠纷再审案[3]中，王才与沈阳亚欧物资有限公司签订了《房屋买卖合同》，王才认为该合同名为房屋买卖，实为借款担保（让与担保），但最高人民法院认为，双方对房屋买卖形成合意，因为该合同约定了明确的"房屋地址、土地面积、房屋面积、购房款数额、购房款交付方式、办理过户手续的期限"，不构成让与担保。

债权人（受让人）仅履行了主债务合同一个合同，并未履行买卖合同中的货款给付，这是让与担保构成通谋虚伪表示的突出特征。即从履行行为对当事人的否定性效果意思进行解释。在出让人与受让人之间，虽然签订了买卖合同，并

---

[1]　（2018）最高法民申2081号民事裁定书。

[2]　参见冯洁语："民法典视野下非典型担保合同的教义学构造——以买卖型担保为例"，载《法学家》2020年第6期。

[3]　（2015）民申字第2299-1号民事裁定书。

且出让人也将标的物所有权转移至受让人，但是受让人实际并未支付该标的物所有权转让的价款。出让人支付的是向主债务人的借款。如果让与担保人就是主债务人本人时，受让人也并未向其进行两次支付，仅实施了一次主债务（如借款）的支付。如在刘省龙、江山市江建房地产开发有限责任公司房屋买卖合同纠纷再审案[1]中，江建房地产开发有限责任公司（简称"江建公司"）向刘省龙出具了借条，证明江建公司从刘省龙处借款 1 120 万元，同时，又与刘省龙签订了房屋买卖合同，约定刘省龙从江建公司处购买房屋，江建公司向刘省龙出具了已收到购房款 1 120 万元的收据。看似两个法律关系，但是实际上刘省龙仅向江建公司支付了一笔 1 120 万元，履行借款合同的借条和履行房屋买卖合同的收据只有一个具有实际的履行行为。刘省龙主张二者之间为以物抵债合同关系，但法院认为双方在没有对账、清算的情况下，不存在借款合同转换（最高人民法院裁定书原文为"转变"）为买卖合同的合意，故认定双方构成让与担保，刘省龙不能取得房屋所有权，只能取得担保物权。该案中虽然主债务合同与让与担保合同均体现当事人合意，但毕竟是两个合同，区分起来还不那么困难，更为隐蔽的情况是，当事人之间并未就主债务签订合同，只签订了一份《买卖合同》的让与担保合同，但是受让人所支付的仍旧不是与标的物价值相对等的所有权价款，而是往往价值低于所有权价款的借款金额。

（2）让与担保合同与担保物权合同的合同要素比对

《民法典》第三百八十八条在制定法上开创性地规定了担保合同，按照该规定，抵押合同、质押合同和其他具有担保功能的合同均为担保合同。王利明教授认为该规定打通了各类型担保之间的壁垒，为担保类型之间的规范互用、担保物权法定主义的缓和、法律形式主义的消减提供了制度依据。在王利明教授的论证下，担保合同包括担保物权合同、保证合同和其他非典型担保。[2]按照全国人大常委会副委员长王晨的说明，这里的非典型担保还包括所有权保留、融资租赁、保理，甚至让与担保、保兑仓交易、动态质押、寄售买卖等。[3]高圣平教

---

〔1〕 （2017）最高法民申 4527 号民事裁定书。

〔2〕 参见王利明："担保制度的现代化：对《民法典》第 388 条第 1 款的评析"，载《法学家》2021 年第 1 期。

〔3〕 参见王晨："关于《中华人民共和国民法典（草案）》的说明——2020 年 5 月 22 日在第十三届全国人民代表大会第三次会议上"，载《中华人民共和国全国人民代表大会常务委员会公报》2020 年特刊，第 188 页。

授则在较早的时期指出，将担保合同一般规定置于担保物权的一般规定下，逻辑上只是担保物权合同的"小总则"，如要使之适用于非物权的担保，在合同编宜设立参照适用的法条引用。〔1〕

刘保玉教授进一步指出，鉴于所有权保留、保理制度上，本身就具有让与担保的属性，在《民法典》三百八十八条、《全国法院民商事审判工作会议纪要》第七十一条等制度的构建下，让与担保已经具有了担保合同的效力，并明确指向担保物权的性质。〔2〕

笔者认为，虽然《民法典》第三百八十八条规定于担保物权编之下，从结构上看似担保物权的"小总则"，但是毕竟担保合同之名称涵盖非物权担保，并且在合同编第一分编"通则"上第五百六十六条规定了担保合同，故而宜按照王利明教授的指称，将担保合同作为各类担保之一般性债因规则，而将担保物权合同作为设立担保物权的债因。

担保合同作为干合同类型，位居其下的保证合同、担保物权合同和非典型担保当然存在一些共同的合同要素，在相同的合同要素所对应的规则下，具有参照适用的空间。

让与担保合同具有与担保物权合同一致的从属性。让与担保合同是服务于主债务合同的，常见的如主债务是资金的借贷，并且提供资金的一方并非金融机构的，那么在《关于审理民间借贷案件适用法律若干问题的规定》下，当事人之间主要的法律关系为民间借贷合同，法院会按照民间借贷合同的法律关系和规范体系来解决当事人之间的纠纷，至于让与担保所呈现出的所有权买卖，只不过是民间借贷合同的从属合同，

让与担保合同为买受人设定的是对特定物的优先受偿权，而非所有权，这与担保物权合同要素一致，与买卖合同要素不同。最高人民法院在刘伟、通化市港汇置业有限公司房屋买卖合同纠纷再审案中认为，如当事人之间的《购房协议》不具备房屋买卖合同的"合同要素"，〔3〕那么就不能被认定为房屋买卖合同。该案中，《购房协议》项下房屋不仅未动工、未取得开发手续，而且购买的房屋面积仅作估算，无楼层、户型等房屋买卖合同之标的物常见要素。常见的让与担保

---

〔1〕　参见高圣平："论担保物权'一般规定'的修改"，载《现代法学》2017 年第 6 期。

〔2〕　参见刘保玉："民法典担保物权制度新规释评"，载《法商研究》2020 年第 5 期。

〔3〕　参见最高人民法院（2017）最高法民申 2319 号民事裁定书。

合同虽然名为买卖合同，但是从合同条款来看，出让人将标的物交付或登记于买受人处，未来债务不能偿付时，买受人可以就该标的物进行处置，处置的价款优先用于偿付该债务，超出主债务本金、利息、违约金、实现债权费用以外的处置资金，买受人应归还出让人。这显然与担保物权合同的合同要素一致，与买卖合同不同。

（3）让与担保合同与担保物权合同的原因比对

从原因看，让与担保合同有两个突出的特征：

一是让与担保合同具有明显的为主债务人履行债务提供增信的目的，这与担保合同相一致，与买卖合同的目的相区别。让与担保的出让人之所以出让标的物，目的并非获取出让标的物的所有权价款，而是为既有的债务设置增信。较为难以区分的是一种情况，即出让人自身就是主债务人，并且让与人（主债务人）与受让人（债权人）双方并未就主债务签订独立于让与担保的合同，此时只有一份让与担保合同，且让与担保合同的名称并非《让与担保合同》，而是《XX买卖/转让合同》，设定的条款与买卖合同条款十分接近，但是根本区别是，让与担保的合同在担保的目的下，出让人往往要对出让的标的物进行回购，并且受让人也并没有占有、使用、收益标的物的目的。此时让与担保合同与其名义上的买卖合同之获取所有权进行使用和收益目的有明显的区别，而与担保合同之增信目的具有极高的匹配性。

二是让与担保标的物（债务人自有，下同）的价值一般高于所担保债权的价值，这与担保物权合同的对价关系相一致，与买卖合同的对价关系有差别。让与担保合同下，债权人虽然受让了标的物，但是毕竟债权人给予债务人的是更具有流动性的现金，加之标的物对债权人的价值并非那么容易实现，因此，让与担保下，标的物的价值往往高于主债务的价值。这与担保物权合同的对价关系相一致。担保物权合同的债权人虽然享有物权，但是未来实现担保物权时需要一定的诉讼周期，要支出诉讼费用，甚至还要聘请律师等中介机构人员，价值标的物的价值会有市场周期的变化，为了确保担保物未来拍卖的价格能够覆盖债权的本金、利息、违约金、实现债权成本，债权人向主债务人提供的融资金额往往是担保物"打折"后的金额，甚至还要提供多重的担保措施。并且在标的物变现后，超出主债务部分的，应当返还出让人，而非由受让人享有。而在买卖合同中，双方的对价并没有明显的区别，理论上买受人所支付的价格就是标的物的市场价值，所谓的打折销售也是促销手段，并非突破市场价值的对价不对等。

3. 流质型让与担保的法律行为转换

当事人为担保主债权签订买卖合同，并且已经进行了过户，双方约定债务人不能清偿的，则该标的物所有权归买受人（债权人）所有。这是典型的流质条款，即债权人在债务到期前，就未来进行以物抵债达成合意，有的甚至已经完成了所有权变动的公示措施（登记或交付）。由于这种事先的约定往往会使价值较高的标的物抵偿了价值远低于其的债务，所以当前我国法认为这种流质约定无效。

既然约定变动所有权的原因行为无效，那么公示行为也失去了基础。债权人应当返还标的物。但是这显然与当事人之间的意思相差较大，并且这不利于担保活动的进行，阻碍了担保活动，实际上是阻碍了融资方式的多样性，在当前中小企业融资难、融资贵的大背景下，这不是也不应该是法律规则所能够堵住的融资需求，还需要为之寻找更合适的疏导空间。

学理上让与担保可以分为清算型让与担保和流质型让与担保，清算型让与担保是指债权人仅就主债务金额范围内对担保物享有优先受偿权，超出部分须返还担保人。而流质型让与担保是指债权人享有担保物所有权，且其权利范围为标的物的全部价值，与主债务金额无关，超出部分亦不返还担保人。[1]由于流质型让与担保有违法律的强制性规定，认定无效后从立法技术上进行了无效法律行为转换，转换为清算型让与担保。最终，都是以清算型让与担保发生法律效力。

笔者认为，流质型让与担保首先经历了无效法律行为转换，转换为清算型让与担保合同，其后再通过合同类型转换（或法条引用的参照适用）转换（或直接适用）担保物权合同。

首先，流质型让与担保合同无效，与无效法律行为转换面临的前提一致。流质型让与担保的无效来自法律的强制性效力性规定，这一点没什么争议。在无效的情形下，原则上合同应当自始无效，当然无效，除争议解决条款还能够发挥一定作用外，不应再有发挥意定效力的条款。不过，因强制性规定导致的合同无效毕竟与私法自治的理念有所差异，在能够部分实现当事人真意的情形下，法理上以及部分域外法上，有法律行为转换的规定。上文已述，法律行为转换又称无效的法律行为转换，是指一项无效的法律行为同时符合其他法律行为之要件，若当事人知道无效时愿采取其他法律行为的，则其他法律行为生效。而流质型让与担

---

〔1〕　参见王闯：《让与担保法律制度研究》，法律出版社 2000 年版，第 57 页。

保恰恰就是无效的法律行为符合法律行为转换适用的前提。

其次，流质型让与担保中，当事人意思为预先设定的以物抵债，转换为担保物权并非完全实现当事人的真意，只能算是部分实现真意，与法律行为转换相符。流质型让与担保的当事人真意并非为主债权设立一个对特定物的优先受偿权，毕竟担保物权下的优先受偿具有相对严格的法定程序，目的是保护债务人（甚至包括债务人的债权人）的利益，避免标的物被压低价格处置。而流质型让与担保是将物直接抵偿主债务，至于物与主债务之间的价值差别（往往是物的价值高于主债务），担保人予以放弃。流质型让与担保的真意无法实现时，规则设定者认为，若让与担保合同的当事人明知无效，愿意采取与之接近的清算型让与担保，并且流质型让与担保的合同要素能够涵盖并且比清算型让与担保更加有力，转换为清算型减少了担保人的负担，且相较于无效而言增加了债权人的受益，那么让与担保的合同当事人被推定接受该转换，愿意采取清算型法律行为，故清算型法律行为生效。

再次，流质型让与担保转换为清算型让与担保合同后，再进行合同类型的转换。清算型让与担保合同虽然也是规范的合同类型，但是合同规则较少，加之法律、司法解释的直接规定，使之转换为担保物权合同。

最后，从清算型让与担保到担保物权合同，可以通过合同类型转换，也可以通过参照适用。前者是实质逻辑，后者是形式逻辑，在法律已经有专门规定的情况下，二者均有正当性，前者是法律原理上的正当性，后者是法律强制力上的正当性。

需要说明的是，上述多个转换过程仅是理论分析，从司法实践而言，鉴于有法律的特殊规定，直接以参照适用的法律强制力正当性进行论证即可。

4. 合同类型转换对让与担保配套公示行为的影响

当我们把这里的买卖合同按照原因和合同要素解释为让与担保合同（担保物权合同）时，遗漏了一个问题，即与让与担保合同相配套的公示行为之性质。毕竟，当事人已经完成的公示行为是与所有权转让合同相配套的公示行为，体现在不动产上，则是所有权变更登记。这时，我们将负担行为从买卖合同转换为抵押合同，并使权利人享有抵押人的权利，那么我们就不得不对权利人已经获取的所有权登记、而非抵押权登记这一问题予以同步处理，否则会出现逻辑的冲突，甚至对外部信赖利益的侵害。

在不强调物权法律行为的我国，并不赋予公示行为以意思表示的内涵。[1]这似乎可以回避动产质押的合同类型转换问题，因为动产的质押和所有权转让是交付生效，两者之间没有明显的区别。即使我们认为动产质押人交付质押物与动产出卖人交付出卖物的交付意思不同，但是这一交付意思并没有独立于负担行为的外化体现，也就是说，只要我们转换了合同类型，与之配套的公示行为并无可见的冲突。

由于物质属性的差异，动产与不动产具有截然不同的公示方式。[2]如果是动产抵押，本身就存在与抵押基本特征——登记生效的差异之处，是作为例外的抵押权存在，甚至在多数法典法国家中，不在法典中规定，以保持法典的内部体系顺畅。[3]如果是不动产，抵押登记的公示行为与所有权转让的公示行为虽然都是登记，但是登记的内容大相径庭，登记的效果的截然不同，这一问题就无法被回避。即，我们将买卖合同转换为让与担保合同后，已经实施的所有权变动公示行为是否转换？如何转换？转换的逻辑又是什么？

严格地说，这个问题超出了本书所讨论的问题，因为对物权行为类型的转换显然不是合同类型转换所能够包含的，但是不解决这一问题又会使法律规则缺乏理论的正当性。

笔者对此作粗浅的分析，以求教于大方。

首先，理论上，我们将物权行为视为物权变动的意思表示与公示行为结合的产物。[4]就物权行为理论是否设立的学术争议卷帙浩繁。[5]笔者无须再做引用说

---

〔1〕　关于物权行为独立性、物权行为无因性的争议向来是学者们关注的热点问题，就我国立法对二者的实现程度，也并非出于绝对固化的状态。我国法对物权行为独立性有比较明显的规定，这一点体现在处分行为未生效不影响负担行为效力的规定上，也体现在已经完成公示行为但约定了所有权保留的规定上。不过，关于无因性的实现程度，则有比较大的认识差异。参见李永军："对我国《民法典》上'民事责任'的体系化考察"，载《当代法学》2020年第5期。

〔2〕　参见费安玲："不动产与动产划分之罗马法与近现代法分析"，载《比较法研究》2007年第4期。

〔3〕　参见李永军："论民法典形式意义与实质意义上的担保物权——形式与实质担保物权冲击下的物权法体系"，载《西北师大学报（社会科学版）》2020年第6期。

〔4〕　参见李永军："民法典物权编的外在体系评析——论物权编外在体系的自治性"，载《比较法研究》2020年第4期。

〔5〕　例如，刘家安教授总结，就登记和交付在物权行为中的地位而言，存在两种主要观点，第一种认为登记和交付构成物权行为的成立要件，第二种认为登记和交付构成物权行为的生效要件。刘教授采纳第二种，并认为登记是公法行为，不宜纳入物权法律行为的私法行为中。笔者对此未做过多展开，总体上使用的是成立要件说，将登记和交付行为作为物权行为的一部分进行展开。参见刘家安：《物权法论》，中国政法大学出版社2015年版，第74~76页。

明。无论我们是否承认物权法律行为，公示行为中必然有内容，即使这一内容受到行政管理等公法性质的约束，[1]但并不影响其作为当事人意思的体现。[2]也就是说，即使采用债权形式主义下债权行为+公示行为的物权变动理论，[3]也无法抹去公示行为中的意思。所有权转让与抵押之差别不仅体现在合同文本上，而且体现在登记公示行为上。既然我们已将当事人之间签订的《XX买卖合同》转换为抵押合同，对当事人在债权行为中的意思表示进行了类型变更，那么我们也不得不将登记中的所有权转让意思转换解释为抵押的意思，即当事人以抵押的意思实施的所有权转让登记行为构成抵押登记行为。

其次，所有权转让的意思表示比设置担保物权的意思表示更重大，所设定的权能更丰富，换言之，担保物权的意思表示和法律效果能够被所有权转让所涵盖。所有权是占有、使用、收益、处分的完全性权利。抵押权只能实现物的变价优先权，占有、使用的权能抵押权人并不享有，至于收益的权能，抵押权人只享有扣押抵押物之后的孳息收取权，质押权人、留置权人享有质押物、留置物的孳息，但是这里收取孳息的权能和所有权人收益权能还是不完全一样，所有权的收益权能范围显然大于上述收取孳息的权能。抵押权人所享有的权能是包含在所有权人处分权能之中的，所有权人具有选择处分交易对象，决定处分价格、处分方式的权利，而抵押人应当按照法定条件和程序使抵押物被处分，并将处分所得清偿自己后，偿还于抵押人。可见，所有权的权能远超过抵押权，实际上，所有权人也当然具有"处分的价款的优先权"，只是这一权能远小于其处分权能，所以我们不会将所有权人的变价优先权单独抽取出来评价。

再次，为了实现物债统一，避免实践中大量发生让与担保被整体归为无效情形，在妥协之后，规则制定者不得不选择使公示行为发生与债权行为相一致的结果，使当事人的真意得以实现。所有权转让与抵押权设立的公示行为显然不同，登记的公示行为不仅对当事人发生效力，也对第三人产生影响。归根结底，公示本身就是要处理当事人与当事人以外的第三人之间的关系，第三人不应受到当事

---

　　[1]　参见王利明：《物权法研究》，中国人民大学出版社2002年版，第144页。

　　[2]　参见梅夏英："民法上公示制度的法律意义及其后果"，载《法学家》2004年第2期。

　　[3]　参见杨代雄："物权变动规范模式分析框架的重构——兼及我国《物权法》中物权变动规范模式的解读"，载《当代法学》2009年第1期。

人意思之约束，[1]不得不作消极约束的，也必须向第三人实施模板化信息披露，且按照该信息披露发生相应的效力。第三人在面对所有权登记的公示时，有理由相信登记的权利人享有所有权，并且在让与担保实践中，其所有权往往还是"清洁"的所有权，未负担担保物权。故，第三人基于对登记的信赖所遭受的损失，应当被法律保护，否则登记公示的根基将被动摇。另一方面，当事人通过转让所有权的方式设立让与担保的，整体无效又不利于担保融资，尤其是当前在中小企业融资难、民间融资成本极高的情况下，不宜全面否定让与担保。故而，规则的制定者作了妥协和权衡，在当前的政策环境下，允许让与担保的所有权转让登记发生抵押登记的效力。或许，在未来随着经济形势和融资市场的变化，该规则又会作调整。

最后，公示行为的类型转换可能损害第三人的信赖利益，在现有的法律规定下，只能通过其他法律关系来处理。尤其要谨慎的是，我们使名为买卖，实为抵押的合同对应的登记行为也顺应该规则，发生名为所有权转让登记、实为抵押登记的效力，这必须来自法律的特殊规定。如果没有特殊规定，物权的公示公信效力不容被挑战。即使我们未对物权行为的无因性作出明确的规定，也必须承认，物权的对世性特征下，物权行为所公示的内容就应当是其内容，[2]物权行为仅仅就物权变动产生合意，不需要原因，[3]债权行为作为原因行为的变化不应干扰物权行为已公示的效力内涵。即使发生了形式与实质不符的情形，我们也要保护物权秩序下的"到此为止的安宁"。[4]这不仅适用于抵押登记，还适用于其他商业财产权变动中的公示方式（如登录、标识）。[5]即，在没有法律的特殊规定下，当事人之间意思表示瑕疵所导致的负担行为效力瑕疵，应由当事人承担其不利后果。

---

〔1〕 参见［法］弗朗索瓦·泰雷等：《法国债法契约编》（下），罗结珍译，中国法制出版社 2018 年版，第 948 页。

〔2〕 参见李永军："物权与债权的二元划分对民法内在与外在体系的影响"，载《法学研究》2008 年第 5 期。

〔3〕 参见李永军："民法典物权编的外在体系评析——论物权编外在体系的自洽性"，载《比较法研究》2020 年第 4 期。

〔4〕 参见丁南："论基于交易的物权秩序之形成——关于财产关系上的'到此为止的安宁'"，载《政法论丛》2014 年第 1 期。

〔5〕 参见刘道远："基于法律行为的商业财产权变动公示研究"，载《政法论丛》2015 年第 3 期。

（三）抵押登记不能的合同类型转换

签订抵押合同后，未办理抵押登记，债权人当然可以依照合同要求签订抵押合同的抵押义务人办理抵押登记，抵押合同为抵押人设立的不是物上抵押，而是办理物上抵押的义务，故抵押合同本身不直接产生抵押权设立的物权效力。[1] 抵押义务人拒不办理抵押登记，或者因抵押物灭失，抵押物已经转让他人等原因导致抵押登记不能的，债权人可以请求抵押义务人承担什么责任？

1. 抵押登记不能的三种主要处理观点

观点一（违约责任论）认为，登记义务人承担未能办理抵押登记的违约责任，并以抵押物的价值作为违约责任的上限。该观点为最高人民法院文件所确认，《全国法院民商事审判工作会议纪要》第六十条规定："因抵押物灭失以及抵押物转让他人等原因不能办理抵押登记，债权人请求抵押人以抵押物的价值为限承担责任的，人民法院依法予以支持，但其范围不得超过抵押权有效设立时抵押人所应当承担的责任。"

该观点可以细分为：首先，抵押登记失败，不影响抵押合同的效力，债权人可以以抵押合同主张权利；其次，抵押登记失败，不干扰抵押合同的意思表示的有效性，即区分原则；再次，抵押登记失败的违约责任可以涵盖履行利益损失，故以抵押物的价值为限；最后，在抵押物价值上，又设置了假设抵押物成功设立情况下抵押人应承担的责任，作为违约责任的上限。[2]

观点二（非典型担保论）认为，还可以在违约责任之外，就拟抵押物于特定财产承担保证责任。即在一般财产非优先权的人保和特定财产优先权的物保之间，逻辑上还存在特定财产非优先权的类型，而如果当事人之间选择了该类型，则应当认可其效力。具体而言，在当事人之间形成了抵押合同的法律关系，但未办理抵押登记的情况下，当事人就以抵押物承担连带债权责任形成合意，故此时成立了一种非典型担保，这种担保是以特定物为担保，但是担保权人（债权人）对担保物无优先受偿的物权。[3]

---

〔1〕 参见吴香香："《民法典》第598条（出卖人主给付义务）评注"，载《法学家》2020年第4期。

〔2〕 参见最高人民法院民事审判第二庭编著：《〈全国法院民商事审判工作会议纪要〉理解与适用》，人民法院出版社2019年版，第362~365页。

〔3〕 参见石冠彬："民法典应明确未登记不动产抵押合同的双重债法效力——'特定财产保证论'的证成及展开"，载《当代法学》2020年第1期。（2017）最高法民申1144号民事裁定书。（2015）民申第2354号民事裁定书。

观点三（合同类型转换论）认为，未办理抵押登记的抵押合同中，当事人具有担保的意思，为了使当事人的意思最大化地实现，并平衡当事人之间的利益，应当将抵押合同的合同类型转换为保证合同，抵押人在抵押物价值范围内，承担保证责任。转换为保证合同符合诚信原则，也可以匹配一般理性人的公平认知。[1]

笔者认为，三种观点皆有道理，同时也都存在不足之处，综合利弊，笔者赞同观点一，详述如下。

2. 违约责任论缺乏确定的责任范围

观点一（违约责任论）缺乏操作性，虽然违约责任的分析路径很清晰，且违约责任确实能够涵盖预期的履行利益，但是毕竟抵押物已处置或已消灭，抵押物处置的预期利益究竟有多大，是无法评估的，以无法评估的价值作为当事人之间承担责任的金额标准，未免过于苛刻，不当地加重了债权人的举证责任和法院的自由裁量权范围。并且，抵押人所承担的责任范围，逻辑上是在主债务金额（含违约金、债权实现费用等）与抵押物处置价值之间取小的选择，主债务金额大于抵押物处置价值，则依责任基于特定物选择抵押物处置价值，如抵押物处置价值大于主债务金额，则依抵押的从属性选择主债务金额。

（1）抵押物价值与"有效抵押的责任上限"之关系

《全国法院民商事审判工作会议纪要》第六十条规定抵押人所承担的责任金额是"以抵押物的价值为限"，并"不得超过抵押权有效设立时抵押人所应当承担的责任"。从这个法条结构来看，似乎抵押权有效设立时抵押人所承担的责任要大于等于抵押物的价值。但是，从抵押权的法律规则来看，有效设立的抵押权下，抵押人所承担的责任有多大？

纵观《民法典》关于担保物权的一般规定和抵押权特殊规定，可以发现与价值有关的主要有以下几个内容：抵押权实现条件成就时，抵押权人获取的是对抵押物的优先受偿权，优先受偿权的实现方式是对抵押物进行折价、拍卖、变卖所得的款项，《民法典》第四百一十条第三款又规定"抵押财产折价或者变卖的，应当参照市场价格。"可见这也不过只是抵押物的价值（参照市场价格）。只不过担保物权人可以获得担保物的孳息（抵押权人只能在扣押后才能获得，质押权人、留置权人可以在担保物权生效后获得），以及获取担保物灭失后的替代资产，包括赔偿金、补偿金等。这些规定所构建的担保物权人在担保物权有效设

---

〔1〕（2015）民申字第 2354 号民事裁定书。

立时所享有的权利，反过来说即抵押人所承担的责任还是抵押物的价值，只不过这个价值可能因产生孳息而增加，可能因灭失变为替代资产而变化，即使双方当事人想折价降低抵押物价值，也被法律要求参照市场价格。总之，有效设立的担保物权人所获得的权利还是抵押物的价值。

所以，抵押物的价值和抵押权有效设立时抵押人所承担的责任没有区别，《全国法院民商事审判工作会议纪要》在抵押物价值之外又以抵押权有效设立时抵押人所承担的责任作为上限的规定，没有实际的必要，这是一种循环论证。

（2）抵押物价值的假想性

抵押物的价值是特定基准日下的价值，即抵押权行使条件成就时点下抵押物的变价价格。在原有的《关于适用〈中华人民共和国担保法〉若干问题的解释》第三十八条第三款的规定下，担保物权人怠于行使担保物权导致的担保物价值减少或毁损、灭失的，视为债权人放弃相应的担保物权。[1]足见担保物权行权时点的重要性。抵押物不能在抵押权行使条件成就时被折价、拍卖、变卖，那么，就无法获取抵押物的价值。因为抵押物的价值是出售时才能确定的。由于抵押物作为一项财产，其市场价值本就是发生变化的，同时，市场价值与最终"能卖出去"的实际价格，又有一定的差异，实践中大量的两次流拍后才能够拍出的司法拍卖实践充分说明了专业机构评估的抵押物价值与抵押物实际能够变价所得的价值之间具有较大的差异。因此抵押物的价值在抵押物已经被转让或灭失的情形下，是不可估量的。

如果我们可以调整基准日，将抵押物的价值不限定于抵押权行使条件成就的时点，那么抵押权的价值更容易获取一些。即抵押物在抵押权行使条件成就之前所具有的价值。最容易获取的就是抵押物被转让的价格和抵押物灭失后的替代资产价格。毕竟抵押失败的情形就是抵押物在抵押权行使条件成就之前就被出让，或者灭失。这种情形下有可参考的价格、现实的价格，只是这个价格基准日不对，形成的方式也不是抵押权行使下折价、拍卖、变卖所形成的价格。

以假想的处置日作为基准日去估算抵押物的价值，或以抵押权有效设立下抵押人应承担的责任范围进行评估，给司法实践设置了过重的证明义务，司法实践

---

[1] 这里的"视为"相较于法律推定，似乎更接近于法律拟制，即具有强制性，当事人无法排除。参见纪格非："论法律推定的界域与效力——以买受人检验通知义务为视角的研究"，载《现代法学》2020年第6期。

也很难遵行，最终，只会让这个义务被虚化。例如在大连俸旗投资管理有限公司与中国外运辽宁储运公司等借款合同纠纷案中〔1〕，最高人民法院以质押权未有效设置造成的损失为基数计算责任，并非质押物的价值。至于二者之间的关系，未做展开。甚至在下级法院判决抵押物灭失后抵押人对主债务承担连带责任的情形下，最高人民法院也以当事人未提起上诉为由不做矫正。〔2〕如果抵押物灭失后的替代物为非现金资产，则按照非现金资产的到期处置价值承担责任。例如抵押物被拆迁后补偿为其他房屋的，往往一套补多套，则对补偿的多套继续享有抵押权，此时，不需要考虑补偿的房屋是不是比拆迁的房屋价值高或低，〔3〕当然，如果过低，则可以通过恶意串通损害第三人利益等制度进行矫正。

3. 非典型担保论与现行法不衔接

观点二（非典型担保论）具有逻辑上的正当性，但在现有立法下适用需要大动干戈，毕竟对特定物的非优先担保权究竟如何操作，存在较大障碍。而且将权利限于特定物，又不赋予债权人优先权，很可能导致抵押义务人将抵押物低价处置、抵押给第三人或其他损害债权人利益的情形，在现有法律体系下又造成了新的难题。因此，笔者不建议使用。

4. 合同类型转换论扩大了抵押人责任

合同类型转换论与前两种理论的最大区别在于，转换为保证合同后，保证人对债务全部承担责任，而在违约责任论和非典型担保论中，当事人都是在抵押物价值和主债务总额中选孰低来承担责任。该问题在侯向阳诉商都县众邦亿兴能源材料有限责任公司、韩福全等民间借贷纠纷案〔4〕中体现得比较突出。

该案中三级法院均判决抵押失败的抵押义务人承担连带责任，也都为之限定了抵押物范围内的上限：

---

〔1〕　（2016）最高法民终 650 号民事判决书。

〔2〕　（2018）最高法民终 292 号民事判决书。

〔3〕　（2020）最高法民再 31 号民事判决书。

〔4〕　（2014）张商初字第 5 号民事判决、（2015）冀民一终字第 260 号民事判决、（2015）民申字第 3299 号民事裁定书。

序号	问题＼裁判法院	张家口市中级人民法院	河北省高级人民法院	最高人民法院
1	众邦公司是否有保证的意思	"可视为被告众邦公司与原告侯向阳达成了以上述土地使用权作为借款抵押担保的合意。上述当事人之间签订的抵押担保条款应为有效条款，被告众邦公司应在土地使用权抵押担保范围内对韩福全、李丽华的上述债务承担连带清偿责任。"	"本院对众邦公司的担保意思表示予以确认。因该抵押行为未依法办理抵押登记，原审法院基于众邦公司该担保意思表示，判令众邦公司在其担保的土地使用权范围内对韩福全、李丽华的上述债务承担连带清偿责任并无不当。"	"应视为众邦公司与侯向阳达成了以上述土地使用权作为借款抵押担保的合意。当事人之间签订的抵押合同已经成立并生效，原审法院判令众邦公司在其担保的土地使用权范围内对案涉债务承担连带清偿责任并无不当。"
2	交付土地证能否作为证明其保证意思的证据	是	是	否，"土地使用证是否交付，如何交付，并不能影响抵押合同的效力。"
3	众邦公司法定代表人在借款协议上签字是否能够证明众邦提供公司保证之意思	是	是	是

可见，在公示行为无法实现的情形下，我们在债权行为类型的干类型——担保合同中为之寻找能够生效的类型，选择保证合同来避免公示行为缺乏的问题，但是保证合同责任的全部性与抵押责任的限定性之区别无法忽视，从合同类型转换的角度看，转换后的责任超出了转换前当事人意思表示的责任范围，这显然是一种超出真意的解释方式，不可取。

综上，就三种处理观点，虽然违约责任论缺乏确定的责任范围，但是毕竟其能够与现行法顺畅衔接，并且符合当事人的真意，因此，笔者赞同选择违约责任论，不将抵押登记失败的合同转换为保证合同。

第二节　合同类型转换的规范

合同类型转换虽然是追求当事人真意的过程，但在纠纷解决的阶段，大大的体现了裁判者的"自由裁量权"，在一些案件中，甚至出现了判名为、判实为皆可的情况。合同类型转换过程中，裁判者的裁量权一旦超越了应用规范，就会发生越界，导致裁判者入侵当事人意思自治"帝国"的"主权"问题，使合同类型转换偏离了正当性之本源。

一方面，作为约束和规范裁判者行使合同类型转换裁量权的方式，我们要给裁判者设置合同类型转换的规范；另一方面，当事人、裁判者在论证合同类型转换之时，也需要一些应用指引。

一、合同要素与原因的双重评价规范

前文所分析的原因和合同要素分别从真意的探究和合同类型的界分角度，对裁判者进行合同类型转换提供指引和约束。合同转换是将涉案合同与表面合同类型，可能的隐藏合同类型进行比对的过程，类型的比对体现为合同要素的比对。除了合同要素的比对外，原因对当事人之间特定利益安排的揭示能够确保合同类型转换对当事人真意的固守。如果说合同要素是形式逻辑下合同类型转换的形式规范，那么原因就是价值规范下合同类型转换的实质规范。

（一）合同类型转换中的要素比对

虽然原因是我们评价当事人是否具有特定意思表示的实质性标准，但是并不代表原因的具备构成合同转换的充分条件，毕竟原因相对难以捉摸，原因标准在合同类型转换中仅构成必要条件，甚至是以方向性、否定性条件发挥作用的。缺乏合同要素的形式一致性的，合同类型转换无从发起。相反，如果待解释合同的合同要素能够匹配某合同类型的合同要素，那么从形式逻辑看，待解释合同可以被初步认定为该合同类型，下一步才是原因的评价。

例如在汇丰银行（中国）有限公司沈阳分行与中国冶金科工股份有限公司合同纠纷案中[1]，葫芦岛锌业股份有限公司（简称"锌业公司"）从汇丰银行

---

[1]　（2014）朝民初字第 15031 号民事判决书（一审）、（2016）京 03 民终 2585 号民事判决书（二审）。

（中国）有限公司沈阳分行（简称"汇丰银行"）借款，锌业公司的母公司中国冶金科工股份有限公司（简称"中冶公司"）向汇丰银行出具《安慰函》，表明中冶公司知晓上述借款，如借款人锌业公司未还款，中冶公司将通过锌业公司的股东中冶葫芦岛有色金属集团对锌业公司的控股权，维持锌业公司的存在和运营，以使其具备还款能力，并不会采取任何行为致使锌业公司无法继续经营，并确认本函不构成担保。

后锌业公司未能还款，中冶公司将中冶葫芦岛有色金属集团 51.06% 的股权以人民币 1 元对价转让给中冶公司的股东，其后，锌业公司、中冶葫芦岛有色金属集团进入破产重整程序，汇丰银行申报的 4 200 余万元债权实际清偿额为 220 余万元。

汇丰银行就差额部分起诉要求中冶公司承担赔偿责任，理由是中冶公司的《安慰函》系为了帮助其子企业取得贷款所作的真实意思表示且汇丰银行基于对该意思表示的信赖向锌业公司提供授信贷款。从汇丰银行的意见看，并结合中冶公司与借款人锌业公司的关系，中冶公司确实具有出具承诺还款的原因，毕竟其子公司获取贷款对中冶公司有利，而《安慰函》在汇丰银行提供贷款的决策中确实起到了一定作用。该利益关系符合中冶公司为锌业公司提供担保的原因。

但是从合同要素看，中冶公司的《安慰函》并不符合担保：其一，中冶公司明确表示《安慰函》不是担保；其二，中冶公司所承诺的内容也只是维持锌业公司的存在和运营，并非为其负债提供资金支持，与担保要素不符。故《安慰函》不具有担保的合同要素，不能被认定为担保。法院总结，《安慰函》在实践中可能具有担保或非担保的效力，具体要结合安慰函的具体要素来判断合同类型。

又如，在安通控股股份有限公司、安康等营业信托纠纷案〔1〕中，郭东泽与安康签订《差额补足和信托受益权远期受让协议》，约定在安康《信托贷款合同》项下本息权利未获清偿的，由郭东泽进行差额补足，并且补足后，郭东泽受让安康持有的信托受益权，补足金额视为信托受益权转让款。后安康起诉要求郭东泽履行差额补足和支付信托受益款转让费义务，但郭东泽认为，《差额补足和信托受益权远期受让协议》名为差额补足合同和信托受益权远期转让合同，实为担保合同，事实上是为郭东泽设置了担保义务。由于该担保合同对应的主合同应

---

〔1〕 （2018）豫民初 80 号民事判决书、（2019）最高法民终 1524 号民事判决书。

为安康对《信托贷款合同》的债务人——仁建国际贸易（上海）有限公司（简称"仁健公司"）的债权。而安康对仁建公司不享有债权，其债权是对信托公司享有的，故《差额补足和信托受益权远期受让协议》转换为担保合同后，担保合同所依附的主合同不存在，主合同无效的担保合同无效。笔者认为，从原因来看，差额补足、信托受益权远期回购（与上述代为回购相同）和担保合同具有十分接近的原因，即补足义务人、回购义务人、担保人承担给付并确保债权人收益的给付义务，而债权人通过向主债务人提供资金的方式，使补足义务人、回购义务人、担保人间接地、实质地甚至是通过其他方式获取一定的利益，或至少主债务人获取该笔融资对补足义务人、回购义务人、担保人具有一定的利益关系。

笔者分析：

首先，《差额补足和信托受益权远期受让协议》看似两个合同，但在履行上是合一的。该合同约定如果补足义务人实施了差额补足，则其应获得相应的信托受益权，或者回购义务人实施了回购，则其不再履行差额补足义务，在回购义务人和差额补足义务人合一的情况下，义务人只履行一个合同，而非既补足本息差额，又另行支付回购款，当事人签订的《差额补足和信托受益权远期受让协议》只构成一个合同，而非两个合同。

其次，《差额补足和信托受益权远期受让协议》中的差额补足合同类型转换为代为回购合同，并与既有的代为回购合同重合。如上所述，虽然合同既约定了差额补足，又约定了代为回购，甚至在合同名称上将两个合同并列，以"和"而非"或"的关联词来体现其逻辑关系，但是按案中当事人的约定，如果义务人履行了差额补足，则其可获取信托受益权，这与义务人履行代为回购合同的义务一致，甚至可以说，在差额补足这种无名合同中，一般是不存在补足人补足后债权人再向其转让某项财产的；相反，增信义务人使债权人的损失得到补偿，并且从债权人处获取财产转让的合同要素符合代为回购合同类型。当事人虽然使用了差额补足的合同类型表述，但是设立的却是代为回购的合同关系。因此，根据当事人的真意，应为之匹配代为回购合同类型。同时，当事人又在合同中明确表示了代为回购合同关系，且显然不是回购两次，故在《差额补足和信托受益权远期受让协议》中，差额补足合同转换为代为回购合同，并与既有的代为回购合同重合于一个合同。

最后，代为回购合同中债权人还需转让标的财产，这与担保合同中债权人纯受益的合同要素存在差别，因此，相较于流动性支持、差额补足，代为回购转换为保证合同的难度大一些。[1]不过，实践中，代为回购的条件触发时，回购标的之价值往往明显小于约定回购的金额，如果价值相当，债权人可以自行向不特定第三人处置，没必要以回购来保障"变现"，甚至，有时回购的标的物价值十分低，与回购价格的悬殊已经足以使该合同接近于单务，从而使之具有匹配保证合同要素的空间。总体上，对代为回购转换为保证合同的论述，要比流动性支持和差额补足复杂一些。

（二）合同类型转换中的原因检验

任何一项法律裁判的得出，必然是逻辑判断和价值判断相互交织的结果。逻辑判断为思维提供了路径和环节，使得人们对问题的推导形成相对一致的路径，从而有可以相互借鉴、相互争议的共同基础，具有假定条件、行为模式和法律后果的完整法律规则就是这里的逻辑判断的依据。而价值判断则更多地体现社会一般的善良风俗，是公共理性的普遍接纳，价值判断不能起到推导结论的作用，而是起到检验结论的作用。[2]与法律规则相对应的法律原则，即是价值判断能够对具体案件发挥作用的法律依据。

当运用法律规则进行逻辑判断之后，法官需要用其一般理性（主要内涵是法律原则，甚至还有其他司法政策、个人的基本价值观）去检验逻辑判断的结果，如果逻辑推导的结论是有违一般理性的，那么就需要去思考究竟是当事人举证存在证据偏在或是举证能力分配不足的问题，还是当事人之间在法律检索、法律解释的能力上存在不足或者分配不均的问题，亦或是法官在主动调查事实、主动发现和解释法律上存在不足的问题，导致出现这一结论。进而找出自己在逻辑判断过程中的问题，重新进行逻辑推演，直到得出符合或者基本符合自己价值判断的结论。法官的这一检验本身既是通过目的性限缩实现法律的目的，[3]也是通过价值的评价实现当事人的真意。

在合同领域，拉伦茨提出，法律解释"必须是一种专门的、法律的解释，解

---

〔1〕 关于担保合同的概念是否要限定于单务合同的要素之下，学术界不无争议。谢在全教授认为具有担保债权目的法律行为"概以担保论"。而刘保玉教授将代为回购归于增信措施，未放入担保合同类型，但也并未完全否定其与担保的关系，认为代为回购合同可以参照适用部分担保合同的规定。参见谢在全："担保物权制度的成长与蜕变"，载《法学家》2019 年第 1 期。参见刘保玉、梁远高："'增信措施'的担保定性及公司对外担保规则的适用"，载《法学论坛》2021 年第 2 期。

〔2〕 参见李艳秋："试论法律推理中逻辑判断和价值判断的关系"，载《学习与探索》2010 年第 6 期。

〔3〕 参见于程远："民法上目的性限缩的正当性基础与边界"，载《法学》2019 年第 8 期。

释旨在实现对双方的利益进行无偏见的权衡这一主导司法的观念。因此无论如何也不允许将表意人或者相对人单方面的立场视为具有决定性意义的（意见）。"Johan Steyn 法官更加深刻地评价，合同法最根本之目的，就是赋予双方当事人的合理预期以法律效力。他认为，上诉法院必须分析法律背后的立法目的，并在适用法律得出结果之后，以立法目的之实现与否检验其法律推理的正当性，甚至是合法性（legitimate）。[1]

以交易习惯作为意思表示解释之依据时，也必须用诚实信用对交易习惯进行检验，如果所主张的交易习惯与诚实信用相悖，那么交易习惯不能被作为意思表示解释之依据。[2]

在名实不符的合同真意解释视域下，合同类型转换是对合同类型作整体的变更，这里面无论是当事人还是裁判者都面临比较复杂的法律技术和举证能力上的挑战，任何一方不能充分发挥其应在诉讼中的作用，都可能产生与当事人真意不符的结果。逻辑判断体现为合同各要素的对比，而价值判断则体现为对当事人缔约原因的实现，进一步看，裁判者所遵循的价值判断是原因所反映的给付的总体对等性检验，如此能够避免自己逻辑推演的错误，避免过失下的恣意。

原因的检验只能是这种第二位的，它无法取代逻辑判断直接进入第一位，成为法官裁判案件的第一选择。作为第二位的判断范式，原因又是不可或缺的，它是裁判者使个人的推理与当事人真意以及结果公平相一致的不二法宝。

李金方、赵建斌等与海南天景农庄有限公司、海南仙湖农庄有限公司等合资、合作开发房地产合同纠纷案[3]中，最高人民法院对海南高院的意见予以纠正，认为《项目合作开发协议书》中乙方之所以愿意以无息借款方式代甲方垫付征地补偿款、青苗赔偿费、二次补偿费、出让金、闲置费、土地使用权转让过户税费、所得税等费用，是因为甲方通过借款方式获得了投资权益，故这部分款项名为无息借款，实为投资款。基于此，最高人民法院认为海南高院的违约金意见应予以纠正。该案中，最高人民法院通过识别当事人的缔约目的，解读了双方借款约定的实质类型为投资款，并将与投资款匹配的违约金予以肯定。海南高院

---

〔1〕　See Johan Steyn, "Contract Law: Fulfilling the Reasonable Expectations of Honest Men", *Law quarterly review*, Vol. 113, 1997, p. 433.

〔2〕　参见［德］卡尔·拉伦茨：《法律行为解释之方法——兼论意思表示理论》，范雪飞、吴训祥译，法律出版社 2018 年版，第 8 页。

〔3〕　（2016）最高法民终 517 号民事判决书。

对缔约目的判断之偏差是其与最高人民法院结论差异之根本。

广州经贸会展服务中心与广州市益豪科技贸易发展公司、广州农村商业银行股份有限公司花都支行再审案〔1〕中，关于《租赁合同》之类型，当事人产生争议，一方主张该合同名为租赁合同，实为标的房产收益权分配合同。最高人民法院首先对法律规定的租赁合同要素进行分析，要素上本合同与法定的租赁合同均为产权人将房产提供承租人使用一定期间，承租人支付款项。看似合同要素上能够匹配租赁合同，但是从原因角度进行细致的探究，最高人民法院认为案涉的《租赁合同》中关于租金的构成较为特殊，本案的《租赁合同》约定的租金为标的房产经营收益的20%，同时该合同是在政府部门解决国有企业改制撤销过程历史中主导签订的，故法院结合合同签订时的目的，以及租赁物对价的特殊构成方式，认定该"租金"不是租金，而是标的房产收益权的分配，妥善地对合同要素表面上匹配进行了实质性的检验，并最终认为该《租赁合同》非租赁合同，不适用买卖不破租赁的相应规定。

叶德波、蒋飞燕股权转让纠纷案〔2〕中，股权受让人主张该案的《股权转让合同》名为股权转让合同，实为采矿权转让合同，而评估公司出具的矿产储量报告中显示的储量与实际不符，造成买受人的错误判断，股权交易价格与采矿权价值存在重大偏差，应当予以撤销。最高人民法院在对事实审查后认为《股权转让合同》中约定的对价 7 000 万元是标的公司股权的对价，而非标的公司下的采矿权对价，并且出让方也对实际储量进行了披露，因此该合同不构成采矿权转让合同，也不存在对价严重不均等的问题。受让方与最高人民法院虽然得出的结论不同，但就合同类型究竟是构成名为的股转合同还是构成实为的采矿权转让合同的论证中，均以给付的总体对等性作为论证的重要部分。并且，在持有采矿权的公司主要资产为该采矿权且采矿权的具体瑕疵已经做了充分披露的情况下，股转合同或采矿权转让合同之分，不在于原因。

当然，价值判断也并非在效力上绝对优先于逻辑判断，每个人对价值的判断可能因生活阅历在时间和空间上的限制而存在偏颇，加之实时查明上存在的一些不确定性，使得价值判断甚至可能存在自己无法察觉的偏差。并且，以原因的缔约目的或对价的公允程度去矫正表面的当事人真意，必须有充足的证据，当事人

---

〔1〕 (2014) 民申字第 2152 号民事裁定书。
〔2〕 (2018) 民终 163 号民事判决书。

在举证时也面临着较大的困难。例如在桂林市正文房地产开发有限责任公司、张建华等商品房销售合同纠纷案[1]中，当事人主张《商品房买卖合同》与《退房退款协议书》通过买房、付款、退房、退款形成名为买卖、实为借贷的合同关系。并以价款 200 万元的价格购买 10 栋别墅的不合理性，来佐证其观点。但是最高人民法院再审未能采纳，理由是没有证据证明《商品房买卖合同》与《退房退款协议书》在同一天签订，购房款转到个人账户，没有发票，没有交纳契税、配套费等费用等只能证明不规范，不能证明购房合同虚假。关于该再审判决是否正当，笔者不作评价，最高人民法院再审的分析至少说明了原因的适用无论以缔约目的还是以对价公允为进路，都必须辅之以其他证据，原因对合同类型转换的论证并非第一顺位。

如果多次逻辑判断检查之后仍旧与价值判断不相符，那么就要对价值判断再进行细致剖析，是否在某些看问题的视角上存在偏见？是否不理解其他行业的商业思维或其他地区的生活习惯？深入调查研究，设身处地地考虑之后，重新进行价值判断。

梅迪库斯教授在评价不符合生效要件的保证能否转换为债务承担而生效时指出，需考虑在合同转换后原因的正当性，即本不承担保证责任的"保证人"转换为"债务承担人"后，其是否在此交易中具有"自身的、直接的经济利益"。[2]笔者认为，梅迪库斯教授所指的保证人（债务承担人）具有自身的、直接的经济利益，即为合同法理论上的原因，即通过合同类型的转换，一项本不应当生效的意思表示绕道而行，避开了强制性规范从形式逻辑上对其的否定，但是此时，还需要以实质逻辑来评价该意思表示是否具有效力的正当性，是否具有间接原因和直接原因？如果不具有可被一般理性人所识别的原因，那么就不具有利益的对等性，那么保证人（债务承担人）就不应当承担允诺对其的不利影响。

二、合同类型转换引起的违法性变化

合同法上意思自治是原则，但是在有强制性规范时，意思自治的法律约束力被限制。强制性规范有的适用于所有合同类型，如在《民法典》第六章民事法

---

〔1〕　（2014）民提字第 106 号民事判决书。

〔2〕　参见〔德〕迪特尔·梅迪库斯：《德国民法总论》，邵建东译，法律出版社 2000 年版，第 398~399 页。

律行为中的规定,《民法典》第三编第一分编中合同通则的规定。而多数强制性规范则是有针对性地体现在特定的合同类型规范项下。如保证合同类型下《民法典》第六百八十三条关于保证合同保证人主体类型的排除性规定、第六百八十六条关于保证方式的推定、第六百九十二条保证期间不得中断中止的规定,以及来自《中华人民共和国公司法》第十六条关于担保合同要经过董事会或股东会表决的规定。

合同类型转换时,是否既要适用转换前合同类型对应的规范,也要适用转换后合同类型对应的规范,从而造成规范的双重评价?笔者认为,并不应该。在《最高人民法院关于适用〈中华人民共和国民法典〉合同编通则若干问题的解释》生效前,最高人民法院在修水县巨通投资控股有限公司、福建省稀有稀土(集团)有限公司合同纠纷案[1]中,先结合当事人的真意,将《股权转让协议》进行合同类型转换,转为让与担保合同,再对让与担保合同进行效力评价,最高人民法院认为"《股权转让协议》第3.1条约定了清算条款,不违反流质条款的禁止性规定。故,《股权转让协议》系各方当事人通过契约方式设定让与担保,形成一种受契约自由原则和担保经济目的双重规范的债权担保关系,不违反法律、行政法规的禁止性规定,应为合法有效。"虽然上述文字还以"《股权转让协议》"指代当事人之间的合同,但是显然,法院使用的评价合同效力的强制性规定对应着让与担保合同,而不是股权转让合同。该案的再审裁定(驳回再审申请,(2019)最高法民申 2073 号)表述的更明确,再审认为"二审认定本案案涉《股权转让协议》系以股权转让的方式实现担保债权的目的,其性质为股权让与担保,并无不当;二审认定案涉《股权转让协议》不违反法律、行政法规的禁止性规定,应为有效合同,亦无不当。"从该案看,最高人民法院的态度是对转换后的合同进行来自于公法的效力评价。

上述再审裁定于 2020 年 8 月,到了 2023 年 12 月,《最高人民法院关于适用〈中华人民共和国民法典〉合同编通则若干问题的解释》第十四条从规范层面对该问题作出了规定:"当事人为规避法律、行政法规的强制性规定,以虚假意思表示隐藏真实意思表示的,人民法院应当依据民法典第一百五十三条第一款的规定认定被隐藏合同的效力;当事人为规避法律、行政法规关于合同应当办理批准等手续的规定,以虚假意思表示隐藏真实意思表示的,人民法院应当依据民法典

---

[1] (2018)最高法民终 119 号民事判决书。

第五百零二条第二款的规定认定被隐藏合同的效力"。转换后的合同类型（真实的意思表示）会触碰法律强制性规定的效力规则时，以违反强制性规定的无效规则评价其无效与否。当转换后的合同类型（真实的意思表示）属于经批准生效的合同，那么用经批准生效的合同效力规则去评价其无效与否。总之，真意解释属于解释问题，来自于公法的效力评价属于效力问题，所评价的，应是合同类型转换后的当事人真意。

《最高人民法院关于适用〈中华人民共和国民法典〉合同编通则若干问题的解释》第十四条从上述裁判的双重评价转换前和转换后的合同性，调整为单一评价转换后的合同类型："当事人为规避法律、行政法规的强制性规定，以虚假意思表示隐藏真实意思表示的，人民法院应当依据民法典第一百五十三条第一款的规定认定被隐藏合同的效力；当事人为规避法律、行政法规关于合同应当办理批准等手续的规定，以虚假意思表示隐藏真实意思表示的，人民法院应当依据民法典第五百零二条第二款的规定认定被隐藏合同的效力"。转换后的合同类型（真实的意思表示）会触碰法律强制性规定的效力规则时，以违反强制性规定的无效规则评价其无效与否。当转换后的合同类型（真实的意思表示）属于经批准生效的合同，那么用经批准生效的合同效力规则去评价其无效与否。总之，"合同编通则司法解释"回归了真意解释属于解释问题，效力评价属于效力问题的逻辑路线，尊重当事人真意，并依法评价真意的法律效力。

上文已述，有名合同具有相对完备的规范体系，这些规范体系体现了法律对该类型合同的社会正义观念，有名合同以外的规范的合同类型次之，观念的合同类型之规范更少，因而，当发生合同类型转换时，从一个合同类型转换为另一个合同类型的，可能出现转换前的合同具有强制性规范，不生效，转换后的合同不具有强制性规范，生效（或生效有待论证）；或者，也存在相反的情形，即转换前的合同类型不具有强制性规范，涉案合同生效，而转换后的合同类型具有强制性规范，涉案合同违反该规范不生效的问题。

（一）从"不违法"转换为"违法"

合同类型转换的过程不仅改变了合同的定性，也变更了合同适用的法律规范，而违反强制性效力性规定以及公序良俗会使合同无效，笔者以合同的违法性来指代这两种情况。一般而言，名实不符的合同中，实为合同违法之情形多于名为合同违法之情形。如果名为合同不违法，实为合同违法，理应在进行合同类型转换后认定合同无效。这一分析路径在理论上十分清晰，但是在实践中，对合同类型与合同效力的判断是交织在一起的，当人们通过逻辑推演将名为的合同转换至实为的合同时，若发现二者在效力性规定上有重大差异，双方当事人会按照各自的利益主张合同是否转换。这无可厚非，但问题是，作为有权解释的裁判者，在进行合同转换与否的分析时，是否会因转换后的合同违法无效，而倾向于进行转换，以使得法律的强制性规范得以实现？抑或是为了维护合同的效力拒绝转换？

将原本无强制性规范的有效的无名合同，转换为有强制性规范的有名合同，并以强制性规范将之评价为无效，看似对当事人的合意作了过多的干涉，但实际上，因为合同类型转换正是将当事人的真意予以揭露的解释方法，因而不存在对当事人真意的干扰，而是在准确揭示当事人真意的情况下，适用予以匹配的法律规范。例如，在最高人民法院发布的《民法典合同编通则司法解释相关典型案例》之案例三：某甲银行和某乙银行合同纠纷案中，原告起诉主张双方《银行承兑汇票回购合同》系名为的票据回购合同，法院认为意思表示虚假并进行了合同类型转换，转换后的合同为资金通道合同，并进一步针对资金通道的合同类型，进行违法性评价，认为资金通道合同"违反了金融机构审慎经营原则，且扰乱了票据市场交易秩序、引发金融风险，因此双方当事人基于真实意思表示形成的资金通道合同属于违背公序良俗、损害社会公共利益的合同"，基于此认定无效。虽然法院最终认定当事人之间的合同无效，但是并未偏离当事人的真意，即当事人真意下的合同是资金通道合同，即使当事人的真意也包括赋予该合同法律约束力的意思，只是由于法律效力的赋予除了当事人的效果意思外，还需要由法律予以评价，这部分来自于法律的评价使得当事人之间的真意未能产生法律约束力，但并不是对当事人真意的解释偏离。下面我们对司法解释规定的三类增信合同转换为保证合同引发的违法性评价问题，予以分析。

1. 三类增信合同转换为保证合同的要素比对

《全国法院民商事审判工作会议纪要》第九十一条规定"信托合同之外的当事人提供第三方差额补足、代为履行到期回购义务、流动性支持等类似承诺文件作为增信措施，其内容符合法律关于保证的规定的，人民法院应当认定当事人之间成立保证合同关系。"

笔者认为，按照该规定，符合保证合同要素和原因的流动性支持、差额补足、代为回购合同（统称为三类增信合同），被转换为保证合同。在该规定的影响下，信托领域以外的类似合同也应参照适用。

保证合同，以及其干合同类型——担保合同的要素范围，历来是学术界争议的热点问题。而担保的固化概念不断与社会的担保实践相妥协，例如独立保函（也称独立担保，包括见索即付保函、备用信用证）的效力、责任范围、权利行使条件与基础合同脱离，突破了担保的从属性要素，人们就其是否构成担保，是否有效而产生了争议。虽然独立保函在法典法国家中缺乏直接的依据，但是德国、法国、意大利的学者在其法典颁布日前就已经在理论上讨论独立于主债的担保。[1]随着《联合国独立担保和备用信用证公约》在各缔约国的广泛生效，以及《见索即付保函统一规则》的发布，直至《最高人民法院关于审理独立保函纠纷案件若干问题的规定》的颁布，与其说独立保函的从属性要素违背被担保理论认可，不如说独立保函在国际/国内贸易中不可替代的社会经济实践使之获取了无可争议的法律地位。[2]而独立保函毕竟是特殊制度，法律为其设置例外时，也限定了特定的要素，如开具主体要素（限于银行或非银行金融机构）、独立性意思表示要素（须明确表示无条件的见索即付之意思）。最高额担保被担保合同的接纳过程与独立保函类似。[3]

关于担保合同的要素范围，学者们的争议不断。

崔建远教授认为，"从属性、补充性和保障债权切实实现性"是担保的要素。随着独立保函、最高额担保的发展，担保的从属性要素可以被"从宽把握"甚至"漠视"。但是，担保合同也并非可以无限扩充的合同类型，担保有特定的要素体系，债务加入、履行抗辩、债的保全、预告登记、连带债务等制度虽然能够起到担保的效果，但与担保合同的要素偏离较大，不能被归为担保合同的若干合同类型下。[4]

然而，谢在全教授则从担保的功能角度来界定担保合同类型，他认为具有担保债权目的法律行为概以担保合同论。纵观担保制度发展，可以明显看出主债权

---

[1]　参见费安玲："论独立担保合同"，载中国政法大学民商法教研室编：《民商法纵论：江平教授七十华诞祝贺文集》，中国法制出版社 2000 年版，第 394~413 页。

[2]　参见高祥主编：《独立担保法律问题研究》，中国政法大学出版社 2015 年版，第 47~51 页。高祥："论国内独立保函与备用信用证在我国的法律地位——兼评最高人民法院独立保函司法解释征求意见稿"，载《比较法研究》2014 年第 6 期。刘畅："独立保函与保证担保的异同"，载《中国外汇》2018 年第 6 期。

[3]　参见王乐兵：《担保法专论》，对外经济贸易大学出版社 2018 年版，第 68~71 页。

[4]　参见崔建远："'担保'辨——基于担保泛化弊端严重的思考"，载《政治与法律》2015 年第 12 期。

特定性要素的消减、从属性要素的缓和，担保物权法定性要素的柔化并转向契约自由的性格之趋势。[1]高圣平教授认为担保合同可以包含从属性要素和独立性要素两种安排，从属性要素强调保障债权实现的功能，独立性要素强调担保权利的流通和再融资功能，二者的选择本无对错之分，要素的选择与社会经济发展中金融风险防控的尺度有关，是金融政策考量的结果。当前我国立法以从属性要素为原则，从属性要素的内涵包括"（担保）发生的从属性、范围及强度的从属性、效力的从属性、处分的从属性以及消灭的从属性。"[2]为将来债权的担保（如最高额担保）并非不具有从属性要素，其从属性要素体现于担保权行使条件满足时主债务须特定化，否则也不被现行法所支持。

在学术界对担保合同之要素范围广泛讨论的背景下，针对《全国法院民商事审判工作会议纪要》上述规定，刘保玉教授和梁远高博士将差额补足、到期回购和流动性支持等归为"增信措施"（合同），并将让与担保作为增信措施合同一并讨论，与《全国法院民商事审判工作会议纪要》所使用概念一致。两位专家认为，增信措施合同与保证合同之间有要素之差别，有的可以参照适用保证合同的规定，有的不可。具体而言，为保证人利益所设置的保证方式推定为一般保证、保证期间限定、抗辩权行使[3]等不可为增信措施合同所适用，而保证人的主体限定（如排除公益法人）以及保证合同从属性规定，可以为增信措施合同所参照适用，保证的诉讼程序性规则包括管辖、被告确定等可为增信措施合同参照适用（债务加入除外）。[4]笔者考虑，两位专家以增信措施的概念避开了担保概念的限定性，并针对增信措施进行分类，将债务加入、代为回购区别于差额补足、流动性支持，债务加入与代为回购总体上不适用担保的体现担保人利益的规定，差额补足和流动性支持则总体上适用相应的规定，但是对于担保的限制性规定，四个类型均适用。

笔者认为，债务加入（含合同和单方法律行为）和担保之间具有明显的要素差别，核心在于债务加入在我国法律中，被归类为并存的债务承担，而这一归

---

[1] 参见谢在全："担保物权制度的成长与蜕变"，载《法学家》2019年第1期。

[2] 参见高圣平："民法典担保从属性规则的适用及其限度"，载《法学》2020年第7期。

[3] 保证人的抗辩权除了来自法律制度的设定外，主要应基于保证人的意思表示进行推演。参见费安玲："保证人抗辩权及其罗马法溯源"，载杨振山、[意]桑德罗·斯奇巴尼主编：《罗马法·中国法与民法法典化——物权和债权之研究》，中国政法大学出版社2001年版，第491~508页。

[4] 参见刘保玉、梁远高："'增信措施'的担保定性及公司对外担保规则的适用"，载《法学论坛》2021年第2期。

类使债务加入处于债务承担的体系下，而非处于担保的体系下。王利明教授认为加入人是对自己的债务承担责任，不符合"代主债务履行"的要素，债务加入可以在加入人与债务人之间形成合意（还需通知债权人），而保证必须由保证人与债权人之间形成合意才能缔结。保证人责任与主债务人责任之间具有次位关系，债务加入人不具有次位性抗辩，且保证人具有追偿权，债务加入人原则上无追偿权。[1]

而代为回购又因回购的标的有所不同。如回购标的本身具有一定的价值，如回购股权，股权本身具有直接的人身性和财产性权能，原则上回购人不因回购而取得追偿权，[2]因为回购人已经获取了对价，只不过这个对价的价值可能低于其所偿付的债务（支付的股权回购款），并且在此情形下，如果要使回购人行使追偿权，也是要求主债务人再进行回购的方式来行使，回购后股权又转移至主债务人，不可能使回购人既持有股权，又获得追偿。不过有的标的本身没有直接的价值，如《全国法院民商事审判工作会议纪要》第九十一条所针对的信托份额，其价值往往是通过多层资产才能体现，而具体的信托份额无法直接对应底层具体的资产，因此信托份额往往体现为"待偿付的权利"之性质。作为回购义务人，回购后持有信托份额所承受的损失往往大于回购具体资产。因此，不允许回购义务人再找主债务人进行以追偿为目的的回购，似乎不符合交易的公平。毕竟，主债务人无力回购是履行能力问题，而不赋予回购义务人要求回购式追偿的权利，是利益分配正当性的问题。

总之，笔者认为，在债务加入之外，差额补足、代为回购和流动性支持无论怎么评价，也体现着担保的目的，具有担保的要素，随着担保概念的扩张，加之《全国法院民商事审判工作会议纪要》第九十一条规定符合保证的认定为保证，可以在总体上认可这种合同类型转换，但是这一转换会带来违法性的变化，即从有效转换为无效的问题。

2. 从有效转换为无效产生的真意背离问题

从有效转换为无效，如何判定当事人的权利义务？对此，《最高人民法院关于适用〈中华人民共和国民法典〉合同编通则若干问题的解释》第十四条第二

---

〔1〕 参见王利明："我国《民法典》保证合同新规则释评及适用要旨"，载《政治与法律》2020 年第 12 期。

〔2〕 参见刘保玉、梁远高："'增信措施'的担保定性及公司对外担保规则的适用"，载《法学论坛》2021 年第 2 期。

款给予了正面的回答，即适用法律行为无效的一般规定，按照《民法典》第一百五十七条进行返还原物、折价补偿、过错方赔偿、过失相抵等。以上述三类增信合同为例，差额补足、代为回购、流动性支持合同符合保证规定的，认定为保证合同关系，这是典型的合同类型转换逻辑。转换之后，保证合同的一些限制性规则，如分公司需经总公司同意、担保上股东会、关联担保表决中利害关系人回避等影响合同效力的约束性制度需要配套应用，并且需要和当事人的真意相匹配。那么，很可能的结果是，这些增信合同在合同要素和原因上符合保证合同的类型，但是在生效条件上不符合保证合同的特殊规定，在转换后进入了无效的状态。

从"不违法"的合同转换为"违法"的合同，产生一项悖论，合同类型转换指向的是当事人的真意，而无效的结果似乎比转换前的有效合同离当事人真意更远？

对这一问题的考虑，我们或可借鉴会计规范的态度。保证在会计准则上具有特别的地位，担保事项作为企业可能承担潜在风险的情形，需要在会计报表上予以记录，并且在会计报表附注中明确体现担保的金额、到期日、主债务人的偿债能力以及可能对本企业造成的不利影响。显然，担保的会计记录一方面是保护企业投资者、债权人知情权的重要措施，另一方面，会计报表上的担保事项也被投资者、债权人视为企业财务情况的不利因素，影响企业以外的利害相关人对企业的信赖程度，并可能直接影响企业的经营以及获得投资、融资的机会。而差额补足、代为回购、流动性支持的合同约定并不当然体现在财务报表的担保事项上，因此，通过非保证合同的约定，也使得企业的担保事项不被记载，实现"出表"。如此，不仅能"美化"企业财务报表，企业还能够借此规避行业的监管。

尤其是对上市公司而言，名为其他类型合同、实为担保合同的交易，不在会计报表上记录，不作为担保事项公告。为了解决这类问题，《企业会计准则——基本准则》第十六条规定："企业应当按照交易或者事项的经济实质进行会计确认、计量和报告，不应仅以交易或者事项的法律形式为依据。"即会计准则要求真意解释，《上市公司信息披露管理办法》第四十一条规定"……交易各方不得通过隐瞒关联关系或者采取其他手段，规避上市公司的关联交易审议程序和信息披露义务。"不记录、不披露是违反上述规则的行为。

裁判者更应当以真意为坚定不移的指向，将差额补足、代为回购、流动性支持合同转换为保证合同，此时再去反观如合同未经股东会决议，构成瑕疵担保的，或以行业监管规则排除担保行为效力的，理应认定合同转换后无效。对于与保证十分接近的债务加入，《关于适用〈中华人民共和国民法典〉有关担保制度的解释》第十二条（《全国法院民商事审判工作会议纪要》第23条亦有相关规定）规定，"法定代表人依照民法典第五百五十二条的规定以公司名义加入债务的，人民法院在认定该行为的效力时，可以参照本解释关于公司为他人提供担保的有关规则处理。"可见，即使当事人之间使用了已经在《民法典》具有法律地位的有名合同（或单方法律行为）实施债务加入，也会因债务加入的配套规范相对欠缺，而将之转换为具有完备配套规范的类似合同类型——担保合同，以防止公司或公司法定代表人等利用不同合同类型配套规范的完备性差异规避监管。[1]鉴于债务加入应当转换为担保合同并适用相应的规范，那么与债务加入也十分接近的无名合同：流动性支持、代为回购、差额补足等合同类型相应的也同样转换后适用。

可以说，名为差额补足、代为回购或流动性支持合同，实为保证合同的，构成了对公司内部决策的强制性效力性规定之规避，以及对会计准则和上市公司监管的规避，是典型的避法行为。因为这一避法行为使公司内部控制机制落空，损害公司债权人、股东及其他利害相关人的利益。在查明真意时，应当对这类避法行为从不违法的名为合同转换为违法的真意合同，并适用真意合同的规范。

虽然此时保证合同无效。但是无论根据《全国法院民商事审判工作会议纪要》第二十条，还是根据《最高人民法院关于适用〈中华人民共和国民法典〉合同编通则若干问题的解释》第十四条第二款，都可以延伸至无效后的责任规范。即无效后有对应了自始无效法律关系以及损害赔偿法律关系。

此类情形不仅存在于非典型担保转换为典型担保之中，还存在于其他缺乏强制性规范的合同类型转换为具备强制性规范的合同类型的案件中。例如将联合建房合同转换为商品房买卖合同，并以商品房买卖合同对应的规范——售房时应当具有预售许可证去评价合同的效力。[2]又如买卖合同转换为借贷合同，又以当事人违反借贷合同的主体准入规范评价借贷合同无效。例如在日照港集团有限公

---

〔1〕　参见王利明："论'存疑推定为保证'——以债务加入与保证的区分为中心"，载《华东政法大学学报》2021年第3期。

〔2〕　（2001）渝高法民终字第118号民事判决书，本案虽经最高人民法院再审，但因最高人民检察院抗诉未针对这一点，故再审未对合同类型问题认定作出变更。

司煤炭运销部与山西焦煤集团国际发展股份有限公司借款合同案〔1〕中，日照港集团有限公司煤炭运销部（简称"日照港运销部"）、山西焦煤集团国际发展股份有限公司（简称"山西焦煤公司"）、肇庆市西江能源发展有限公司（简称"肇庆公司"）之间签订了大量的《煤炭购销合同》，从合同条款来看，是典型的买卖合同，但是从资金流水上看，肇庆公司每次以每吨 510 元卖煤，后再以每吨 533 元买煤，每吨净亏 23 元，并且三个公司之间多次循环形成煤炭买卖，构成典型的循环贸易。

一审、二审以买卖合同认定三方的法律关系。最高人民法院再审中，从合同原因的角度否定了三方当事人的买卖合同关系，最高人民法院认为肇庆公司每发生一次买和卖就造成一次亏损，且数年间多次循环购买和出售同一标的物，交易越多，亏损越大，与买卖合同中当事人赚取买卖差价的合同目的不符，显然不是买卖合同关系。从合同要素看，虽然肇庆公司产生了买卖的亏损，但是肇庆公司每次收款和付款之间具有较长的时间，形成了资金在肇庆公司的沉淀周期，且周期相对固定，符合肇庆公司作为借款人，下游供应商作为出借人，肇庆公司通过向上游公司支付高于其所收款项的差额来支付利息的借贷合同之合同要素，故最高人民法院再审认为三方当事人循环贸易，并在肇庆公司处形成高买低卖，并沉淀资金周期的合同名为买卖、实为借贷。最高人民法院将买卖合同转换为借贷合同后，适用了借贷合同的强制性规范。因三方长期多次从事借贷活动，而提供资金并收取利息的日照港营销部无金融资质却以放贷为业，违反民间借贷合同项下的强制性规范，故认定转换后的借贷合同为无效合同。无效后判决了返还资金，并以人行同期存款基准利率计算资金占用成本。

至此，可以回答上述问题，即合同类型转换是以真意为指向的，不是以效力为指向，因而转换后的合同应当是真意的合同类型。至于真意的合同类型因违反该类型的强制性效力性规定而无效，是法律对真意的评价，这并不阻碍合同解释向真意的回归。并且，合同效力问题本身也不是当事人完全可定夺的，需要在当事人意思之上，受到法律的评价。

（二）转换前所违之"法"是否限制转换后的合同？

违法无效的合同转换为合法有效的合同，体现了合同类型转换的逻辑，由于合同是法律行为的一种，且转换是从无效转为有效，从整体上看，此种合同类型

---

〔1〕 （2015）民提字第 74 号民事判决书。

转换也符合法律行为转换的要件，考虑合同类型转换与法律行为转换在无效转为有效上的相近关系，笔者借鉴法律行为转换的一些理论来探讨违法无效的合同类型转换为合法有效的合同类型。

笔者认为，转换前合同类型所违之法不能去限制和否定转换后的合同。不过，在两个场景下，这个问题似乎有些令人迷惑，笔者在下文予以解读。

1. 取决于强制性规范的宗旨？

转换前的强制性规范分为适用于所有合同类型的总则性规范与适用于本类型的分则性规范。总则性规范适用于所有合同类型，类型转换与否自然不影响；而仅适用于本类型的分则性规范，在合同类型发生转换后，在形式逻辑上已经不具有适用的空间，即不能用转换前合同类型所对应的强制性规范去约束转换后的合同类型，并使转换后的合同类型也无效。但是，我们也能够看出这种从违法转换为不违法过程中对强制性规范的规避。

梅迪库斯在探讨法律行为转换时表示，将不符合保证要件的无效的意思表示转换为不具备相应强制性要件的债务承担并使之有效，违反了"无效性规范的宗旨"。[1]可见，"无效性规范的宗旨"使转换前合同类型的无效性规范效力延续至转换后的合同类型。梅迪库斯解释，保证的强制性规范旨在使保证的意思表示人对保证这一重大事项慎重考虑，免受操之过急之害。而将之转换为效果基本相当的债务承担，规避了保证无效性规范背后的立法目的（规范宗旨），损害了当事人的利益。

常鹏翱教授针对法律行为转换运用了相近的分析视角，即分析转换前的基础行为违反的强制性规定之规范目的，结合规范目的检验转换后的法律行为是否仍旧违背该规范目的，如果不违反，那么就有了法律行为转换的空间。[2]常教授的规范目的分析法与梅迪库斯教授的"无效性规范的宗旨"一脉相承。笔者考虑，法律行为转换尚且如此，合同类型转换也应当适用，即强制性规范的目的应当被作为审查的关键，而不能仅仅因违反强制性规定就排除合同类型转换。

同时，梅迪库斯教授还指出，"无效性规范的宗旨"还适用于违背公序良俗无效的情形，即对于转换前因违背公序良俗而无效的合同，也不能通过转换，使

---

〔1〕　参见［德］迪特尔·梅迪库斯：《德国民法总论》，邵建东译，法律出版社2000年版，第398~399页。

〔2〕　参见常鹏翱："无效行为转换的法官裁量标准"，载《法学》2016年第2期。

转换后的合同有效。〔1〕

这似乎令人迷惑，在合同类型转换的场景下，是否因强制性规范的宗旨使转换后的合同类型适用转换前的合同类型规范予以评价？笔者的看法否定的，上述针对无效法律行为转换的意见有其道理，但放在合同类型转换的场景下，并非如此。我们之所以使用公序良俗去否定转换后的合同类型效力，是因为转换后的合同类型仍受到合同通则和民法总则的约束；除此之外，当我们把担保合同类型 A 转换为担保合同类型 B，考虑二者都处于担保合同的合同类型束下，担保合同类型束的法律规范当然也适用于转换后的担保合同类型 B。故而如果说强制性规范宗旨在合同类型转换上的参考价值，那就是考虑该强制性规范适用的范围，去分析转换后的合同类型是否也适用该强制性规范。

关于能否将无效的合同中无效的部分去除，转换为部分无效的合同，即《德国民法典》第一百三十九条所规定的情形，〔2〕从而继续（部分）实现当事人的意思，梅迪库斯持否定态度，他结合德国联邦最高法院的裁判观点，认为无效性规范是一种对当事人缔约行为的风险设置，当事人在知悉法律强制性规定、违背公序良俗会导致合同无效的风险，故而应当选择合法的、符合公序良俗的合同内容。如果允许当事人去冒险，选择违法、违背公序良俗的合同，并且允许在被法院否定时，仅去除无效的部分，保住不违背善良风俗那一部分，并使之有效，这种情况就会鼓励当事人去冒险缔结违背善良风俗的合同，那么法律的无效性规范宗旨就失去了对缔约人的法律风险威慑作用。〔3〕

从合同类型转换的原理来看，摘取部分当事人真意的做法并不符合合同真意解释的标准，所以这种去除无效部分的方式并不是合同真意解释的方式，不能进行下一步的合同类型转换，而是在合同真意解释的小前提部分，即真意探究过程中，以不符合当事人真意为由予以否定。

2. 取决于当事人的缔约原因？

在一起最高人民法院审理的案件〔4〕中，由于担保方明确提出使用合同类型

---

〔1〕 参见［德］迪特尔·梅迪库斯：《德国民法总论》，邵建东译，法律出版社 2000 年版，第 398～399 页。

〔2〕 参见杜景林、卢谌译：《德国民法典》，中国政法大学出版社 2014 年版，第 28 页。

〔3〕 参见［德］迪特尔·梅迪库斯：《德国民法总论》，邵建东译，法律出版社 2000 年版，第 398～399 页。

〔4〕 （2019）最高法民再 304 号民事判决书。

转换前的法律来否定转换后的合同效力，最高人民法院借此机会对本问题进行专门探讨。原告曾福元与被告新国置业发展有限公司（简称"新国置业"）签订《借款合同》，由曾福元向新国置业提供借款，双方均认为，为了担保该笔借款，新国置业作为开发商与曾福元签订了车位的《商品房买卖合同》，并为曾福元办理了预售登记。双方在诉讼中，均认可《商品房买卖合同》名为商品房买卖，实为担保合同，并构成无名合同之让与担保。

《中华人民共和国物权法》第七十四条第一款和第二款规定："建筑区划内，规划用于停放汽车的车位、车库应当首先满足业主的需要。建筑区划内，规划用于停放汽车的车位、车库的归属，由当事人通过出售、附赠或者出租等方式约定"。新国置业认为，其将小区内的车位以担保的目的销售给小区业主以外的人，违反了物权法的上述规定，侵犯了小区业主的利益，应当认定无效。该案件的一审和二审法院采纳了新国置业的意见。

笔者看来，一审、二审一方面认为合同从商品房买卖合同转换为让与担保合同，另一方面，又以商品房买卖合同的无效性规范评价让与担保合同，认为曾福元作为非小区业主取得小区车位的所有权之约定无效，使转换前合同的无效性规范之效力延续至转换后的合同。

最高人民法院再审时改判了一、二审的意见。最高人民法院认为，并不一定要在所有权转让的前提下讨论转换后让与担保合同的效力，而是可以"有限度承认让与担保的担保物权效力，支持债权人关于将担保物拍卖、变卖、折价所得价款优先受偿的权利"。最高人民法院的分析逻辑回归到原因本身，即当事人真意下的原因是担保，且转换后的债权人也并未主张所有权过户，在此情形下，可以实现当事人的全部真意（并非部分真意），即优先受偿权。当评价转换后的车位让与担保是否违反强制性规范时，最高人民法院并未以规范来评价，而是表示"新国公司关于曾福元依据《商品房买卖合同》取得案涉车位所有权将侵害其他业主合法权利的抗辩理由，不能成立。"当然，据此并不宜认为，最高人民法院同意还是不同意使用商品房买卖合同类型对应的强制性规范来评价车位让与担保合同，其只是从是否车位让与担保合同是否侵害其他业主的合法权益去论证。笔者认为，既然这里是基于其他业主存在合法权益来讨论的，而其他业主对涉案的车位显然只有作为同小区业主的优先购买/获赠、承租权。那么从逻辑上，看似法院是适用了商品房买卖合同的规范的。但是只要进一步分析，并非如此。基于标的物——车位的特殊性，车位的让与担保合同可能会触及同小区业主优先权问题，在此情形下，将车位的商品房买卖合同和车位的让与担保合同放在同一车位的物权合同类型束下，并无不妥。并且，如果上述关于车位的商品房买卖合同能够使卖给非小区业主的合同无效，那么在让与担保合同行使权利时，也需要予以约束，即债权人让与担保下的权利（类抵押权）时，也需要优先出售予小区业主。故而并不能因此认为，法院适用了转换前的合同规范去评价转换后的合同类型。

从最高人民法院再审的分析来看，在梅迪库斯和常鹏翱教授提出了规范目的视角外，还有当事人缔约目的视角，两个视角要结合起来分析。从规范目的视角看，法律关于车位买卖合同中，小区业主享有优先购买的权利。这一规范是为了保护小区业主使用与房产配套的车位之便利，也便于车位产生最大化的使用效益。而本案中，当事人的合同原因并非为获取车位所有权，而是为担保债权，阻碍在债权受偿前，债务人处分资产的行为。在分析了强制性规范的目的和当事人的目的之后，可以发现二者并不冲突，即实现当事人的目的，进行合同类型转换并不会损害规范的目的，二者可以并存。

可见，在考虑转化前合同的无效性规范之效力能否延续至转换后的合同时，既要考虑无效性规范的宗旨，又要结合当事人缔约的目的，只有二者无法共存时，才应以转换前的强制性规范去限制转换后的合同效力，否则，不应再延续转换前合同的无效性规范之效力。

（三）合同规范与合同类型的对应性原则

除了民法总则、被视为债法总则的合同编通则规范外，其他的合同规范是以合同类型为适用范围的，在该类型之外不具有当然的效力，除非以参照适用的规则援引。因此，总体上看，合同类型与规范具有对应性原则。如果突破了这个对应性，会产生逻辑上的矛盾，也会对当事人的真意造成曲解。

例如双方当事人签订的《商品房买卖合同》的表面合同类型为商品房买卖合同，由于双方构成通谋虚伪表示，并在让与担保合同类型上形成合意，故通过真意解释，将合同类型转换为让与担保合同，法院应当以让与担保合同法律关系来评价双方具体的权利义务。在让与担保合同下，双方当事人为曾福元办理涉案车位的预售登记之目的，是为了限制在此期间新国置业作为担保人对标的车位的处置，此时，不能再以转换前的合同类型——商品房买卖合同再去评价预售登记的公示行为法律后果。一二审法院一方面将商品房买卖合同转换为让与担保合同，另一方面又以商品房买卖合同所产生的所有权转让去套用《中华人民共和国物权法》关于小区车位应优先卖给小区业主的规定，存在逻辑上的错误。一二审法院似乎尊重了当事人在合同类型选择上的意思自治，但是又未尊重合同类型选择所对应的法律规范选择，实际上是对当事人意思自治的不完全尊重。因为，以 B 合同类型的法律规范来评价 A 合同类型，所产生的法律后果可能超出当事人所追求的合同效果。

笔者认为，纵使让与担保作为无名合同，缺乏相应的法律规范，法院参照最相近的合同类型去适用商品房买卖合同的规范，也不能以产生所有权这一超出让与担保合同目的的合同效果去评价让与担保合同的效力。

不过，转换后的合同可能因规范不足，适用其上位的干合同类型之规范，或者以同一干类型下的其他类型之规范作为该干类型的一般规范而适用。这种情况不当然构成类型与规范对应性的违反。例如在黄艳娥、中国邮政集团公司驻马店市分公司房屋买卖合同纠纷再审案[1]中，黄艳娥与驻马店市恒基置业有限公司（简称“恒基置业”）签订了房屋买卖合同，并办理了过户登记，由于二者之间有债务关系，故黄艳娥未支付房款，以债权相抵。在黄艳娥与恒基置业签订房屋买卖合同前，恒基置业与中国邮政集团公司驻马店市分公司（简称“邮政公司”）签订了同一房屋的买卖合同，并在黄艳娥买房前已交付邮政公司装修使用，虽然未为邮政公司办理登记，但是黄艳娥对房屋已交付邮政公司使用明知。黄艳娥认为恒基置业构成一房二卖，其作为登记的买受人享有优先于占有方的权利。法院认为，该案中黄艳娥以债权抵购房款的方式与恒基置业签订房屋买卖合同构成以物抵债，并适用房屋买卖合同的规范，认为黄艳娥在购买房屋前明知房屋已交付他人使用，在此情形下还与恒基置业实施以物抵债并办理所有权转移登记，构成恶意串通损害第三人利益，并以此认为以物抵债合同无效。

在该案中，法院对房屋买卖合同进行了合同类型转换，转换为以物抵债合同，但是由于以物抵债合同与买卖合同具有相同的转移所有权的效果，故可以参照适用买卖合同在所有权转移上的相关规定，这种情况下，并非合同类型转换后适用转换前的规范，而是转换后构成无名合同的，参照适用最相类似的有名合同的规范。

实践中，存在更为复杂的情形，即当事人在先前形成了一项名实不符的合同，一段时间后当事人另行协商，将合同进行变更，并变更为另一项名实不符的合同，在后的名实不符的合同将作为双方当事人之间法律关系的判断依据，而不

---

〔1〕　（2019）最高法民申 2428 号民事裁定书。

是在先的合同，并以在后的合同进行合同类型的转换来解释当事人真意。但是，由于在发生合同变更行为的时点，当事人本身就存在名实不符的意思表示，而在此之前的合同形成的权利义务关系构成变更之后双方权利义务关系的前提，故而，我们在适用在后合同构建当事人法律关系的同时，也需要对在先的合同进行准确的解释，甚至适用在先合同的规范，以准确界定在后合同成立时点下当事人已有的债权债务情况。

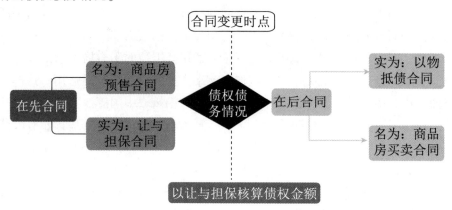

例如，在最高人民法院指导案例：汤龙、刘新龙、马忠太、王洪刚诉新疆鄂尔多斯彦海房地产开发有限公司商品房买卖合同案[1]中，出借人对地产公司享有民间借贷合同项下的借款债权 2.6 亿元，为了担保该借款合同的履行，出借人与地产公司签订了商品房预售合同，并为出借人办理了预售登记。借款到期后地产公司未能按时还款，此时双方对账，由于多个借款合同下约定的月利率为 3% 和 4%、逾期利率 10% 计算，并计算复利，故双方确认本息达到 3.6 亿余元。后出借人与地产公司签订了商品房买卖合同，将已经形成的 3.6 亿余元本息作为已交付的购房款，由于买卖的房屋总价值更大，多出了 3 800 余元，双方约定待办理完全部房屋的产权登记后由出借人再支付给地产公司。后因地产公司逾期交房，出借人以商品房买卖合同起诉地产公司要求承担逾期交房的违约金 900 余万和债权实现费用，一审新疆高院予以支持。

最高人民法院二审并将本案作为指导案例发布，最高人民法院指出，要"避

---

[1] 最高人民法院指导性案例 72 号（最高人民法院审判委员会讨论通过 2016 年 12 月 28 日发布），(2015) 民一终字第 180 号民事判决书。

免当事人通过签订商品房买卖合同等方式，将违法高息合法化"，并对超出民间借贷的综合成本进行调减，调减后出借人在商品房买卖合同项下反而存在未按时支付足额购房款的情形，故认为出借人（购房人）也存在违约，此时地产公司逾期交房的，不承担违约责任。

在该案中，看似最高人民法院用合意变更之前的规范——民间借贷合同的利率上限对变更后的合同进行了约束，但实则不然。以笔者总结的合同真意解释三段论来看：

首先，双方在既有民间借贷合同的背景下，签订了商品房预售合同，并办理了预售登记，形成了名为商品房预售合同，实为让与担保的合同关系。

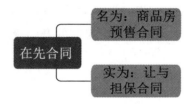

这一合同关系一直持续，直到借款合同到期未还，双方对账，并对该合同关系进行了变更。中间的对账和重新签订合同与真意解释无关，是当事人之间对合同进行合意变更的行为。

对账后，签订了商品房买卖合同，形成了变更后的法律关系：名为商品房买卖合同，实为以物抵债合同。此时已经实现合同更新。[1]

---

〔1〕　参见王雷："借款合同纠纷中的举证责任问题"，载《四川大学学报（哲学社会科学版）》2019年第1期。

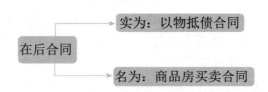

在纠纷发生时，双方已经是以物抵债合同的法律关系，不过，由于所抵的债的金额明确于合同变更的时点，而合同变更的时点所形成的债权金额是民间借贷合同形成的，故而在以物抵债合同项下，判断抵债金额需要以变更前的民间借贷合同来分析，而在民间借贷合同法律关系下，当然适用民间借贷合同规范中的年化24%上限，因此，法院可以适用合同变更之前的规范去评价变更后的合同类型在变更时点的债权金额，并不构成以转换前的合同规范评价转换后合同类型的情形。

三、合同类型转换对第三人的影响

对于合同当事人而言，合同类型转换是实现其真意的解释方式，是对表意不合适的矫正，而非对真意的抑制，故总体上不存在超出当事人预见范围的情形，即使超出，也是由于社会一般共识的正义观念对当事人意思予以填补，而这应当构成当事人认知的前提，即使不同意，也应当知道。

而对于第三人而言，合同类型转换原本与之无关，但如果第三人的特定交易安排以当事人转换前的合同类型为前提，那么合同类型转换就会实质影响第三人的利益，而第三人对此又无法预见。此时，是否要限制合同类型转换？如果不限制，类型转换后损害第三人利益的，当事人是否要赔偿？第三人相应的交易安排是否也会因此发生合同类型转换？

（一）第三人的信赖利益不影响当事人之间的法律关系

首先需要说明的是，信赖利益是以具有相应的权利外观为前提的，如果一项合同所构建的权利不具有使第三方值得信赖的外观，那么无信赖利益可言。同时，这种客观化的解释标准对当事人也具有一定的制约作用，即前文所述的，在解释当事人真意时，裁判者虽然竭尽所能站在当事人的角度去考虑其意思，但是毕竟裁判者不是当事人，至多能够实现的是最大程度摒弃个人好恶，并以通情达理第三人为标准去设想当事人的选择。因此，当事人虽然是意思的创造者，一旦意思被书写出来作为文本上的客观文字，合同的意思就独立于当事人的主观了。

1. 第三人的外部信赖不对内

内部约定不对外，这是合同效力的一般原则，反过来说，外部信赖也不对内，即第三人的信赖对当事人之间的合同关系也不产生影响。真意解释过程中，要使用通情达理第三人（也称一般理性人）作为标准来解释客观表示所能涵盖的意思，但是这是解释的方法问题，不是解释的对象问题，解释对象限于当事人之间的真意，与第三人无关。

在武汉缤购城置业有限公司、国通信托有限责任公司借款合同纠纷案[1]中，当事人之间通过信托交易设置了名为股权投资、实为借贷的"明股实债"交易，法院分析认为，当事人之间交易的目的为股权投资，投资方拟于一定期间后退出并获取收益，投资方的收益为固定收益，故从原因和合同要素来看，《增资协议》和《增资协议之补充协议》符合借款合同的特征，被转换为借款合同。

但是，缤购城置业有限公司认为，如果将股权投资合同转换为借贷合同，将损害投资标的公司的债权人之利益，因为标的公司具有大量债权人，而名为股权投资、实为借贷的类型转换不为标的公司的债权人所知悉，债权人基于对标的公司的注册资本真实性之信赖与之开展交易，如其股权投资的本质为拟退出的债权，则使标的公司的注册资本"虚构"，损害了标的公司债权人对标的公司股东名册、注册资本、出资真实性的信赖利益。

最高人民法院认为，"内部约定不对外"，合同类型转换后的借贷真意对标的公司的债权人不产生约束力。同时，标的公司的债权人对注册资本的信赖也不能影响合同当事人真意的实现，即"外部信赖不对内"。当事人之间的合同纠纷以当事人之间的合意为准，至于第三人因对股权公示的外观产生合理信赖，而遭受损失的，是另一个法律关系，应当另行通过诉讼解决，与当事人之间的合同权利义务无关。

2. 对第三人影响适用真意保留

弗卢梅认为，如果当事人之间的通谋虚伪表示构成对第三人的真意保留，则应适用真意保留的一般规则。[2]笔者进一步解释，即 A 与 B 之间签订了《X 合

---

〔1〕　（2019）最高法民终 1532 号民事判决书。

〔2〕　参见［德］维尔纳·弗卢梅：《法律行为论》，迟颖译，法律出版社 2012 年版，第 488 页。

同》，但通过真意解释，转换为 X'合同，A 与 B 之间的法律关系为 X'法律关系，A 以其与 B 的 X 合同为前提，与 C 签订了 Y 合同的，在 A 与 C 之间的法律关系上，X 合同的类型转换，构成 A 对 C 的真意保留。不过这里的真意保留影响的是 A 与 C 之间的法律关系，而非 A 与 B 之间的法律关系。

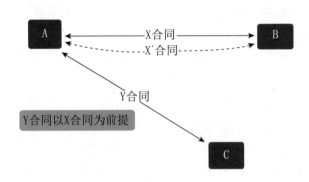

同时，C 对 X 合同名为 X 合同，实为 X'合同的主观知悉情况很重要，如果 C 明知 A 与 B 之间实质的法律关系为 X'合同，那么 C 当然应当承受与 X'合同对应的法律关系。例如在黄妙平、蔡小溪企业借贷纠纷案[1]中，A 与 B 签订的主合同名为买卖、实为借贷，而 C 与 A 签订的担保合同是以买卖合同为基础的，C 也抗辩认为其对转换后的借贷合同不承担担保责任，但是法院认为鉴于 C 与主合同当事人关系密切并育有一子，故认为 C 应对主合同名为买卖，实为借贷的情形明知，因此对转换后的合同承担担保责任是其所签订的担保合同当然涵盖的意思表示。可见，这里 Y 合同也发生了变化，转换前的 Y 合同为对买卖合同的担保，而转换后的 Y'合同为对借贷合同的担保。

（二）债权转让中基础债权的合同类型转换

债权转让的结构中，存在两个债的关系，一个是作为转让标的的债权，另一个是转让行为债权。笔者将作为转让标的的债权称为基础债权，以便与转让行为的债权相区分，基础债权的名称在既有学术成果中也有使用。[2]

债权转让中，如果基础债权发生了合同类型转换，那么转让的标的可能超出

---

〔1〕 （2020）最高法民申 6260 号民事裁定书。

〔2〕 参见冉克平、吕斌："债权让与限制特约效力释论"，载《河北法学》2021 年第 3 期。黄勇："债权资产证券化信息披露：'纵主横辅'模式探讨"，载《社会科学》2013 年第 12 期。岳文、郑贺娟："逻辑与经验：债权收益权转让的合理性与风险性化解"，载《兰州学刊》2019 年第 12 期。张学安："论 WTO 与银行跨国业务中抵销之法律适用"，载《现代法学》2000 年第 3 期。

转让双方对转让标的的知悉和合理预见，形式上会导致转让的标的发生变化，实质上，可能会对债权转让的合同产生影响，甚至发生违约、欺诈、错误以及显失公平的情形。

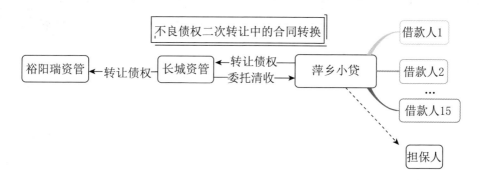

在江西裕阳瑞资产管理有限公司诉中国长城资产管理股份有限公司江西省分公司债权转让合同纠纷案中[1]，江西裕阳瑞资产管理有限公司（简称"裕阳瑞资管"）从长城资产管理股份有限公司江西省分公司（简称"长城资管"）处购买了债权，因长城资管所出让的债权是其从萍乡市安源区广信小额贷款有限公司（简称"萍乡小贷"）处购得，故本案中的双方当事人——裕阳瑞资管和长城资管就双方转让的基础债权究竟是原萍乡小贷对其借款客户的债权，还是长城资管对萍乡小贷的债权产生争议，争议的本质即基础债权的合同类型转换。

该案中，萍乡小贷因贷款业务形成了对 15 户借款人的债权，各债权附有相应的担保，债权金额随时间产生利息和违约金。后萍乡小贷与长城资管签署了《债权转让协议》《财务顾问服务协议》《委托清收协议》等合同，约定萍乡小贷将上述对借款人的债权转让给长城资管，长城资管向萍乡小贷支付转让费用。同时，长城资管又将上述债权委托萍乡小贷进行清收，萍乡小贷承诺将对清收的差额部分向长城资管承担补足责任。另外，萍乡小贷也在该交易中向长城资管支付财务顾问费用。此后，长城资管又与裕阳瑞资管签订《债权转让协议》并联合发布《债权转让暨债务催收联合公告》，约定长城资管将长城资管对萍乡小贷的债权转让给裕阳瑞资管，裕阳瑞资管向长城资管支付了相应的转让费用。后裕阳

---

〔1〕　参见江西裕阳瑞资产管理有限公司、中国长城资产管理股份有限公司江西省分公司债权转让合同纠纷，（2018）赣民终 489 号民事判决书、（2018）赣 01 民初字第 3 号民事判决书、（2016）赣 01 民初 385 号民事判决书。

瑞资管要求长城资管按照约定，移交所有债权证明文件，长城资管反馈已按照约定移交。

现裕阳瑞资管起诉长城资管，请求撤销裕阳瑞资管与长城资管之间的《债权转让协议》，由长城资管返还转让款9千余万并赔偿其损失。撤销的理由是长城资管对裕阳瑞资管实施了欺诈行为，同时裕阳瑞资管存在重大误解，整个交易构成显失公平。

本案所谓的欺诈和重大误解，直接源于基础债权的合同类型转换，欺诈反映的是基础债权合同类型转换导致长城资管未将合同真实情况告知裕阳瑞资管，从而导致上述甲方（裕阳瑞资管）的主观认知和乙方（长城资管）的主观认知之间不一致的情形。重大误解反映的是乙方（长城资管）的客观（即长城资管认为的裕阳瑞资管对合同的主观认识）与甲方（裕阳瑞资管）的主观之间存在重大差异的问题，无论是欺诈还是重大误解，都直接反映了基础债权合同类型转换对债权转让的影响，而显失公平则是由于基础债权合同类型转换前后利益关系发生重大变化，裕阳瑞资管认为这种变化已经超出了双方能够预见和接受的变化，同时合同类型转换后利益关系存在严重不均衡的情形，这是合同类型转换间接导致的结果。

然而，长城资管对裕阳瑞资管上述欺诈、重大误解、显失公平的主张并不认可，故裕阳瑞资管和长城资管争议的核心问题为，长城资管转让给裕阳瑞资管的基础债权究竟是什么，即长城资管和萍乡小贷在双方《债权转让协议》和《委托清收协议》之下，形成的基础债权究竟是下列债权中的哪一个？

1. 萍乡小贷对借款人的债权（含担保）

2. 长城资管对萍乡小贷的借款债权

从整个交易来看，案件涉及两次债权转让，长城资管当然不是底层资产的原始权利人，底层资产是指多层嵌套的交易下处于最底层的动产、不动产、债权等财产性权利，[1]底层资产比基础债权更底层。本案中的底层资产是萍乡小贷对15户借款人和担保人的债权。长城资管在受让原始债权后，又将原始债权委托给债权的出让人——萍乡小贷进行债权清收，并且萍乡小贷向长城资管承担债权

---

[1] 参见洪艳蓉："双层SPV资产证券化的法律逻辑与风险规制"，载《法学评论》2019年第2期。钟腾、王文湛、易洁菲："中国类REITs产品投资属性研究——基于三个典型案例的分析"，载《金融论坛》2020年第3期。马天平："隐性结构化、刚性兑付与中国金融产品风险"，载《经济科学》2019年第5期。

清收的差额补足责任。

萍乡小贷作为原始债权人，如果认为原始债权人更了解债务人、能更好地进行催收，长城资管将自己受让的债权委托给萍乡小贷似乎有一些合理性，但是萍乡小贷作为清收的受托人，还向长城资管承担了清收不能的担保责任。

笔者认为，就萍乡小贷与长城资管的关系而言，具备了保理合同的要素。《民法典》第七百六十一条规定"保理合同是应收账款债权人将现有的或者将有的应收账款转让给保理人，保理人提供资金融通、应收账款管理或者催收、应收账款债务人付款担保等服务的合同。"虽然长城资管没有将应收账款转让给萍乡小贷，仅是委托清收，但考虑萍乡小贷要对该清收承担差额补足责任，这和债权转让无异。加之该债权就是长城资管从萍乡小贷处购得，又委托萍乡小贷清收和担保，这实际就是一种转让和类回购措施的设置，实现的合同效果是萍乡小贷能够在短时间内将其持有的暂时不能收回的债权进行变现，长城资管为萍乡小贷提供资金，长城资管受让的对借款人和担保人的债权作为其融出资金的担保，未来萍乡小贷向长城资管进行偿付（无论是萍乡小贷受托清收后以清收所得交付委托人，还是以差额补足责任补足差额，都是萍乡小贷实现的偿付）。

综合这些合同要素所实现的整体合同效果，法院将长城资管和萍乡小贷这一部分的合同关系认定为名为债权转让和委托清收合同，实为借贷合同。即长城资管和萍乡小贷之间是借款关系。

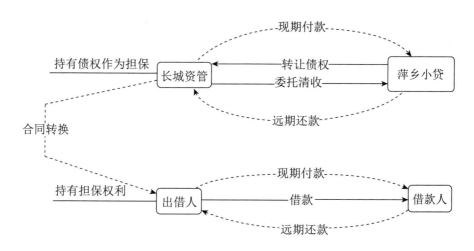

法院的这一判定，导致长城资管和萍乡小贷之间的《债权转让协议》和

《委托清收协议》转换为一个借款合同。

这一合同类型转换影响了以该合同为基础债权的债权转让。长城资管在上述《债权转让协议》《委托清收协议》的基础上，与裕阳瑞资管签署了债权转让协议，并在协议中明确，所转让的债权是长城资管对萍乡小贷的债权（而不是长城资管受让的，原权利人为萍乡小贷对 15 户借款人的债权），长城资管认为，其在合同中已经明确约定了转让的基础债权，裕阳瑞资管作为专业的不良资产处置机构，应该进行合理的尽职调查和法律判断，在双方合同明确表述所转让的是长城资管对萍乡小贷的债权时，已经明确说明了转让的基础债权是合同类型转换后的债权，而不是合同类型转换前的部分合同关系（即仅包含长城资管与萍乡小贷债权转让合同关系，不包含委托清收合同关系），故长城资管认为其与裕阳瑞资管之间对债权转让合同项下转让的基础债权不存在认识上的差异，不构成欺诈或重大误解，长城资管的上述观点被法院采纳。

至于显失公平问题，法院认为即使裕阳瑞资管所受让的债权存在执行层面的问题，在权利确认层面并无明显瑕疵，同时裕阳瑞资管作为资管机构对此应有专业判断，整个交易过程中并未体现裕阳瑞资管处于胁迫或其他影响其正常判断的状态，故法院认定即使基础债权发生合同类型转换（笔者评注意见），也不构成显失公平。

纵观本案，诉讼参与人所争论的是所转让债权究竟是哪个债权的问题，但未提取出理论层面的问题——基础债权发生合同类型转换，故而无论是当事人的辩论还是法院的说理都比较具象，也未能直抵本质。笔者以为，在债权转让中，基础债权的合同类型转换问题值得各方在抽象的合同类型转换层面思考。

那么更进一步的问题是，债权转让、债务承担、债权债务概括转移时，发生了合同类型转换的，出让方是否有义务告知受让方合同类型转换的结果？告知（披露）的内容是事实层面的还是法律层面的？基础债权的合同发生转换的，是否影响基础债权转让合同的类型？

笔者以为，对该问题的分析离不开上述合同类型转换的基本原理，即应当回到当事人对合同本身的理解和合理预期上来。出让方在出让权利或义务时应当如实披露该权利（义务）的具体情况。这个情况是事实层面的情况，关于标的合同的类型如何，出让人仅作为善良理性人不隐瞒其理解，并没有义务告知其对合同类型的法律判断，除非这个合同类型的转换导致转让合同之合同目的不能实现。当然，对合同目的的理解也存在出让方和受让方理解不一的情形，应当结合一般理性人的标准来判断出让方是否有能力去判断合同类型的转换，该转换是否超出了出让方所理解的受让方的合同目的，并基于此评判出让方是否有义务去主动告知受让方其对合同类型转换情形的判断。

（三）主合同类型转换对从合同的影响

主合同发生类型转换的，原本附属于主合同的从合同是否完全失去了依托？从合同是否因此丧失了效力基础？对这些问题的回答，还要以从合同所从属的主合同类型范围来评判。笔者认为，如果主合同类型转换未超出从合同所从属的类型范围，那么不影响从合同的效力。例如，主合同是融资合同，从合同是担保合同，主合同从一类融资合同类型转换为另一类融资合同，作为从合同的担保合同，仍旧可以在担保人的意思范围内，以及原担保合同的法律效果内承担担保责任。使从合同随着主合同做转换并生效，并不会增加从合同之相对人的负担，不会减损从合同之相对人的利益，在这样的背景之下，应当秉持鼓励合同生效的理念，使从合同随之进行转换。

在中国农业银行信托投资公司诉中国轻工业原材料总公司信托贷款担保合同纠纷案[1]中，出借人与借款人之间签订的《委托贷款合同》经法院认定名为委托贷款，实为信托贷款。故一审法院认定委托贷款合同无效，鉴于委托贷款合同作为主合同无效，从合同保证合同也应无效，保证人不应承担连带保证责任。债权人不服并上诉，二审法院认为债权人在签订保证合同时没有向保证人欺骗或者隐瞒真实情况。合同中的贷款对象、金额、期限、包括利率及担保责任约定得非常明确。无论主合同被认定为信托贷款还是委托贷款，都没有改变保证人的责任，不构成对保证人欺诈，故保证合同有效。保证人对转换后的信托贷款合同项下债务人的履约行为承担连带保证责任。该案被最高人民法院选为公报案例，确立了在不违反从合同当事人意志，且不超出从合同法律效果的情形下，原则上应当确认从合同作为生效合同继续为转换后的合同服务。[2]

甚至，即使是名为合作开发房地产合同，实为土地使用权转让合同，对该合同提供的担保行为，也并不因合同类型从合作开发房地产合同转换为土地使用权

---

〔1〕　参见"中国农业银行信托投资公司诉中国轻工业原材料总公司信托贷款担保合同纠纷上诉案"，载《中华人民共和国最高人民法院公报》1997年3期。

〔2〕　也有法官解释为"合同转性（即本书所论证的合同类型转换）的事实是否足以影响担保人作出担保的意思表示"的标准。参见韩耀斌："融资租赁法律关系的认定"，载《人民司法（案例）》2019年第2期。

转让合同而导致从合同当然无效。因为从合同所表述的承担担保责任的情形在两个合同类型中没有发生实质变化，担保的原因就没有变化，担保发生的条件、对象等也没有变化，故担保人对转换后的合同类型继续承担担保责任。[1]

四、合同类型转换引发的裁判突袭及其疏解

裁判者虽然应当按照事实作出裁判，但是如果都等到判决作出时才揭示合同类型转换的意见，为时过晚，会形成突袭性裁判，也会导致原被告双方不得不在转换后的合同基础上，再次开展诉讼争辩，增加了纠纷解决的成本。因此，裁判者应当在辩论终结前告知当事人其意见，并引导当事人就此意见充分举证质证，并发表辩论意见，从而使问题得到充分的争辩。

应当说，民事证据规定的释明义务能够从规范层面解决裁判者发起的合同类型转换中的突袭性裁判，但仍有几个程序问题值得思考：裁判者发起合同类型转换是否依附于当事人的意见，即可否在当事人意见以外发起合同类型转换？释明是否构成发起合同类型转换的前置性程序？裁判者认定的真意的合同类型与原告主张甚至被告抗辩的合同类型不一致的，是否违背辩论原则？法官在诉讼程序终结前、合议庭组成人员充分合议前发表对合同类型转换意见的，在程序上有无瑕疵？释明后，原告是否应当接受法官意见，有无变更诉讼请求以外的接受方式？不接受的，在驳回起诉、驳回诉讼请求外，有无裁判者迳行裁判之空间？对这些问题的回答离不开对释明权、辩论主义、突袭性裁判之理论的思考，也离不开对诉讼请求、民事责任类型、与请求权基础之关系的探讨。

（一）裁判者实施合同类型转换的独立职权

如果裁判者所认定的合同类型与原告或被告相一致，裁判者所做的裁判结果只是支持原告或被告的意见，看起来符合辩论主义的基本原理。

但是，如果裁判者所认定的合同类型与原被告均不同，裁判者能否作出有别于原被告意见的认定？如果可以，那么裁判者实施合同类型转换的职权具有独立性，如果不可以，那么其职权显然具有依附于当事人意志的属性。

张卫平教授总结，大陆法系法院具有较为明显的以事实为根据的理性主义裁判理念。[2]具体在法律规定上，即体现为《中华人民共和国民事诉讼法》第二

---

[1] （2019）最高法民再214号民事判决书。

[2] 参见张卫平：《民事诉讼法》，法律出版社2004年版，第61页。

条立法目的之"查明事实，分清是非，正确适用法律"，以及第七条基本原则之"人民法院审理民事案件，必须以事实为根据，以法律为准绳"。

从实体法看，《最高人民法院关于适用〈中华人民共和国民法典〉合同编通则若干问题的解释》第十五条规定"当事人主张的权利义务关系与根据合同内容认定的权利义务关系不一致的，人民法院应当结合缔约背景、交易目的、交易结构、履行行为以及当事人是否存在虚构交易标的等事实认定当事人之间的实际民事法律关系。"该条也赋予了裁判者在当事人主张以外去判断和认定合同类型的权力。

显然，裁判者作为持有裁判权从而进行定分止争的权威者，应当以事实为根据，而不是以原被告营造的虚假意思表示主张为根据，故裁判者有职责拨开迷雾，按照其中立的地位和独立的态度基于合同真意进行裁判，而不是依附于当事人的意志。

可见，裁判者实施合同类型转换的职责具有明显的独立性。这不仅体现在上述原则性法律规定与学理中，也体现在司法裁判上。在最高人民法院第 72 号指导案例中，原被告先形成了民间借贷关系，但是利息高于法定限额，后双方形成了买卖合同，将民间借贷中的本息债权转化为已付的购房款予以确认，现原告以买卖合同作为请求权基础起诉，要求卖房者支付无法交房的违约金。最高人民法院审查后认为，案件的事实是先有民间借贷，后有房屋买卖，且房屋买卖合同中，购房者已支付购房款所基于的民间借贷债权利息有部分超出法定上限，基于该事实，对购房者已付购房款予以"扣减"，从而得出购房者尚未足额支付购房款的认定，并基于此认为卖房者在房屋买卖合同下逾期交房不承担违约责任。[1]

该案中，原告（购房者）以房屋买卖合同作为请求权基础提起诉讼，主张房屋买卖合同的违约金，被告（售房者）以房屋买卖合同系民间借贷合同的担保为由，主张该担保合同无效。法院既没有采纳原告的意见，也没有采纳被告的意见，而是在"发现真实"的深切欲望下，[2]选取了第三条路，即认为原被告双方先形成民间借贷、后形成房屋买卖之事实，并将民间借贷债权认定为房屋买卖购房款支付方式。充分体现了裁判者发挥主观能动性，查明事实，并在其认定

---

〔1〕　(2015) 民一终字第 180 号民事判决书。
〔2〕　参见张卫平：《民事诉讼法》，法律出版社 2004 年版，第 62 页。

的事实之基础上适用法律作出裁判之职责履行。

(二) 合同类型转换引发的裁判突袭

裁判者独立地行使职权，所认定的合同类型与原告主张的合同类型不一致，甚至与被告抗辩的合同类型也不一致，那么就会造成裁判突袭的问题。

裁判突袭的概念源于德国，我国亦称突袭性裁判。我国台湾地区的姜世明教授认为："突袭性裁判主要是指法官违反事实上的与法律上的释明（指示）义务，而这种裁判以两造未获得适当的程序保障下所发现的事实或法律见解作为其裁判的基础与依据，以致造成法院所为之裁判乃非当事人以通常情状所得预期裁判结果之意外效果"[1]。可见，突袭性裁判所指的结果是裁判超出当事人预期的情形，而其原因则在于释明得不充分，当事人未能就裁判者可能的意见进行充分的举证和辩论。[2]有法官认为，这种未予释明、迳行裁判的行为使法院既代替了原告行使了起诉的权利，又剥夺了被告行使抗辩的权利，应当按照违反程序性规定重新审理。[3]

释明就是裁判者在诉讼程序中表明自己意见的方式。释明是指，在当事人主义的辩论诉讼结构下，为了解决当事人在举证（含当事人陈述）、发表意见上存在不准确、不适当、不充分的问题，缓解辩论原则造成的实质不公正或诉讼低效问题，法院基于诉讼指挥权，引导当事人准确、正确、充分地进行举证和发表意见的诉讼活动。[4]

裁判者与当事人就是否应当进行合同类型转换、转换后真意的合同类型应当是哪类存在不同意见。如果裁判者未能引导当事人就合同类型转换的问题进行充分举证和辩论，就迳行裁判的，裁判结果会超出当事人的预期，给当事人造成"突袭"，也会引发当事人的二次诉讼，大大增加了纠纷解决的时长和成本。按照张卫平教授的分类，笔者认为，合同类型转换中的释明，是对当事人的不当主张予以消除的类型。之所以称之为不当，是因为原告对事实以及请求权基础的选择不符合合同的真意，与案件事实相悖，相应地，也就不能支撑其诉讼请求，更

---

〔1〕 姜世明：《民事程序法之发展与宪法原则》，元照出版公司 2009 年版，第 109 页。

〔2〕 参见杨严炎："论民事诉讼突袭性裁判的防止：以现代庭审理论的应用为中心"，载《中国法学》2016 年第 4 期。

〔3〕 参见茹艳飞、杨佩霞："当事人拒绝法院释明、法院怠于释明或释明不当应如何处理——上诉人广州某房地产公司与被上诉人陈某玲、钟某荣装饰装修合同纠纷案"，载《法治论坛》2020 年第 4 期。

〔4〕 参见张卫平：《民事诉讼法》，法律出版社 2004 年版，第 60~66 页。

不能实现诉讼目的。为了使当事人能够实现或部分实现其诉讼目的，裁判者将其对事实认定和法律适用的非正式判断公开表示出来，引导当事人就此问题继续回到辩论主义的轨道上充分举证和辩论，也再次修正裁判者的认识，从而最终得出符合真意和法律的判决。

为了解决这一问题，最高人民法院在《关于民事诉讼证据的若干规定》（2019 修正）第五十三条设置了专门的规定，该规定制定于 2001 年，2019 年修正的文件一般被称为"新民事证据规定"，笔者相应地将 2001 年公布的文件称为"旧民事证据规定"。新民事证据规定第五十三条对应旧民事证据规定第三十五条，二者之间具有较为重大的变化，这一变化对合同类型转换的诉讼程序产生较大的影响。

新民事证据规定第五十三条规定："诉讼过程中，当事人主张的法律关系性质或者民事行为效力与人民法院根据案件事实作出的认定不一致的，人民法院应当将法律关系性质或者民事行为效力作为焦点问题进行审理。但法律关系性质对裁判理由及结果没有影响，或者有关问题已经当事人充分辩论的除外。

存在前款情形，当事人根据法庭审理情况变更诉讼请求的，人民法院应当准许并可以根据案件的具体情况重新指定举证期限。"

旧民事证据规定第三十五条规定："诉讼过程中，当事人主张的法律关系的性质或者民事行为的效力与人民法院根据案件事实作出的认定不一致的，不受本规定第三十四条规定的限制，人民法院应当告知当事人可以变更诉讼请求。

当事人变更诉讼请求的，人民法院应当重新指定举证期限。"

可见，新民事证据规定一改原先要求法院告知当事人变更诉讼请求的规定，而是要求法院将合同类型作为主要争议焦点进行审理。举证期限也不因诉讼请求的变更而当然重新指定，而是由法院根据案情决定是否重新指定。

旧民事证据规定下，裁判者有义务向当事人释明其对合同类型的认定意见，并告知当事人可以变更诉讼请求。新民事证据规定下裁判者有义务释明其对合同类型的认定意见（包括当事人未提出的合同类型），并将之作为争议焦点要求双方充分举证质证和辩论。[1] 新旧民事证据规定都体现了司法实践中，以未经释

---

〔1〕 参见熊跃敏："从变更诉讼请求的释明到法律观点的释明——新《民事证据规定》第 53 条的法解释学分析"，载《现代法学》2021 年第 3 期。

明，或释明不当作为二审发回重审的理由，并不少见。[1]

（三）疏解裁判突袭之释明适用要点

虽然释明是裁判者非正式表达自己观点的诉讼活动，但是释明也是在法律赋予庭审指挥之一般性权力和释明之具体性权力的规范下表达意见，表达意见的目的显然不在于各抒己见，而在于引导当事人准确、适当、充分地表达意见，因此，裁判者在释明时一定要处理好个人意见和合议庭意见之别，阶段性意见和最终意见之别，非正式意见和正式意见之别，避免使职权主义代替了原被告的诉讼争辩，引发突袭性裁判，也减少因提前否定当事人意见所带来的中立性偏离。[2]

1. 释明的主体：合议庭成员意见还是合议庭意见

合议制下，单一裁判者的意见不能代表合议庭的意见，而合同类型转换的问题又可能对裁判结果、当事人利益产生重大影响，那么裁判者在进行释明时，应当经过合议庭合议，而非个人释明。

对此，新民事证据规定的起草部门，最高人民法院民一庭明确指出，无论是审判长还是其他合议庭成员，如果认为应当进行合同类型转换，须进行休庭合议，并在合议后结合整体意见进行释明和引导下一步的诉讼焦点。[3]这一点在其他类型的案件释明中亦如是，并认为释明应当按照合议规则进行，即合议庭有多数意见的，以多数意见释明，有审委会讨论的多数意见的，以审委会多数意见释明[4]。

2. 释明的时点：辩论前、辩论终结前还是裁判作出前

裁判者并非一蹴而就地形成合同类型之心证意见，而是在庭前阅卷、庭前会议、举证质证、法庭辩论、庭后合议庭商议甚至审委会讨论等的整个诉讼阶段不断形成意见。可以说，裁判者的意见形成具有多轮次、反复性、递进性的特征。[5]任一时点下的裁判者心证，只要不是裁判文书已经用印送达当事人，就存在修正的可能性。故而，裁判者的释明，也必然是特定阶段下的意见，而非最终的意见。逻辑上，裁判者可能在第一次获取诉讼信息时即得出合同类型转换的

[1] 参见王占林、杨志超："论民事诉讼中释明制度存在的问题与完善——以200份民事裁定书为分析样本"，载《法律适用》2019年第20期。
[2] 参见毕玉谦："论庭审过程中法官的心证公开"，载《法律适用》2017年第7期。
[3] 参见最高人民法院民事审判第一庭编著：《最高人民法院新民事诉讼证据规定理解与适用》（下），人民法院出版社2020年版，第503页。
[4] 参见最高人民法院研究室编：《最高人民法院司法研究重大课题报告——知识产权审判卷》，人民法院出版社2019年版，第428页。
[5] 参见毕玉谦："论庭审过程中法官的心证公开"，载《法律适用》2017年第7期。

意见，如办案时有人告知承办法官这是一起名为买卖、实为借贷的案子，但是，裁判者显然不能在此时将其意见予以释明，因为此时形成意见的依据十分不充分。但是如果等到庭审程序结束，再做释明，并因此而补开庭，又存在增加各方诉讼成本的问题。并且，在一审辩论终结后再予以释明，原告存在无法变更诉讼请求的尴尬，故而，有效的释明应当是第一轮的法庭调查程序结束后，至一审法庭辩论终结前。

当然，结合《关于适用〈中华人民共和国民事诉讼法〉的解释》第三百二十六条的规定，二审中也并非完全不能释明，只是在处理上，需要当事人同意调解或同意由二审进行裁判。[1]此外，也可能出现二审认定的真意合同类型与一审不同的情形，从而产生二审对一审的释明予以矫正的问题，此时仍可按照《关于适用〈中华人民共和国民事诉讼法〉的解释》第三百三十条的规定予以处理，如果二审不予释明而迳行裁判，会导致具体争议一审终审。

鉴于这个时段合议庭的意见还未经完整的庭审程序，属于提前判断，作为一项庭审过程中的即时判断，不可能有充分的时间进行思考，因此，即使经过了合议，也是非正式的意见。

3. 释明的性质：正式意见还是非正式意见

裁判者的正式意见应当体现于裁判文书之上，但是，有时裁判者迫于结案的压力，为了更便捷地完成工作，会在调解中将非正式意见刻意强调为正式意见，告知当事人如不接受某调解方案，当事人会得到比该方案更不利于其的判决结果。

释明的过程会产生这一问题，虽然最高人民法院明确释明的方式可以是口头的、非正式的，[2]但是在实践操作中，这一非正式的、不留痕的工作方式在实现效率的同时也留下了不当释明的空间。当然，既然是调解，当事人就存在一定程度上权利的让渡，只要最终接受的结果是当事人自由意志在信息充分和真实下的决策即可。

当释明的目的是引导当事人进行充分的举证和辩论时，裁判者应当警惕，其意见的表达具有天然的权威性，即使该意见最后还需多重修正，从当事人的角度看来，可能将该意见作为终局性的意见，而减损司法的中立性评价。因此，裁判

---

[1]　参见茹艳飞、杨佩霞："当事人拒绝法院释明、法院怠于释明或释明不当应如何处理——上诉人广州某房地产公司与被上诉人陈某玲、钟某荣装饰装修合同纠纷案"，载《法治论坛》2020年第4期。

[2]　参见最高人民法院民事审判第一庭编著：《最高人民法院新民事诉讼证据规定理解与适用》（下），人民法院出版社2020年版，第477页。

者在释明时，必须特别强调其意见的非正式性、非终局性特征。即应当明示其释明的意见非正式意见，而不是默示。

例如，毕玉谦教授建议裁判者通过婉转的口吻提出假设性的问题来进行释明，[1]最高人民法院研究室也强调不得将释明的内容表达为最终的诉讼结果。如果释明的内容在其后的诉讼程序中被修正，那么合议庭根据情况予以重新释明，甚至当事人可以对合议庭的释明提出异议，要求庭长或审委会复议。[2]

4. 释明的指向：否定性释明还是肯定性释明

既然裁判者要否定原告主张的合同类型，抑或否定被告抗辩的合同类型，甚至同时否定双方当事人论证的合同类型，那么无法回避的问题是，裁判者要不要提出自己认为的真意的合同类型，并请双方当事人予以举证和辩论。即，裁判者的释明除了指向否定性内容，是否还可以包括肯定性的内容？这一点，司法解释并未明确。

从逻辑上讲，合议庭不告知当事人其认为是什么合同类型，只告知其认为不是什么合同类型，当事人如何就合议庭认为的合同类型进行证伪？或者，当事人在合议庭否定性释明之后变更诉讼请求的，可能再一次与合议庭的判断不一致，合议庭须再次释明？从释明制度的目的——避免裁判突袭和提升诉讼效率来看，将释明的指向限于否定性释明显然存在目的偏离。

从操作上看，法院不告知其认为是什么类型的合同，仅说明不是原被告主张的合同类型，难以使当事人就是否构成合同类型的名实不符、实为的合同类型究竟为何进行辩论，因此法院将其对真意的类型作为初步判断告知当事人符合操作的实际，[3]甚至学者认为，肯定性的释明构成了新民事证据规定第五十三条的核心要求。[4]新民事证据规定的主要起草者，最高人民法院民一庭的法官也认为"在归纳焦点问题时，人民法院认为有必要的，对于当事人未主张的法律关系性质或者民事行为效力的观点，也应当进行适当释明，以促使当事人能够充分、完整、全面地发表意见"。这里所说的未主张的法律关系性质就是裁判者的肯定性释明，即除了不是什么合同，还应当说清，裁判者初步判断可能是什么合同，

---

〔1〕　参见毕玉谦："论庭审过程中法官的心证公开"，载《法律适用》2017年第7期。

〔2〕　参见最高人民法院研究室编：《最高人民法院司法研究重大课题报告——知识产权审判卷》，人民法院出版社2019年版，第428页。

〔3〕　参见任重："法律释明与法律观点释明之辨"，载《国家检察官学院学报》2020年第6期。

〔4〕　参见熊跃敏："从变更诉讼请求的释明到法律观点的释明——新《民事证据规定》第53条的法解释学分析"，载《现代法学》2021年第3期。

哪怕这种判断以相对开放或选择的方式提出，也是有益的。参照法官的总结，[1]笔者认为，名实不符的合同释明一般应当包括四部分内容：（1）裁判者不认可当事人主张的合同类型；（2）裁判者认为的真意的合同类型，或可能存在几种真意合同类型的选项；（3）请当事人就合同类型是否构成名实不符，真意的合同类型是否为裁判者所释明的合同类型进行举证质证和辩论；（4）根据情况选择是否告知当事人可以变更诉讼请求并重新指定举证期限。虽然（3）和（4）的内容不是释明概念直接包含的内容，但是在新民事证据规定下，也是自然紧随的庭审指挥活动。

（四）特殊情形下的法院迳行裁判

释明后，原告拒绝变更诉讼请求的，司法实践中有驳回起诉、驳回诉讼请求、按照法院认定的合同类型迳行裁判三种做法，当前主流的观点为驳回起诉或驳回诉讼请求。

笔者建议，既然新民事证据规定已经将旧规定中应当告知变更诉讼请求改为应当作为焦点审理，我们是否可以在充分释明并作为焦点审理后，在一定的特殊情形下，允许法院以异于原告主张的合同类型迳行裁判，并实现或部分实现原告的诉讼目的，以提升纠纷解决效率？

迳行裁判或许不能完全实现原告之诉讼目的，但是也不至于剥夺了原告的二次救济权利，因为二次救济仍旧是以转换后的合同类型去评估诉讼请求的可实现性，届时的诉讼请求如能有实质差异，也不受"一事不再理"的原则约束。

1. 释明后拒绝变更诉请的主流处理方式

从法官们对此问题发表的文章来看，赞成驳回起诉的多一些。不过，对驳回起诉的论证有些牵强，如认为法官已经认定为不同的法律性质后，原告坚持原法律性质，构成原告在新的法律性质下不能提出具体的诉讼请求和理由，故而不符合起诉的条件，并适用驳回起诉的规定。[2]笔者观察，支持驳回起诉观点的，多从保障当事人再次诉讼之权利，避免一事不再理的角度证成其观点，至于该观

---

〔1〕参见王占林、杨志超："论民事诉讼中释明制度存在的问题及完善——以200份民事裁定书为分析样本"，载《法律适用》2019年第20期。

〔2〕参见茹艳飞、杨佩霞："当事人拒绝法院释明、法院怠于释明或释明不当应如何处理——上诉人广州某房地产公司与被上诉人陈某玲、钟某荣装饰装修合同纠纷案"，载《法治论坛》2020年第4期。王占林、杨志超："论民事诉讼中释明制度存在的问题及完善——以200份民事裁定书为分析样本"，载《法律适用》2019年第20期。

点支持者所说的原诉讼请求缺乏具体请求甚至原当事人缺乏利害关系的，只不过是执果索因的自我说服。[1]毕竟，诉权与胜诉权不同，原告主张的合同类型与法院认定的合同类型不一致的，不影响起诉条件的满足。[2]而那些采用驳回诉讼请求的法官，为了给当事人留下救济空间，会在裁判文书上加一条当事人可就XX另行起诉。

笔者认为，驳回起诉或驳回诉讼请求适用于绝大多数当事人拒绝变更诉讼请求的情形。但是无论是驳回起诉还是驳回诉讼请求，原告毕竟还要再次诉讼，在实现处分原则时降低了效率原则，这与最高人民法院倡导的减少当事人诉累和司法资源消耗之理念[3]相左。有没有可能在合同类型转换的部分情形中，提升一些效率，由法院按照转换后的合同类型迳行裁判，以实现或部分实现原告的诉讼目的，避免二次诉讼？

为了回答这一问题，我们首先要明白，原告为何在释明后仍然"冥顽不化"地不变更诉讼请求。

2. 原告拒绝变更诉讼请求也是理性的选择

从诉讼原理上看，裁判者在释明后，已经给原告变更诉讼请求的机会，并且也已经告知不变更的不利后果，原告坚持不转换合同类型的，是对自己权利的处分，应当承受其后果。理论上，确实如此，实践中，原告为何不愿变更诉讼请求，真实的情况确如一些文章所述的缺乏诉讼经验吗？笔者认为并不全是。在不少案件中，原告不变更诉讼请求，恰恰是经过专业的诉讼策略权衡后作出的理性选择。

首先，原告按照裁判者释明的合同类型变更诉讼请求后，可能消减原告可主张的金额。或者在真意的合同类型下，原告不能锁定某个具有偿付能力的当事人作为责任承担主体（这在融资性贸易中十分常见），从而大大降低债权实现的可能性。其次，合议庭的释明毕竟不是最终的裁判意见，原告的诉讼策略往往也不是单层次的，尤其当释明与调解交织在一起时，站在当事人的角度，原告在虚虚

---

[1] 参见茹艳飞、杨佩霞："当事人拒绝法院释明、法院怠于释明或释明不当应如何处理——上诉人广州某房地产公司与被上诉人陈某玲、钟某荣装饰装修合同纠纷案"，载《法治论坛》2020年第4期。

[2] （2021）川01民终17434号民事裁定书、（2021）皖04民终1890号民事裁定书、（2021）黔03民终8149号民事裁定书。

[3] 参见最高人民法院民事审判第一庭编著：《最高人民法院新民事诉讼证据规定理解与适用》（下），人民法院出版社2020年版，第499页。

实实的信息中坚持对其最优的合同类型，也无可厚非。再次，原告如选择再次起诉，就要重新经历长达半年的一审，期间被告可能实施的财产转移或被告偿付能力下降等问题，都会降低债权实现的可能性。最后，重新诉讼的，原诉的保全自然解除，原告想要在新诉中无缝衔接地保全，从实践操作来看，并不容易。综上，从原告角度的诉讼实务来看，驳回起诉对其不利影响绝不是"可另行起诉"一句话就可带过，原告在释明后不变更诉讼请求的，或许并非其不懂，同时，原告的坚持并不具有可苛责之处。

3. 从诉讼请求与请求权基础的关系看待合同类型转换

在双方当事人就真意的合同类型进行充分辩论的情况下，由法院以真意的合同类型进行裁判，并一定程度上实现原告之诉讼请求的，这种处理方式消减了处分原则，但消减的部分可以由诉讼效率的提升来平衡。即裁判者所认定的真意的合同类型与原告既有的诉讼请求在结果上能够匹配，或部分匹配的，裁判者作出裁判，以实现原告的诉讼请求，或部分诉讼请求，原告很可能接受这一结果并不再诉讼。

那么，不变更诉讼请求的，什么情况下可以实现或部分实现诉讼请求呢？这还需要从诉讼请求和请求权基础的关系说起。

民事诉讼解决的是谁可以向谁依据何种法律基础主张何种权利的问题。第一个谁为原告，第二个谁为被告，何种法律基础即请求权基础，何种权利即诉讼请求。[1]可见，除了主体的适格性以外，诉讼主要解决的问题就是原告所主张的诉讼请求是否具备请求权基础之问题，当然，从当事人的角度来看，真正关心的是诉讼请求问题，至于请求权基础的争议，是裁判者应当关心的问题，只要不影响或不实质影响当事人的诉讼请求，请求权基础的此彼之分不影响当事人的诉讼目的。

合同类型转换后，合同类型发生变化，即新旧民事证据规定中所述的法律关系的性质发生变化，当然会影响请求权基础。当事人如果仍然坚持转换前的合同类型，其所主张的诉讼请求则缺失请求权基础，而法院认可的请求权基础上，原告又未提出诉讼请求，从而导致驳回另诉。有没有可能在转换后的请求权基础下支持或部分支持转换前的诉讼请求？

放在案件中来看，名为买卖、实为借贷的案件中，买受人在付款之后起诉，

---

[1] 参见段文波："民事裁判构造论：以请求权为核心展开"，载《现代法学》2012年第1期。

其诉讼请求是要求出卖人向其支付款项，该诉讼请求可以以买卖合同为请求权基础向出卖人主张未发货（或货物有瑕疵）的违约金，甚至以交付有重大瑕疵导致合同目的不能实现为由，主张解除合同退还货款；买受人如果以借贷合同起诉出卖人，则此时买受人则随着合同类型转换转换为出借人，出卖人转换为借款人，那么出借人所提起的请求权基础则为借贷合同，诉讼请求则为偿还本息。在表面的买卖合同因缺乏效果意思而不生效，真意的借贷合同因高利转贷又不生效的情况下，买受人作为提供资金的一方，可以以不当得利起诉获取资金的出卖人，要求返还资金。

无论是买卖合同的请求权基础上要求支付违约金、解除合同退还款项，还是借贷合同的请求权基础上要求偿还本息，甚至不当得利的请求权基础上返还资金，诉讼请求都是支付款项，并无根本的区别，只是论证这一诉讼请求的法律理由不同。可见，虽然合同类型转换变更了请求权基础，但是不同的请求权基础可以对应同一类型的诉讼请求，即请求权基础的变化并不当然使原来的诉讼请求不能实现。

不过，不同的合同类型对应合同规范可能存在差异，这种差异会在诉讼请求的实现程度上产生影响，例如在民间借贷合同下，综合成本率不能高于 LPR 的 4 倍，而买卖合同的违约金无此要求。这种程度上的差异，可以在裁判者释明下以效率为优先予以处理，而不是简单驳回另诉，增加诉累。

4. 迳行裁判的范围

（1）可归为同一类型束下的诉讼请求类型

从上述分析可以发现，支付违约金、退还货款、偿还本息等不同类型的诉讼请求可以被归为同一类型束。诉讼请求虽然由当事人根据需求提出，但是总体上，也可以作出一定的类型区分，在一般性的区分基础上，如果可以再整合，使原告的诉讼请求抽象至上位的类型束层面，而转换后的合同类型仍旧可以支持该类型束下的诉讼请求，那么就能消减请求权基础变化所带来的诉讼请求之不适应。

首先我们需要清楚，诉讼请求的类型包括哪些？从《民法典》的规则体系看，民事诉讼请求的类型应当对应《民法典》第一百七十九条的"民事责任的承担方式"，包括：停止侵害、排除妨害、消除危险、返还财产、恢复原状、修理、重作、更换、继续履行、赔偿损失、支付违约金、消除影响、恢复名誉和赔礼道歉，如该规定所述，这些并未涵盖所有民事责任承担方式，而是主要的方式。

但是，学者们对该条款能否起到总揽全局的作用颇有微词，李永军教授认为《民法典》各编以责任混搭、责任全能的方式作出规定的情况下，总则编设定民事责任承担方式之规定既没有必要，也难以担当。[1]崔建远教授认为，民事责任不过是一种请求权，并非在物权、债权等民事法律关系之外的独立法律关系。[2]甚至《民法典》第一百七十九条自身也仅仅自称为"主要的方式"，并非所有的方式，且方式之间并不具有绝对的差异，可见，民事责任的承担方式并不构成诉讼请求类型的区分依据。鉴于此，我们似乎无法以此作为分类。

此外，当事人在诉讼请求上的表述不需要特别严谨，更不宜概括，这使得民事责任的承担方式并不直接对应诉讼请求。立法上规定民事责任的承担方式以类型的归纳逻辑实现，而对于具体案件中的诉讼请求而言，过于概括的表达方式并非优良的诉讼请求，因为概括的表达不利于执行的准确性，对原告而言，应当在法律允许的程度下，尽可能细化其诉讼请求，以便在执行时"锁定"各方对判决书的解读，避免执行阶段的争议。

故而，在现有立法和司法环境下，诉讼请求之类型既未能穷尽，也未被限定，整体上处于十分开放的状态，并未形成比较完备的体系。即便如此，立法提供的民事责任承担方式之分类也可帮助我们对不同的诉讼请求进行抽象并再归纳，例如赔偿损失、支付违约金都指向一般性的货币支付，且不论二者在法律要件上存在竞合之处，对当事人而言，诉讼目的是获取一定资金，赔偿损失和支付违约金并无诉讼目的上的差别。

基于此，我们可以提出一项假设，即将诉讼请求进行抽象归类（例如分为货币支付和非货币支付的类型束）。如果发生了合同类型转换，只要转换后的合同类型所能够指向的诉讼请求类型与原诉讼请求在同一类型束内，就可以在释明并辩论后，不必驳回另诉，而是由法院按照新的合同类型去裁判，实现或部分实现原告的诉讼目的。

这种做法是否使裁判者行使了原告选择诉讼请求和请求权基础的权利，并"剥夺"被告抗辩的权利？从处分原则看，确实存在上述问题，但是新民事证据

[1]　参见李永军："对我国《民法典》上'民事责任'的体系化考察"，载《当代法学》2020年第5期。

[2]　参见崔建远："中国债法的现状与未来"，载《法律科学（西北政法大学学报）》2013年第1期。

规定既然已经要求裁判者释明，并引导双方当事人就真意的合同类型进行充分辩论，那么就不存在被告未能抗辩的问题。从诉讼后果看，如果原告被驳回起诉并二次诉讼，所得出的结果不过仍旧如此。处分原则的消减换来了诉讼效率的提升，这种做法笔者认为值得尝试。

（2）诉讼请求的成就条件无实质差别

如果转换前的合同类型与转换后的合同类型相近，具有一些共同的合同要素，而原告主张的诉讼请求之成就条件与合同类型转换后，类似诉讼请求的成就条件相同，那么裁判者可以从诉讼请求、请求权基础的相近性上迳行裁判。这种尝试并非笔者臆造，早在旧民事证据规定生效期间，最高人民法院就在裁判中表达过类似观点。许尚龙等与何健等股权转让纠纷案[1]中，原告以股权置换合同作为请求权基础，起诉主张违约金。一审法院认为当事人之间以《股权置换协议》《借款协议》《委托处置股份协议》三份协议形成股权置换、借款、以股抵债等多重复杂交易，并最终整体构成一项股权转让合同的合同真意，从而由法院将原告主张的股权置换合同转换为股权转让合同，一审法院判决驳回原告诉讼请求。原告上诉认为法院未能释明，并未能告知原告变更诉讼请求，程序违法。在上诉中，原告仍旧坚持双方之间系股权置换合同。最高人民法院在二审中对旧民事证据规定作了解读："（旧民事证据规定第三十五条）旨在有些情况下，当事人的诉讼请求因为人民法院的认定而发生改变，进而影响了当事人在本诉中实现相应的实体权利，受诉法院应当告知当事人变更诉讼请求，以避免增加当事人另诉的诉讼成本，以及人民法院违背应在当事人诉讼请求范围内对案件进行审理的原则。本案中，许尚龙、吴娟玲提出的何健向其支付违约金等诉讼请求，是以何健未履行向其转让苏宁环球公司的股权为前提的。因此，确认当事人之间系股权转让关系并不改变许尚龙、吴娟玲的一审诉讼请求，即许尚龙、吴娟玲在本案中的实体权利并不因人民法院的认定而受到影响，原审法院认定本案当事人之间为股权转让关系亦不违背本院《关于民事诉讼证据的若干规定》第三十五条的规定。故许尚龙、吴娟玲提出的原审判决违反法定程序的上诉理由不能成立，本院不予支持。"

最高人民法院的分析可以解读为以下几点，第一，原告以股权置换合同作为请求权基础，一审法院发起合同类型转换为股权转让合同，确实变化了对合同类

---

[1] 参见最高人民法院（2013）民二终字第 52 号民事判决书。

型的认识。第二，原告的诉讼请求为支付违约金，这一诉讼请求虽然以转换前的股权置换合同为基础，但是在转换后的股权转让合同中也可能存在，且无论是股权置换合同，还是股权转让合同，均以被告向原告转让标的股权为前提，故而法院在转换后的请求权基础上进行裁判，所得出的诉讼结果与原告接受转换与否无实质差异。法院采取的"实体权利不因人民法院的认定而受到影响"之标准实际上是将股权转让合同下未转让股权的违约金与股权置换合同下未转让股权的违约金之诉讼请求等类视之。在旧民事证据规定下，法院应当释明并告知可以变更诉讼请求，新民事证据规定下只以设置为争议焦点作为释明的方式，不要求法院告知原告变更诉讼请求，那么在新民事证据规定下，在法院已经引导双方就合同类型转换问题进行充分举证和辩论后，对于这种"不影响实体权利"的合同类型转换，允许法院迳行裁判应当被接受。

（3）接受合同类型转换的柔性方式

原告接受合同类型转换，应当变更诉讼请求。诉讼请求必须基于特定的请求权基础，请求权基础也当然只能是一个类型的合同，不能既是拟制的合同类型，又是真意的合同类型，否则无具体的诉讼请求和事实、理由，不符合起诉条件，也使被告无法进行有针对性地答辩。但在释明并由原被告双方就合同类型转换问题进行充分举证和辩论后，原告可否以非变更诉讼请求的方式接受合同类型转换的意见？甚至在此情形下，原告是否存在同时接受表面和真意两种合同类型？最高人民法院做过类似的尝试。

在万威实业股份有限公司（简称"万威公司"）等与福建全通资源再生工业园有限公司出资纠纷案中，原告万威公司以投资合同作为请求权基础，诉讼请求为返还投资款本息。一审法院审理后认为当事人之间构成股权转让合同，并对此进行了释明。原告没有变更诉讼请求，而是用非常柔性的方式，向法庭提交了《情况说明》，主要内容为"诉称的投资款应理解为股权转让款"，最高人民法院二审认为这并不构成诉讼请求的变更，但一审法院以真意的合同类型进行裁判没有超裁："对于万威公司（原告）而言，其仅仅关注款项的返还，而非特别关注款项的定性及返还主体，其请求的实质是两被告之一方承担还款责任，另一方承担连带清偿责任。因此，就万威公司（原告）提起诉讼的目的及其本质而言，一审判决（认定为股权转让合同，并判决返还股权转让款）并不存在所谓的判非所请问题。"[1]

没有判非所请，即不违反处分原则，不违反不告不理原则。最高人民法院之所以能得出这一结论，存在两个前提，一是法庭已经对合同类型转换的意见释明并引导当事人充分举证和辩论，二是原告已经接受了法院的合同类型转换之意见，只是没有采取正式的诉讼请求变更之方式。实践中，原告口头接受，并由书记员明确记录的，与本案的《情况说明》似无实质区别。

有趣的是，最高人民法院在本案的二审中，对本案的合同类型转换又作出了区别于一审法院的意见，即最高人民法院认为纵观交易全局，股权转让行为依附于、服务于投资行为，故股权转让合同可以被投资合同吸收，整体上应当认定当事人之间为投资合同关系。此时，合同类型转换的结论又变为不予转换。那么原告对其诉讼请求已经出具《情况说明》解释为真意的合同类型了，最高人民法院并未驳回起诉或驳回诉讼请求，而是在拟制的合同类型下对原告的诉讼请求予以部分支持，判决返还投资款和利息。

笔者考虑，在原被告已经就是否实施合同类型转换、转换后真意的合同类型为何这两个问题已经充分举证和辩论的情况下，原告诉讼请求可以辐射的范围是否可以适当扩大？在不超出原被告预期的情况下，可以在转换前后的诉讼请求或请求权基础具有较高近似性时进行裁判，以实现或部分实现诉讼请求，避免二次诉讼。

五、名实不符合同的真意解释实施步骤

逻辑上，合同真意解释遵循大前提——合同类型之间的关系，小前提——名实不符合同的真意，以及结论——合同类型转换的三段论。三段论只是逻辑上的关系，在对具体的名实不符合同进行真意解释时，我们不可能先将自己封闭于合同类型体系中毫无针对性地进行合同类型关系的梳理，梳理完毕之后再脱离合同类型分析当事人千丝万缕的原始意思，最后再进行合同类型转换。即使在逻辑上三段论的各环节也无法孤立，而体现为在各环节之间"目光的往返流转"[2]，

---

〔1〕 （2015）民四终字第 16 号民事判决书。

〔2〕 ［德］齐佩利乌斯：《法学方法论》，金振豹译，法律出版社 2009 年版，第 125 页。

大前提的规范具有指向性，小前提的事实被要件化，[1]如此才能实施涵摄。[2]在实践中更是你中有我、我中有你的水乳交融状态。那么合同真意解释的三段论逻辑是否因此而降低了价值？答案显然是否定的，因为只有明确了逻辑关系，裁判者才不会在单个解释步骤上迷失方向。

名实不符合同的真意解释既体现出合同解释的一般步骤，即对合同文本作为客观表示的主观真意之解读，又因合同是否存在名实不符？名为是什么类型？实为又应当是什么类型？解释为实为类型后的法律适用问题变得更加复杂，解释的每个环节都体现着当事人之间的利益冲突和主张差异。

如下图所示：

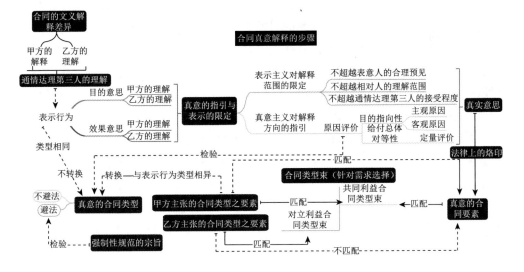

（一）当事人对合同真意提出各自的解释

在诉讼发生时，当事人的利益格局与合意形成时相比已经发生了变化，正是因为这种变化，合同才不能够按照预期进行履行，从而产生纠纷。而我们要解释的，恰恰是合意时的真意。我们很难苛责处于诉讼中的当事人提出诚实的主张，只要当事人不伪造证据，对于既有证据的"违背事实""违背真意"的解释并不

---

〔1〕　参见［英］威廉·特文宁：《反思证据——开拓性论著》，吴洪淇等译，中国人民大学出版社2015年版，第289页。

〔2〕　参见徐雨衡："法律原则适用的涵摄模式：基础、方法与难题"，载《甘肃社会科学》2020年第2期。

被禁止，这也是诉讼中名实不符合同解释的真实生态。

首先，当事人对真意的解释体现在对表示行为的解读。对合同文本，合同的甲乙双方当事人可能基于各自利益，站在自我的立场上作出不同的文义解释，面对解释的差异和文本的客观性，裁判者应当努力还原缔约时的场景，设立通情达理的第三人，该第三人要了解缔约形成的时空下之风土人情、商业惯例以及该甲乙双方之间既往的交易习惯，裁判者以通情达理第三人在此场景下的理解来评判合同文本的文义，从而得出作为当事人之间合意的表示行为。

其次，当事人对合同真意的解释体现在对目的意思的解读。交易的目的当然不同，例如买卖合同下卖方之目的意思是获取标的物价款，买方的目的意思是获取标的物所有权，二者的目的意思虽然不同，但是一致，即形成相互支持、相互接受、相互成就的对合状态。理想的目的意思十分清晰，不过，实践中当事人需要对对方的目的意思进行检视，并在理解对方目的意思的背景下形成自己的目的意思，以及再形成其所理解的双方目的意思之合意。就对方目的意思的误解会造成对最终合意目的意思的误判。而在诉讼的场景下，当事人对目的意思的解读又会夹杂着与缔约时点不同的利益追求，故而在原被告之间更有可能产生不同的解读。

最后，当事人对合同真意的解释体现在对效果意思的解读。效果意思在原被告双方之间的差异化解读原理与目的意思相当。不过效果意思相对特殊，一方面效果意思只有单一化的内涵，即生效或不生效两种选项。另一方面，效果意思为否定毕竟不是常态，否则就不是我们所说的合同了。故而当事人对效果意思主张不生效，承担了较重的举证责任，一旦被采纳，效果意思的否定性内涵可能成为裁判者解读当事人合同原因的一把钥匙。

至于合同的"名为"还是"实为"差异，只是对其真意解释下自然形成的结果，只不过得出"实为"结果的当事人需要通过证据去打破表象事实，还原真相到相对高的证明标准，从而能够实现证成的合同。对法官而言，其作用与其说是对真意进行探索，不如说是对双方当事人主张的真意进行选择。[1]

以合作开发房地产合同为例，按照《关于审理涉及国有土地使用权合同纠纷案件适用法律问题的解释》第二十一至二十四条的规定，表示行为为"合作开发房地产合同"的情况下，当事人的真意至少包括：（1）合作开发房地产合同、

---

[1] 参见赵耀彤："举证责任在意思表示解释过程中的运用——以一起语境证据案件的审理为例"，载《法律适用》2020 年 19 期。

（2）土地使用权转让合同、（3）房屋买卖合同、（4）借款合同、（5）房屋租赁合同。这种情形下，法律本身就提出了 5 种假设，每种假设都具有相应的目的意思和效果意思。如一方当事人主张名为合作开发房地产合同，实为土地使用权转让合同，其需要证明意思表示的合意中无共担风险、共享收益，提供土地者无参与开发、承担项目开发风险、另一方为提供土地者保障固定收益之目的意思。即使目的意思与之不同，他也要证明该目的意思的效果意思也为否定。

（二）表示主义对解释范围的限定

虽然当事人出于自己的利益追求，拟提出与自己利益相一致的意思表示合意解释，但是他们首先要面对的是表示主义对解释的限定，即其所提出的解释必须能够从既有的表示中解释出来。或者反过来说，其假设如果超出了表示所能涵盖的范围，那么该假设就应当被否定。

所谓的表示所能涵盖的范围，在上文的论述中，可以被细化为几个方面：

首先，不超越表意人的合理预见范围。一项合同真意的解释，不应超过意思表示的作出主体所能合理预见的范围，否则，这个解释就不是对当事人真意的解释，而将第三人观念强加于当事人之间。无论是合同的一方当事人，还是双方当事人，都是合同的表意人，表意人的意思是解释的对象，解释活动、包括各方对合同类型的争议，都是对表意人真意的探究。因此，解释应以当事人在交易的时点下所应有的理性判断作为解释的方向。

其次，不超越合同相对人的理解范围。合同作为双方意思表示，总是要在对方的理解范围内发生作用的。因此，一项意思表示需要从目的意思、效果意思、表示行为三个方面由意思表示作出人和相对人进行相互检视，最后形成合意，与其说是当事人之间客观的共同意思，不如说是能够被对方所能理解和接受的共同意思。

最后，不超越通情达理第三人所能接受的程度。裁判者作为解释的最终裁决者，终究需要一个标准，这个标准虽然是站在当事人的位置上进行设想的，但是裁判者需要尽力排除个人的偏见进行，所谓的排除个人偏见，并非将脑袋清空，这样无法设想，而是将个人所理解的，通情达理的第三人的善良观念应用在当事人的位置上，进行合理化的分析，来构建当事人的真意。

表示主义对解释范围的限定与上一步骤具有操作上的关联性。

（三）真意主义对解释方向的指引

理论上，在多元主义的解释方法下，我们可以对一份合同作出多种解释，每种解释的实施者都能为其解释提供一定的正当性论证，无论这个论证的基础是形式的还是实质的，是利益的还是逻辑的。面对万千头绪的解释方向，Stanley Fish 教授认为，真正的问题是解释路径本身的正当性问题（the real question is what gives us the right so to be right）。[1]

真意是一个模糊的概念，它存于主观，不可直接捉摸。在真意解释的过程中，原因是理论上总结出的，最能够代表真意、指向真意、反映真意的概念。

原因对真意假设的评价包括两个方面：缔约目的的指向性评价和给付的总体对等性评价。原因的指向性评价分别通过客观原因和主观原因来进行，如上所述，客观原因是合同的目的，是解释者相对容易触碰到的近因，是一种抽象的类型化的合同目的，当解释者作为通情达理第三人站在当事人的角度来解释合同文本时，能够直接获取的就是客观的原因。而主观的原因是合同的发生因，它能够反映当事人最初为何要缔结该合同。虽然是对解释者而言，主观的原因较远，但是它是最接近当事人真意的目的。由于主观原因具有极强的个性化，有时不仅不被法律所理解和认可，甚至不被通情达理第三人从道德甚至道德以外的情理观念上理解和接受，因此主观的原因在发生评价作用时需要进行衡量，既要衡量对交易目的的影响程度，又要衡量给付之间的总体对等性。前者影响合同的类型的匹配程度，后者则影响真意的实现程度。

如上文所述，即使有意思自治的绝对权威在，给付的对等性也依旧是双务合同的基本正当性标准，这一标准深埋于以等价交换为基础的商品经济之中，作为人类基本的交易公平正义观支配着人们进行看似自由的决策。

如果一项真意的假设明显使给付的对等性产生偏离，那么解释者就不得不重新评估其对目的意思和效果意思所做的假设是否正确。因为当事人作为一般理性人，或者解释者将自己作为通情达理第三人，一般不会缔结一份明显出现给付对等性偏离的合同，除非有足够的慷慨之原因，或其他非经济尺度所能直接评价原因。

（四）真实意思在法律上的烙印

合同作为一项事实，在法律上的烙印之处才能发挥法律效力。真意终究是事实层面的事物，而发生法律效力的是抽象于应然层面的权利义务关系，作为事实

---

〔1〕 See Stanley Fish, *Is There a Text in This Class? The Authority of Interpretive Communities*, Harvard University Press, 1982, p. 342.

的合同，能够在当事人之间发生法律关系，是因为其能够在法律上留下烙印。进一步说，诉讼中所讨论的不是作为事实的合同，而是合同的法律约束内容，那么当事人真意中，不能被法律所理解和接受的部分无法发生法律效力。因此，法律上的烙印包含两个效果，一是将作为事实的意思进行抽象，并将作为规范的类型进行具体化，以使二者处于相同的层面进行对比，二是修剪超出法律认可的意思。

合同在法律上的烙印之处即为合同要素。法律上的烙印一方面是对事实进行过滤的思维方式，即将本不应当发生法律效力、无法发生法律效力的内容进行剥离，留下法律认可的，并且能够为法律所支持的内容发生法律上的效力。另一方面，烙印的过程也是对事实进行分拆和提炼的过程，即将杂乱无章的事实进行整理，总结出具有社会经济价值的内涵。这些内涵在合同领域，就是合同要素。即将事实烙印于法律的过程也是形成合同要素的过程。

（五）合同类型束下合同要素的匹配性评价

有了合同要素，就能够将作为解释对象的合同真意与合同类型体系中的合同类型进行比对，根据匹配性评价的结果，进行合同类型的定性。

合同类型束之下，合同类型以其之间的相同关系排列于同一干类型之下，以其之间的差异关系分隔于不同干类型之下，从而形成具有逻辑关系的合同类型体系。合同类型束的划分有诸多不同的标准，裁判者要根据案件所涉及的争议焦点来划分能够体现当事人解释差异的标准。

借助合同要素，我们可以在合同类型束中比较快速地寻找与合同真意的要素相匹配的合同类型。当事人以及裁判者可以借助经验，迅速地对与合同真意要素相匹配的合同类型作出选择，由于当事人的选择具有本位利益的指向性，故会形成甲方主张的合同类型和乙方主张的合同类型，各类型具有相应的要素，留给裁判者进行匹配性的判断。

这个过程是借助经验予以假设，借助了类推予以论证的过程。经过合同要素的比对，裁判者可以在当事人所主张的合同，或裁判者所假设的合同中选择出匹配程度最高的合同类型，作为真意的合同类型。

（六）表示行为与真意比对的转换

裁判者在得出真意的合同类型后，则可以判断是否需要进行合同类型的转换。

如果真意的合同类型与表示行为所反映的合同类型不一致，那么说明"名为"的合同类型不是当事人的真实意思，在真意与表示之间，表示应当去贴合真意，而非真意向表示妥协。因此，裁判者应当对"名为"的合同类型予以否定，而将合同类型界定为真意的合同类型，从而实现合同类型的转换。

如果真意的合同类型与表示的合同类型相一致，那么说明"名为"的合同类型就是当事人的真实意思，裁判者应当肯定"名为"合同的效力，对主张"实为"的乙方予以否定。

真意的合同类型包含具体的权利义务，并借助真意的合同类型对应的规范，能够得出真意合同类型下的法律后果。如前文多次强调，即使真意的合同类型是无名合同，也能够通过合同类型束的应用，帮助无名合同寻找出最相近似的合同类型进行参照适用规范。

（七）原因和强制性规范宗旨对解释结果的检验

在得出合同类型转换与否的初步结论之后，为了确保前期逻辑推演不发生严重的偏离，裁判者需要再以原因对真意的合同类型之法律后果进行检验。此时检验的主要不在于权利义务与合同文本的匹配性，而在于权利义务实现后的法律效果正当性。

如果不存在双方在分配结果上严重的失衡情形，那么裁判者将认定这一推演的结果；如果存在当事人双方在分配结果上严重的失衡情形，那么要看这个失衡的状态是否能够被其他非经济因素所缓和。所谓的缓和，亦即裁判者可以发现严重失衡的利益分配下，遭受严重经济损失的一方能够获取非经济方面的补偿，如慷慨美德下的自我满足、情感上的需求满足或其他个性化的需求满足。如果可以满足，并且这个需求的满足可以基本平衡经济评价上的给付严重失衡状态，那么裁判者可以接受这一合同真意解释的结果。如果没有可以平衡经济上严重失衡的给付状况的，那么裁判者就需要否定这个真意解释的结果，并从头再来，去检查究竟是哪一步真意解释的环节出现了失误，直至得出总体偏差度在可接受范围内的结果。

如果转换前的合同违法（包括违反公序良俗），转换后的合同合法，抑或转换前的合同合法，转换后的合同违法，并因违法性导致合同无效的，那么裁判者还要以强制性规范的宗旨对转换的结果进行检验。若转换的行为导致了强制性规范的宗旨被损害，那么转换也不能改变强制性宗旨的适用，裁判者需要寻找路径去适用强制性规范，并依强制性规范否定合同最终的效力。如果转换的行为未损害强制性规范的宗旨，那么不应以强制性规范来否定转换的结果。